KB203885

한국사회의 형성과 기독교 학교

이 저서는 2019년 대한민국 교육부와 한국연구재단의 지원을 받아
수행된 연구임(NRF-2019S1A5B8099527)

한국사회의 형성과 기독교 학교

초판 1쇄 발행 2020년 8월 31일

엮은이 ㅣ 서울신학대학교 현대기독교역사연구소
펴낸이 ㅣ 윤관백
펴낸곳 ㅣ 도서출판 선인

등 록 ㅣ 제5-77호(1998.11.4)
주 소 ㅣ 서울시 마포구 마포대로 4다길 4 곳마루 B/D 1층
전 화 ㅣ 02)718-6252 / 6257   팩 스 ㅣ 02)718-6253
E-mail ㅣ sunin72@chol.com
Homepage ㅣ www.suninbook.com

정가 37,000원
ISBN 979-11-6068-407-0 94230
ISBN 979-11-6068-112-3 (세트)

Korean Local Community and Christianity
edited by Institute for the Study of Modern Christianity

Sunin Publishing

Printed in the Republic of Korea
2020

· 잘못된 책은 바꿔 드립니다.

현대 한국사회와 기독교 연구총서 9

한국사회의 형성과
기독교 학교

서울신학대학교 현대기독교역사연구소 엮음

 도서출판 선인

| 『한국사회의 형성과 기독교 학교』를 펴내며 |

해방 후 한국사회는 미국이 주도하는 자유민주주의 세계질서에 속하게 되었다. 조선시대는 봉건질서, 일제 강점기에는 식민지 질서가 한국사회를 지배했고, 거기에 맞는 교육제도가 있었다. 마찬가지로 해방 후 한국의 민주주의를 위해서는 여기에 맞는 교육제도가 필요했고, 여기에 앞장선 것이 바로 기독교학교이다.

사실, 한국 기독교는 처음부터 민주주의를 위한 교육을 시작하였다. 한국에 도착한 선교사들은 대부분 미국인이었고, 이들이 세운 학교에서는 민주교육이 시작되었다. 일제 강점기에도 민주교육이 이루어진 곳이 미션 스쿨이었다. 이런 기독교 학교에서 이루어진 민주교육이 해방 이후에도 지속되었고, 오늘의 대한민국을 이룩하는 데 기여했다.

해방 후, 미군정의 가장 중요한 과제는 한국사회가 공산화되는 것을 막고, 민주주의를 지키는 것이었다. 이것을 위해서 미국식 민주교육을 받은 사람들이 필요했고, 그 대표적인 인물이 기독교인 오천석이다. 미군정과 오천석은 해방 후 민주교육을 정착시키는 데 큰 기여를 했다. 여기에 백낙준, 김활란, 임영신과 같은 인물들이 합세하였다.

해방 후, 한국교육의 중요한 특징은 사립학교의 부흥이다. 일제 강점기 일본은 의도적으로 사립학교를 열등하게 취급하였다. 하지만 해방 후에 한국교육을 이끌어 간 사람들은 사립학교를 이끌던 김성수나 유억겸이었다. 특별히 미군정과 이승만 시대에 사립대학의 증가는 주

목할 만 하다. 전통적인 기독교대학 외에도 수많은 기독교인들이 사립대
학을 설립하였다. 한양대, 건국대, 경희대 등이 바로 그런 대학들이다.

당시 우리 한국정부는 충분한 교육시설을 세울 만큼 재정과 인력이
부족하였다. 이런 상황에서 정부가 하지 못하는 교육사업에 많은 기독
교인들이 뛰어 들었다. 우선 이북에서 월남한 기독교인들은 북한의 학
교를 남한에 세우기 시작하였고, 남한 기독교인들도 각 지역마다 기독
교 학교들을 만들었다. 한국의 사립 중·고등학교의 상당한 숫자가 해
방 후에 만들어진 기독교학교라는 사실을 우리는 기억해야 한다.

이런 상황에서 특별히 한국교회가 주목한 것은 가난 때문에 취학할
수 없었던 청소년들이다. 킨슬러 선교사가 설립한 성경구락부 운동은
이런 필요 때문에 생겼다. 성경구락부는 많은 청소년들에게 기독교와
민주주의를 가르쳐 사회의 일원이 되게 하였다. 이런 성경구락부 가운
데 많은 숫자가 나중에 정규학교로 발전하기도 하였다.

한국의 학교제도의 발전은 기독교학교를 변화하게 만들었다. 많은
기독교 중학교들이 중학교가 의무교육이 되면서 고등학교로 전환하였
다. 또한 고등학교가 평준화되면서 역시 종교교육이 어려워지게 되면
서, 최근에는 많은 교회들이 대안학교를 세우고 있다. 한국교회는 시
대의 변화에 따라 국가가 감당하지 못하는 분야를 찾아서 새로운 시도
를 지속하였다.

본 총서는 해방 후 한국사회의 변화에 기독교가 어떤 역할을 했는가
를 연구한 논문들을 모아 편집한 것이다. 아직 이런 연구는 시작단계
에 불과하지만 본 연구가 촉진제가 되어 앞으로 보다 본격적으로 이
분야의 연구가 진행되기를 바란다.

이 연구를 위해서 노력해 주신 본 연구소의 여러 교수님들께 감사를
드린다. 아울러서 이 총서에 대한 전반적인 책임을 갖고 노력한 본 연

구소 윤은순 박사에게 깊은 사의를 표한다. 또한 이런 연구를 가능하게 만들어 준 한국연구재단과 서울신대, 그리고 묵묵히 후원해 주신 여러분들께 깊은 감사를 드린다.

서울신학대학교 현대기독교역사연구소장

박 명 수

| 『한국사회의 형성과 기독교 학교』에 관하여 |

교육을 백년지대계라고 한다. 현재의 사회질서를 잘 운용하고 더 발전시켜 미래를 담당할 다음 세대를 가르치는 일은 그만큼 중요하고 따라서 신중하게 계획하고 실행해야 할 일이라는 의미를 잘 보여준다.

사회발전의 가장 중요한 기초 중 하나가 교육이라고 할 때, 한국 기독교는 한국 근대교육의 시초를 담당했다고 할 정도로 일찍이 교육에 관심을 기울이고 많은 학교를 세웠다. 일제시기 기독교계가 설립한 사립학교들은 공교육과 더불어 교육계의 한 부분을 담당하였다. 미북장로교와 미북감리회 등의 대표적인 교단 외에도 호주장로교와 캐나다장로교 등도 여러 학교를 세웠고, 선교회 외에 개교회에서도 선교와 지역계몽을 위해 작은 학교를 세우기도 하였다.

해방 후 민주주의 국가의 건설이 최대명제가 되었다. 이를 위한 교육이 요구되었고, 민주적이고 평등한 교육제도의 시행이 과제가 되었다. 그러나 제도가 제대로 시행되기도 전에 한국전쟁으로 중단되었고, 이후 1950년대는 전후수습의 혼란스러운 상황을 겪었다. 교육에 대한 열망이 컸지만, 신생 대한민국의 기틀을 잡아나가기 위해 해야 할 일은 많았고, 정부의 힘은 부족한 형편이었다.

이러할 때, 기독교는 국가교육의 한 부분을 담당하였을 뿐만 아니라 정규교육제도 내에서 포함하지 못하는 부분까지 감당하였다. 해방 후 한국기독교인에 의해 설립된 기독교계 학교는 일제시기 외국선교부가 주도하여 세운 학교 수에 비하여 4배 가까이 증가하였으며, 성경구락부, 웨슬레구락부, 기독교대안학교는 정규교육제도로 수용되지 못하는 학생들에게 배움의 기회를 제공하고 넘쳐나는 교육열을 수용하였다.

그동안 기독교계의 교육사업에 대한 연구는 일제시기에 집중되어 왔다. 해방 후 설립된 학교의 수가 그 이전보다 월등히 많음에도 불구하고 이에 대한 연구는 거의 없다시피 했다고 할 정도이다. 이에 현대기독교역사연구소는 '한국사회의 형성과 기독교 학교'라는 주제 아래 기독교 학교 및 기독교 교육이 해방 후 한국사회의 형성에 어떠한 역할을 하였으며 그 의의는 무엇인지 찾아보았다. 앞으로도 꾸준히 천착할 주제이지만, 우선적으로서 해방 후 교육제도 수립과 민주주의 교육에서 기독교의 역할, 새롭게 설립된 기독교계 학교의 실태와 지역사회에서의 역할, 제도권 밖의 기독교 학교 운영현황과 그 역사를 살펴보았다.

이에 따라 이 책은 다음과 같은 세 가지 장으로 나뉜다. 첫째, 민주주의 교육의 전개와 민주국가건설의 구상이다. 민주국가 건설에 필요한 첫 번째 요건은 민주주의 교육과 이를 통한 시민의 양성이다. 기독교계는 민주주의 교육에 지대한 관심을 두고 교육제도 및 철학을 수립하고자 하였으며, 이는 미군정의 미국식 민주주의 교육과도 이해를 함께 하며 많은 기독교인들이 교육계에 진출하여 활동하였다.

양준석의 글은 제2차세계대전 후 미국의 민주주의 교육 구상을 다루고 있다. 해방 후 우리나라 교육은 민주국가 건설의 명제를 뒷받침하는 준비로 시작되었고, 이는 미국의 민주주의 교육과 아울러 시작되었다. 양준석은 미국무부와 미군정 문서를 분석하여 미국의 민주주의 교육체계의 정립 의도와 그 수행을 검토하였다. 특히 남한에서의 민주주의 교육과 대비되어 동유럽에서 민주주의 교육이 정지되는 상황을 비교 분석하였다. 그는 남한에서 민주주의 교육이 가동될 수 있었던 배경으로 공산화에 대한 위기의식, 미국에 유리한 미소공동위원회를 위한 기반 조성, 총선거와 독립정부 수립을 위한 기반 확립을 꼽았다. 같은 시기 동유럽에서 민주주의 교육의 위기를 맞았고 1948년 이후 정지된다고 하였다.

김동선은 미군정기 국정 공민교과서의 성격과 집필진의 구성을 살펴보았다. 미군정은 남한에서 공산주의에 대적하려는 목적하에 '미국식 민주교육제도'를 실시하려는 교육정책을 펼치는 가운데, 일제시기 수신교과서와 다른 형태의 교육으로 '공민' 양성을 위한 국정교과서를 편찬하고 교수하였다. 김동선은 국정공민교과서의 집필진의 성격과 교과서의 내용을 분석하여 공민교육의 목적과 성격을 밝히고 있다. 공민교과는 바람직한 사회구성원 양성을 위한 과목으로서 민주정치 및 공민의 권리와 의무를 가르치고 있다. 그러나 미군정의 의도와는 달리 국가주의적 민족주의가 강조되었다. 이는 편수관과 편찬위원들의 성향에 따른 것으로, 조선어학회 인사들에 의해 주도되면서 국가와 민족이 강조되고 자족경제형태의 자본주의를 지지하였다. 미군정과 이들이 공유한 의견은 민주주의 교육과 반공교육이다. 미군정은 유연한 교과편찬태도를 견지하여 이러한 내용의 공민교과서가 발행되었고, 공민교과서는 국가주의와 민족주의를 강조하고 개인보다 국가와 민족을 위한 '공민'을 양성하고자 하였다고 보았다.

장경호의 글은 일제시기 미국유학생의 기독교 인식과 학습을 살피고 있다. 이 글은 해방 후 교육계에서 활동한 인물 가운데 상당수가 일제시기 미국유학을 경험했음을 상기할 때, 그들의 기독교 인식과 향후 활동을 연결시켜 볼 수 있는 자료가 될 것이라 생각된다. 장경호는 『The Korean Student Bulletin』, 『우라키』를 통해 유학생들의 기독교 인식을 살펴보고, 다양한 입장차이를 추적하고, 미국 내에서의 활동과 귀국 후의 동향을 살펴보았다. 미국유학생들에게 기독교는 문명사회의 지표였고, 이들 중 일부는 귀국 후 미션스쿨 설립에 관여하거나 정부 교육정책에 참여하였다고 하였다.

둘째, 기독교 학교의 모색과 제안이다. 해방 후 우리나라는 체계적인 교육제도를 채 완성하기도 전에 전쟁을 겪으며 모든 학령인구의 교육제도내로의 수용이라는 데 어려움을 겪었다. 이러한 때에 기독교계는 정규교육제도 내에 편입될 수 없는 아동들을 대상으로 성경구락부, 교회학교, 각종 야학 등을 운영하면서 기독교 선교와 구호, 기독교 교육과 민주주의 교육을 함께 실시하였다.

장금현은 성경구락부 대한 심층연구를 2편의 글로 발표하였다. 한국 기독교 성경구락부는 일제시기 시작되어 1980년에 이르기까지 오랜 기간 동안 기독교 교육의 한 부분을 담당하였다. 첫 번째 연구로 그는 성경구락부의 설립자 프란시스 킨슬러를 연구하였다. 킨슬러로부터 시작된 성경구락부는 일제시기를 거쳐 한국 전쟁 이후 전국적인 조직으로 확대되었고, 특히 초등학교 과정과 중학교 과정에서 정규교육의 혜택을 받지 못하는 아동들에게 그리스도의 사랑과 배움의 기회를 제공하고 공교육이 미처 감당하지 못하는 부분을 채울 수 있었다.

윤은순은 성경구락부의 활동과 학교로의 전환양상을 살펴보았다. 일제시기 구호사업에서 출발한 성경구락부는 기독교교육의 하나로 발전하였고, 다수의 성경구락부가 정규학교로 발전한 실태를 파악하였다. 특히 해방 후 빈곤한 계층의 아동과 근로청소년 교육에 전념하여 초·중등 수준의 교육기회를 제공하고 이들의 학습열을 담아냈다는 데 가장 큰 의의를 갖는다고 하였다. 더불어 학생들의 자치역량을 강조하고 시민의식 형성에도 역점을 둔 것은 사회계몽교육으로서의 의의를 지닌다고 하였다.

윤은석은 웨슬레구락부의 특징과 지역사회에서의 교육활동을 살피고 있다. 웨슬레구락부는 감리교 기독교교육운동으로서, 그 동안 개별 연구가 없었던 만큼 반가운 연구이다. 웨슬레구락부는 1954년 시작되어 1971년까지 지속되면서 정규교육을 뒷받침하였고, 감리교개척운동과 연계되어 전도의 방법으로도 이용되었다고 하였다. 웨슬레구락부는 신앙을 통한 초등교육이라는 목적을 가지고 지역사회 교육에 일조하면서 교회의 사회적 역할이라는 사명에 기여하였다고 보았다.

박창훈은 기독교 대안학교의 설립과 발전, 전망을 다루었다. 한국현대사회에서 다방면에서 전통적인 공교육의 한계가 지적되며 대안교육이 모색되는데, 기독교 대안학교의 특징과 방향을 살피었다. 기독교대안학교는 기독교 학교가 정부주도의 교육정책을 따르다가 기독교의 정체성을 잃어버렸다는 판단에서 시작된 운동으로서, 장애학생, 부적응학생, 해외체류경험학생에 대한 전문교육의 필요에서 비롯하여 농업, 공학, 예능 등 전문교육기관이 생성되어 있다고 하였다. 기독교대안학교는 현재 대안학교 운동에 주도적으로 참여하고 있으며, 국공립의 간섭을 벗어나 민간영역에서 할 수 있는 가능성을 열고, 교육현장의 문제를 다양한 각도에서 해결하고자 모색하며, 민주사회의 일원으로 학생들의 성장을 돕고 있다고 하였다.

셋째, 기독교 학교의 발전과 지역사회에서의 역할이다. 일제시기 설립된 미션스쿨 외에 해방 후 많은 기독교계학교가 세워졌다. 외국 선교부가 세웠던 기존의 학교와 달리 한국 기독교인들에 의해 다양한 학교들이 설립되었으며, 각 지역에서 교육의 중추적 역할을 하는 한편, 지역사회 발전의 구심점이 되기도 하였다.

이은선은 전주지역 기독교학교를 살펴보았다. 영생학원의 설립자 강흥모와 학원운영의 역사적 의의를 추적하였다. 전주스테이션의 설립 이후 그 영향을 받고 성장한 한국인 강흥모에 의해 설립된 영생학원은 1953년 인가를 받은 후 영생교회와 함께 성장하여 중·고등학교와 대학으로까지 발전하면서 지역사회의 교육의 거점으로서 기능하였음을 추적하였다.

　윤은석은 대전지역 기독교학교의 영향력을 대성학원을 통해 살피었다. 대성학원은 1955년 공식 인가를 받고 대전지역에 4개의 중·고등학교와 연기군의 2개의 중·고등학교를 통해 지역사회의 교육열에 일조하며 교육수요를 분담하였다고 하였다. 특히 대성학원은 기독교 정체성을 학교교육에 녹여 학생들의 인성교육에도 특별한 영향력을 행사하였다고 보았다.

　장금현은 경북지역 성경구락부의 운영과 학교로의 변화를 살펴보았다. 성경구락부 연구의 두 번째 결실로서, 이 연구는 경북지역에서 성경구락부 활동의 특징과 정규학교로 전환되는 과정, 이후 지역의 중요한 교육기관으로 자리잡는 일련의 상황을 면밀히 검토하였다.

　최현종은 인천과 서부 경기지역(부천, 시흥, 안산)을 중심으로 기독교 중등학교를 연구하였다. 우리나라 사립학교 가운데 기독교 학교가 차지하는 비율을 상기할 때, 지역별, 학교별 사례 연구는 앞으로도 계속 탐구할 주제일 것이다. 이 연구에서 인천 지역 학교는 지역의 구도심 발전과 함께 설립되었고, 시흥과 안산은 1990년대 설립되어 중등교육의 부족한 상황을 채워주었음을 밝히고 있다. 이 연구에서는 고교평준화정책, 종교차별금지법안, 자율형사립고 제도 등 여러 가지 교육계의 문제 및 변화와 관련하여 기독교학교의 나아갈 바를 고민하고 대안을 모색하고 있다.

　기독교학교의 설립과 운영, 발전과정을 살피면서 계속되는 고민은 기독교적 교육 혹은 학교의 정체성과 나아갈 방향에 대한 것일 것이다. 국가교육제도 안에서 학교를 유지하면서 기독교가 추구하는 가치와 영적 교육, 선교 등을 어떻게 실현할 수 있을까 하는 것이다. 기독교계 학교가 설 자리가 어디이고 어떠한 역할을 해야 할 것인가 하는 고민은 끊임없이 계속될 것이다.

다만, 역사적으로 우리나라의 교육에 기독교학교가 선구자적 역할을 하였고, 이 땅의 많은 인재들을 길러내었음을 기억하고 앞으로도 이러한 사명이 우리에게 있음을 명심해야 할 것이다.

기독교 교육 및 학교에 대한 고민이 계속될 때 역사적 연구 과제 또한 끝이 없을 줄 안다. 이 책에 실린 글들은 그러한 과제에 대한 아주 일부의 연구일 뿐이다. 앞으로 전체 기독교계 학교의 현황을 종합적으로 파악하고 각 지역·시기·학교·교단 등의 세부적인 항목의 연구가 계속되어야 할 것이다. 우리 연구소는 이러한 과제에 부응하여 지속적인 연구를 해나갈 것이다. 그 발걸음의 첫 결과물을 여기에 내놓아 계속되는 연구의 마중물로 삼으려 한다.

서울신학대학교 현대기독교역사연구소 연구교수

윤 은 순

■ **Acknowledgement** ─────────────────────────────

이 책은 다음 논문을 부분적으로 수정·보완하여 엮었음.

양준석, 「제2차세계대전 이후 미국의 민주주의 교육 구상: 한반도 이남의 가동
　　　과 동유럽의 정지」, 『동유럽발칸연구』 44(2), 2020.
김동선, 「미군정기 국정 공민교과서의 성격과 집필진의 구성」, 『한국민족운동
　　　사연구』 94, 2018.
장경호, 「일제강점기 미국유학생의 기독교 인식과 학습」, 『한국학논총』 54,
　　　2020.
장금현, 「프란시스 킨슬러와 성경구락부 운동」, 『신학과실천』 68, 2020.
윤은순, 「한국 기독교의 성경구락부 운동 전개와 학교로의 전환」, 『숭실사학』
　　　44, 2020.
윤은석, 「웨슬레 구락부의 발전과 특징: 지역사회 교육과 개척교회」, 『ACTS신
　　　학저널』 43, 2020.
박창훈, 「한국 기독교 대안학교의 발전과 전망」, 『종교와사회』 8(2), 2020.
이은선, 「강흥모 장로와 전주 영생학원의 설립과 운영의 역사적 의의」, 『한국
　　　교회사학회지』 55, 2020.
윤은석, 「해방 이후 개신교 학교와 사회적 영향력: 대전 대성학원을 중심으로」,
　　　『선교와신학』 50, 2020.
장금현, 「해방 후 경북지역 성경구락부의 변화- 경북 경안노회를 중심으로」,
　　　『대학과선교』 43, 2020.
최현종, 「개신교 계통 중등학교 연구: 인천과 서부 경기 지역(부천/시흥/안산)
　　　을 중심으로」, 『종교와사회』 8(2), 2020.

| 차 례 |

▌제1부 민주주의 교육의 전개와 민주국가건설의 구상 ▌

제2차세계대전 직후 한반도와 동유럽에서 미국의 민주주의 교육 구상 | 양준석

미군정기 국정 공민교과서의 성격과 집필진의 구성 | 김동선

▌제2부 기독교 학교의 모색과 제안
-성경구락부, 기독교대안학교의 운영과 활동▌

웨슬레 구락부의 발전과 특징 : 지역사회 교육과 개척 교회
윤은석

한국 기독교 대안학교의 발전과 전망
박창훈

제3부 기독교 학교의 발전과 지역사회에서의 역할

강홍모와 전주 영생학원의 설립과 운영의 역사적 의의
이은선

해방 이후 개신교 학교와 사회적 영향력 : 대전 대성학원을 중심으로   윤은석

해방 후 경북지역 성경구락부(Bible Club)의 변화 : 경북 경안노회를 중심으로   장금현

개신교 계통 중등학교 연구 : 인천과 서부 경기 지역(부천/시흥/안산)을 중심으로   최현종

제1부
민주주의 교육의 전개와
민주국가건설의 구상

제2차세계대전 직후 한반도와 동유럽에서
미국의 민주주의 교육 구상

양준석

I. 들어가는 말

제2차세계대전의 종전과 파시즘의 몰락 후에 전 세계인은 평화를 기대했지만 국제상황은 민주주의 대 공산주의의 충돌 양상으로 전개됐다. 토크빌(Alexis de Tocqueville)은 민주주의가 중우정치와 전제정치로 전락할 수 있는 경향을 우려했지만, 민주주의는 18세기 후반, 19세기에 사회·경제 발전에 힘입어 더욱 확장하고 대중적으로 발전했다. 밀(John Stuart Mill)은 민주주의가 보통 사람들 사이에 시민적 덕성을 강화시킨다고 보았고, 이는 교육을 개선시킨다는 의미였다. 참정권은 점진적으로 확대되어왔고, 서구의 민주주의 나라들에서 거의 모든 사람들이 민주주의를 최상의 정부 형태로 수용해왔다(Ball and Dagger 2006: 36-37). 또한 미국식 민주주의는 토머스 제퍼슨(Thomas Jefferson)

의 철학에 기반한 자유 개념에 기초하여 발전했고(Fish 1920: 253), 제1차
세계대전 이후 미국은 윌슨주의에 기초가 된 도덕적 우월성에 기반 한
미국 예외주의와 국제주의를 강조했다(마상윤 2005: 50-53). 이러한 흐
름에서 루즈벨트(Franklin D. Roosevelt)는 1938년 "만약 사람들이 그들
의 민주국가보다 더 강력한 형태의 사적 권력의 확대를 용인한다면 그
것은 민주주의의 자유가 안전하지 않다는 것이다. 본질적으로, 그것은
개인, 그룹 또는 통제하는 사적 권력에 의한 전체주의 정부이다"라고
말했다(Bivona 2017). 또한 그는 "민주주의는 자신의 선택을 표현하는
사람들이 현명하게 표현하지 않는다면 성공할 수 없다"(Roosevelt 1938)
고 하며 자유의 중요성을 강조했다.

　이와는 대조적으로 소련은 레닌(Vladimir Il'ich Lenin) 이래로 민주주
의를 프롤레타리아 혁명과 계급의 독재를 위한 하나의 전략이론 또는
전술로써 인식하고 있었고, 공산주의자들은 민주주의란 용어를 대중
을 조작하는 이데올로기로 사용하고 있었다(양호민 2010: 414). 1905년
레닌은 "민주주의혁명에 있어서의 사회민주주의의 두 개의 전술"에서
프롤레타리아 혁명을 위한 부르주아민주주의 혁명을 언급한다. 1928
년 코민테른의 12월 테제에서는 부르죠아민주주의 혁명의 목적이 "프
롤레타리아 계급과 농민의 민주주의적 독재"를 수립하는 것이라고 밝
혔다(양호민 2010: 426-428). 윌슨과는 다른 민족자결주의와 반자본주
의적 민주주의를 옹호하는 레닌주의는 반제국주의를 목표로 하는 한
국의 독립운동가들에게도 중대한 영향을 미쳤다(Kim 2019: 43) 민주주
의에 대한 상이한 인식을 지닌 미국과 소련은 제2차세계대전 종전으
로 연합군으로서의 소임이 종결된 1945년 이후 한반도에서 각자의 민
주주의의 원리를 두고 대립했다.

　미국과 소련의 대립에 따라 한국인들 사이에도 다양한 민주주의론

이 등장했다. 1920년 장덕수의『東亞日報』창간사를 보면 일반인에게 있어 민주주의는 자유주의와 거의 동의어로 이해되고, 생활의 원리로서 제시되고 있었다. 창간사는 "민주주의를 지지한다. 이는 국체(國體)니 정체(政體)의 형식적 표준이 아니다. 곧 인류 생활의 일대 원리요 정신이니 강력을 배척하고 인격의 고유한 권리와 의무를 주장하는 것이다. 이를 국내 정치에 적용하면 자유주의며, 국제정치에 적용하면 연맹주의요, 사회생활에 적용하면 평등주의요, 경제조직에 적용하면 노동 본위의 협조주의"라고 강조했다(東亞日報 1920.4.1). 해방 이후 조선공산당의 진보적 민주주의, 백남운의 연합성 신민주주의, 청우당 이석보의 자본민주주의, 안재홍의 신민주주의, 안지홍의 진정민주주의, 배성룡의 신형민주주의 등이 제기되었다. 또한 프롤레타리아민주주의, 부르주아민주주의 등의 개념 역시 빈번하게 사용되었다(김봉국 2018: 147-148). 미국의 민주주의 개념은 "어떤 체계성을 갖추고 제도나 이념으로 정의되기보다는 거의 '지고의 善'이란 가치로 소개되는 경우가 많았다"(박지영 2014: 55-57)라고 평가했다.

  김봉국은 해방 직후 좌우대립의 양상에서 주목되는 것은 양측이 모두 자기 정당화와 상대방에 대한 공세의 근거로 '민주주의'를 내세웠고, 조선공산당을 중심으로 한 좌익은 전후 세계를 "민주와 반민주" 간에 투쟁의 장으로 규정하고 반민주세력인 우익의 타자로서 자파를 진정한 민주주의의 담지자로 자임했으며, 우익 역시 좌익을 계급독재로 비민주주의세력으로 비난하는 것은 마찬가지였다고 보았다(김봉국 2018: 144). 김정인은 "미소공동위원회가 표류하는 것을 두고 미국 일간지『The New York Sun』은 미국과 소련의 민주주의관의 차이 때문이라고 평했다. 미국과 소련이 이해하는 민주주의 정부의 상이 다르기 때문이라는 것이다... 좌익과 우익이 상대를 공격하고 비판하는 잣대도 다름 아닌 민주주의였다"고 파악했다(김정인 2013: 201).

소련의 공산화 위협이 한반도 이북을 넘어 이남으로 확대되는 상황에서 미국은 민주주의를 방어하는 핵심 대응책으로 교육을 활용했다. 미국에 있어 해방공간의 한반도에서 '민주주의'와 '교육'은 다른 의미의 단어가 아니었으며, 미국이 추구하는 민주주의의 이상과 방식을 체계적으로 신생 독립국에게 전달하는 하나의 프로세스였다. 미군정 시기 한국 교육은 일제의 철수에 따라 남겨진 문제를 수습하고, 장기적 설계를 위해 교육심의회를 설치하는 노력을 했다. 단선형 학제, 의무교육제, 미군정 말기에는 자체 교육제도를 위한 법령도 마련되었다. 이렇듯 교육과정의 민주화를 위한 노력이 출발되었고, 여기에는 미국의 민주교육사상에 영향을 받아 여러 안과 제도가 연구되고 실시되었다(오천석 2014: 399-400).[1] 많은 한계가 존재했음에도 불구하고 미국은 한국의 교육정책에 있어서 구체적 방침을 갖고 있었고, 민주주의 교육의 방향을 만들어 나아가고 있었다. 이 연구는 미국무부와 미군정의 문서를 분석하여, 미국이 미소공동위원회 시기 어떠한 형태로 민주주의 교육에 대한 체계를 정립하려 했고, 수행했는지를 검토한다. 19세기까지 한국인들은 중화중심의 사고·교육체계에 머물렀고, 이후 열강들의 각축에서 휘둘렸으며, 일제의 강점 하에서 민주주의 교육을 받

---

[1] 교육부문 담당자는 락카드(E. L. Lockard) 대위가 임명됐다. 락카드와 학무국 구성을 주도했으며, 미군정청 문교부 차장이었던 오천석(吳天錫)은 락카드가 입대전에 시카고의 한 초급대학의 영어교수 경험을 가지고 있을 뿐 한국에 대한 지식과 한 나라의 교육행정을 수행할 경험이 부족했음을 지적하고 있다. 다만 락카드는 한국에 대한 지식과 교육적 지도성이 부족했기 때문에 한국인들의 의사를 존중했음도 언급한다(오천석 2014, 365쪽). 또한 교육담당 미국직원들 중 한국 교육을 지도할 만한 역량을 가진 사람이 없었고, 한국의 교육을 확고한 민주주의적 이념에 의하여 이끌고 나갈 만한 뛰어난 인물이 미국인 중에 없었다고 평가한다(오천석 2014, 389쪽).

을 수 없었다. 해방이 되어서야 민주주의 교육을 받을 수 있는 기반이
조성되며 교육 체계가 가동되었던 것이다.

　또한 한국에서 민주주의 교육의 특징은 제2차세계대전 직후 독립을
맞이한 동유럽[2])과의 비교를 통해서 더욱 분명해 진다. 한반도의 이북
은 공산화 과정의 방식적 측면에서 동유럽과 유사했고, 이남은 다른
형태의 국가체계를 추구했다. 제2차세계대전 직후 미소공동위원회를
통해 미국과 소련은 한반도에서 각자의 민주주의 개념을 두고 대립했
지만, 민주주의의 섬이라고 불렸던 체코슬로바키아를 포함해 동부유
럽의 주도 국가였던 헝가리와 폴란드는 공산화되면서 민주주의 교육
까지도 정지되는 과정이 진행되었다. 이 연구에서는 제2차세계대전 종
전 직후 *Foreign Relations of the United States(FRUS)*에 나타난 동유럽의
민주주의와 교육에 대해 분석한다.[3]) 물론 한반도 이남에서와 같이 동
유럽에서 미국의 민주주의 교육에 대한 구체적 방안과 정책이 나타나고
있지는 않지만 공산화가 급속하게 강화되는 상황에서 미국대사관, 공사
관의 문서를 통해 민주주의 교육이 정지되는 과정을 파악할 수 있다.

---

2) 이 연구는 동유럽을 지칭하는 중부유럽, 중동부유럽 등의 지역명칭을 주지하
　 며, 제2차세계대전　직후 당대의 인식을 복원하는 차원에서 일반 지칭하던
　 '동유럽' 용어를 사용한다.

3) *FRUS* 문서는 미국무부 Office of the Historian과 국사편찬위원회 한국사데이
　 터베이스에서 공개한 내용을 활용했다.

II. 한국에서 민주주의 교육의 가동

1) 해방 직후 미국의 민주주의 교육 기본 목표 설정

기존 연구에서 해방과 동시에 먼저 민주주의를 주창한 것은 조선공산당이었음을 강조한다. 1945년 9월 20일 조선공산당 중앙위원회는 잠정적으로 채택한 정치 노선에 대한 결정인 「현정세와 우리의 임무(8월 테제)」를 발표하며 "현재 조선은 프롤레타리아 민주주의 실현의 전제인 부르주아 민주주의혁명의 단계에 있다"고 천명했다. 하지만 이 부르주아 민주주의혁명은 프롤레타리아의 주도하에 세계 사회주의혁명의 일환으로 수행된다는 의미에서 고전적 의미의 부르주아혁명과 다른 것이었다. 조선공산당은 이러한 부르주아민주주의혁명으로 구현되는 민주주의를 인민민주주의라 불렀다(김정인 2013: 202-203). 38선 이남에서 미국의 '민주주의'는 점령군으로 상륙한 하지 중장이 한반도에 뿌린 포고문에서부터 강조된다. 한 포고문에서 보인 '민주주의 국가인 미국'이라는 점령군의 언사는 그들의 통치가 이 단어를 기반으로 이루어질 것임을 암시하는 것이었다(박지영 2014: 55). 이러한 후대의 연구에 대해 제2대 외무부장관을 지낸 임병직(林炳稷)은 1946년 2월 다른 입장을 보이고 있다. "조선에 있는 미국군대는 결코 반동적이 아니다. 그들은 순연한 민주주의자들이다. 오보가 미군병사들에게 영향을 미치게 함이 있어서는 안 될 것이다. 소련은 그들이 도처에서 사용하고 있는 동일한 활동과 전술을 사용할 것이다... 미국인들은 조선사람에게 자유를 줄 수는 없으나 다만 민주주의의 섬광을 주려 함이다. 그렇지 않으면 공산주의의 암흑이 있을 것이다"(東亞日報 1946.2.11).

한반도의 좌우 대립적 배경의 상황에서 1945년 9월 24일 하지(John

Reed Hodge)가 맥아더(Douglas MacArthur)에게 보내는 문서는 미국이 갖는 기초적인 민주주의와 교육에 대한 인식을 나타낸다. 하지는 "한국은 일본 제국의 일부가 아니며, 일본의 전면적인 통제를 받았던 적을 제외하면 일본제국의 일부였던 적도 없다... 이 나라는 그들을 일본인으로부터 해방시켜주는 그 어떠한 것도 받아들이고 있으나, 과거의 역사 때문에 현재는 특정한 종류의 민주정부, 그리고 특히 미국에 대해 가장 우호적이다. 일제 통치의 이후 파벌들을 단합시키고 민주주의에 대한 기본 교육을 시작할 때이다... 양 지역은 전면적 상호교류 없이는 어느 쪽도 자립할 수 없다"[4]라고 하며 한국이 일제강점기 이전 독립된 역사를 추구하였으며, 미국에 가장 우호적인 한국인들이 그들 자신의 역사를 보존하기 위해, 그리고 분열된 파벌, 지역의 분리를 극복하기 위해 민주주의 교육을 시작해야 한다는 기본 계획을 세우고 있었다.

1945년 9월 25일 미군정 정치고문 베닝호프(Merrell H. Benninghoff)가 국무장관에게 보내는 문서에는 보다 구체적인 한국 내부의 사정이 그려지고 있었다. "남한에는 강하게 대립하는 두 개의 정치세력이 존재하며, 국민 대다수가 지지를 표방하고 있고, 보다 덜 공격적인 보수세력은 스스로를 보호하기 위해 반공·친민주주의적 신념을 내걸고 조직화하고 있다. 급진세력은 용공적이며 정치적 기회주의자라고 할 수 있는 여운형이 지도하고 있는데, 보다 잘 조직되었을 뿐 아니라 목소리가 크며, 그리고 실질적인 공산주의(소련)의 침투의 성격 및 그 정도는 정확히 알 수는 없으나 상당한 정도에 이르는 것 같다"고 했는데 이러한 분석은 기존의 해방 직후 여운형(呂運亨) 중심의 건국준비위원

---

[4] "Memorandum by Lieutenant General John R. Hodge to General of the Army Douglas MacArthur at Tokyo," 895.01/9–2645, Seoul, September 24, 1945.

회에 대한 다수 한국인들의 여론 지지를 받고 있었다는 기존 인식과는 거리가 있는 당시의 분석이다. 또한 베닝호프는 양 세력이 차이가 있고, 보수 세력은 그들의 프로그램을 충칭의 대한민국 임시정부 지도하에 실현시키길 바라고, 보수 중 일부는 이승만(李承晩)을 '조선의 쑨원(Sun Yat-sen)'이라 부르고 있다고 보았다. 이에 반해 급진세력은 임정에 대해서는 일체 언급하지 않으며, 그들의 목표도 불분명하게 제시하고 있어, 국가재건의 프로그램에 대해 모호한 태도를 취하고 있음을 지적했다.[5]

1945년 8월 이후 해방공간에서 좌익의 민주주의와 우익의 민주주의 교육이 대립하고 있는 상황에서 자유민주주의적 교육운동을 지지하고 있던 오천석은 다음과 같이 언급했다. "인류는 민주주의 이상의 다른 원리를 발견하지 못했고, 연합군이 제2차세계대전에서 피를 흘린 것도 이 생활원리 때문이었으며, 한국인의 염원도 이러한 원리 위에 새나라를 건설하려는 것"이었음을 기록했다. 또한 "민주주의적 교육은 시대의 요청이요, 민족의 갈망이었던 것으로서, 아무도 이를 부인할 수 없"다고 강조했다(오천석 2014: 379). 이는 미국과 그들의 국가원리인 민주주의를 교육을 통해 실현하고자 하는 자유주의적 한국 교육자의 의지를 확인할 수 있는 대목이었다.

2) 제1차 미소공동위원회 결렬 이후 민주주의 교육의 구체화

1946년 5월 제1차 미소공동위원회가 미국과 소련의 서로 다른 민주주의 기본 개념을 주축으로 한 임시정부 구성의 방식, 절차, 구성 요건

---

[5] "The Political Adviser in Korea(Benninghoff) to the Secretary of State," 895.00/9-2945, Seoul, September 25, 1945.

의 대립에 따라 무산되었고, 1946년 하반기에 민주주의의 다양한 논쟁
이 더욱 확대되었다. 박헌영(朴憲永)은 철저하게 마르크스-레닌주의에
입각해 동유럽 공산주의의 관점을 대변하고 있는 민주주의를 견지했
고, 이승만과 한민당이 추구한 민주주의를 비판했다. 박헌영은 "그것
은 형식적 민주주의 국가의 건설로서 그들 지주와 대자본가의 독재 하
에 그들의 이익을 옹호 존중하는 정권수립의 기도이다. 이것은 해외에
있는 망명정부와 결탁하여 미국식의 데모크라시적 사회제도 건설을
최고 이상으로 삶는다. 반동적 민족 부르주아 송진우와 김성수를 중심
으로 한 한국민주당은 지주와 자본계급의 이익을 대표한 반동적 정당
이다"(박헌영 1946 "현정세와 우리의 임무"; 장명학 2009: 255 재인용)라
며 비판의 목소리를 강화했다.

좌파잡지『민성』은 "우리 소비에트에는 자본가도 지주도 없고, 착취
없는 본래의 인민의 자유를 꺾는 일이 존재하지 않는 까닭입니다. 그
러므로 우리의 선거는 세계에서 유일한 참으로 자유인 민주주의적 선
거입니다"(스탈린 1946 "민주주의- 선거에 대하여"; 박지영 2014: 57-59
재인용)라고 스탈린(Joseph Stalin)의 글을 번역하여 엮었으며, 뷔신스
키(Andrei Vysinsky)의 인터뷰를 통해 "인민의 권력이 아니라면 데모크
라시란 무엇입니까? 레닌이 말한 것 같이, 우리나라의 노동자는 누구
나 국가를 지도할 수 있으며 어떠한 요리인도 통치할 수 있습니다. 소
련에 있어서의 데모크라시는 사실상 수천만 인민이 정치에 참여하고
있다는 것입니다"(뷔신스키 "민주주의란 美人이 아니다"; 박지영 2014:
57-59 재인용)라고 했다.

스탈린과 뷔신스키가 전하는 민주주의 개념에서 가장 중요한 핵심
은 인민의 평등과 이를 기반으로 한 인민의 권력이었고 혁명을 지향점
으로 하고 있다는 것이었다.『민성』에는 미국과 소련이 민주주의를 추

구하지만, 전 인민의 9할 여가 독점하고 1할 미만이 배제되는 프롤레타리아 민주주의가 원칙적으로는 평등함을 강조한다. 반면 그들은 미국의 민주주의가 "겉으로는 평등하다고 하지만 실제로는 경제력에 의해서 모든 것이 좌우되는 부르주아 민주주의 중 어떤 것이 데모크라시의 이념에 가깝다"한 것으로 보았다(박지영 2014: 59). 민주주의민족전선의 상임위원이었던 김오성(金午星)은 서구 선진국의 민주주의 역사를 검토하면서 다수결의 원칙과 투표에 근거한 부르주아 민주주의는 소유계급의 이익만을 옹호하는 기만책이라고 비판했다(김봉국 2018: 147-148).

다른 입장의 당시 기록을 살펴보면, 1946년 5월 12일 미소공동위원회 결렬 이후 한국 언론에서는 이에 대한 설명을 진행하며 미국식 민주주의를 지지하는 내용도 보도됐다. "일본, 독일, 이탈리아 군국주의의 전형적 특색은 언론의 자유와 출판의 자유를 거부하는데 있고, 이에 반해 진정한 민주주의의 기본 조건은 무엇보다도 첫째로 언론의 자유와 출판의 자유에 있다는 것은 재론할 여지가 없는 엄연한 공리이다. 자유민으로서의 인권주장과 약소민족으로서의 자결원칙은 완전히 유린되지 않았나하는 위협과 실망이 있었고, 평화애호국인 미영 양국은 먼저 대독선전 후 1941년 9월 12일 대서양헌장을 선언했다. 대서양헌장 정신은 각 국민의 자유의사 표명에 대한 절대적 권리를 인정한 것이다... 국제민주주의의 기초인 언론 자유를 강조하면서 해방조선의 명일을 위하야 진정한 민주노선을 지향하는 국제적 정의와 평화 전취에 노력하는 미대표단에는 경의를 표하지 않을 수 없다"는 내용이 보도되었다(東亞日報 1946.5.12).

김준연(金俊淵)은 "조선민족의 행복을 증진하려면 자주독립국가를 완성하여야 하겠다. 그렇게 하는 데는 국민의 총의에 의하여 민주주의적으로 하여야 하겠다. 그런데 이 민주주의에 두 가지 해석이 있어서 좌익계열에서는 공산주의적 독재를 의미하게 된다. 그러나 우리는 민주주의란 말을 세계에서 널리 쓰이는 의미로 해석하고 사용하는 것이 정당하다고 생각되는데 그는 자유를 기초로 하는 것이다." 좌익 계열이 주장한 데모크라시란 결국 프롤레타리아 독재의 소비에트형을 비난하는 것이었다(김봉국 2018: 146-147). 좌우합작을 추진했던 김구(金九)는 신탁통치안을 찬성하는 좌익세력에 대해 비판하며, "좌익의 무리는 혈통의 조국을 부인(否認)하고 소위 사상의 조국을 운운하며, 혈족의 동포를 무시하고 소위 사상의 동무와 프롤레타리아트의 국제적 계급을 주장하여, 민족주의라면 마치 이미 진리권(眞理圈) 외에 떨어진 생각인 것같이 말하고 있다. 심히 어리석은 생각이다"(김구『백범일지』2004: 424-425; 장명학 2009: 245 재인용)라고 했다. 김구는 미국의 민주주의가 국민의 자유로운 의견 및 의지가 적절히 반영되는, 그리고 현안에 대한 자유로운 토론의 과정을 거쳐서 다수가 함께 의견이 형성되고 다수결 원칙에 의해 법이 제정되는 합리적인 제도로 파악했다. 민주주의를 평가 기준은 언론과 투표의 자유, 다수결정에 복종하는 정도에 달려있고, 조선공산당이 주장하는 "소련식 민주주의라는 것은 이러한 독재정치 중에서도 가장 철저한 것이어서 독재정치의 모든 특징을 극단으로 발휘하고 있다"(김구『백범일지』2004; 장명학 2009: 245-246)라고 언급하고 있다.

특히, 조봉암(曺奉岩)과 여운형도 미국식 민주주의를 옹호하는 입장을 나타내기도 했다. 1946년 6월 22일 인천시민대회에서 조봉암은 민주주의를 연합국의 이념과 등치시켰다. "현재 조선민족은 공산당이 되기를 원치 않는다. 따라서 조선공산당의 계획으로 된 인민공화국 인민위원회와 민주주의민족전선 등으로써 정권을 취하려는 정책은 단연 반대한다. 우리 조선민족은 아메리카를 비롯하야 연합국에 대하야 진심으로 감사할 것이며 또 진심으로 협력하야 건국에 진력할 것이오. 지금 공산당과 같이 소련에만 의존하고 미국의 이상을 반대하는 태도는 옳지 않다"(東亞日報 1946.6.26)라고 했다. 여운형은 대중의 자발적 지지에 기초한 민주주의를 '진정한 민주주의'라는 용어로 지칭하면서 "대중에 뿌리박지 않고 위에서 형성된 정치의식을 민중의 이름을 빌어 합리화하려는 일개수단으로서의 민주주의는 연합국의 힘으로 타도된 가면 쓴 파시즘에 지나지 않는 것"(장명학 2009: 252)이라 했지만, 다른 문서에서 여운형은 미국식 민주주의를 부정하지 않았고, 오히려 강조하기도 한다. "여운형은 조선에 확립되어야 할 정부 형태에 대해 행정부(임명), 입법부(선거), 사법부를 가진 미국적 민주주의 형태가 조선정부형태로 적합하다고 주장"[6]했다라고 미군정 문서는 기록했다.

이러한 좌우진영의 대립을 배경으로 미국은 미국식 민주주의를 강화하는 준비를 진행했다. 이는 특히 1946년 중반 이후 본격적으로 나타났다. 미군정은 여러 매체를 동원하여 점령국 민주주의를 널리 전파하려 했다. 미군은 자체적으로 팸플릿과 포스터 등 선전매체를 대량으로 제작하여 비행기로 살포하거나 각종 통로를 이용하여 배포한다. 이외에도 미국식 민주주의는『농민주보』,『주간신보 Digest』,『조선화보』와『새살림』등 각종 출판물을 통해서 선전됐다. 예를 들어『농민주보』에서는 '민주주의의 기초'란 제목으로 '정부의 삼권분립이 행정, 입법, 사법'이라는 점을 박스기사로 홍보했다(박지영 2014: 55-56).

그렇다면 이러한 미군정의 민주주의 교육의 강화는 어떠한 정책적 기반에서 출발한 것일까? 제1차 미소공동위원회가 결렬된 이후 1946년

---

6) "정보참모부 일일보고서-시민동향, 1947년 6월 9일 08:00부터 10일 08:00까지," HUSAFIK,「미군정 정보보고서 제4권」166~167쪽.

6월 6일 문서에는 미국이 한국에 대한 기본계획을 구체화하고 있었고
민주주의와 교육을 어떻게 연결시킬 것인가에 대한 고민이 나타난다.
우선 카이로회담에서 논의한 민주적 정부의 수립을 최우선으로 강조
했다.

(1) 외국의 통제로부터 독립적이고, 유엔에 가입할 자격이 있는 자치
적인 한국의 수립, (2) 그렇게 수립된 전국 정부(national government)
가 자유롭게 의사를 표현하는 한국인들을 완전히 대표하는 민주적인
정부가 되도록 보장, (3) 한국인들이 독립적이고 민주적인 국가가 필
요로 하는 건전한 경제와 적절한 교육시스템을 수립하는 것을 지원[7]

이와 같이 미국무부는 구체적 계획으로 진행되는 민주적 정부 수립
과 동시에 이를 위한 최우선 정책으로 경제와 교육을 꼽았다. 교육시
스템의 구축 목표는 국가수립 이후가 아닌 민주국가수립을 위한 즉각
적 시행이 요청되는 상황이었다. 미국정책에 대한 한국인의 지지를 얻
고, 소련과의 협상에서 미국의 입장을 강화시키기 위해 "주한미군사령
관은 남한을 위한 건설적인 경제 그리고 교육개혁 프로그램을 폭넓게
구성하는 조치를 취함으로써 한국에 강력하고 지속적인 민주주의 제
도를 개발하는데 우호적인 환경을 조성해야 한다"라고 강조했다. 이어
서 자문입법기구가 설치된다면, 자문입법기구가 이러한 프로그램을
형성하는 것을 지원할 것을 명시하며, 미군정의 주요한 개혁 목표와
민주적 제도적 장치의 마련, 그리고 교육이 함께 진행되어야 함을 제
시했다.[8]

---

[7] "Memorandum by the Assistant Secretary of State for Occupied Areas (Hilldring) to the Operations Division, War Department," Washington, 740.00119 Control (Korea)/6-646, June 6, 1946.

미국무부는 이남의 개혁목표들의 의도가 모스크바 3상회의 결정에 부합하도록 전국적인 임시정부를 가능한 한 빨리 수립하려 했다. 미소공위 교착상태를 해결하고 임시정부 수립을 논의한 미국무부의 최우선 사항은 "한국과 관련하여 미국의 근본적인 목적을 간단하게 표현하면 한국의 독립이다. 이는 미국이 카이로 선언과 그 후의 성명에서 약속"임을 분명히 했다. 한국의 정치적 안정 다음으로 언급하는 것이 교육이었다.

> 만약 우리가 외국의 통제에 독립적이고 유엔에 가입할 자격이 있는 자치적인 한국을 수립하고자 한다면, 우리는 한국인들이 독립국가에 필수적인 건전한 경제와 적절한 교육시스템을 설립하는 것을 지원해야만 한다. 우리 자신의 자유의 원칙과 일치하도록, 우리는 우리가 설립을 돕는 전국적 한국정부가 자유롭게 표현된 한국인들의 의지를 완전히 대표하는 민주적인 정부가 되도록 준비를 해야만 한다 [중략] 건설적인 경제와 교육개혁을 위한 폭넓은 프로그램은 아마도 소련당국이 받아들일만한 특징들을 포함하고 있을 것이며, 그들에게 우리의 목표와 방식을 더 신뢰하도록 하는데 도움이 될 것이다.[9]

---

8) Ibid. 이 토론에는 미국이 이승만과 김구 같은 한국의 중진 정치지도자들에 대해 갖는 입장도 포함되어 있다. "만약 최근 한국에서 있었던 정치적 논란의 중심에 있었던 특정 인물들이 정치무대에서 일시적으로 은퇴한다면, 소련과 미국당국 사이의 합의뿐만 아니라 남한의 다양한 파벌들 사이 합의도 또한 촉진될 것이다... 이 지도자들은 일본의 항복 이후 한국으로 돌아온 나이든 망명 한국인들로 구성되어 있다. 이들은 한국의 정치적 여론을 완전히 대표한다고 생각되지 않고, 한국 민주주의의 수립이나 한국에서 미국의 목적달성에 핵심적이라고 느껴지지도 않는다. 반면 그들이 정치무대에 존재하는 것은 소련과의 합의 도달을 매우 어렵게 만든다. 이러한 이유 때문에, 그들의 한국정치 참여는 한국에서 미국의 목적달성에 대체적으로 도움이 되기보다는 방해가 된다"고 하며, 한국의 민주적 정부 수립을 위해, 그리고 소련과의 적절한 합의에 도달하기 위해 강한 반공을 주장하는 이승만과 같은 인물의 퇴진을 요청하고 있는 상황이었던 것이다.

미국의 민주주의 교육은 1946년 6월 폴리(Edwin Pauley) 대사의 방북 이후 작성된 보고서를 통해 한국에서의 민주주의 교육의 적극적인 필요성과 어떠한 형태의 방향으로 진행되어야 할지를 분명히 했다. 폴리의 보고서는 소련은 모스크바에 대한 충성심을 확립할 공산당 및 소비에트식 프로그램을 한국에 선전·촉진하고 있고, 반대하는 모든 정치적 당파들을 탄압하고 있다고 기술했다. 예를 들면 북한의 거리에 소련식 선전 포스터들이 장식되어 있는데, "소련과 조선의 친선 만세!", "소비에트 정부는 민주주의의 최고형태다", "우리는 붉은 군대(Red Army)의 명예를 더 높이 드날릴 것이다"라는 내용이 포함되어 있었다. 특히, "붉은 군대 병사의 첫 번째 교사는 하사관(sergeant)이다"라는 문구를 통해 교육과 공산주의의 밀착을 폴리는 지적하고 있다. 이어서 폴리는 "미국에게 민주주의란 다른 어떤 것들보다도 표현, 집회, 언론의 자유를 의미합니다. 소련에서 '민주주의'는 대중의 복지라는 측면에서 표현·해석"되고, 미국이 민주주의 및 4대 자유권을 전파하기 위해서 "한국 내에서 선전 및 교육 프로그램을 계속해야 할 것이다. 만일 한국에서 민주주의 교육이 원활하게 진행되지 않는다면, "한국인들은 소련이 민주주의의 최고 형태라고 찬양하고 있는 공산주의에 대해서만" 우호적이 될 것으로 보았고, 이를 막기 위한 구체적 방식으로 "미국인 교사의 한국 파견 및 한국 학생들의 미국 파견은 그러한 운동에 도움을 줄 뿐만 아니라 장기적 견지에서 장려해야 할 일"임을 강조했다.[10]

폴리의 보고에 대해 트루먼(Harry S. Truman)은 "우리 형태의 민주주

---

9) Ibid.
10) "Ambassador Edwin W. Pauley to President Truman," 740.00119 PW/7-346, Tokyo, June 22, 1946.

의를 한국인들에게 보급하기 위해 공보·교육 운동을 계속 진행할 계획이며, 이러한 목적의 달성을 위해 한국으로 미국 교사들을 파견하고 한국 학생과 교사들을 미국으로 보내는 일을 할 것이다. 나는 또한 상당한 숫자의 한국인 기술자들을 미국에서 훈련시키고 미국인 기술자들은 한국으로 보내 산업 재건을 도울 수 있게 되기를 바란다"고 답신했다.[11] 트루먼은 당면한 교육과제를 위해 우선 한국 내에서의 미군정 민주주의 교육을 강화, 한국인들의 미국 본토 교육, 미국교사들의 한국 파견이라는 3단계 계획을 추진한 것이었다.

이러한 미군정의 정책 변화에 따라 민주주의 교육은 본격적으로 강화된다. 1946년 9월을 전후하여 미국인 고문 피셔(James. E. Fisher)의 『민주주의적 생활』와 클리랜드(Gail Cleland)의 『새 조선의 민주정치』가 간행됐다. 클리랜드의 책은 민주적 사법정치의 원칙을 편리하게 그림으로써 설명한 책으로 만화형식의 일화를 삽입하여 흥미를 유도한 것에 알 수 있듯이 일반 대중용 책자였다. 이 책에서는 미군 미군정을 해방 은인으로 자주독립을 도우러 온 친구로서 서술하고 있는데, 1) 정부는 도시의 식량부족 등 생활의 여러 문제를 해결하는 존재임을 강조하고 2) 사법행정과 개인의 재산을 보호하고 모리배의 준동을 방지하는 정부의 기능을 부각시켰다(홍정완 2010: 189). 피셔의 『민주주의적 생활』에는 민주주의의 원리를 가정, 학교, 직장, 신문, 세계평화 등 구체적인 사회관계나 기구, 가치 등과 연관하여 서술하고 있다. 책의 서술 동기는 민주주의와 전체주의의 분명한 구별이 필요함을 강조하고 있는데 공산주의를 전체주의로 규정했다(홍정완 2010: 189).

가장 특징적은 활동으로는 미군정이 본격적으로 미국식 민주주의를

---

11) "President Truman to Ambassador Edwin W. Pauley, at Paris," 740.00119 PW/7-346, Washington, July 16, 1946.

소개하고 교육하기 위한 공보부 정치교육과의 『입헌정치개요』 발행이
었다. 이 책에서 우선 헌법을 강조하는데 "민주주의 헌법의 기초한 백
성의 주권, 백성의 대표정부, 사법행정, 백성의 권리 확보를 소개한다.
이것이 없고는 민주주의가 없고, 이것을 보장하는 기본법 없이 입헌정
부가 있을 수 없다. 백성의 주권이라는 것은 자치정부를 세우고 다스
리는 것이 백성의 권리라는 의미다. 즉 인민의 자유행동으로써 헌법을
만들고 제정하는 것은 국민주권이 인정되고 확보되었다는 확실한 증
거"라고 하며, 삼권분리 그리고 가장 중요한 권리를 투표권으로 설명
한다. 또한 언론자유가 전체주의와 구분되는 민주주의 국가의 특징임
을 강조한다(군정처 정치교육과 1946: 4-41).

　미국의 교육정책에 따라 실제 한국인들의 교육 방식 역시 1946년 후
반을 기점으로 변화하고 있었다. 1946년 시기에 교육의 양적 증대와
더불어 교육의 민주적 체제의 정비와 교육과정에는 민주화를 위한 노
력이 있었다. 이러한 노력은 새교육운동이라 불리게 되었는데 오천석
은 1946년 11월 듀이(J. Dewey)의 사상을 소개하는 『민주주의 교육의
건설』을 출판했다(손인수 1992: 315). 이 책은 교육의 필요성, 기능, 목
적부터, 방법, 커리큘럼, 방식, 이론, 철학까지 제시하는 책으로서 듀이
의 방대한 교육철학을 일목요연하게 담고 있다. 특히 7장 교육에 있어
서 '민주주의적 개념(democratic conception)'을 통해 듀이는 민주주의
사회는 외부의 권위의 기준을 거부하기 때문에 자발적인 조치와 관심
의 대체재를 찾는다. 그리고 이것은 교육을 통해서만 가능하다고 보았
다. 상호간의 영향을 주는 개인들의 확대는 결국 계급, 인종, 국가의
장벽을 사라지게 할 것이라 보았고, 접촉의 더욱 많고 다양한 지점들
은 개인들이 반응할 수 있는 더 큰 다양성을 의미한다고 보았다
(Dewey 1916: 53-54). 따라서 듀이의 민주주의가 갖는 핵심은 교육을

통한 개인의 자발성과 다양성의 확대를 통해 외부적 권위, 즉 전체주의적 특징을 극복하는데 있다고 볼 수 있다.

오천석은 듀이의 입장에서 민주주의 교육에 대해 민주주의는 하나의 생활 방식이며, 인관관계의 원리로 파악했다(손인수 1992: 329). 그는 새교육이 지향하는 바가 "민주주의의 기본정신은 각 사람의 개인적 존엄성을 존경하는데 있는 것이다. 그러므로 각 개인의 가치를 무시하는 전체주의적 사고방식에 젖은 옛 교육에 우리는 추종할 수 없었던 것이다"(오천석 2014: 391)라며 전체주의를 탈피하고 반대하는 민주주의를 교육적 방향으로 강조했다. 오천석은 전통에서 이탈한 한국 교육이 기댈 수 있는 유일한 사상은 민주주의라고 보았다. 이를 위해 일본적인 것을 배격하여 민족적 의식과 정신을 기초로 하고, 그 위에 민주주의 원리를 건국이념으로 하는 교육을 추구하는 것이 '새교육'의 원리, 목표로 보았다(손인수 1992: 329).

1946년 10월 25일 최초로 교수법 소개 연구회가 개최되었는데, "수업 방법은 시종일관 민주주의적으로 진행"되어야 할 것을 강조했다. 1946년 11월 초중등학교 교원을 대상으로 서울대학교에서 서울대 교수 안호상(安浩相), 조윤제(趙潤濟), 문교부 초등교육과 장 이호성, 미군정 고문 피셔, 에버설(F. L. Eversull) 등이 강연을 했는데 이는 1946년 『조선교육』 제1집에 수록되었다. 여기서 안호상은 "38선 이북의 교육은 로서아주의 교육이요, 이남의 교육은 미국주의 교육이라고 말할 수 있습니다"라고 했으며, 피셔는 민주주의를 설명하는데 있어서 "국민의, 국민에 의한, 국민을 위한 정부"를 인용하여 강의하였고, 에버설은 민주주의라는 것은 결국 인권이 중요하며, 다수의 사람이 정치에 관여하는 방법으로 투표를 통해 자유롭게 의사가 표출되도록 하고, 다수의 의견에 따라 문제를 해결하는 것임을 강조했다(손인수 1992: 343-347). 이

시기 미군정은 사립전문학교를 법적으로 승인하여 최초의 대학들이 등장한다. 이화여자대학교, 연희대학교, 고려대학교가 1946년 8월 15일 종합대학교로 승격했다(강명숙 2003).

3) 정부수립과 연계된 민주주의 교육

1947년 제2차 미소공동위원회 앞두고 한국언론에서는 미국과 소련의 민주주의에 대한 논의들이 소개되었다. 1947년 4월 "민주주의의 조선화"라는 제목으로 "미국에서 4년 만에 한번 있는 대통령 선거는 카니발 축제와 같은 연중행사"라고 하며, "미국에서는 누가 말한 '미국을 지배하는 것은 60가족이다'라는 정도는 모르되 국민의 거의 전부가 근로소득계급인데 그것이 세계에서 가장 높은 문명을 향유하고... 조선에서는 도저히 이 같은 것을 바랄 수는 없으나 조선의 현실에 알맞게 사회적 기반을 평형화하는 것이 정치의 안정을"(京鄕新聞 1947.4.11) 바란다고 하며 이남에서도 미국과 같은 민주주의를 정착시킬 수 있을 것으로 기대했다.

1947년 5월 25일 반탁독립투쟁위원회에서는 미소공동위원회에 다음의 문서를 전달했다. "민주주의의 개념도 미국과 소련의 용법에 대단한 차이가 있습니다. 미국에서 사용되고 있는 민주주의는 자유스럽고 공정한 선서로 결정된 다수파의 지배를 의미하되 소수파에도 언론자유와 반대의 권리를 인정하는 것이 분명합니다. 그러나 소련식 민주주의는 그 결과에 있어서 특정 계급에 한하여 정치적 권리를 인정하고 기존 정권에 대한 비판과 반대의 권리를 인정치 않는 것을 의미합니다... 민주주의 원칙이라는 어구에 관하여 우리는 귀 위원회가 그 한국 발전에 대한 적용의 의의를 결정하기를 기원하는 바입니다"(東亞日報

1947.5.25)라고 하며 한국의 민족주의 진영은 미국의 민주주의가 다수
결과 언론자유에 기반하는 것임을 소련의 민주주의가 프롤레타리아
독재의 형식을 갖추고 있음을 지적했다.

　제2차 미소공동위원회를 준비하며 38선 이북에서도 소비에트식 민
주주의 개혁에 대한 작업이 진행되었고, 교육에 대한 부분을 포함하고
있었다. 소련 외무장관 모로토프(Vyacheslav Molotov)가 미국 국무장관
마샬(George Marshall)에게 보낸 문서에 따르면, "일본의 항복 이후 기
간에 북한과의 연계를 통해 민주화 영역에서 현저한 진전을 이루었으
며, 국가 경제 및 문화의 복원 분야에서도 성과가 있다. 또한 정치적
자유를 보장하고 인민의 삶의 질을 끌어올리는 광범위한 민주개혁"이
이루어졌음을 밝혔다. 개혁의 구체적 사항들로서 "전면적 선거권의 도
입, 여성 평등권의 법제화, 자유롭고 민주적인 선거를 기반으로 한 지
방 기관 및 북한의 인민위원회의 수립"을 들었다. 또한 토지개혁을 통
해서 기존에 일본인들, 한국인들에게 몰수한 땅을 나누어 72만 5천 명
의 소작농 및 소농들이 1백만 헥타르 이상의 토지가 분배되었음을 밝
혔다. 또한 기존 일본 산업체의 국유화, 1일 8시간 노동제, 노동 보호
및 사회 보장이 이루어졌고, 공공 교육 개혁을 통해 한국어를 복구하
고 학교간의 연계를 강화, 학생의 수를 늘리는 등의 성과를 강조했
다.[12] 이를 통해 이북에서의 민주주의 교육이 민주주의의 가치와 원리
에 대한 학습을 진행하는 것 보다는 복지와 분배를 중심으로 하는 개
혁 목표, 그리고 민족주의를 고취하는 방향으로 실제 진행되고 있음을
파악해볼 수 있다.

　제2차 미소공동위원회가 진행되며, 1947년 7월 미소 대표들은 모스

---

[12] "The Soviet Minister for Foreign Affairs Molotov to Secretary of State,"
740.00119 Control, Moscow, April 19, 1947.

크바 결정 중 "민주주의 정당단체"의 정의에 관해 여전히 의견이 일치
하지 않았고 소련 측에서는 이를 근거로 하여 협의 범위를 축소하려
했다. 당시 미국은 남한의 427단체로부터의 협의 참가 신청을 수락했
는데 평양에서는 3정당과 35사회단체만 출석했다(東亞日報 1947.7.8).
이 상황에서 미국무부는 미소공동위원회의 결렬을 예상하며, 총선 돌
입을 예상했고, 한국에서 민주주의와 교육을 핵심 논의사항으로 다뤘
다. 1947년 7월 24일 맥아더는 하지에게 한반도 군정에 대한 명령서
(SWNCC 196/29)를 보냈다. 이 명령서는 제1편 일반 및 정치, 제2편 문
화, 제3편 경제, 제4편 금융으로 구분되어 있고, 정치 편에는 미국의
민주주의 개념에 부합하는 형태의 전국 총선거를 실시해야 한다는 내
용들이 주로 작성되었다.

특히 이 명령서에는 한반도에 대한 교육정책에 대한 미국의 구체적
계획이 등장하고 있다. 문화정책의 목표는 "한국인들의 문화 제도와
특히 교육 체계 등이 과거의 일본의 국가주의 영향에서 벗어나 자유로
운 교육 체계, 정보 매체 등을 회생, 수립하고, 전통적인 민족 문화를
자유롭고 민주적으로 개발할 수 있도록 지원하고 장려하는 것", "경제
활성화, 과학 연구 개발, 기술 발전 등을 위하여 한국인들이 교육, 정
보 프로그램 등에 참여할 수 있도록 지원하고 장려하는 것"이었다. 10항
에서는 교육기관의 활성화 내용이 담겼는데, "도서관, 박물관, 미술관
등의 정식 교육 기관이 계속 운영될 수 있도록, 또는 최대한 빠른 시일
내에 재개관할 수 있도록 승인"해야 하며, "한국인의 문해력과 교육 수
준이 민주 독립국 국민의 수준에 도달할 수 있도록 다음을 허가, 장려,
지원한다. (1) 생산 현장 내 기술 훈련 시설 등을 포함한 현존하는 교
육 시설의 확대, (2) 신규 교육 기관의 설립, (3) 현존하는 성인 교육 프
로그램의 확대 및 학교, 강의, 전시, 이동 교육 단위 등의 활용"해야 한

다는 내용이 담겨 있었다.

교육기관 지원 방향에 대해서는 "(1) 민주적 교육 체계의 조직 및 관리, (2) 여러 수준의 교사들을 필요한 수만큼 교육, (3) 민주 독립 국가의 지위에 어울리는 교육 체계를 위한 현직 교사 연수, (4) 자민족 문화, 언어, 관습 등에 대한 지식을 박탈당한 교사들에 대한 재교육, (5) 생산현장 교육 및 성인 교육 등을 통하여 한국인의 직업 기술 교육의 수준을 높임, (6) 농업 진흥 체계(agricultural extension system)를 통한 농민 교육"을 들고 있어, 교육 인원들의 수와 그들의 질을 확보하는 것에 중요한 방점을 두고 있었다는 것을 알 수 있다. 또한 정보매체의 활용은 "미국의 이상과 민주주의 원칙을 전파하도록" 활용해야 함을 제시하고 있다.[13] 1947년 7월의 미국은 한국 전체 또는 단독으로 진행될 수도 있는 선거를 본격적으로 준비하며, 그의 일환으로 독립 한국정부가 자주적인 전통, 민족문화를 회복하고, 독해수준이 향상될 수 있으며, 기술, 농업 교육을 고양시키는 방향으로 교육정책을 수립하고 있었다.

미국정부의 목표는 웨드마이어(Albert Wedemeyer) 보고서에서 더욱 간결하게 정리된다. 1947년 9월 웨드마이어 보고서에는 민주주의와 교육을 한국에 대한 세 기본 목표와 함께 제시하고 있다. 이는 (1) 외세로부터 자유로운 한국의 독립과 주권을 확립하고, UN의 회원 자격 확보, (2) 한국 국민의 자유로운 표현을 온전히 대표하는 민주 정부로서 보장된 정부수립, (3) 민주독립국에 필요한 교육 체계를 갖추고, 건전한 경제의 확립 조력이었다. 그는 국가를 형성하는 데 있어서 우파 대

---

13) "도쿄의 더글라스 맥아더(Douglas MacArther) 육군원수를 통해 서울의 존 R. 하지(John R. Hodge) 중장에 보내는 임시 명령서" 740.00119 Control (한국)/7-2547, 2급 비밀, 워싱턴, 1947년 7월 24일.

다수의 참여를 배제하고자 하는 소련의 방해로 한국 임시정부를 수립하는 데 필요한 초기 절차조차 진행하지 못함을 지적했다. 교육부분에 대해서 "문화 목표를 달성하기 위하여, 미군정 당국은 산업, 농업 교육 과정을 위하여 따로 예산을 배정하였으며, 교사 양성 학교와 하계·동계 교사 재교육 연수원 등의 설립을 지원하여 교육의 복원과 새로운 교육 시스템 도입, 학교 시설 확충 등에 널리 기여"했으며, "정치적으로뿐만 아니라 문화적으로도 한국의 자유독립에 앞서, '한국인화'를 하려"고 노력하고 있음을 밝혔다.[14]

1948년 선거 직전에도 미국은 한국에서 시행되는 미국 정책의 목표를 재확인했다. "(1) 외국의 간섭으로부터 독립되어 있고 유엔에 가입할 자격이 있는, 통일·자치·주권 한국을 가능한 한 빨리 수립하는 것, (2) 그렇게 수립된 중앙정부가 한국인들이 자유롭게 표현한 의지를 완전히 대변할 수 있도록 보장하는 것, (3) 독립된 민주국가의 필수적인 기반으로 한국인들이 건전한 경제와 교육 체제를 수립하는 것을 지원하는 것"[15]으로 제시했다. 이는 주변국에 침범받지 않는 진정한 의미의 독립과 합법적인 민주적 정부의 수립, 그리고 경제와 교육체계 확립이라는 1945년부터의 일정한 목표가 연속적으로 진행되는 과정으로 파악할 수 있다.

해방공간에서 미국이 이남에서 추진했던 민주주의 교육의 핵심 배경은 다음과 같이 정리해 볼 수 있다. 첫째, 소련과 이북의 공산주의자들에 대한 미국과 이남의 위기의식이다. 맥아더가 아이젠하워(Dwight

14) "A. C. 웨드마이어(A. C. Wedemeyer) 중장이 1947년 9월, 중국과 한국 문제에 관해 대통령에게 제출한 보고서," 1급비밀, 120.293/4-1050. 1947년 9월.
15) "Executive Secretary of National Security Council, Souers(Sidney W. Souers) to President Truman," 895.50 Recovery/8-1248, top secret, Washington, April 2, 1948.

David Eisenhower) 참모총장에게 보낸 문서에 따르면 1946년 후반 미국이 갖는 위기 인식을 확인할 수 있다. "소련이 남한을 해방시키기 위하여 소련식 훈련을 받은 한국군을 이용, 이번 가을 추국 수집 후 남한을 침략할 계획을 세우고 있다는 증거가 늘어나고 있다" 하였고, "미군정에 대한 혐오감이 증대되고 있으며, 미국의 모든 조치는 미군정을 연장시키거나 한국을 미제국주의의 식민지로 만들기 위한 조치라는 강한 비판 및 선전에 봉착하고 있다. 북한에서는 침략을 목표로 3-40만명의 한국 청년들이 소련인들에 의해 훈련을 받고 있다"[16]라는 보고를 통해 위기 인식이 강화되는 양상이었음을 확인할 수 있다. 둘째, 미국은 미소공동위원회 진행을 유리하게 하기 위해 이남인들의 미군정 지지기반을 조성해야 했다. 반탁을 주장하는 정치인 배제에 대한 소련과 이북의 단결된 움직임에 곤란함을 갖고 있었고, 그러한 주장이 이남의 한국인들에게 스며드는 것에 대한 두려움을 갖고 있었다. 따라서 제1차 미소공동위원회 결렬과 폴리대사의 방북 이후인 1946년 후반부터 적극적인 민주주의 교육정책이 강화된다. 마지막으로 한반도에 수립될 독립정부의 기반 확립을 위해서였다.[17] 제2차 미소공동위원회 출범과

---

16) "육군대장 더글라스 맥아더가 참모총장(아이젠하워)에게," 1급 비밀, 동경, October 28, 1946, 미국무성 1984: 364에서 재인용.

17) 유엔의 미국대표 덜레스(John Foster Dulles)는 소련의 정책을 비난하지는 않았지만, 단지 다음과 같이 말했다. "북조선에서 묘사된 아름다운 민주주의가 진실이라면 소련은 UN위원단이 이를 보는데 반대하지 않을 것이다. 여는 소설을 좋아한다. 그러나 금일 그로미코가 이 자리에서 제시한 바와 같이 망상적인 이야기를 드는 덧은 위원회의 시간허비인 것이다." 언론은 덜레스의 이 발언을 소개하며, "소련은 북조선 인민의 99%가 민주주의자이며 남조선의 모든 인민은 약 600만을 제외하고 모두 반동분자라고 주장하였다. 그러나 북조선인사들과 같은 진보된 민주주의적 이념을 가지지 않는 남조선의 약 1,400만 인민은 어떻게 할 것인가. 그들에게 투표를 용허치 않을 것인가. 정치적 색채여하를 막론하고 모든 사람이 투표케 하여야 하며 미국제안은 이

동시에 제1차 미소공동위원회의 충돌 패턴이 반복됐고, 미국은 조기 총선을 구상하며 독립된 한국의 한국인들이 미국적 민주주의의 형태를 교육을 통해 신속히 습득하기를 원했다. 이에 따라 미국이 구상한 미국식 민주주의 교육은 한반도 이남지역에서 빠르게 자리잡혀가며 가동하기 시작했다.

Ⅲ. 동유럽에서 민주주의 교육의 지탱과 소멸

1) 민주주의에 대한 위협의 시작 (1945~1946)

1944년 여름부터 소련군은 동유럽 국가들을 차례대로 해방시키며, 각 국의 공산주의자들은 결집했고, 공산화가 시작되었다. 동유럽에서 공산주의자들은 국제협정을 위반하며 무리하게 공산정권을 수립하지 않는 듯 보였는데, 이는 소련의 입장에서 인민민주주의로 표현되었고, 소련 국가사회주의로 나아가는 중간단계로 와다 하루키는 파악했다 (와다 하루키 1994: 124-125). 동유럽의 인민민주주의에 대해『京鄕新聞』은 1947년 4월 29일『New York Herald-Tribune』의 내용을 인용해, "북조선은 아세아의 유고슬라비아이다. 북조선에는 소련체제의 정부가 수립되어 있고, 조선의 티토 장군이 있다. 북조선은 공산당에 의하여 지배되고 있으며 독재적인데 소련과 조선 공산당 측은 이것을 민주주의적이라고 호칭하고 있다. 그러나 미국 측과 대부분의 조선인은 이 정의에 찬동치 않고 있다"(京鄕新聞 1947.4.29.)라며 한국 언론은 동유럽에서 진행되는 소련식 민주주의 정의에 동의하지 않고 있음을 밝혔다.

를 성취하는 최선의 방법인 것이다"(東亞日報 1947.11.6).

하지만 다른 입장도 존재했는데, 1947년 언론은 다음과 같은 중간적 노선을 통한 좌우합작을 주장하는 기사를 내보냈다. "조선의 향방은 자명해진 것이다. 즉 대외적으로는 엄정·공평한 국제 민주주의 노선에 충실할 것. 여기에 있어 우익이 명심할 점은 소련은 결코 제국주의적 야심은 없으되 그러나 레닌의 피압박민족의 민족운동은 형식적 데모크라시에서 볼 것이 아니라 그 운동이 제국주의와의 투쟁에 있어 생기는 일반적 효과의 견지에서 보아야 할 것이다... 또 좌익이 반성할 점은 미국은 무력충돌이나 그 단서가 될 조선식민지화의 의사는 없으나 태평양 지배에 협위를 느끼는 한 결코 소련에게 양보하지는 않을 것이며 부득이한 경우에는 원자탄의 사용도 불사한다는 것이다... 여기에서 우리는 좌우합작의 정당성을 발견하는 동시에 합위를 추진하는 것은 전민족의 지상명령임을 인정하지 않을 수 없는 것이다"(京鄕新聞 1947.1.9.)라며, 동유럽 지역에서 좌우합작의 필요성을 제기하고 있었다. 과연 소련은 동유럽에 대해 제국주의적 야심이 없었고, 동유럽인들은 혁명적 레닌주의가 도도히 진행되는 가운데 민족운동의 요체를 지킬 수 있었을까?

얄타회담과 포츠담회담이라는 초강대국들의 회담에서 국제정치적 힘의 분배가 진행되었고, 이에 따라 중부유럽에서 영향력을 강화시키던 소련은 체코슬로바키아의 정책을 제한하고 조정하기 시작했다(Čornej and Pokorný 2003: 67). 1946년 봄 선거에서 체코슬로바키아공산당은 정치적 불안과 강요의 조직적 운동으로 인해 38퍼센트의 지지율을 획득했다. 따라서 가장 강력한 정당이 되었고, 대통령 베네쉬(Edvard Beneš)보다 고트발트(Klement Gottwald)의 영향력은 더욱 강해졌다. 주체코슬로바키아미국대사 스타인하르트(Laurence Steinhardt)는 민주주의와 교육에 대한 상황을 본국에 보고했다. 1946년 12월 상황에서 체코슬로바키아의 민주주의의 미래를 불안하지만 아직은 가망이 있는 것으로 전망했다. "베네쉬 대통령과 체코슬로바키아는 최근까지 소련의 선의에 크게 의존해왔으나 최근 폴란드와 유고슬라비아에서 선거에서 심각한 보복이 이루어진 후 비교적 최근 소비에트에 반대하고 있다. 베네쉬는 소련의 비간섭 하에 제2차세계대전 이전의 민주주의로의 체코슬로바키아가 회귀한다면, 장기적으로 국제회의 투표에서 미국에게 더 큰 이익이 될 것"이라고 주장했다.[18]

당시까지 동유럽은 소련에 적대적이었고, 폴란드, 헝가리, 루마니아는 모스크바에 우호적이지 않고 자국을 향한 소련의 의도를 의심했다. 하지만 스탈린은 동유럽의 반소 분위기를 싫어하지 않았다. 스탈린은 전쟁 시기 이 지역의 공산당의 허약함에 문제의식을 가지고 있었고, 헤게모니를 잃어버린 구엘리트층을 제거하고 새로운 개혁을 하길 원했다. 따라서 스페인내전 시기 친숙한 전술이었던, 반파시즘 정당과 제휴하여 인민전선 정부를 수립하는 방식을 활용했다(Judt 2019: 241-243). 동유럽에서 공산당은 다수당이 아니거나 소수였다. 따라서 그들은 "모든 억압기구를 분쇄"하는 정책이 아닌 반파시스트 부르주아 농민당이나 사회민주당과 손잡고 연립내각을 구성했고, 각국 정부에서 공산당은 소수의 장관직만 소유했다(Harman 1994: 49-56).

레닌에게서 서구의 민주주의는 인민을 위한 것이 아니었다. "자본주의 사회에서 민주주의는 부자들만을 위한, 소수만을 위한 것이고 거짓된 것이다"라고 그는 강조했으며, 이러한 배경에서 서구의 선거절차는 중요한 것이 아니었다. 소련은 무제한적이고 완전한 소비에트 민주주의를 구상했고, 이에 따라 소련 공산정부는 언론의 자유를 통제했다.

---

[18] "The Ambassador in Czechoslovakia (Steinhardt) to the Secretary of State," Secret 860F.00/12-2346: Telegram, Praha, December 23, 1946.

티마셰프(N. S. Timasheff)는 언론의 자유 보장을 미국식 민주주의와 소비에트 민주주의의 핵심 차이로 구분했다(Timasheff 1950: 508-514). 이러한 소비에트 민주주의는 동유럽에서 현실화되었다. 체코슬로바키 아에서는 소비에트 연방과 더 밀접한 정치적, 경제적 관계를 선호하는 정부의 구성원들이 정부 요직에 배치되었고, 외국 자본의 국유화가 진행되었다. 공산주의자들은 언론, 라디오를 통제했고, 법률 심사를 진행하지 않고, 수천 명의 사람들이 교도소에 수감되었으며, 경찰과 법원은 정부 경찰이 허용하는 한도 내에서만 기능을 수행하고 있었다.[19]

1946년 6월 고트발트가 새 총리로 임명되며, 체코슬로바키아 공산당은 내무부, 정보, 농업, 노동 및 사회 복지의 주요 직책을 점차 확보하며, 사회복지분야뿐 아니라 총리, 재무 및 국제통상에 대한 공산당의 장악이 진행되었음을 보고했다.[20] 1946년 1월의 기록에서 미국무부는 체코슬로바키아의 교육부장관 네예드리(Zdenek Nejedly)를 급진좌파로 분류하고 있었다.[21] 이에 따라 교육기관의 공산화가 진행되었는데 슬로바키아 지역의 슬로바키아민족회의(Slovak National Council)는 모든 개인 소유의 학교와 종교적 성격의 학교의 국유화를 발표했다. 슬로바키아 내에서만 약 1,800개의 초등학교와 23개의 고등학교, 그리고 20개의 직업학교를 소유한 가톨릭교회의 국유화가 진행되었다(임영상 · 황영삼 1996: 231-232).

헝가리는 1945년 11월에 실시된 선거에서 소농(小農)당(Smallholders

---

[19] "The Ambassador in Czechoslovakia (Steinhardt) to the Secretary of State," Secret 760F.00/1-2546: Telegram, January 25, 1946.

[20] "The Ambassador in Czechoslovakia (Steinhardt) to the Secretary of State," Secret 860F.00/7-346: Telegram, Praha, July 3, 1946.

[21] "The Ambassador in Czechoslovakia (Steinhardt) to the Secretary of State," Secret 760F.00/1-2546: Telegram, January 25, 1946.

Party)이 57%를 획득해서 제1야당이 되었고, 1946년 1월 소농당 당수였던 페렌츠 너지(Ferenc Nagy)가 수상으로 임명되었다. 당시 공산당의 지지는 17%에 불과했지만 소련의 지원 아래 영향력을 강화했다. 1945년 3월 공산당과 농업부장관 임레 너지(Imre Nagy)는 전통적인 대토지 소유를 해체하고, 구지배세력의 지위를 약화시킬 토지개혁을 실시했다. 이에 따라 주프랑스미국대사관의 1946년 9월 보고서에 따르면 헝가리 국무장관 이스트반 발로(Istvan Balogh)는 헝가리의 민주주의를 위해 노력했으나 허무한 시간을 보냈다고 말했다. 그는 헝가리 대주교가 로마 방문할 때 더 많은 언론에서 보도되기를 바랐으며, 헝가리 민주주의가 직면한 어려움을 외면하지 않도록 가톨릭교회가 도와주기를 요청했다. 발로는 미국이 곧 원자 폭탄을 사용하여 소련을 몰아 낼 것이라고 확신한다고 말했다. 또한 헝가리 총리인 너지(Ferenc Nagy)에 말을 대신하며, 헝가리에서는 이제 자유선거가 불가능하며, 너지는 민주주의의 동유럽적 해석에 대항하여 싸우는 유럽에 남아있는 소수의 농민지도자 중 한 명이고, 헝가리와 주변 국가들에서 공산주의의 위협은 더욱 더 정교해지고 있다고 말했다.[22]

  1946년 10월 쉔펠트(Hans Frederick Arthur Schoenfeld) 주헝가리미국 공사는 헝가리의 공산화 상황을 미국무부에 보고하고 있었다. 총리 페렌츠 너지는 "다수의 헝가리인들은 공산화에 깊이 두려워하고 있으며, 소수의 무장 선원들이 공산정권을 창설한 1919년처럼 부다페스트 좌파는 만 명의 무장 군인들과 함께 30만 농민을 통제한다"라고 했다.[23]

---

22) "The Ambassador in France (Caffery) to the Acting Secretary of State," Secret, 740.00119 Council/9-746: Telegram. Paris, September 7, 1946.

23) "The Minister in Hungary (Schoenfeld) to the Secretary of State," 864.00/10-1946: Telegram, Budapest, October 19, 1946.

11월 너지는 현재 인접국들의 공산화를 볼 때 자신의 위치는 매우 불안한 상황이며, 더 이상 현재의 입장을 유지하는 희망을 갖기 어렵다고 했다. 그는 민주주의가 강력한 미국의 원조가 필요한 헝가리의 관점에서 민주주의를 유지할 수 있는 국가가 아닌 민주주의 존망의 기로에선 헝가리에 대한 미국의 지원이 절실함을 강조했다.24) 이러한 헝가리의 공산화 상황은 그들의 정책뿐 아니라 교육에도 영향을 미치고 있었던 것으로 파악된다. 10월 14일 헝가리에서 보내온 문서에 따르면 헝가리에서는 교육과 정부에 교회가 미치는 영향력을 제거하는 소비에트의 요구를 표시한 단일수정안이 수용되었고, 이는 가톨릭으로만 제한하는 것이 아니라 모든 교회들에게 적용되는 사안이었다.25)

2) 자유와 민주주의의 정지 (1947~1948)

1947년 마샬플랜에 대한 협상은 체코슬로바키아의 국제정치적 입장을 가장 명확하게 드러내는 것이었다. 1947년 6월 출범한 마샬플랜은 유럽경제복구계획이었고, 소련은 이것을 소련의 위치를 위협하는 것으로 파악했고, 확고한 반대정책을 유지했다. 체코슬로바키아는 이 계획에 관심이 있었고, 소련의 동맹국 중 유일하게 초대되었다(Čornej and Pokorný 2003: 67). 하지만 7월 7일 고트발트가 체코슬로바키아정부는 국제회의에 대표단을 참석시킬 것이라는 발표를 한 직후 스탈린은 고트발트와 외무장관 얀 마사릭(Jan Masaryk)을 모스크바로 소환했

---

24) "The Minister in Hungary (Schoenfeld) to the Secretary of State," 864.00/
11-2246: Telegram, Budapest, November 22, 1946.

25) "The Minister in Hungary (Schoenfeld) to the Secretary of State," 864.00/
10-1446: Telegram, Budapest, October 14, 1946.

다. 스탈린은 모든 슬라브국가들의 마샬플랜 회의 참석을 금지했고, 소련과의 5년간 통상협정, 70만 톤의 무상 식량 지원을 약속했다. 이에 따라 고트발트는 7월 9일 마샬플랜 참가 취소 성명을 발표했다(김장수 2016: 277-279).

1949년 11월 14일 미국국부장관 마샬은 마사릭과 회의를 가졌고, 마사릭은 자체 조사한 체코슬로바키아의 여론 조사 결과, 자국에서 미국의 명성과 인기는 높았으며 제2차세계대전 이전보다 7배 많은 미국 영화가 상영되었으나, 미국의 지원자금 삭감에 따라 미국문화 프로그램이 축소되었다고 하였다. 또한 체코슬로바키아인들은 대부분의 슬라브인들보다 문화적으로 발전했으며 오랜 서구지향의 역사를 가졌지만 서유럽과 지리적 위치가 구분되어 직접적인 도움을 받을 수 없었으며, 소련의 인접국인 이유로 많은 어려움을 당했음을 밝혔다. 현재의 정부 하에서 자신이 취하고 싶은 정책을 자유롭게 선택할 수 없으며, 미국과의 교류를 막고 있다고 지적했다. 마사릭은 "헌법적 민주주의가 생존하기 위해 자신이 할 수 있는 모든 것을 하겠다"라고 말했다.[26]

이에 마샬은 체코슬로바키아가 마샬플랜에 참여하기 위해 노력한 사실을 높게 평가한다고 했으며, 미국은 서유럽의 재건의 영향이 전 유럽으로 확산되기를 희망한다고 말했다. 이후 마사릭에게 전세계의 선의를 파괴하는 소련의 이해할 수 없는 행위들을 설명할 수 있겠느냐고 묻자, 마사릭은 "이러한 상황은 미국의 경제가 붕괴될 것이라는 소

---

[26] "Memorandum of Conversation, by the Chief of the Division of Central European Affairs (Beam)," secret, 860F.51/11-1447, [Washington] November 14, 1947. 하지만 이것은 마사릭의 유언과 같은 말이었다. 마사릭은 체코슬로바키아 2월 혁명으로 공산주의 정부가 완비되고 3월 10일 그의 집무실에서 생을 마감했다. 중부유럽 민주주의의 상징인 토마쉬 마사릭(Tomáš Garrigue Masaryk)의 아들인 얀 마사릭의 사망은 중부유럽 민주주의의 정지를 상징했다.

련의 잘못된 집착에서 비롯된 행위"라고 설명했다. 마사릭은 마샬플랜에 참여할 수 없게 됨을 안타까워했다.[27] 이는 본질적으로 스탈린의 강력한 압박 하에 체코슬로바키아의 마샬플랜 참여가 철회된 것이었고, 철회가 확정된 1947년 가을부터 소련의 체코 의회에 대한 개입은 더욱 강화됐다. 1947년 가을부터 스탈린의 지휘 아래 체코슬로바키아 공산주의자들은 민족주의자들과 비공산주의자들의 영향력을 약화시켰으며, 내무부장관 등에 공산주의자들을 선임하기 시작했다(Čornej and Pokorný 2003: 68).

주헝가리미국공사 쉔펠트는 헝가리의 공산화가 가속화되던 1947년의 상황을 보고했다. 헝가리에서 제2차세계대전 이후 소규모 자작농들은 포괄적 전략이 없었고 체계적으로 권력을 포기했으며, 공산주의자에게 기반을 제공했다고 말했다. 위급한 시기에 미국은 위기에 빠진 헝가리에서의 정치적 발전에 큰 관심을 갖지 않았고, 헝가리 정부와 페렌츠 너지는 이로 인해 어려움을 겪었다는 것이었다. 그러나 한편으로 너지는 미국정부가 헝가리에 대해 큰 이해를 보여 주었으며, 이는 헝가리 정치 발전의 중요성과 헝가리에서 진정한 민주주의를 확립하려는 소규모 자작농들의 노력에 영향을 미친 것이었다. 대다수의 헝가리인들과 너지는 미국 정부와 쉔펠트에게 감사를 표시했다고 보고했다.[28]

미국무부 동유럽담당 국장은 헝가리 공산화 과정과 원인을 다음과 같이 보고했다.

---

[27] "Memorandum of Conversation, by the Chief of the Division of Central European Affairs (Beam)," secret, 860F.51/11-1447, Washington, November 14, 1947.

[28] "The Minister in Hungary (Schoenfeld) to the Secretary of State,"864.00/5-1347: Telegram, secret, priority, Budapest, May 13, 1947—6 p. m.

1945년 11월 선거결과 소농당 57%, 사회민주당 17%, 공산당 17% 후
보자들이 당선된 후 헝가리 연합정부는 소농당이 수상직을 포함한 9개
의 장관직을 가졌고, 공산당에서 4곳, 사회민주당이 4곳으로 분담됐
다. 그러나 자유선거 이후, 소비에트 점령군을 통해 헝가리의 연합통
제위원회(Allied Control Commission)와 소련 외교 대표자들을 <u>공개적
이지만 은밀하게 헝가리 국민의 의지를 무효화 할 목적으로 헝가리
문제에 직접 개입했고, 소비에트가 설립되며 헝가리의 공산주의 정
치 및 경제 통제를 지배했다.</u> 1947년 초 소농당의 중요 지도자들이
거의 체포되었으며 6월 페렌츠 너지는 부득이하게 망명길에 올랐다.
1947년 말 현재 명목상으로는 여전히 소농당이 주도적으로 연합을
이끌지만, 재구성된 헝가리 정부의 형성은 사실상 공산당과 모스크
바에 전적으로 종속적이다. 헝가리에서 소비에트 목표는 동유럽을
통한 서부 소비에트 확장의 프레임 구축과 명백히 통합되어 있다. 쉔
펠트는 그들의 헝가리, 그리고 루마니아와 불가리아에서의 활동이
얄타협정, 경제적 침투과정에서 포츠담협정을 명백히 위반한 것으로
보았다(강조 추가).29)

이러한 헝가리에서의 상황은 전형적인 소련식의 단계적 공산화 과
정으로 볼 수 있다. 시튼 왓슨(Huge Seton-Watson)의 정리에 의하면
1단계에서 공산주의자들은 비공산주의자들과 단기적 목표, 즉 파시
스트 처단, 즉각적 사회개혁, 서구 우호 외교정책을 목표로 하며 순수
한 연립정부를 구축한다. 2단계에서는 여전히 두 세력은 연합해있지
만, 점차 비공산주의자들에 대한 압박을 늘려가며, 체포, 추방, 검열 등
의 작업을 진행한다. 이러한 단계별 공산화 작업에 따라 3단계에서는
독재체제를 구축하게 된다(Seton-Watson 1956: 170-171). 미국무부의 보
고 내용은 공산화단계의 학술적 분석이 세밀하게 적용될 수 있음을 보

---

29) "Memorandum by the Director of the Office of European Affairs (Matthews) to
the Secretary of State," secret, 864.00/7-147, Washington, July 1, 1947.

여주고 있다.

1947년 7월 22일 쉔펠트의 보고에는 헝가리에서 진행된 민주주의 소멸과정이 나타나고 있다. 보고서는 "몇 달 전부터 소비에트 정부와 공산당의 체계적이고 집중적인 준비로 3주 동안 계속 속도와 강도가 가속화되며 정치상황이 급속히 악화되고 있다. 그들은 새롭지도 않게 잠입, 부패, 욕설, 협박 및 협박의 친숙한 패턴을 따르고 있으며, 어떤 목표에 도달하기 위한 그들의 행동은 군사적 제약을 받지 않으며 진행되며, 숨겨진다"라고 공산화과정의 특징을 묘사했다. 또한 "헝가리는 민주주의에 대한 전통과 실제 경험이 없으며 결과적으로 문제가 명확하게 나타나지 않고 있다는 것이 중요하다. 이미 공산당의 문제가 들어났음에도 불구하고, 헝가리의 독립이 소련과의 협력을 통해 진행될 수 있다는 사회민주당의 환상에 기댄 신념에서부터 지주, 농민, 은행가, 노동자, 가톨릭교회와 같은 집단의 너무 다양한 이익이 충돌되는 문제"까지 나타나며[30] 공산주의자들에 대한 저항세력이 하나로 규합되지 못하고 있음을 지적했다. 결국 페렌츠 너지가 망명생활을 시작하는 1947년 중반부터 헝가리에서 민주주의, 그리고 민주주의 교육은 소멸되는 과정으로 진행되고 있었다.

체코슬로바키아에서 권력투쟁은 1948년 2월에 종결된다. 2월 20일 12명의 장관이 공산당에 항거하며 사임했고, 그들은 공산주의자들이 후퇴하거나 선거를 통한 균열이 이어질 것이라 믿었다. 그러나 고트발트는 재빨리 사임을 받아들이고, 비공산주의자들 중에서 그를 위해 일할 수 있는 사람들로 빈자리를 채웠다. 이를 통해 체코슬로바키아에서의 프롤레타리아독재는 현실화 됐다(Čornej and Pokorný 2003: 68). 체

---

[30] "The Minister in Hungary (Chapin) to the Secretary of State," secret, 864.00/7-2247, No. 3284, Budapest, July 22, 1947.

코슬로바키아에서 공산주의자들은 1948년 5월의 선거 결과 51%의 다수를 차지했다. 소비에트는 모든 선전활동을 지원했고, 소련으로부터의 곡물 지원 역시 선거에서 공산당 지지의 중요한 요인이었다.

하지만 미국무부는 체코슬로바키아의 민주주의를 완전히 포기하고 있는 것은 아니었다. 미국무부장관에게 내는 보고에는 "체코슬로바키아인들은 미국을 포함한 서방국에 많은 선의를 갖고 있다. 나는 체코인의 80%가 공산주의보다 서구식 민주주의를 선호한다고 생각하지만 그들의 편의주의와 소심은 표현을 불분명하게 만든다. 따라서 투표함에서 비밀로 사람들이 자신의 진정한 감정을 표현하도록 장려하는 일종의 표시를 만드는 것이 바람직할 것이다. 나는 그러한 표시를 위해 대출이나 화폐로 유인해서는 안 된다고 생각하는데 이는 우리가 중부 유럽인들의 영혼을 달러로 사려고 노력하고 있다고 비난을 받게 할 가능성만 높게 할 것이라 생각한다"[31]라고 하며 미국은 체코슬로바키아에서의 민주주의를 포기하지 않았음을 밝힌다. 그러나 전세계의 냉전체제는 더욱 급격히 공고화되었고, 2월 혁명 이후 체코슬로바키아는

---

[31] "The Chargé in Czechoslovakia (Bruins) to the Secretary of State," secret, 860F.00B/1-2848: Telegram, Praha, January28, 1948—10 a.m. 이북에서 연금되어 있던 조만식 역시 1947년 7월 브라운(Albert E. Brown)과의 대화에서 "한국사람은 북한이든지 남한이든지 민주적인 정부가 세워지기를 원한다고 주장했다. 브라운은 조만식이 말하는 민주주의가 무엇을 의미하며, 북한사람들도 민주주의를 원하는지 다시 물었다. 여기에 대해 조만식은 러시아도 민주주의라는 말을 사용하지만 그 내용은 완전히 다른 것이며, 북한이 원하는 것은 소련식 민주주의가 아니라고 단호하게 대답했다. 그는 현재 북한에서 공산당원은 15%를 넘지 못하며, 현 정권을 지지하거나 소련식 정권을 지지하는 사람들은 15% 이내"라고 대답하면서 "나머지 85%는 미국에서 실시하고 있는 민주주의 원칙에 근거한 정부를 지지할 것"이라고 대답했다(박명수 2015: 261). 이는 동유럽과 한반도 이북의 공산화 과정에서 표면적으로 드러나는 일반 여론과 심층의 본심이 상이할 것이라는 분석의 유사함을 확인할 수 있는 언급이다.

긴 민주주의 교육의 정지기로 들어선다.

IV. 맺는말

한반도의 해방공간에서 '민주주의'는 다양하게 논의되었고, 미국과 소련에 의해 다르게 정의되었다. 미국은 일제강점기 이전부터 독립된 역사를 추구해왔던 한반도에서 역사를 보존하고 분열을 극복하기 위해서 민주주의 교육을 시작해야 한다는 기본목표를 세웠고, 38선 이남의 교육지도자들도 이에 동의했다. 하지만 제1차 미소공동위원회가 결렬되고 미소 간, 좌우파 간 민주주의 논쟁은 더욱 증폭되었다. 미군정은 자체적으로 민주주의 교육 관련 도서를 발간하고, 선전 매체를 적극적으로 활용했다. 당시 미국무부는 한국 독립의 목표에 대해 외국으로부터의 독립, 민주정부 수립, 건전 경제와 적절한 교육시스템 수립이라는 3단계의 지원 방식을 목표로 하고 있었고, 교육은 이 과정을 가능하게 할 기반이었다. 한국에서 미국의 민주주의 교육이 가동될 수 있었던 핵심 배경은 첫째 공산화에 대한 위기의식, 둘째, 미국에 유리한 미소공동위원회를 위한 기반 조성, 셋째, 총선거와 독립정부 수립을 위한 기반 확립으로 정리할 수 있다.

같은 시기 동유럽에서는 민주주의 교육은 위기를 맞았고, 1948년 이후 긴 정지기에 돌입한다. 동유럽은 미국/서유럽 대 소련의 대립과정에서 점차 또는 급격히 소련의 위성국으로 전락했고, 이 과정에서는 러시아 10월 혁명, 스페인 내전시기 공산주의자들이 사용했던 비공산주의자들을 활용한 연립정부 구성 방식을 통한 3단계 공산화 방식이 적극적으로 전개됐다. 따라서 체코슬로바키아에서는 1945년부터 학교

와 교회 등의 국유화가 진행되었고, 헝가리에서는 서구적 민주주의를
언급할 수 없게 되었으며, 교육에 종교적 영향을 미칠 수 없다는 내용
들이 문서화 되어 시행되기 시작했다. 1947만 초반까지도 동유럽의 정
치인들은 민주주의가 가능할 것이고 이러한 민주주의 교육은 미국의
지원에 의해서 가능하게 될 것이라는 희망이 있었지만, 1947년 후반부
터 1948년까지 공산화가 완료되며 민주주의 교육은 정지된다.

〈참고문헌〉

「東亞日報 창간사」, 『東亞日報』, 1920. 4. 1.
「조선인은 생명을 걸고 민주주의를 전취」, 『東亞日報』, 1946. 2. 11.
「대서양헌장과 언론의 자유」, 『東亞日報』, 1946. 5. 12.
「비공산정부를 세우자. 인천 조봉암씨 성명 배포」, 『東亞日報』, 1946. 6. 26.
「민주주의의 조선화」, 『京鄕新聞』, 1947. 4. 11.
「반탁은 민족의 요구」, 『東亞日報』, 1947. 5. 25.
「민주주의, 정의 또 문제, 구두협의 무기연기」, 『東亞日報』, 1947. 7. 8.
「문제의 시국대책요강 전문」, 『京鄕新聞』, 1947. 11. 6.
「선거와 감위 설치, 조선독립 재수정안」, 『東亞日報』, 1947. 11. 6.
「전승소득(戰勝所得) 대우는 만부당」, 『京鄕新聞』, 1947. 4. 29.
「정치혁신의 동력」, 『京鄕新聞』, 1947. 1. 9.
Department of State, "Foreign Relations of the United States, 1946", Eastern Europe, The Soviet Union, Volume VI, 1946
Department of State, "Foreign Relations of the United States, 1947", Eastern Europe, The Soviet Union, Volume IV, 1947.
HUSAFIK, 「미군정 정보보고서 제4권」, 1947.
Roosevelt, Franklin D. "'Message for American Education Week' September 27, 1938", Franklin D. Roosevelt Presidential Library and Museum, 1938.

강명숙, 「미군정기 사립대학 설립과 고등교육기회의 확대」, 『아시아교육연구』 4(1), 2003.
군정처 정치교육과, 『立憲政治槪要』, 1946.
김국후, 『평양의 소련군정: 기록과 증언으로 본 북한정권 탄생비화』, 한울, 2008.
김동구, 『미군정기의 교육』, 文音社, 1995.
김봉국, 「해방 직후 민주주의 공론장의 안과 밖」, 『감성연구』 16, 2018.
김장수, 『체코 역사와 민족의 정체성』, 푸른사상, 2016.
김정인, 「해방 전후 민주주의'들'의 변주」, 『개념과 소통』 12, 2013.
마상윤, 「미국의 대외정책과 민주주의 전파」, 『국가전략』 11(4), 2005.
미국무성, 『해방3년과 미국 I』, 김국태 옮김, 돌베개, 1984.
박명수, 『조만식과 해방후 한국정치』, 북코리아, 2015.

박지영, 「복수의 ‘민주주의’들-해방기 인민(시민), 군중(대중) 개념 번역을 중심으로」, 『大東文化研究』 85, 2014.

손인수, 『미군정과 교육정책』, 한국사회학연구소·민영사, 1992.

오천석, 『한국신교육사』, 교육과학사, 2014.

와다 하루끼, 『역사로서의 사회주의』, 고세현 옮김. 창작과비평사, 1994.

이나미, 「미군정기의 민주주의 교육」, 『동양정치사상사』 3(1), 2004.

임영상·황영삼, 『소련과 동유럽의 종교와 민족주의』, 한국외국어대학교 출판부, 1996.

임종명, 「해방 공간과 인민, 그리고 민족주의와 민주주의」, 『韓國史研究』 85, 2014.

장명학, 「해방정국과 민주공화주의의 분열」, 『동양정치사상사』 8(1), 2009.

홍정완, 「일제하~해방후 한치진(韓稚振)의 학문체계 정립과 ‘민주주의’론」, 『역사문제연구』 24, 2010.

크리스 하먼, 『동유럽에서의 계급투쟁(Class Struggles in Eastern Europe: 1945-1983)』, 김형주 옮김, 갈무리, 1994.

토니 주트, 『전후 유럽 1945-2005, 1』, 열린책들, 2019.

Ball, Terence and Richard Dagger, *"Political Ideologies and the Democratic Ideal"*, New york; Boston: Longman, 2006.

Bivona, Robert, *"The New Enlightenment: A Twenty-First Century Peaceful American Revolution"*, North Fort Myers: New Enlightenment Citizens Union, 2017.

Čornej, Petr and Jiří Pokorný, *"A Brief History of the Czech Lands to 2004"*, Prague: Práh Press, 2003.

Dewey, John, *"Democracy and Education: An Introduction to the Philosophy of Education."*, Illinois: Classic Literature, 1916.

Fish, Carl Russell, "American Democracy", *Minnesota History Bulletin*, Vol.3, No. 5, 1920.

Kim, Myongsob, "Two Koreas in International History", *South Korea's 70-Year Endeavor for Foreign Policy, National Defense, and Unification*. Singapore: Palgrave Macmillan, 2019.

Seton-Watson, Hugh, *"The East European revolution."*, New York: Frederick A. Praeger, 1956.

Timasheff, N.S. "The Church in the Soviet Union 1917-1941", *The Russian Review* Vol.1, No.1, 1941.

미군정기 국정 공민교과서[1])의
성격과 집필진의 구성

김동선

Ⅰ. 서론

해방을 맞이한 조선은 기쁨과 더불어 혼란을 겪게 되었다. 교육 분야도 사정이 크게 다르지 않아, 미군정의 시작과 더불어 새로운 가치관을 심어줄 교육이 필요했다. 1945년 9월 11일 정식으로 시작된 미군

---

1) 해방 이후 제1차 교육과정이 시행되기 전까지 교육과정기를 교수요목기 (1945~1954)라고 한다. 1946년 교수요목 제정위원회는 교수요목을 제정하고 교과서를 편찬하는 일에 착수하였으며, 1948년 교육법을 제정하여 교육이념과 제도에 관한 기본 틀을 마련하였다. 1949년 12월 31일 교육법을 공포하여 홍익인간을 교육이념으로 정하고, 일반교육 목표를 설정하였다. 또한 초등학교(당시 초등학교), 중학교, 고등학교, 고등교육에 걸친 6-3-3-4학제를 확정하였다. 이 시기 교육과정이란 각급학교의 교과편제와 시간배당이 함께 작성된 교수요목을 말한다(김영봉 외, 『교육학개론』, 2007, 서현사, 167쪽). 그러나 본고에서는 미군정기 국정 공민교과서만을 논의의 대상으로 삼고자 한다.

정이 한국교육을 위해 가장 먼저 취한 조치는 서둘러 각 급 학교들의 문을 열게 한 것이었다. 1945년 9월 17일 일반명령 제4호를 발표하고, 9월 24일 모든 공립초등학교의 개교를 지시했다. 9월 28일에는 각 도에 통첩하여, 10월 1일부터 중등학교 이상 관공립 학교의 교육을 다시 시작하도록 했다. 10월 21일에는 학무통첩 352호를 통해 초·중학교의 과목당 수업시간을 결정했다.[2]

미군정의 교육정책은 한마디로 '미국식 민주교육제도'를 남한에 실시하려는 것이었다. '미국식 민주교육제도'를 건설하려는 미군정의 정책 의도는 남한을 공산주의에 대한 방벽(bulwark)으로 만들고 자본주의 세계시장에 편입시킬 토대를 마련하기 위한 것이었다. 이는 "만일 민주주의 교육을 위한 훈련이 주의 깊게 계획되고 강력하게 실행되지 않는다면, 한국은 일본과 소련의 이데올로기 중 하나를 선택해야 하는 상황에 놓이게 되거나 혹은 조선민족주의가 대두될 것"이라고 본 문교부 고문관 언더우드(Horace H. Underwood)의 인식이나[3] "차후 남한을 미국의 상품시장으로 만들기 위해서는 미국식 교육제도를 갖추어야 하고 그러려면 미국의 물질적 지원이 필수적"이라고 지적한 군정 관료의 인식[4]을 통해 확인할 수 있다.[5]

미국은 한국에서 정치적인 민주주의를 보기 원한다면 장기적인 정치적 교육이 필요하다고 인식하고 있었다.[6] 이에 미군정은 한국교육

2) 김한종, 『역사교육과정과 교과서연구』, 선인, 2006, 22쪽.
3) 「南朝鮮敎育改革이必要 『언더우드』 博士力說」, 『동아일보』, 1947. 10. 1 참조.
4) 「러취(Archer L. Lerch) 소장과 피텐거(A. C Pittenger) 중령에게」, 1947. 1. 27; 홍지원, 「Higher Education in Korea」, 『미군정기 한국교육사 자료집』上, 1992, 657쪽.
5) 이상록, 「미군정기 새교육운동과 초등학교 규율 연구 -일제말기 초등학교 규율과 비교를 중심으로-」, 『역사와현실』 35, 한국역사연구회, 2000. 3, 118~119쪽.
6) Studies of American Interests In The War And Peace 정치분야 No. P-B 89.

의 청사진을 마련하기 위하여 朝鮮敎育審議會(위원 100여명)를 설치하였다. 본 위원회에서는 '홍익인간'의 이념을 한국교육의 기본이념으로 교육법에 명시하였다. 이 이념은 교육현장에서 일제 잔재의 청산, 평화와 질서 유지, 새나라 민주시민 육성으로 구체화되어 교과편제 및 시간배당과 교수요목에 나타났다. 그리고 국어, 국사교육의 강화, 사회생활과(공민, 지리, 역사)신설, 과학시간과 체육시간의 증대로 나타났다. 이러한 미군정의 교육정책의 목적을 가장 잘 드러낼 수 있는 과목이 바로 사회생활과이며, 그중에서도 公民교육[7]이라고 할 수 있다.

지금까지 미군정기 공민교육 및 공민교과서에 관한 연구는 주로 교육학계에서 이루어져 왔다. 이들 연구는 공민교과서에 대한 단독 연구라기보다는 사회교과 및 미군정기 교과서 전반에 걸친 연구였다.[8] 이

David N. Rowe. "The Problem of Constituting an Independent Political Regime in Korea", Council on Foreign Relations. May 22, 1944. pp.1-6. 한국정신문화연구원 편, 『해방 전후 미국의 「대한인식」 자료』, 선인, 2001, 11~16쪽(김상훈, 「미군정기 교육정책 수립과 한국인의 역할」, 『역사연구』 28, 2015. 6, 역사학연구소, 124~125쪽, 재인용).

7) 심성보에 따르면, Bull은 공민교육은 공공의 도덕성을 장려하고 지지한다는 면에서, 즉 시민의 관계와 서로에 대한 의무를 관리하는 원리에 대한 합의라는 측면에서 도덕교육의 일종이라고 규정했다. 그러나 시민교육은 도덕교육보다 많은 것이 수반되어야 한다. 시민교육은 정부와 정치적 역사, 정치적 교양, 자신감 등을 포함해야만 한다. 이런 것들이 도덕적 함축들을 가지기는 하지만, 도덕문제에 중심에 있는 것은 아니라고 하였다(심성보, 『도덕교육의 새로운 지평』, 서현사, 2008, 182쪽).

8) 이와 관련해서 다음과 같은 연구들이 있다. 나청운, 「社會科 교과서에 나타난 國民精神敎育 내용 분석: 고등학교 정치·경제, 사회·문화 교과를 중심으로」, 건국대학교 석사학위논문, 1981; 李憲雨, 「社會科 公民分野의 評價」, 『사회과교육』 제14호, 한국사회과교육연구학회, 1981; 홍덕희, 「해방 후 정치이념의 변천과 중등교 사회과(공민분야) 교육내용에 대한 고찰」, 충남대학교 교육대학원, 1985; 마미화, 「美軍政期 社會科의 導入과 性格 연구」, 서울대학교 석사학위논문, 1991; 이진석, 「해방 후 한국사회과의 성립과정과 그 성격에 관한 연구」, 서울대학교 박사학위논문, 1992; 정주현, 「美軍政期 社會生活科(Social Studies)

연구들은 대부분 사회교과 도입과정과 의의에 대해 설명하면서 그 예
시들 중 하나로 공민교과 내지 공민교과서를 다루고 있다. 이들 연구
에서는 일제강점기의 수신·공민·지리·역사가 폐지되고, 그것을 대
신하는 교과로 사회과가 설치되었다고 하였다. 따라서 사회과는 미국
의 이익에 기초하여, 한반도에서 공산주의 세력의 팽창을 저지하려는
반공정책의 입장을 취하고 있다는 것이다. 아울러 공민교과도 미국식
민주주의를 한국사회에 시급히 이식하려는 미국 측의 정치적 의도에
따라 도입된 것으로, 콜로라도주안을 그대로 이어받거나 혹은 개조한
것에 불과하다고 보는 시각이 주된 내용이다.9) 그러나 마미화10)는 사
회과 도입은 미군정이라는 점령의 상황 속에서 이루어졌으나 나름대
로의 주체적 수용노력이 있었다고 보았다. 그리고 미군정기 공민교과
는 한국적 교육내용이 강조된 민족주의적 성격을 지향하고 있다고 평
가하였다. 또한 박남수11)는 해방직후의 『초등공민』을 분석하여 사회

의 導入過程에 관한 研究」, 이화여자대학교 교육대학원 석사학위논문, 1993;
이진석, 「한국과 일본의 미군정 초기 교육정책과 사회과 도입에 관한 연구」,
『시민교육연구』 제35권 제2호, 2003. 9; 이명희, 「신국가건설기 교육과정의
성격: 사회생활과를 중심으로」, 『역사교육』 제88집, 역사교육연구회, 2003.
12; 차수희, 「일제말기와 미군정기의 초등교육 현상 비교 연구」, 청주교육대
학교, 2007; 윤병희, 「초등 사회과 교육과정 변천 연구」, 청주교육대학교 교
육대학원, 2010; 곽한영, 「초기 사회과 교과서에 나타난 법교육의 양상에 관
한 연구: 교수요목기 공민1 교과서를 중심으로」, 『법교육연구』 제5권 제2호,
2010. 12.; 차조일, 「정부 수립 초기의 학교 시민교육에 대한 연구」, 『시민청소
년학연구』 제4권 제1호, 한국시민청소년학회, 2013.

9) 이진석, 「해방 후 한국사회과의 성립과정과 그 성격에 관한 연구」, 서울대학
교 박사학위논문, 1992; 정주현, 「美軍政期 社會生活科(Social Studies)의 導入過程
에 관한 研究」, 이화여자대학교 교육대학원 석사학위논문, 1993; 이진석, 「한국
과 일본의 미군정 초기 교육정책과 사회과 도입에 관한 연구」, 『시민교육연구』
제35권 제2호, 2003. 9.

10) 마미화, 「美軍政期 社會科의 導入과 性格 연구」, 서울대학교 석사학위논문,
1991.

생활과 교수요목의 편성기반을 연구하였다. 그에 따르면 미군정기 공민교과는 미국식 민주주의 이식의 일환으로 미국 사회과를 그대로 들여왔다는 시각은 재고되어야 한다고 하였다. 그는 당시 공민교과는 가치주입 수단으로 편성되었으며, 그 저변에 국가주의에 바탕을 둔 '국가발전을 위한 닫힌 정치적 사회화'라는 교육논리가 내재되어있다고 하였다.

　미군정은 일제 강점기 修身교과서에서 제시하는 것과는 다른 형태의 교육이 필요했다. 특히 미국식 민주주의 이해와 민족주의 억제, 반공교육 및 독립된 국가에서 '공민'으로 살아갈 수 있도록 하는 교육은 필수적이었다. 공민은 새로운 공민의 양성과 정치체계의 이해를 위한 과목이었다. 이런 까닭으로 초기 공민교과서는 국정이었다. 그러나 미군정기 공민교과서만을 대상으로 한 연구는 없다. 따라서 미군정기 국정 공민교과서가 누구에 의해서 편찬되었는지, 그들이 어떠한 생각을 가지고 있었는지도 밝혀지지 않았다. 기존 연구 가운데 공민교과서의 편수관과 편찬위원들에 대한 분석은 전무하다. 교과서의 내용분석 역시 교수요목과 목차분석을 통해서 이루어졌을 뿐 교과서 내용 그 자체를 대상으로 하고 있지 않다. 때문에 이시기 국정공민교과서가 어떤 필요와 목적으로 어떤 내용을 담고 있는지에 대한 본격적인 연구는 미비한 실정이다. 또한 공민교과서를 통해 소개된 민주주의 정치나 민족주의, 국가관 등 중요 내용과 편찬자의 성격과의 연관성도 거의 밝혀지지 않았다. 미군정기 국정공민교과서들의 집필진은 미군정에 의해 선정되었지만, 그들의 의도대로 공민교과서가 편찬되었는가는 미지수이다. 공민교과서를 편찬했던 조선어학회와 편수관 및 편찬자들이 그

---

11) 박남수, 「사회생활과 교수요목의 편성기반에 대한 연구-해방 직후의 『초등공민』의 분석을 중심으로-」, 『초등교육연구』 제17집 제2호, 2004. 8.

내용에 상당한 영향을 미쳤기 때문이다. 따라서 미군정기 공민교육 및
교과서에 대한 성격을 이해하기 위해서는 공민교과서의 내용과 집필
진들에 대한 이해가 필수적이라고 할 수 있다. 따라서 본 논문에서는
미군정기 국정공민교과서의 집필진의 성격과 교과서의 내용을 연결지
어 분석해보고자 한다. 이를 통해 당시 공민교육의 목적과 성격을 파
악할 수 있을 것이다. 이를 통해 미군정과 조선의 지식인들이 국가관
과 공민양성의식에 대한 이해를 넓힐 수 있을 것이라 생각된다.[12]

II. 미군정기 국정공민교과서 편찬정책과 편수관

미군정의 교육목표는 소련 중심의 공산주의 세력이 팽창하는 것을
억제하고, 미국식 민주주의를 남한에 이식하려는데 있었다. 미군정 수
립 직후부터 학무국에서 일했던 키퍼(Glenn s. Kieffer)대위[13]는 "한국
에서 교육 프로그램의 목적은 친미적이고, 국제문제를 평화적 방식으

[12] 교과의 성격을 파악하기 위해서는 교수요목의 분석이 필수적이다. 공민과
의 교수요목은 국민학교와 중등학교 과정에서 각각 다른 형태로 제정되었다.
국민학교 공민과 교수요목은 사회생활과에 통합되어 1946년에 제정되었고,
중학교 이상과정의 공민과 교수요목은 이듬해인 1947년에 제정된 것으로 추
정된다(이태근, 「중.고등학교 공민교육 내용의 변천」, 『사회과교육』 10, 한국
사회과교육연구학회, 1977. 12, 58쪽). 그러나 미군정기 국정공민교과서는 대
부분 1946년에 발간되어, 중등학교 이상의 교과서는 교수요목의 내용이 직접
적인 영향을 미쳤다고 하기 어렵다. 또한 국민학교의 사회생활과 교수요목의
경우 앞서 언급한 논문들에서 이미 많은 분석이 이루어져 있으므로 이 논문
에서는 다루지 않는다.
[13] Glenn s. Kieffer는 1945년 9월 30일 고등교육 담당으로 임명되었다. 이후 문교
부 고문으로 활동하였다(정태수 편, 『자료집』 상, 135쪽; 阿部洋, 「미군정기에
있어서 미국의 대한 교육정책」, 『해방 후 한국의 교육개혁』, 한국연구원,
1987, 68~82쪽).

로 해결할 수 있는 태도를 가진 독립 한국을 세우기 위한 민주주의 정신 발전에 도움을 주고자 함이다."라고 했다.[14] 당시 북한에는 소련군이 진주하여 공산주의가 우세했고, 남한 내에서도 좌익세력이 활동을 하고 있었다. 미군정의 중요한 과제는 이러한 좌익세력을 차단하고 남한 내에 친미적인 민주주의 국가를 수립하는 것이었다. 따라서 한국민에게 미국에 대한 우호적 인식을 갖게 하고 미국식 민주주의를 내면화시킬 수 있는 정책이 필요하였다. 미군정은 이러한 맥락에서 미국식 민주주의 이데올로기를 보급시키기 위한 수단으로 학교교육에 비중을 둘 수밖에 없었다. 특히 교과교육의 측면에 관심을 기울이게 되어 전면적인 교과과정 개혁을 시도하게 되었다. 이로써 등장한 교과목이 통합교과의 성격을 갖는 사회생활과(이하 '사회과')였다. 사회과는 초등학교와 중등학교에 도입되었지만, 먼저 통합교과로 도입이 추진된 것은 국민학교였다. 미군정기 교육민주화 작업은 주로 초등교육을 중심으로 이루어졌고 교육재정 면에서도 초등교육에 큰 비중을 둔 것으로 보아, 미군정이 초등교육을 매우 중요시하였음을 알 수 있다.[15]

　이런 교육목표를 달성하는데 직접적인 효과를 볼 수 있는 과목이 바로 공민교과라 할 수 있다. 공민교육이라는 것은 말 그대로 '公民'을 길러내기 위한 과목이다. 미군정기 새교육운동가들은 '공민'에 대해 다음과 같이 규정하고 있다. "'공민'이라는 것은 市府郡面의 주민으로서 시부군면의 公務에 참여할 수 있는 권리·의무를 가진 자를 시부군면의 공민이라 한다. 민주국가의 공민은 是非를 가릴만한 예리한 판단적 理

14) Glenn s. Kieffer, "Report on Education in South Korea", 3 December 1946(이길상 편, 『해방전후사자료집』 II, 원주문화사, 1992, 199쪽).
15) 정주현, 「美軍政期 社會生活科(Social Studies)의 導入過程에 관한 硏究」, 이화여자대학교 교육대학원, 1993, 74쪽.

智가 있어야 하며, 외래에 권위, 타율적 세력을 굳게 물리치고 자율적
으로 자기의지를 결정하고 실행에 옮길만한 창조력이 필요하고, 사회
의 복리를 자기의 복리와 같이 애호하고 존중시하며 단체적 생활에 적
극적 협동을 아끼지 않는 사회적 大我的 성격을 가져야한다."16)고 하
였다. 또한 미군정기 교육 관료였던 司空桓은 "이 땅에 민주주의 국가
를 수립하려면 민주국가의 주인이 될 성실 유능한 공민 양성이 시급하
다. 그래서 제일착으로 조선 실정에 적응한 민주교육을 실시하기로 단
정하였고 '홍익인간의 건국이념에 기하여 인격이 완전하고 애국정신
이 투철한 민주국가의 공민양성'이란 큰 이념 하에 교육 사업을 공작
하여 왔다."17)고 했다. 그런 까닭에 공민교과서는 미군정과 당시 교육
을 담당하던 지식인들의 어떠한 사회를 세우고, 사회구성원을 양성하
려고 했는지 엿볼 수 있는 통로라고 할 수 있다.

미군정기 공민과목은 단독으로 존재하지 않고, 사회생활과 안에 포
함되어 있었다. 사회생활과(social studies)란 공민, 지리, 역사를 묶어서
새 교과를 만든 것이었다. 당시 편수사였던 최병칠에 따르면, 사회생
활과라는 이름을 붙인 것은 崔鉉培였다고 한다.18) 1946년 미군정은 사
회생활과 교수요목을 제시하였다. 그에 따르면 사회생활과의 교수목

---

16) 대구사대부속국민학교 조선학교교육연구회, 『국민학교 교칙의 실천』, 1947,
   4~5쪽(이상록, 앞의 글, 129쪽). 이것은 일본 明治시대의 공민의 개념과 유사
   하다. 당시 일본에서 '공민'은 '市公民'이라 하여 일본의 市町村에 거주하는 연
   령 25세 이상의 투표권이 있는 남자를 지칭하는 말이었다(中村止戈南, 「修身科
   及公民科の指導原理」, 『文教の朝鮮』, 朝鮮教育會, 1933. 3, 52~53쪽). 이점을 고려
   했을 때, 미군정기 공민의 정의는 결국 일본의 영향을 받았다고 할 수 있다.
17) 사공환, 「사회생활과로 본 국사교육」, 『조선교육』 1-5, 1947. 9(이길상·오만석
   공편, 『한국교육사료집성-미군정기편』 Ⅲ, 한국정신문화연구원, 1997, 328쪽).
18) 朴光熙, 「韓國社會科의 成立過程과 그 過程變遷에 關한 研究」, 서울대학교 교육
   대학원, 1966, 52쪽.

적은 "사람과 자연환경 및 사회 환경과의 관계를 밝게 인식시켜서 사회생활에 성실·유능한 국민이 되게"하는 것이었다.[19] 1945년 11월 미군정 교과서부에서는 공민학 편수관으로 崔載喜, 편수관보 宋種國,[20] 편집과에서는 편집관 대리로 申義燮을 임명하였다.[21] 이들의 이력은 다음 〈표 1〉과 같다.

---

[19] 군정청문교부, 『초·중등학교 각과 교수요목집 (4) 초등학교 사회생활과』, 조선교학도서출판주식회사, 1947, 3쪽.

[20] 「在朝鮮美國陸國司令部軍政廳 任命司令第二十八號」, 『官報』, 1945. 11. 6(단, 관보에는 崔載喜가 崔在喜로 기재되어 있는데, 이는 오기이다).

[21] 민성희, 『역사교육』 vol.21, 2015. 4, 110쪽(신의섭의 임명사실은 관보에서는 확인되지 않는다. 발령일은 1945년 11월 5일이라고 한다).

[22] 崔恒黙은 1885년생으로 원적지는 慶尙北道 淸道郡 角南面 日谷洞이다. 그의 일제강점기 관료로 활약하였다. 그의 경력은 1910年 4月 1日 慶尙北道 觀察 道郡 主事. 10月 1日 任 朝鮮總督府 郡書記, 1924年 6月 16日 任 朝鮮總督府 郡守, 1930年 12月 11日 敍 勳6日 授 瑞寶章, 1934年 9月 14日 慶尙北道 永川郡, 12月 28日 陸敍 高等官 4等, 1935年 2月 1日 敍 正6位였다. 그는 1남 2녀를 두었으며, 최재희는 그의 장남이었다(『조선인사흥신록』·『조선총독부시정25주년기념표창자명감』 한국사데이터베이스 DB자료). 1928년 11월 16일 일본 정부로부터 昭和 대례 기념장, 1930년 12월 11일 훈6등 서보장을 받았으며 1934년 9월 14일 경상북도 영천군수로 임명되었다. 1935년 10월 1일 조선총독부로부터 시정 25주년 기념표창, 1935년 12월 7일 일본 정부로부터 훈5등 훈장을 받았고 1939년 4월 26일부터 1943년 3월 6일까지 경상북도 달성군수를 역임했다. 경상북도 영천군수와 달성군수 재직 시절 군수품 공출, 마필 징발, 국방사상 보급 및 선전, 비행기 헌납금 모집, 군인 및 유가족 위문, 국채 소화 및 저축 장려에 관한 업무를 수행했으며 1940년 4월 29일 중일 전쟁에 협력한 공로를 인정받아 일본 정부로부터 훈5등 쌍광욱일장을 받았다. 1938년 12월 28일 고등관 3등, 1939년 2월 1일 종5위에 각각 서위되었으며 1941년 12월 12일 일본 정부로부터 훈4등 서보장을 받았다. 1943년 4월 5일 특지에 의해 1급으로 승진하면서 정5위에 서위되었다. 민족문제연구소의 친일인명사전 수록자 명단의 관료 부문, 친일반민족행위진상규명위원회가 발표한 친일반민족행위 705인 명단에 포함되었다(「최항묵」, 『친일반민족행위진상규명 보고서 Ⅳ-18』, 친일반민족행위진상규명위원회, 2009, 526~534쪽).

<표 1> 국정교과서 편수관 이력

이름	생몰년 출신지	부서 직위	경력	대표저서
崔載喜 호: 曙宇	1914~ 1985 경북 청도	교과서부 편수관	崔恒黙[22]의 아들, 大邱高普 졸업, 1938년 京城帝國大學 철학과 졸업, 1965년 서울대학교 철학박사 취득, 1942년 京城女子醫學專門學校 강사, 1946년 서울대학교 문리과대학 강사, 1947년 고려대학교 철학과 교수, 1952년 서울대학교 철학과 교수, 1960년 한국휴머니스트 회장, 1966년 세계휴머니스트대회 참석, 1968년 한국철학회 회장, 1969년 학회지『철학 哲學』속간, 1978년 독일 뒤셀도르프 세계철학대회 참석, 1979년 서울대학교 정년퇴임 후 명예교수, 1981년에는 학술원 회원	『哲學』, 『칸트의 순수이성비 판연구』, 『헤겔의 철학사상』, 『歷史哲學』, 『新國民道 德論』, 『중등 사회생활과 공민 생활』
宋種國		교과서부 편수관보	1949년 桃花公民學校[23] 이사장	
申義燮	1916~? 충남 부여	편집과 편집관 대리	1937년 소학교 및 보통학교 교원시험 합격, 국민대학 정치과 졸업, 교원 12년 근무(1956년), 문교부 편수관 5년ㆍ문교부 인사계장 5년 근무ㆍ1956년 문교부 체육과장, 1962년 무학여중고 교장, 1966년 덕수상고ㆍ중학교 교장, 1970년 용산중학 교장, 이후 영등포고 교장.	『학생청년 애국독본』 [24]

참조:『관보』ㆍ『경향신문』ㆍ『동아일보』ㆍ강진화,『대한민국건국십년지』, 建國十年誌刊行會, 1956년ㆍ민족문화대백과 사전데이터베이스, 한국역사정보시스템 데이터베이스ㆍ임종명,「해방 직후 최재희와 개인 주체성 담론」,『역사학연구』제53집, 2014년 2월.

편수관련자들은 모두 교육계 종사자들이었다. 직위로 보았을 때 이
들 가운데 책임자는 최재희라고 할 수 있다. 최재희는 식민시기 경성
제국대학에서 철학도로서 전문적인 훈련을 받고 평생 철학 교육·연
구자로서 삶을 살아간 인물이다. 그는 기본적으로 독일 비판 철학 전
공자로서 특히 칸트(I. Kant)와 헤겔(G.W.F. Hegel) 철학에 커다란 영향
을 받았다.[25]

최재희는 공민교과서 편수관으로 2년 가까이 일하였다.[26] 그가 공민
교과서 편수관이 되도록 권유한 사람은 당시 문교부 편수국장이었던
최현배였다.[27] 그는 최현배의 의뢰로 공민편수관으로 근무했다고 밝혔
다.[28] 최현배는 최재희의 의식에 상당한 영향을 끼친 인물이었다. 최재
희는 대구고보 재학시절 최현배의 『朝鮮民族 更生의 道』를 반복해서
숙독하고 그 책이 자신의 사상적·인간적 성장에 큰 영향을 미쳤다고
하였다.[29] 그는 오랜 세월이 지나서도 책의 주요내용을 잘 안다고 할
정도로 그 영향은 지속적이었다. 그들은 사적으로도 깊은 관계를 맺고
있었는데, 최현배는 최재희의 결혼식 주례를 서기도 하였다.[30]

최현배는 1945년 8월 17일 조선어학회 사건으로 투옥되었던 함흥감

23) 서울 마포구에 있던 도화공민학교는 군경 유가족 및 전재세궁민 아동을 무료
   교육하던 최초의 교육기관이었다(「桃花公民校舍 近間落成豫定」, 『경향신문』,
   1949. 8. 31).
24) 신의섭, 『(학생청년)애국독본』, 學生社, 1947.
25) 임종명, 앞의 논문, 199쪽.
26) 최재희, 「公務員 노릇」, 『崔載喜全集 Ⅵ 휴머니스트의 人生像』, 삼지원, 1985, 10쪽.
27) 崔鉉培(군정청문교부 편수국장), 「周時經 선생의 추모」, 『자유신문』, 1946. 10. 9.
28) 최재희, 「사재 학자 대담: 狀況認識과 統一志向」, 『政經文化』, 1980. 7, 497쪽.
29) 최재희, 「외솔 先生을 잃고서」, 『대학신문』, 대학신문사, 1970. 3. 30; 최재희
   『崔載喜全集 Ⅵ 휴머니스트의 人生像』 1985, 삼지원, 193쪽.
30) 최재희, 「사재 학자 대담: 狀況認識과 統一志向」, 『政經文化』, 1980. 7, 497쪽.

옥에서 풀려나자, 조선어학회를 재건하였다. 그리고 그는 학무국의 실세였던 오천석에 의해 추천되어 한 달 뒤인 9월 편수과장에 취임하였다. 그는 첫 국어교과서의 편찬을 조선어학회에 일임했다. 여기에 공민교과서의 편찬도 조선어학회에 위촉되었다. 대학에서 교육학을 전공하고,『조선민족 갱생의 도』를 쓴 바 있는 최현배가 도덕교육에 대해 갖는 관심은 남달랐다. 때문에 공민교과서도 사실상 그의 생각을 담고 있었을 것이다.31) 이때 편찬된 공민교과서가 바로『초등공민(제일이학년 함께씀)』과『초등 공민 五·六학년합병용』으로 보인다. 당시 미군정 학무국은 공민교과서의 편찬목적을 "자주독립정신을 고취하는데 주안을 둔다"고 했다.32) 이것은 편찬목적에도 최현배를 비롯한 조선어학회 인사들의 생각이 반영되었다는 것을 의미한다. 이처럼 미군정은 교과서 편찬과 교육에 관한 부분의 상당부분을 조선어학회에 맡겼다.

조선어학회가 국어나 공민교과서의 편찬에 중요한 영향을 미치게 된 것은 당시 조선의 높은 문맹률이 원인으로 보인다. 당시 13세 이상 조선인의 80%는 읽고 쓰지 못하는 문맹자였다. 1944년 일본 측의 인구조사에 따르면, 남한 인구 1942만 749명 중 1,234만 758명이 문맹자였다. 이 같은 사정은 해방이후에도 변하지 않았다. 1947년에 이르러서야 1,025만 3,128명 중 778만 928명, 약 27%로 문맹률이 낮아졌다.33) 심지어 교육분야에서도 敎訓의 용어를 제시하는데 있어서도 문제가 있을 정도였다. 1945년 9월 29일 발표된 군정법령 제6호 교육의 조치 항목에 따르면, "조선학교에서의 교훈용어는 조선어로 함. 조선어로 상

---

31) 역사비평 편집위원회,『남과 북을 만든 라이벌』, 역사비평사, 2008, 68쪽.
32) 「第一課에 開天節 새로 나오는 公民敎科書」,『동아일보』1945. 12. 15.
33) 「13세 이상 대중. 8할이 문맹 지방 성인교육 현지답사 ①」,『조선일보』, 1947. 6. 25.

당한 校訓敎科를 활용할 때까지 외국어를 사용함도 무방함"[34]이라고
제시하였다. 당시 조선은 총선을 앞두고 있었는데, 정치참여과정과 선
거에서 글을 모른다는 것은 큰 문제였다. 따라서 문자 교육은 시급한
문제였다. 당시는 글을 알아야만 공민으로서 자격이 있다고 인식되었
기 때문에, 문맹퇴치를 위한 교육과 계몽이 매우 중시되었다.[35] 이런
까닭에 조선어학회 인사들이 교과서 편찬과정에 참여하게 되었을 것
이다. 그리고 이들의 생각들은 미군정기 공민교과서에 상당부분 반영
된 것으로 보인다. 최재희가 공민교과서의 편수관이 된 것은 최현배와
의 이 같은 사적 관계와 사상적 연계에 따른 것이었다.

최현배와 최재희의 사상적 연계점은 우리민족의 국민도덕과 국민정
신의 기반을 花郎道에서 찾았다는 것이다. 최재희는 화랑도가 외국의
국민정신과 비교해서 조금도 손색이 없다고 평가하였다. 그는 신라 때
발생한 화랑도에 이르러서 민족정신은 국민정신으로 발전하였고, 명
실공이 국민도덕으로 이어졌다고 하였다. 아울러 "화랑도의 빛났던 정
신을 자유주의 · 민주주의의 새국민생활을 개시하는 현대에 또다시 살
려서, 오로지 국민적 통일과 단결의 신념을 굳게 하는데 정신적인 한
지주로 삼아야 한다"고 강조하였다.[36]

한편, 최재희가 최현배의 제안을 받아들인 것은 개인의 자질이 국가
의 발달에 큰 영향을 미친다고 생각했기 때문이다. 그는 국가 외 개인
이 有機的 不可分的 관계가 있듯이, 개인도덕과 국민도덕도 서로 무관
한 것이 아니라 서로 밀접한 관계라고 하였다.[37] 그런 까닭으로 국가

---

34) 『실록 대한민국사 자료집 한국교육 정책자료 1』, 국사편찬위원회, 2011, 1쪽.
35) 「文化向上에 啓蒙뿐 公民의 資格은 글을 알어야」, 『동아일보』, 1947. 8. 3.
36) 최재희, 『新國民道德論』, 문교부 국민사상연구원 選, 1955, 43~46쪽.
37) 최재희, 앞의 책, 20쪽.

나 민족이 건강히 발전하려면 그 민족, 그 국가의 개개인이 우수해야 한다고 보았다.[38] 그는 좋은 국민성은 좋은 국민을 낳고, 타락된 국민 도덕은 타락된 국민성을 낳는다고 보았다. 이런 맥락에서 그는 우리 국민성의 장점과 단점을 살피고 잘못된 점을 교정할 것을 주장했다. 그는 국민성은 선천적 혹은 결정적인 것이 아니라 후천적·창조적인 것이라고 하였다.[39] 심지어 그는 때로 민족성은 국가와 경제, 기후와 지리적 환경 이상이라고 주장하였다.[40]

최재희는 공민이란 사회의 일원, 공공단체의 일원으로서의 사람을 의미한다고 하였다. 그는 참다운 공민은 사회 안에서 자기 혼자만 살고 있다고 생각하지 않고, 사회 안에서 다른 사람과 함께 살고 있다고 지각하며, 다른 사람과 공공에 이바지하기 위해 자기 의무를 다하려고 애쓰는 국민이 되려할 것이라고 하였다. 또한 참다운 공민은 사회가 주는 여러 과제의 웅덩이 속에 뛰어 들어가 그것을 용감히 해결하되, 사회생활에서 일반적으로 개선할 것은 담대히 개선하려 한다고 하였다. 그에게 좋은 공민이란 사회적 규율과 법을 잘 지키는 국민이었다. 그는 소크라테스가 국법을 지키려 도주하지 않은 예를 들며, 좋은 공민은 국법을 준수할 줄 알아야 한다고 하였다. 그리고 처벌이 두려워서가 아니라 자각하고 사회적 규율을 지켜야 비로소 참으로 규율을 지키는 것이며, 좋은 공민이 되는 것이라고 서술하였다.[41]

또한 최재희는 개인과 민족 중에 민족을 우선시하였다. 민족과 국민의 관계를 '민족사회주의'가 아닌 '자유주의적 민족주의'의 견지에서 민

---

38) 최재희, 「朝鮮民族의 民主的 新生活 思想」, 『思想과 自由』, 을유문화사, 1949, 157쪽.
39) 최재희, 『新國民道德論』, 문교부 국민사상 연구원 選, 1955, 47~48쪽.
40) 최재희, 「민족성의 본질」, 8쪽.
41) 최재희, 『중등 사회생활과 공민 생활』, 탐구당, 1949, 8~10쪽.

족을 主로 보고 국민을 從으로 본다고 하였다. 그는 국민의 가치가 중요하지 않다는 것이 아니라, 가치관으로 말하자면 민족이 국민보다 상위가 된다고 하였다. 그는 개인이 불가분의 자주체이듯이 한민족도 원래 불가분의 자주체라고 하였다. 그럼에도 불구하고 우리 민족이 분리되어 있으므로 분립된 국민을 자유주의적인 민족주의로 통일하여 한민족의 본연상으로 환영케 하는 것은 우리겨레의 지상명령이라고 하였다.[42]

최재희는 자유주의 도덕의 수용도 강조하였다. 그에 따르면, 자유주의 도덕은 "어떤 국민의 한 성원으로, 그 흥망에 기여하는 자유이다. 그것은 개인의 질서 있는 자유를 존중하는 것이오, 무질서한 자유를 존중하는 것이 아니다. 자유와 질서는 서로 충돌하지 않아야 한다. 이 까닭에, 자유는 실로 동시에 통제와 구속을 의미하는 것이다"라고 하였다. 그리고 문벌의 타도, 빈부의 차별 금지, 地方別 삭제, 남녀차별 금지라는 면에서 이승만의 一民主議가 일고할 만 하며, 원 정신은 결국 자유주의 사상과 연결되어 있다고 하였다.[43] 그는 교육에서도 자유주의를 강조하였는데, 자유주의 정신은 서로 인간성을 존중하고 인격주의·인본주의로 나타나게 된다고 하였다. 그래서 그는 실용주의를 반대하는 입장이었다. 그는 실용주의에도 귀를 기울만한 부분이 있지만, 효용 혹은 실익 이상의 진리와 지식 자체를 추구하고 발견해 내는 창의적 자유정신을 確持할 줄 모른다면 크게 우려할 일이라고 하였다. 또한 교육적으로 자유주의가 배양되지 못한 사회는 어떤 위대한 자연과학적, 문화과학적 진리도 발견하지 못하게 될 것이라고 하였다. 그리고 이런 사회에서는 功利的, 打算的인 기회주의자만 생겨나게 될 뿐이라고 역설하였다.[44] 이것은 당시 풍미하던 듀이(J.Dewey)의 교육사

---

42) 최재희, 『新國民道德論』, 문교부 국민사상 연구원 選, 1955, 35쪽.
43) 최재희, 『新國民道德論』, 문교부 국민사상 연구원 選, 1955, 63~64쪽.

상45)과는 다른 방향이었다. 그러나 자유주의를 강조하는 것은 일정부분 궤를 같이한다고 할 수 있다.

그와 대비하여 최재희는 공산주의를 자유주의와 대립하는 사상체계로 규정하고, 비판적인 태도를 견지하였다. 그는 자유주의적 정치는 인류적 인격권(right of human personality) 혹은 인간성(humanity)을 존중하려고 하는 반면, 공산주의 정치에는 그런 의미의 윤리가 없다고 주장하였다. 그는 공산주의가 노동자와 농민의 자유의지에서 행하는 정치가 아니라 파시즘과 마찬가지로 공산당 소수 간부의 독재정치이며, 폭력숭배의 윤리를 가지고 있다고 보았다. 또한 한국의 실정은 前자본주의적인 봉건잔재·봉건도덕을 다분히 내포하고 있고, 부르조아지 자유의 세력조차 미약한 상태이므로 공산주의 이론과 우리나라 사회의 현실적 역사적 발달 상태는 같지 않다고 하였다. 따라서 공산주의 경제상 소론이 우리나라의 사회발달 단계와 부합하지 않는다는 점도 파악해야한다고 하였다. 끝으로 그는 유물 변증법의 신봉자들은 종교는 아편이라고 하여 원칙상 배척하되, 공산주의자 자신은 실제에 있어서 흔히 광신적인 점이 있다고 지적하였다. 그는 이점에 있어서 공산주의자들이 사이비 기독교도의 Chiliasm(재림예수의 천년왕국)의 광신과 비슷하다고 하였다.46)

---

44) 최재희, 「敎育上의 自由主義」, 『朝鮮敎育』1, 7, 朝鮮敎育硏究會, 1947, 39쪽.
45) 당시 교육계에 영향을 미쳤던 장이욱·김홍제·조병옥·오천석은 컬럼비아 대학에서 듀이의 강의를 직접 수강하였다. 그리고 김활란·서은숙·장석영·윤성숙·노재명 등은 듀이의 제자였던 킬패트릭(W. H. Kilpatrick)의 강의를 수강하였다(오천석, 「듀이 교육사상과 한국의 교육상」, 『새교육』제7권 2호, 1955년 9월호 참조). 이들 중 군정시대 문교부장과 제2공화국 문교부 장관으로 활약했던 오천석은 1946년 11월에 『민주주의 교육의 건설』을 출판하여 듀이의 교육사상을 소개하였다(손인수, 『미군정과 교육정책』, 한국사회학연구소 민영사, 1992, 315쪽).

이상과 같이 최재희의 공민관 및 국가관을 살펴보면 다음과 같다. 첫째, 그는 최현배의 영향을 받았고, 국민도덕과 국민정신의 기반을 화랑도에서 찾았다. 둘째, 개인의 자질을 중요시하고 민족성을 바꾸어야 할 필요성이 있다고 보았다. 셋째, 그에게 공민이란 사회의 일원, 공공단체의 일원으로서의 사람이며, 좋은 공민은 사회적 규율과 법을 잘 지키는 국민이었다. 넷째 그는 민족과 개인 중에 민족을 우선시하였다.[47] 마지막으로 그는 자유주의 도덕의 수용을 강조하고, 공산주의를 비판하였다.

　최재희의 이러한 인식은 미군정의 목적과 완전히 일치한다고 보기는 어렵다. 그는 국가주의자는 아니지만[48] 화랑도 및 민족을 우선시하고, 당시 풍미하던 듀이의 실용주의 교육관에 반대한다는 점에서 미군정과 생각을 달리하는 부분이 있었다. 그러나 자유주의를 강조하고,

---

46) 최재희, 『新國民道德論』, 문교부 국민사상 연구원 選, 1955, 110~117쪽.
47) 이에 대해 임종명은 최재희가 개인의 주체성을 국가나 민족보다 우선시하였다고 보았다(임종명, 「해방직후 최재희와 개인 주체성 담론」, 『역사학연구』 제53집, 2014. 2. 참조). 그러나 그가 저술한 공민교과서나 『신국민도덕론』의 내용을 살펴보았을 때, 그가 과연 개인의 주체성을 국가나 민족보다 우선시했는지 의문이다. 물론 그가 개개인의 의지와 자질을 중요하게 생각하여 강조한 것은 분명한 사실이다. 그러나 그가 저술한 공민교과서에서는 참다운 공민은 자기가 공공단체의 일원임을 자각하고 있기 때문에 사회 안의 개선을 요구하는 여러 과제에 대해 짐짓 모르는 체하는 태도를 취하는 일이 없다. 사회를 모르는 체하고, 사회를 넘어서려고 하는 태도를 공민은 크게 비열한 태도로 본다고 하였다(최재희, 『중등 사회생활과 공민 생활』, 탐구당, 1949, 8~9쪽).
48) 그는 "자유주의의 이성적 개인에는 도덕성이 엄연히 활약하는 까닭에 비록 어떤 국가적 권력의 포악한 탄압 아래서도 그것에 반항할 수도 있고 또 소위 국가란 전체로부터 아무 명령 강제도 없이 자주적으로 행위 실천하여서 소멸한 국가라도 다시 소생 회복할 수도 있다"고 하였다. 또한 국가의 가치는 인정하나 그 가치는 第一이 되지 못하고 제2의 것이라고 하면서 개인의 가치를 인정하였다. 때문에 그는 비록 민족이 개인에 비해 중하다고 평가했지만, 개인의 가치를 무시하지는 않았던 것으로 보인다(최재희, 『發展的 自由主義의 思想體系』, 교문사, 1947, 26~27쪽).

공산주의를 비판한다는 점에서는 미군정과 상당부분 인식을 같이하였다. 이런 점을 고려했을 때, 최현배가 최재희를 편수책임자로 삼은 것은 자신과 공민관을 공유하면서도 반공과 자유민주주의의 보급이라는 미군정의 입장과도 부합하는 인물이었기 때문이었다. 최재희의 이러한 인식들은 당시 교과서를 편찬했던 편찬위원들의 그것과 함께 미군정기 공민국정교과서에 반영되었다.

Ⅲ. 미군정기 국정공민교과서 편찬위원의 구성과 성격

조선교육심의회 교과서 분과위원회는 "기본 교과서만 군정에서 제작할 것, 출판사에서 제작한 교과서는 학무국 승인 하에 학교 교과서로 사용할 것, 학무국 편수과가 승인 기준을 정할 것, 교재의 판매는 지방 교육 당국이 승인한 거래를 통해야 할 것" 등을 건의하였다.[49] 여기서 중요한 사실은 국어, 사회, 영어와 같이 이데올로기적 통제에 필수불가결한 과목의 교과서는 미군정의 직접 통제 하에 두었다는 것이다.[50] 이 중 초·중등학교에서 사용된 국정교과서는 미군정 문교부 학무국에서 조직한 교과서편찬위원회에서 편찬되었다. 1945년 11월 국정교과서의 편찬위원이 임명되었다. 그 중 공민과 편찬위원은 총 5인으로 鄭烈模, 白樂濬, 玄相允, 安浩相, 張德秀이다.[51] 이들 편찬위원의 약력은 다음 〈표 2〉와 같다.

49) 정태수편, 『미군정기 한국교육사자료집』, 홍지원, 1992, 84쪽.
50) 박범용, 「미군정기 미국 교육론의 도입과 교육정책」, 연세대학교 교육대학원 석사학위논문, 2001, 42쪽.
51) 「중요과목은 학무국서 교과서 편찬위원 선정」, 『중앙신문』, 1945. 11. 10.

〈표 2〉 국정공립교과서 편찬자의 이력

이름	종교	주요경력	대표저서	교육단체
鄭列模 (忠北 報恩, 1895~1967)	대종교	조선어강습원 수습(중등, 고등과), 정성고보 부설 사범과(교양성소) 수료, 평북 자성보통학교·이주보통하교 교원, 早稲田大學 師範部 국어한문과 졸업, 儒一黨 활동, 金泉高普 교장, 조선어학회 사건으로 투옥, 조선국문반위원회 집 전지방위원회, 한국민주당 받기인, 고려청년당 고문, 統一政權促成會, 조선문화교 학교 교장, 한글문화사 대표, 숙명여자대학 조매 문교대학장, 인족주의 종교 맹 서울시연맹 부위원장, 중의대학 조매 하장, 대종교총본사 典講·인포원 총제임자, 한글학회 이사, 6·25이후 월북(남북), 북한에서 김일성대학 국문과 교수, 북한 사회과학원 원장, 조국평화통일 상임위원	『조선어문법』, 『새로 읽은 향가』, 『신편고등문법』, 『조선어문법독본』, 『고급국어문법독본』	
白樂濬52) (平北 郭山, 1895~)	기독교	永昌學校 졸업, 信聖中學校 졸업, 阿嶼聖書學院 專修, 天津 新學大書院 수학, 미국 파크대학(Park College) 학사, Princeton University 수학, Yale University 大學院 박사, 연희전문 교수, 조선기독교서회 이사, 진단학회와 조선민속학회 받기인, 조선어학회 회원, 영국왕실아주학회 한국지부 이사, 1942년 『기독교신문』이사·편집위원으로 재직 중 홍민화정책과 전쟁협력을 강조하는 지면을 편집하고 직접 설교와 사설을 썼음, 1945년 한국민주당 중앙집행위원겸 신전부장, 경성대학 법문학부장, 한국교육위원회 자문위원, 연희대학 조매 총장, 제2대 문교부장관, 국제연합교과학문화기구(UNESCO) 제7·8차 총회 한국대표, 대한교육연합회 회장, 1960년 7·29총선거에서 무소속으로 당선, 참의원 의장, 연세대학교 명예총장, 국토통일원 고문, 국정자문회의 운영위원, 국민훈장 무궁화장	『朝鮮新教史』(박사학위), 『나의 인생관』·『한국개신교사 1832~1910』·『나의 중앙독』	朝鮮敎育委員會, 朝鮮敎育審議會

52) 1945일자 중앙일보 기사를 살펴보면, 白樂濬의 이름은 마지막 漢字가 분명하지 않다. 그러나 여러 가지 정황상 이것은 백낙준일 것으로 생각된다.

성명	종교	경력	저서	단체
玄相允 (平北 定州, 1893~?)	기독교	평양숭덕학교 · 대성학교 · 보성중학교 · 早稻田大學 사학과 졸업, 『학지광』편집인 및 발행인, 中央學校 교사 · 교장, 朝鮮民立大學期成會 중앙집행위원, 경성교육회 평의원, 국민정신총동원조선연맹 비상시국민생활개선위원회 제2부 위원, 국민총력조선연맹 참사, 독기연맹 참사, 조선전보국주단 받기인, 한국교육위원회 위원(1945), 조선교육심의회 제3분과(교육행정) 위원, 京城大學豫科部長, 普成專門學校 교장, 고려대 총장, 6 · 25 때 납북	『韓國儒學史』	朝鮮教育委員會, 朝鮮教育審議會
安浩相 (慶南 宜寧, 1902-1999)	대종교	獨逸國立同濟大學, 독일 국립 예나(Jena)대학 철학박사, 영국 옥스퍼드대학 · 독일 국립 훔볼트학술재단의 연구과정, 1931년에는 일본 경도제국대학에서 연구, 조대 문교부장관, 학술원 회원, 한독협회 조대 회장, 동아대학교 대학원장, 조대 국민대학장, 배달문화연구원장, 국민교육헌장 기초위원, 재건국민운동 중앙회장, UN봉사단 한국본부 단장, 국사찾기협회 회장, 한성대학교 재단이사장, 대종교 총전교, 경희대학교 재단이사장	『철학개론』, 『한백성(일민)주의의 본바탕』, 『민주적 민족론』, 『배달의 종교와 역사와 철학』, 『민족의 주체성과 화랑얼』, 『단군과 화랑의 얼과 혼』, 『민족정론』, 『한웅과 단군과 화랑』, 『겨레역사6천년』	朝鮮教育研究會
張德秀 (黃海 載寧, 1894-1947)	기독교53)	早稻田大學 政治科 졸업, 오레곤 주립대학 중퇴, 콜롬비아대학 철학박사, 同志會 가입, 新韓靑年黨, 동아일보 주필, 보성전문학교 교수, 朝鮮臨戰報國團 이사, 한국민주당 정치부장 · 외교부장, 獨立促成中央協議會 참여		朝鮮教育審議會

참조: 『판보』 · 『경향신문』 · 『동아일보』, 『대한민국건국십년지』, 『건국십년지』, 『대한민국건국십년지』, 建國十年誌刊行會, 1956년 · 민족문화대백과 사전데이터베이스, 한국역사정보서시스템 네이터베이스, 중사단이력서, 『친일반민족행위진상규명 보고서』 Ⅳ-7: 친일반민족행위자 결정이유서(pp.787-811)

53) 그가 기독교도라는 것은 『靑年』을 「동아일보」(삼), 『동아일보』, 1925. 4. 28. 등을 근거로 삼아 기재하였다.

집필위원 중 현상윤과 장덕수는 동아일보 계열의 인물들로 해방 이후 한국민주당(이하 한민당)과 깊은 연관을 가지고 있었다. 장덕수는 1924년부터 콜롬비아 대학에서 정치학을 공부하여, 1936년 4월 "산업평화를 위한 영국의 방안: 노동분규와 관련한 민주주의 연구"로 박사학위를 취득했다. 그는 이 논문에서 영국내의 석탄, 철도, 조선, 방직 등 5개 중요사업에서의 산업평화의 추구는 "개개인의 조화로운 장을 위해 모두가 협력함으로써 가능한 것"이라고 분석했다. 또한 그는 "민주주의란 개개인의 인격을 윤리적 가치가 있는 존재로서 간주하는 것이며, 모든 사람에게 충분하고도 자유로운 생활을 영위할 기회를 제공하는 것"이라고 주장했다.[54] 민주주의에 대한 그의 자유주의적 신념은 향후 한민당의 정치이념이 되었다.[55] 한민당의 기관지였던 『동아일보』에서 이상적이라 여겼던 정체는 의회정치에 입각한 입헌정체였다.[56] 또한 학식이 없는 자가 권력(참정권)을 향유하는 것은 복잡한 공무를 원활히 처리할 수 없기 때문에, 세계 각국에서는 강제로 국민교육을 시행하여 일반상식을 보급해야 한다고 했다.[57]

또한 그는 공산주의나 소련에 대해 매우 부정적인 인식을 가지고 있었다. 그는 제2차세계대전을 "독재주의와 민주주의의 대결"로 규정하고, 그 결과 민주주의가 승리하였다고 보았다. 때문에 전쟁의 승자인 미국과 영국을 "최고의 선"이자 "민주주의의 상징"으로 인식하고 있었다. 그에 반하여 소련으로 대표되는 공산주의는 독재주의라고 규정하

54) Ducksoo Chang, "British Methods of Industrial Peace(New York: columbia university press, 1936)", 1936, p.288.
55) 강정인·서희경, 「김성수와 한국민주당 연구」, 『한국정치학회보』 제47집 제1호, 110쪽.
56) 「참정권의 정치학적 원리 (四)」, 『동아일보』, 1920. 6. 29.
57) 「참정권의 정치학적 원리 (七)」, 『동아일보』, 1920. 7. 7.

고 있었다.58) 이러한 점을 고려할 때, 그가 이상적으로 생각했던 정부형태는 반공주의를 표방하는 의회정치에 근거한 입헌정부였다. 때문에 그의 공민관은 미군정의 의도와 거의 일치하지만, 그가 이상적으로 생각했던 정치형태는 미국식 대통령중심제라기보다는 영국식 의원내각제임을 알 수 있다.

현상윤은 1945년 한국민주당의 발기인으로 참여하였고,59) 교육심의회의 위원으로도 활동하였다.60) 그는 당시 세태에서 제반 부정, 이기심, 무질서 등이 사라지지 않고, 학습하지 않는 한 우리에게 황금시대는 오지 않을 것이라고 주장하였다.61) 더불어 새로 수립될 국가는 의회민주주의를 기반으로 해야 한다고 생각했다.62) 그에 따라 당면한 현실의 과제로 '무질서' 속 인민을 새로운 국민으로 탄생시키기 위한 교육문제에 관심을 둔 것이다. 그리고 인민의 시민적 계몽을 통해 국가수립의 기반을 확립해야 한다고 보았다.63) 그는 이런 문제들을 해결하기 위해서 시민들의 '奉公心' 즉 애국심을 키우는 것이 매우 중요하다고 생각했다. 그는 새로운 국민이 되어 행복을 누리기 위해서는 국민의 자격이 있어야 한다고 보았는데, 그 자격을 바로 '봉공심'이라고 하였다.

(상략) 조선사람의 병통은 봉공심이 부족한 데 있다. 새 국민이 되어

58) 그에 대해서는 British Methods of Industrial Peace의 내용 참조.
59) 「韓國民主黨 發起人 開催」, 『매일신보』, 1945. 9. 9.
60) 「新敎育의 根本方針 具體的 審議를 開始」, 『자유신문』, 1945. 11. 15.
61) 玄相允, 「世態」 ②, 『서울신문』, 1949. 10. 29.
62) 玄相允, 「改憲과 나의 見解 政變頻發은 杞憂 改憲으로 責任政治確立」, 『동아일보』 1950. 2. 24.
63) 이태훈, 「해방 후 현상윤의 儒學인식과 사상적 지향: 평가의 변화를 중심으로」, 『한국사상사학』 제38집, 2011. 8, 231쪽.

새 생활, 새 행복을 누리려면 새 국민의 자격을 갖추어야 할 것인데,
이 새 국민의 자격이 무엇이냐 하면 곧 봉공심을 가지는 일이다. (중
략) 이 봉공심을 다른 말로 또 한번 바꾸면 애국심이다.[64]

그에 따르면 민주주의는 아무 조건 없이 모든 사람이 주체가 되는
사회가 아니었다. 민주주의 사회에서 권리와 책임의 주체가 되는 '공
민'은 일정한 자격요건을 갖추어야 했다. "사회생활의 유래와 공동생
활의 의미를 잘 알아 완전한 사회성원의 일원으로 그 자격을 갖추어
책임을 다하는 사람"이 공민이며, 사회는 이러한 "다수의 공민에 의해
조직"되기 때문이었다. 요컨대 민주주의는 바로 "다 각각 방정하고 또
튼튼히 구워진" 인민을 벽돌로 하여 지어진 '벽돌건물'과 같은 사회였
다.[65] 그에게 민주주의는 특정 수준 이상의 인민들에 의해 구축되는
이상적인 사회모델이었다. 요컨대 그는 해방 후 새로운 국가, 민주주
의 사회 모습을 구상하였고, 그 핵심을 사회질서를 내면화한 공민의
창출에서 찾았다는 것을 알 수 있다.[66] 더불어 그가 생각하던 바람직한
사회체제는 사회민주주의 체제였다. 그런 까닭에 그의 공민교과서 집
필방향은 미국식 민주주의를 지향하는 것과는 다소 거리가 있을 수밖
에 없었다. 다만 그가 공산제 실시와 계급의식에 대해 부정적인 입장[67]
이었기 때문에 반공이라는 부분에서는 미군정의 그것과 일치하였다.
　백낙준은 西化論者들과 달리 조선의 역사와 문화에 깊은 관심을 가
지고 있었다. 그가 실학 및 국학을 진흥시키려고 한 배경에는 鄭寅普

64) 현상윤, 「지도자들에게 고함」, 『幾堂漫評』, 1947(현재경 엮음, 『幾堂 玄相允文集』,
　　경희대학교 출판국, 2000, 444쪽).
65) 玄相允, 「1장 초록」, 『중등공민 권1 공동생활』, 민중서관, 1950.
66) 이태훈, 앞의 논문, 238쪽.
67) 「輿論의 輿論 朝鮮의 自主性確保코 左右翼이 從來의 我執을 버려라」, 『동아일보』,
　　1946. 7. 30.

의 영향이 있었다. 백낙준의 實心을 강조하는 실학에 대한 이해와 한
국 교육의 이념으로서 홍익인간을 제안하고 강조한 것은 정인보가 주
장한 실학 이해 및 홍익인간 주장에 기반 한 것이었다.[68] 백낙준은 정
인보에게 "모두들 爲堂을 漢學의 泰斗라고 칭송했고, 나는 그를 서슴
없이 '國寶'라고 불렀지요"라고 하면서 국학제창의 공을 돌렸다.[69] 또
한 정인보는 한학자인 동시에 대종교 신자이기도 하였다. 정인보는
'조선의 얼'을 강조하면서 단군을 신화적인 존재가 아닌 실질적인 인물
로 우리민족의 시작을 그에서 비롯된 것으로 규정하였다.[70]

한편 백낙준과 정인보는 1935년 조선어사전편찬회에 발기인으로 참
여하기도 하는 등 한글의 연구와 보급에도 노력하였다.[71] 1942년 9월
백낙준은 조선어학회 사건에 연루되어 洪原으로 소환되었다가 풀려났
다.[72] 자연히 최현배와의 관계도 돈독했다. 그는 최현배에 대해 "우리
민족의 은인이요, 학자요, 스승이요, 독립투사"라고 평가하고,[73] 지인
들과 함께 최현배의 기록을 모아 외솔기념사업회 설립을 도모하였
다.[74] 그의 이러한 인간관계는 '홍익인간'을 교육이념으로 내세운 원인
이 되었다. 그는 기독교인이었고, 미국유학생 출신이었다. 그의 배경
자체만 보면 그가 '홍익인간'을 교육이념으로 내세운 것은 의외라고 할

---

68) 윤덕영, 「위당 정인보의 교유 관계와 교유의 배경- 백낙준·백남운·송진우와
    의 교유 관계를 중심으로 -」, 『東方學志』 제173집, 2016. 2, 35~36쪽.
69) 「내가 겪은 世紀 (20)庸齊 白楽濬 박사」, 『경향신문』, 1972. 5. 19.
70) 정인보, 「五千年間朝鮮의 얼(13) 始祖檀君 一」, 『동아일보』, 1935. 1. 16.
71) 「朝鮮語辭典編纂은 어떠케 進行되는가 下」, 『동아일보』, 1935. 12. 21.
72) 민경배, 「백낙준, 대한민국의 교육이념을 정립하다」, 『한국사 시민강좌』 제43집,
    2008. 8, 238쪽.
73) 백낙준, 「한글과 민족에 바친 일생- 외솔 최현배 선생의 별세에 붙여」, 『나라
    사랑』 87, 1993. 3, 25쪽.
74) 「故 崔鉉培 박사 업적整理」, 『경향신문』, 1970. 7. 10.

수 있다. 그가 이런 주장을 한 배경에는 인적 교류와 민족에 대한 그의
생각이 큰 영향을 미친 것으로 보인다.

> 기독교인이 되었다는 것은 우리가 유태민족이 되었다는 것도 아니
> 다. 우리는 한국인이다. 한국인으로서 하나님과 예수를 믿는 것이며,
> 하나님이나 예수의 가르치심은 우리가 국적이 없는 백성이 되기를
> 바라는 것도 아니다. … 유태민족의 고사는 알면서 우리 한민족이 걸
> 어온 역사에 무식해서는 안 될 것이다.75)

그는 우리가 한국인이라는 것을 강조하고, 한국인으로써 기독교를
믿어야 한다고 하였다. 아울러 유태민족의 고사는 알면서 우리 한민족
이 걸어온 역사를 몰라서는 안 된다고 강조하였다. 그런 까닭에 그는
민족문화를 전수하는 교육을 우리에게 맞는 교육이라고 보았다.76) 백
낙준은 당시 "교육학적 여러 이론이나 철학적 이론을 내가 말할 수 없
지만 홍익인간으로 삼자고 하는 데에는 두 가지 이유가 있다"고 밝혔
다. 그는 "사회에 유익한 사람을 만드는 것이 교육의 제1목표요, 배운
사람의 다음 목적은 내 개인을 위하는 것이 아니라 사회복리, 크게 말
하면 인간 행복을 위해서 활동한다는 것이 곧 교육을 받는 사람의 목
적이다"며 홍익인간을 해석했다. 그리고 홍익인간의 의미를 '인간에
대한 최대의 봉사(Maximum service to humanity)'라고 미군정에 소개했
다고 한다. 미군정은 이에 동의하여 홍익인간은 교육이념으로 선정되
었다.77)

---

75) 백낙준, 「나의 終講錄」, 정음문화사, 1983, 214쪽.

76) 백낙준, 「우리에게 맞는 교육」, 『새교육』, 1950. 1 (백낙준, 『韓國의 現實과 理想』
    上, 延世大學校 出版部, 1977, 72~76쪽).

77) 전은애, 「교육이념 '홍익인간'에 대한 끝없는 논란 (1) [기획] 21세기 다시 살
    아나는 '弘益人間'」, 『브레인미디어』, 2014. 10. 16.

　나머지 국정공립교과서 집필자들의 국가관과 민족의식 역시 미군정
이 표방한 교육방향과는 맞지 않는 점이 있다. 집필자들 중 안호상은
미국식 민주주의 교육을 비판하고, 민족중심의 교육을 실현해야 한다
고 주장하던 인물이었다. 그는 조국을 위하지 않고 남의 나라를 위하
는 자는 매국자이고, 민족 전체를 위하지 않고 개인과 자신의 계급만
을 위하는 자는 민족의 분열자이자 파괴자이며, 민족의 반역자라고 규
정하였다. 따라서 교육은 반드시 민족적이어야 한다고 주장하였다.[78]
1948년 그가 잡지에 기고한 글을 살펴보면, 그가 미국식 교육에 대해
가진 생각을 알 수 있다. 그는 북한의 교육은 소련식 교육이 민족교육
을 방해하고 있으며, 남한에서도 미국식 교육의 무비판적 이입과 이식
이 민족교육에 해를 끼친다고 하였다. 그는 미국식 교육은 미국의 환
경에서는 최상이나, 역사와 문화 등 모든 생활과 환경이 다른 조선에
적용하는 것은 문제가 있다고 보았다.[79] 또한 미국식 민주주의의 도입
에 대해서도 좋은 의미로는 한국의 전통적 계급사상의 폐습을 고치자
는 것이지만, 나쁜 의미로 본다면 한국 사람들이 과거의 도덕이나 전
통을 그대로 지키면 미국의 뜻대로 움직이지 않을 것이기 때문에 어떡
해서든 파괴하고, 자신들의 제도를 이식하여 미국이 의도하는 방향으
로 이끌려는 것으로 보고 있었다.[80] 그는 민주주의에 대해 "반드시 우

---

78) 安浩相, 「民族教育을 외치노라」, 『새교육』 1권 1호, 1948. 7, 22쪽.
79) "(상략) 北韓에선 純쏘련式教育이 우리 民族教育을 妨害할 때 南韓의 米國式 教
　育의 無批判的 移入과 移植이 역시 우리 民族教育을 반드시 害하지 아니한다고
　할 수 없다. 美國式 教育制가 米國을 위하여선 가장 좋고 훌륭할 것이다. 그러
　나 歷史와 環境이 全혀 따른 우리에게 米國式 教育 그것이 그대로 다 좋고 맞
　고 훌륭할 수는 없다. 그럼으로 우리는 눈을 크게 뜨고 世界 各國의 現教育의
　制度와 政策을 널리 잘 살펴 우리의 教育을 再改造하지 아니하면 안 된다.(하
　략)" 安浩相, 「民族教育의 方向」, 『大潮』 33권, 대조사, 1948. 8, 93쪽.
80) 홍웅선, 『광복 후의 신교육운동-1946-1949 조선교육연구회를 중심으로-』, 대

리의 참된 主義요 올바른 指導原理라고는 할 수 없다"고 주장하였다.
그는 弘益人間의 교육철학을 세계제일이라고 생각하는 인물이었고,[81]
더불어 강조한 사상이 바로 '花郞思想'과 '花郞主義'였다.[82] 그는 신라
에서 참된 민주주의가 최대로 발전되었다고 주장했다.[83] 또한 자본주
의에 대해서도 경제정책에 있어 공산주의의 그것과 방향과 중점만 다
를 뿐 하나의 계급주의라고 주장하였다. 그는 자본주의의 돈을 제일로
아는 '돈 숭배주의(金錢崇拜主義)'와 '돈주의(金錢主義)'가 공산주의를
나타나게 하고, 뿌리 깊게 했다고 비판하였다.[84] 그에게 있어 뛰어난
인물은 다름 아닌 "우리 民族을 위해 일하는 사람"이라고 할 수 있었
다. 때문에 민족을 위해 희생하고 노력하는 것을 가장 높은 인격판단
의 표준이라고 보았다.[85]

> (상략) 그러면 우리는 무었을 基準으로 하고 잘난 사람 못난 사람을
> 區別할것인가? 주먹힘과 벼슬 돈과學識 이것이 絶對로 제일이 아니
> 다. 오늘날 우리에게 그것들 보다 더 根本的이요 또 重要한것이 있는
> 데 그것은 곧 "우리 民族을 위하여 일함"이라는 그것이다. "民族을 위
> 하여 일함"이 많고 클적엔, 그사람은 큰사람이며 높은 사람이요, 또
> 그와 反對로 "民族을 위하여 일함"이 적을적엔, 그 사람은 적은 사람
> 이요 잘 못난 사람이다. 그럼으로 現在 우리에겐 우리民族을 위한犧
> 牲과 努力만이 우리의 人格의 高不實踐을 判斷하며헤아리는 맨높은
> 標準이다. (하략)

한교과서주식회사, 1991, 45~46쪽.

81) 兪炳弼(대담), 「원로民族史學者 安浩相박사」, 『매일경제신문』, 1989. 7. 7.

82) 안호상, 『一民主義의 본바탕』, 一民主義研究院, 1950, 14~15쪽 참조.

83) 安浩相, 「韓國民主政治의 新理念」, 『新天地』 제1호 (1953년 4월 속간호), 서울신
문사, 1953. 8, 14쪽.

84) 안호상, 앞의 책, 36쪽.

85) 安浩相, 「民族教育을 외치노라」, 『새교육』 1권 1호, 1948. 7, 22쪽.

그의 이러한 민족주의 교육관은 미군정의 교육관과는 정면으로 상
치되는 것이라 할 수 있었다. 다만 그 역시 공산주의 인식에서는 미군
정과 동일한 입장을 취하고 있었다. 그는 공산주의를 "폭력의 정치"요,
"폭력의 독재"라고 규정하였다. 또한 공산주의 독재는 자본주의의 그
것보다 몇 곱이나 더 심하다고 인식하고 있었다.[86] 때문에 그에게 있
어 공산주의는 싸워 이겨야할 대상이었다.[87]

정열모 역시 한글교육 및 민족주의적 교육을 강조하던 인물이었다.
그는 한글을 세계문자 가운데서 출중한 존재라고 평가하였다.[88] 또한
우리 민족이 생긴 내력을 '하느님'인 단군에서 찾고,[89] 단군의 후예들
이 다스리던 우리민족을 하늘백성이라 규정하였다. 더불어 한국문화
가 황하·인도·메소포타미아·이집트와 같은 세계적인 문명권임을
강조했다.[90] 그가 바라던 이상향은 바로 弘益人間, 理化世界가 실현된
사회였다.[91] 그는 교육을 통하여 새로운 문명을 건설할 "훌륭한 조선
인"을 기르는 것을 목표로 삼았다. 그가 『現代朝鮮文藝讀本』을 펴내면
서 예문으로 수록한 입학치하의 편지를 살펴보면 그의 교육관을 알 수
있다.

   …무엇을 한다 하더라도 爲先 첫째 훌륭한 朝鮮사람이 되어야 할 것
   시외다. 朝鮮은 아프로 世界各國의 文明을 吸收하여 한 새로운 文明

---

86) 安浩相, 「韓國民主政治의 新理念」, 『新天地』 제1호 (1953년 4월 속간호), 서울신
    문사, 1953. 8, 11쪽.
87) 安浩相, 「學生과 政治問題 學生과 思想」, 『白民』 15권, 1948. 7·8, 白民文化社, 30쪽.
88) 정열모, 「우리말」, 『한글』 11(1), 한글학회, 1946. 4, 18쪽.
89) 살별, 「日曜家명: 우리의 자랑(잇거리)」, 『朝鮮日報』, 1923. 3. 11.
90) 살별, 「日曜家명: 우리의 자랑(잇거리)」, 『朝鮮日報』, 1923. 3. 18.
91) 鄭烈模, 「神檀民史重行後記」, 『神檀民史原編全』, 서울公印社, 1946(『神檀民史原編
    全』는 金敎獻이 짓고 정열모가 편집하였다).

을 建設하여야 합니다. 이거슨 朝鮮社會의 重大한 責任인 同時에 愉
快한 事業일 거시외다. 훌륭한 朝鮮 사람은 社會를 爲하여, 이 事業
의 一部를 써마터야 합니다… 92)

조선인은 무엇을 하더라도 훌륭한 조선 사람이 되어야 하며, 훌륭한
조선 사람은 새로운 문명을 건설하고, 사회를 위하여 활동해야 한다는
것이다.93) 그는 조선인들이 무엇을 하더라도 조선인임을 잊지 않기를
바랐다.

한편, 공민교육과의 편찬위원들의 인적구성을 살펴보면, 정열모를
제외하고 모두 보성전문학교의 교직원이었다는 점을 알 수 있다. 정열
모, 현상윤, 장덕수는 早稻田大學에서 수학하였다는 공통점이 있다.
또한 정치적으로는 대체적으로 우익에 가까웠으나, 정열모의 경우 민
족자주연맹에 참여하는 등의 행적으로 보아 중간우파로 생각된다. 이
들의 배경을 살펴볼 때, 이들이 편찬위원으로 선정된 것은 당시 김성
수와의 관계와 早稻田를 중심으로 하는 학연 및 대종교 및 조선어학회
와의 관계에서 비롯된 것으로 보인다.

1945년 10월 김성수는 미군정에서 학무국장 고문으로 임명되었
다.94) 그는 당시 교육을 주도하는 주요인물 중 하나로 평가받을 만큼
영향력이 컸다.95) 김성수는 미군정의 신임을 받고 있었고, 집필위원
중 3인은 김성수와의 관계로 인해 선정되었을 것이라 생각된다. 또한
집필위원들 중 다수는 와세다 대학 출신이다. 와세다 대학 출신들의

---

92) 鄭烈模 편, 『現代朝鮮文藝讀本』, 殊芳閣, 1929, 8쪽.
93) 최기영, 「白水 鄭烈模의 생애와 어문민족주의」, 『한국근현대사연구』 25집 여
   름호, 2003. 6, 488쪽.
94) 「司令 第26號」, 『官報』, 1945. 10. 27.
95) 이에 대해서는 金漢宗, 「신국가건설기 교육계 인맥과 이념적 성향」, 『역사교
   육』 88집, 2003. 12. 참조.

교과서 집필위원 선정은 단지 공민교과서에 국한된 것은 아니었다. 국사교과서 집필위원들도 상당수가 와세다 대학 출신이었다.[96] 즉, 공민교과서 집필위원들 다수는 와세다 대학 출신이거나 보성전문 교원이었다. 이들은 기본적으로 인맥과 학맥으로 얽혀 있었고, 민족자주연맹에 관여했던 정열모를 제외하고는 모두 반공주의를 표방하던 인물이라 할 수 있다. 미군정은 이들을 통해 '미국식 민주주의'를 이식하고, 일제잔재를 일소할 공민교과서를 기대하였을 것이다.

그러나 미군정의 이러한 의도가 그대로 교과서에 반영되었는지는 미지수라고 할 수 있다. 앞서 보았듯 안호상과 정열모는 민족을 강조하는 교육을 강조하던 인물이었다. 이들은 대종교를 신봉하고 있다는 점에서 공통점을 가지고 있었다. 대종교는 단군을 위시로 하여 한민족의 독자성과 우월성을 내세우고 있었다.[97] 더불어 이들은 민족의 정체성을 한글에서 찾고 있었기 때문에 조선어학회와도 밀접한 관계를 맺고 있었다.

안호상과 정열모가 당시 미군정에서 꺼리던 국가주의적 민족주의 교육을 강조하였음에도 불구하고, 편수의원이 될 수 있었던 것은 조선어학회와의 인연 때문이라고 할 수 있다. 해방 전 정열모와 안호상은 최현배와 함께 조선어학회에 관여하였고, 정열모는 조선어학회 사건으로 투옥[98]되기도 하였다. 또한 최현배는 온 민족의 이상을 "환하고 밝게 다스리는 누리(光明理世)"와 "널리 인간을 이롭게 함(弘益人間)"으로 보고 그 이상실현의 길을 "나라사랑의 길"이라고 표현했다.[99] 그

---

96) 이에 대해서는 조성운, 「교수요목기 국사교과서의 발행과 편찬」, 『한국민족운동사연구』 86집, 2016. 3, 284~285쪽 참조.

97) 은희녕, 앞의 논문, 6쪽.

98) 한글학회 50돌기념사업회, 『한글학회 50년사』, 한글학회, 1971, 12~19쪽 참조.

99) 김인회, 「최현배의 『조선민족 갱생의 도』 식민지교육 척결위해 민족정신의

러므로 공민교과서에 민족주의적 색채와 한글을 강조하는 것은 이상
한 일이 아니라고 볼 수 있다. 이런 점들을 고려했을 때, 미군정기 공
민교과서 편찬자들은 민주주의를 체득하면서도 국가주의적이면서 민
족주의적인 사회구성원을 양성하려고 한 것을 알 수 있다.

Ⅳ. 미군정기 국정공민교과서의 목차구성과 내용

미군정기 발행된 국정 공민교과서는 『초등공민』, 『중등공민』 상·하
등이다. 그 목차를 살펴보면 다음 〈표 3〉과 같다.

〈표 3〉 미군정기 국정공민교과서 목차

교과서명	발행 연도	편찬자	발행처	목차
초등공민 (제일이학 년함께씀)	1946	朝鮮語 學會	軍政廳文敎部	첫째 과 우리나라 기 둘째 과 우리 집 셋째 과 우리 학교 넷째 과 한글 다섯째 과 한결같이 여섯째 과 단군임금 일곱째 과 공덕 여덟째 과 튼튼한 몸 아홉째 과 신용 열째 과 힘을 합하자 열한째 과 우리 조선
초등 공민 五·六학 년합병용	1946	朝鮮語 學會	朝鮮語學會	첫째과 개천절 둘째과 세종임금과 한글 셋째과 자유 넷째과 인격 다섯째과 민주정치

행동론 정립」, 『중등우리교육』, 1994. 10, 121쪽.

				여섯째과 정의 일곱째과 노동 여덟째과 사회 아홉째과 보건과 위생 열째과 시간 지키기 열한째과 용기 열둣째과 화랑도 열셋째과 나라사이의 교제 열넷째과 우리 민족성 열다섯째과 우리 겨레의 사명
초등공민 (제삼사학 년함께씀)	1946	군정청 학무국	軍政廳文敎部	첫째과 자유 둘째과 규율 셋째과 민주정치 넷째과 정의 다섯째과 노동 여섯째과 보건과 위생 일곱째과 개천절 여덟째과 우리 말과 글 아홉째과 사회 열째과 이상 열 한째과 용기 열 둘째과 화랑도 열 셋째과 우리 민족성 열 넷째과 나라 사이의 교제
초등공민 (제오륙학 년함께씀)	1946	軍政廳 文敎部	軍政廳文敎部	첫째과 개천절 둘째과 세종임금과 한글 셋째과 자유 넷째과 인격 다섯째과 민주정치 여섯째과 정의 일곱째과 노동 여덟째과 사회 아홉째과 보건과 위생 열째과 시간 지키기 열한째과 용기 열둣째과 화랑도 열셋째과 나라사이의 교제 열넷째과 우리 민족성 열다섯째과 우리 겨레의 사명

中等公民 上	1946	문교부	朝鮮敎學圖書	첫째과 자유 둘째과 규율 셋째과 민주정치 넷째과 정의 다섯째과 노동 여섯째과 보건과 위생 일곱째과 개천절 여덟째과 우리 말과 글 아홉째과 사회 열째과 이상 열 한째과 용기 열 둘째과 화랑도 열 셋째과 우리 민족성 열 넷째과 나라 사이의 교제
중등 공민 하	1946	문교부	朝鮮敎學圖書	1과 자유 2과 가정과 가족주의 3과 자치 4과 민주정치 5과 산업의 진흥 6과 보건과 위생 7과 우리 말과 글 8과 우리나라 땅 9과 화랑도 10과 인격 11과 교육 12과 국제생활 13과 우리 민족성의 장단 14과 우리 겨레의 사명 15과 신념

이상의 목차에서 살펴보면, 공민교과서는 법제나 경제와 같은 기능적인 내용보다도 사회구성원으로써의 질서 혹은 도덕적인 요소를 강조하고 있다. 공민교과서에서 다루는 내용은 자유·한글·단군과 개천절·화랑도·민주정치 및 민주국가·자치·위생·노동·규율·민족성·사명과 정의·정직과 같은 항목으로 이루어져 있다. 또한 모든 공민교과서에서 공통적으로 한글·단군 및 개천절·화랑도·자유·민주정치

및 민주국민이라는 주제를 다루고 있다는 점을 알 수 있다. 그중에서
도 한글에 관한 내용은 전 교과서에서 다루어지고 있다.

공민교과서에서는 공통적으로 민주주의에 대해 서술하고 있는데,
대부분 영국식 의원내각제를 설명하고 있다. 『초등공민』에는 민주국
민이라는 항목으로 정리하고 있다. 그에 따르면 "조선은 민주국이며,
민주국은 백성이 제일 인격 있는 어른으로 나라를 다스리게 한다"고
하였다.[100] 『중등공민』 하에서 민주정치라는 항목을 두었다. 그 단원
에서는 민주정치를 전제정치와 비교하여 설명하고 있다. 민주정치와
전제정치의 차이는 참정권의 유무라고 하였다. 또한 링컨의 말을 인용
하여, 인민의 소망을 인민의 의사에 물으며, 인민 자신의 의사를 참가
시켜, 인민의 정치를 행하는 것이 곧 민주 정치라고 정의하였다. 민주
정치의 내용에 대해서는 "대의정치요, 법치 정치며, 또 책임 정치"라고
표현하였다. 그런데 책임정치를 설명하면서 영국식 내각책임제에 대
한 내용을 언급하고 있다. "민주정치는 또 책임정치이다. 정치의 온 책
임을 지는 정부가 명백히 존재하며, 그것에 대하여 의회가 그 책임을
물을 수 있다. 의회가 정부 불신임의 결의를 하면, 정부는 총사직하고
갈리게 된다. 그러므로 정부는 인민 대표의 의회를 무시하여 정치할
수 없고, 결국 민의와 여론에 배치하는 일이 없게 된다. 우리나라에는
이러한 성질의 민주 정치가 가까운 장래에 나타나고야 만다"고 기술하
고 있다.[101] 미군정의 목표가 민주주의의 이식이라는 점을 고려할 때
자유와 민주정치에 관한 내용을 다루는 것은 당연한 일이라고 할 수
있다.

그러나 민주정치를 설명하는 과정에서 표본이 된 것은 미국의 대통

---

100) 『초등공민 제삼사학년함께씀』, 국정청학무국, 1946, 27쪽.

101) 문교부, 『중등공민 하』, 朝鮮敎學圖書株式會社, 1946, 9~10쪽.

령 중심제가 아닌 영국의 의원내각제에 가깝다. 이러한 내용을 고려했을 때, 교과서를 편찬하는 편찬자들이 미국식 대통령 중심제보다 영국식의 의원내각제에 더 익숙했을 것이라는 추정이 가능하다. 앞서 살펴보았듯 공민교과서의 및 편찬자들은 대부분 일본에서 공부했다. 편수책임자였던 최재희도 경성제국대학 출신으로 일제의 교육체제 하에서 수학했던 인물이라고 할 수 있다. 유일하게 미국에서 공부한 경험이 있었던 장덕수조차 일본유학 경험이 먼저였다. 또한 그의 박사논문은 "산업평화를 위한 영국의 방안"으로 영국의 민주주의와 노동분규에 관한 것이었다. 안호상이 공부했던 독일은 그가 체재했을 당시 나치 치하였다. 안호상은 히틀러에 대해서 "미봉의 정치가가 아니라 파괴의 정치가이며, 또 유치의 정치가가 아니라 건설의 정치가"라고 평가하였다. 히틀러의 웅변은 위대할 뿐만 아니라 최고로 발달되어 청중들의 마음을 완전히 사로잡는다고도 하였다. 그는 히틀러의 "행동은 혈로된 것 같으며 그의 말은 金心으로 우러나오는 듯하며 듣는 사람으로 하여금 도취와 신뢰를 아끼지 못하게 한다"고 칭찬했다.[102]

한편 한글이나 단군 및 개천절, 화랑도 등에 관한 내용은 국가주의적 민족주의 색채가 매우 강한 것으로 미군정의 의도에서 벗어난 것이었다. 때문에 이러한 내용이 교과서에 서술된 것은 미군정의 의도라기보다 편찬자들의 의지라는 것을 알 수 있다. 앞서 보았듯이 편수관 최재희를 비롯한 편찬자 중에는 대종교와 조선어학회와 인연을 가진 인물들이 있었다. 이들은 그들의 이상에 맞는 공민을 양성하기 위한 내용을 교과서에 삽입했다고 볼 수 있다.

그런데 공민교과서의 목차구성과 내용을 살펴보면, 민주주의와 국

<hr>

[102] 안호상, 「세계적 인물 회견기 히틀러, 아인스타인, 오이켄 제씨의 인상」, 『조광』, 1938. 11.

가주의적 민족주의에 대한 경중의 차가 분명해 보인다. 국정국민교과서에서 대부분 다루고 있는 자유·민주정치 및 민주국가·한글·단군 및 개천절·화랑도에서 민주주의 체득에 관련된 것은 자유와 민주정치 및 민주국가에 대한 항목과 중등공민의 자치 항목뿐이다. 그나마 민주주의에 대한 내용은 미국식 민주주의라기보다는 의원내각제에 가까운 것이었다. 나머지는 국가주의적 민족주의 색채가 짙은 항목이라고 할 수 있다. 공민교과서의 이런 성향은 당시 교육이념을 살펴보면 좀 더 쉽게 이해할 수 있다. 미군정기 설정된 우리나라의 교육이념은 '홍익인간'이었다. 그러므로 공민교과서도 큰 틀에서 '홍익인간'이라는 이념의 틀에서 편찬되었다고 할 수 있다.

그렇다면 이러한 '홍익인간'의 이념을 바탕으로 한 공민교과서에서 양성하고자 했던 국민은 어떠한 사람들이었는지를 살펴볼 필요가 있다. 당시 편찬된 공민교과서의 내용을 살펴보면 이들이 길러내고자 했던 '공민'은 개인보다 국가를 우선으로 하는 국민이었음을 알 수 있다.

> … 아무리 남의나라가 좋다 하더라도 제 나라보다 더 좋을 수 없다. 제 겨레와 제 나라를 의심하며 미워하고, 남의 나라와 민족을 믿으며 사랑한다는 것은 절대로 될 수 없는 일다. …103)
> … 제 민족 전체가 멸망하는데 제 한 몸만이 잘 되겠다는 것은 도덕적으로도 옳지 못할뿐더러, 사실상으로도 도저히 될 수 없는 일이다. 제 민족이 망할 때 저 개인도 따라 망하고, 제 민족이 일어날 때 저 자신도 같이 일어남은 과거의 많은 역사와 또 현재의 생생한 사실이 여실히 증명하는 바이다. 현재 국제관계에 있어선, 결코 한 개인으로서가 아니라, 항상 한 나라로서만 나설 수 있는 것이다. …104)

---

103) 문교부, 『중등공민 하』, 朝鮮敎學圖書株式會社, 1946, 31쪽.
104) 『중등공민 하』, 41쪽.

『중등공민 하』에서는 개인과 민족, 국가는 하나이며 국가의 번영 없이는 개인의 행복이 있을 수 없다는 점을 강조하고 있다. 국가가 망하면 개인도 역시 존재할 수 없고, 국제관계에서도 개인으로 나서는 것이 아니라 국가로 대표되는 만큼 국가와 민족을 사랑해야하는 것은 당연하다고 보았다. 그러면서 우리가 국제관계에서 취해야 할 방향을 '인도적 국가주의'로 제시하고 있다. 교과서에서는 '인도적 국가주의'라는 것을 "자국 자족의 존립 발전을 꾀하면서 인도 관념과 인류애의 실현을 꾀하는 방법"으로 정의하였다. 그에 따르면 각 나라의 특수성은 인정되어야 하며, 각 겨레가 하나로 되는 것은 바람직하지 못하다고 하였다.

> … 우리는, 국제주의를 안목에 두고 그것을 존중하는 국가주의를 인도적 국가주의라고 부르나니 이것은, 자국 자족의 존립 발전을 꾀하면서 인도 관념과 인류애의 실현을 꾀하는 것이다. … 역사, 전통, 언어를 달리하고, 사상과 감정을 달리 하는 국민과 민족이 그 특수성을 억제하여, 각각 나라 각각 겨레가 한 모양으로 된다는 것은 아름답지도 못하며, 또 가능할 수도 없다. 오히려 솔직히 각자의 특수성을 발휘하여, 서로 이해, 존중, 승인하는 그 곳에 각 나라 각 겨레가 서로 친하며 서로 믿음을 이룰 수 있다.… [105]

그러나 공민교과서는 언급하는 인도주의 및 인류애 실현에서도 민족과 국가를 우선시 하고 있었다. 그에 따르면 인도주의와 인류애 실천은 자국 자족의 존립 발전을 전재해야만 한다고 하였다. 비단 관념적인 부분에서 뿐만 아니라 경제적인 서술에 있어서도 국가주의는 그대로 드러나고 있다. 『중등공민』 하에서는 자족 경제를 서술하면서 되

---

[105] 『중등공민 하』, 33쪽.

도록 조선 사람이 만든 것을 사야한다고 주장했다. 그 내용에 따르면
이른바 "내 살림은 내 것으로!"라는 표어를 경제생활의 第一義로 삼아
야 한다고 하였다. 그리고 자족경제에 반대하여 좋은 국외 상품이 나
쁜 국내 상품을 시장에서 구축하는 원리에 대해 매우 부정적으로 평가
하였다. 교과서에서는 이에 대해 "외할머니 떡도 싸야만 받아먹는 경
제심리"라고 표현하면서 "이 따위 작은 지혜는 가지지 않는 것이 좋다"
고 표현하였다.106) 이 표현을 통해 이들이 자본주의를 전적으로 신봉
하고 있지는 않다는 점도 확인할 수 있다.

　이처럼 공민교과서에서 애국심을 강조하고, 민주주의보다 국가주의
적인 서술을 하게 된 것은 식민지배와 일제교육의 영향 때문이라고 할
수 있다. 당시 공민교과서를 편찬했던 조선어학회는 "일제의 굴레에서
풀려나와 과거에 받은 노예적 교육을 하루 속히 벗기 위해서도, 새 나
라의 새 국민이 되기 위해서도, 공민 교육이 필요했다. 여기서 군정청
학무국은 광복 직후 혼란한 시기에 돌연 공민 교과서의 편찬에 능한
사람을 얻기가 힘들어, 국어 교과서를 편찬하는 한글학회에 공민 교과
서의 편찬까지도 의뢰하게 되었다"107)고 밝히고 있다. 그것은 나라를
다시 찾은 감격에서 민족의 정체성을 강조하고, 독립된 나라의 국민으
로서의 자질을 갖추게 하려는 일이 시급하여, 민주주의를 체계적으로
가르치는 일을 뒤로 미루었기 때문이라고 생각할 수밖에 없다.108) 편
찬자들이 일제치하에서 교육받았다는 것도 상당한 영향을 미쳤다. 때
문에 당시 '공민'이라는 말의 의미나, 교과서의 목차는 일본의 그것과
유사한 점이 있다. 특히 가족·민족·국가를 유기적 관계로 본다는 점,

106)『중등공민 하』, 13쪽.
107) 한글학회50돌기념사업회 편,『한글학회 50년사』, 한글학회, 1971, 303쪽.
108) 홍웅선,「美軍政下 社會生活科 出現의 經緯」,『敎育學硏究』30, 1992, 119쪽.

한국인 '민족성'의 장단점과 개조를 논한 것 등은 편수관인 최재희와 편찬자의 영향을 받은 것으로 보인다. 최재희는 전형적인 일본식 교육을 받은 인물이었다. 앞서 최재희가 민족과 국가를 유기적으로 보았다는 것은 앞서 서술하였다. 그는 가정의 역할에서 가장 관심을 기울여야하는 것도 사회정신을 가꾸는 것으로 보았다. 그러므로 가정은 스스로가 최고가치인 것이 아니라 자신이 국민적인 사회활동의 한 단위가 된다는 점을 깨달아야 한다고 주장하였다.[109] 한국인의 민족성 개조는 실상 최재희 뿐만 아니라 당대 지식인들의 대체적인 의견이었다. 그들의 눈에 비친 동료 한국인은 '정신과 인성, 습성, 심지어 신체까지 개조'되어야 할 정도로 문제적이었다.[110] 예컨대 오천석은 한국인들이 민주국가를 세우고 살 준비가 되지 않았다고 하였다. 그는 民主道에 의해 살아본 사회적 경험이 없고, 민주주의에 대한 지적 수준을 가지지 못한 국민으로 조직된 이 사회에서 과연 참된 민주주의가 성립될 수 있는가라는 의문을 제기하였다.[111] 이런 이유로 당대 지식인들은 우리민족의 민족성 개조를 강조하였던 것이다.

　한편, 미군정은 교과서에 국가주의적 민족주의가 강조되는 것을 원하지 않았다. 이에 대하여 당시 교과서를 썼던 어느 집필자는 미국인으로부터 교과서 내용이 지나치게 민족혼을 고취시킨다는 비난을 들었다고 하였다.

　…… 당시 국가 사정으로 말하면 우리의 독립이 아직 달성치 못한 미국 군정 하였으므로, 그 내용 취재에 대하여 美人들로부터 여러 가

---

109) 최재희, 『신국가도덕론』, 81쪽.
110) 임종명, 「해방직후 남한 엘리트의 이성 담론, 규율 주체 생산과 헤게모니 구축」, 『개념과 소통』 제12호, 2013. 12, 249쪽.
111) 오천석, 『민주주의 교육의 건설』, 국제문화공회, 1946, 38쪽.

지 말썽이 있었던 관계로 집필자로서는 한 때 퍽 고단한 처지에 있
기도 하였다. (중략) 某國人으로부터 너무나 민족혼을 고취시켰다는
비난을 들어, 이로 말미암아 다소 교과서가 늦게 세상에 나온 것만은
집필자로서는 불쾌한 생각을 가지지 아니할 수 없었다 ……112)

이 내용을 살펴보면, 당시 미국인들은 한국인 집필자들이 만든 교과
서가 지나치게 민족주의적이라고 비판했음을 알 수 있다. 그러나 교과
서의 내용이 미군정의 의도와 일치하지 않았음에도 불구하고, 한국인
집필진이 편찬한 교과서는 출판되었다. 이것은 교과서 편찬자들이 큰
범주에서 미군정에 협조적인 태도를 보이고 있었다는 의미이기도 하
다. 학무부 한인 감독이었던 유억겸은 교과서 집필 책임자였던 최현배
가 매우 유용하고 도움이 된다고 평가하였다.113) 교과서 제작에 관여
했던 편수국장 P. S. Anderson도 당시 교과서 제작은 미군들이 한국어
를 알지 못했기 때문에 당시의 교과서는 한국인이 계획하여 한국인이
승인한 한국인의 책이라고 하였다.114) 이것은 미군정이 추구하던 교과
서 출판제도와도 상통하는 부분이다. 미군정이 추구하던 교육 이념에
적합한 교과서 제도는 원칙적으로 자유발행제였다. 비민주적이고 중
앙집권적인 전체주의 교육의 잔재를 해소하고, 민주주의 교육을 표명
하는 미군정의 기본입장 때문에 교과서 개발 및 채택에 대한 과도한
개입은 부적절한 것이었다.115) 교과서용 도서를 펴내던 章旺社 회장

---

112) 문교부 편수국,『편수시보』제1호, 조선서적인쇄주식회사, 1950. 2, 43쪽(이
　　종국,「미군정기 및 교수 요목기의 교육과정과 교과용 도서 편찬 - 광복 · 교
　　수 요목기의 교과용 도서 편찬 · 발행을 중심으로」,『한국편수사연구』I, 한
　　국교과서연구재단, 2000. 1280쪽. 재인용).
113) YU UCK KYUM, "Report on Axtivities of Textbook Bureau of Dept. of
　　Education re status of Textbooks.", 1947. 7. 27. (국립중앙도서관 데이터베이스).
114) U.S.Army, "History of USAFIK", pp. 32-33. (마미화, 앞의 논문, 57쪽 재인용).

李大儀는 "검인정 존속 기간은 1년이었으며, 해마다 검인정 접수를 하고 허가해 주었다"고 하였다. 또한 "검인정을 받지 않은 교과서도 초·중등학교에서 사용되는 등 질서가 없는 과도기였다"라고 표현하였다.[116] 이것은 미군정이 교과서 편찬에 관여하기는 하였으나, 그 기준이 상당히 폭넓었음을 의미하는 것이다. 여기에는 현실적인 이유가 있었다. 트럭운전사보다 적은 돈을 받으면서 기꺼이 미군정에서 일하려는 유능한 교과서 저술 인력은 부족했고, 이것은 교과서 편찬과 배부에 심각한 지연을 발생시켰다. 미군정은 학무국에 필요한 직원의 절반이 넘는 수를 확보할 수 없었다. 유능한 인력들은 학교와 대학 산업체로 떠났다.[117] 이런 상황에서 미군정이 교과서 편찬기준을 엄격히 하기는 어려웠을 것이다. 그러므로 미군정에서는 친소적이거나 사회주의 혹은 공산주의적이 아니라면, 다소의 이견을 수용했을 가능성이 컸다.

흥미로운 것은 이시기 국정공민교과서가 사회주의와 공산주의를 직접적으로 비판하고 있지는 않다는 것이다. 물론 사회주의와 공산주의를 다루고 있지도 않다. 다만, 국정공민교과서에 부분적으로 계급의식을 부정적으로 묘사하고 비판하는 내용이 있을 뿐이다. 『중등공민』하는 계급의식에 대해 "참다운 계급의식이 한 민족 전체를 무시하지 못할 것이다. 새 나라를 세우는 우리의 이 신성한 의무와 무겁고도 큰 사명은 잊어버리고, 당파적 주의만을 고집하며, 우리의 큰 사업을 방해함은 무슨 큰 실책인가!"[118]라고 서술하고 있다. 이것은 아마도 당시

정치적 상황에 따른 것으로 풀이된다. 1946년 5월 8일 제1차 미소공위
가 결렬되자, 미국무부는 정책 초안에서 김구·이승만 세력의 정치적
배제와 진보적 개혁을 지지하는 자유주의적 중간 정책을 추진할 것을
시사하였다.[119] 이후 미군정의 중간파 육성정책에 의해 좌우합작위원
회가 결성되었다. 이 정책은 1947년 12월 15일 좌우합작위원회가 해산
될 때까지 유지되었다. 비록 중간 좌·우의 합작이었지만, 좌우합작을
추진하는 미군정의 입장에서 노골적으로 사회주의나 공산주의를 비판
하기는 어려웠을 것이다.

살펴본 바와 같이 미군정기 공민교과서는 국가주의와 민족주의를
강조하였다. 이러한 배경에는 교과서를 편수·집필한 이들의 국가관
과 민족의식 및 미군정의 검인정제와 밀접한 관련이 있다고 할 수 있
다. 공민교과서는 새로운 공민을 양성해 내기 위한 필수 과목이었다.
공민교과서는 민주주의를 가르치고, 일제의 식민교육을 극복해야하는
과제를 안고 있었다. 이시기 국정 공민교과서에 나타난 민주주의는 영
국식의 의원내각제에 가까웠다. 이것은 편찬자들이 미국식 민주주의
보다 영국식 의원내각제에 익숙했다는 것을 보여주는 것이다. 이들은
조선에서 자리잡아야하는 민주주의의 형태가 의원내각제가 되어야 한
다고 보았을 것이라 생각된다.

한편, 공민교과서의 서술은 국가주의와 민족주의 성격을 띠었다.
『중등공민』하에 따르면, "나라는 정당보다 크며, 민족은 계급보다 중
하다. 정당이 나라에 방해될 때엔 정당은 반드시 해산해야 할 것이며,
또 참다운 계급의식이 한 민족 전체를 무시하지 못할 것이다"[120]라고

---

118) 『중등공민』하, 42쪽.

119) "Proposed Message to General of the Army Douglas MacArthur Drafted in the
Department of State"(1946. 2. 18.), FRUS, 1946. (한국사데이터베이스 DB자료).

하였다. 공민교과서의 편찬에 깊이 관여했던 조선어학회는 대종교와
일정한 연관을 가지고 있었다. 뿐만 아니라 공민교과서의 편수책임자
는 최현배와 공민관을 공유하였고, 5인의 편찬자 가운데 다수는 조선
어학회에 관여했던 인물들이었다. 이들은 민주주의보다는 국가와 민
족을 우선시 하였다. 그리고 미군정은 당시 정치적·현실적인 이유로
입장이 다른 면이 있어도 이들의 교과서 편찬 방향을 묵인하였다. 그
런 까닭으로 미군정기 국정공민교과서는 민족주의와 국가주의가 강조
될 수밖에 없었다.

V. 결론

미군정은 조선에 소련 중심의 공산주의 세력이 팽창하는 것을 억제
하고 '미국식 민주주의'와 자본주의를 이식하고자 하였다. 그리고 그
수단으로 공민, 지리, 역사를 통합한 사회과를 도입하였다. 그런 교육
목표를 달성하는데 직접적인 효과를 볼 수 있는 과목이 바로 공민교과
였다. 공민교과는 바람직한 사회구성원을 양성하기 위한 과목이다. 그
런 까닭에 공민교과서는 미군정과 당시 교육을 담당하던 지식인들의
공민관 및 국가관을 살펴볼 수 있는 자료라고 할 수 있다.

목차를 비교했을 때, 미군정기 국정공민교과서는 일제강점기 공민
교과서의 영향에서 완전히 벗어나지는 못했다. 일제강점기 공민교과
서에서 다루고 있는 내용은 일정부분 미군정기 공민교과서에서도 그
대로 다루어지고 있기 때문이다. 가족·민족·국가를 하나로 본다든가

---

120) 『중등공민』 하, 42쪽.

한국인의 '민족성' 등을 논한 것은 식민교육의 영향을 받은 것으로 보인다. 그러나 미군정기 공민교과서는 식민시기의 그것과는 달리 자치 및 민주정치 등을 다루고, 공무에 참여할 수 있는 권리와 의무를 가진 '공민'을 키우려 했다는 점에서 차이가 있다.

미군정은 공민교과서에서 민족주의를 배제하고, '미국식 민주주의'와 자본주의, 반공주의를 강조하고자 하였다. 그러나 미군정의 의도와는 달리, 공민교과서의 내용은 홍익인간의 이념 아래 영국식 의원내각제 옹호, 무조건적인 자본주의 배격, 국가주의적 민족주의가 강조되었다. 이것은 국정공민교과서 편찬에 깊은 영향을 끼친 편수관과 편찬위원들 때문이었다.

공민교과서 편수책임자인 최재희는 최현배에 의해 추천되었다. 그는 자유주의를 강조하고, 공산주의를 비판한다는 점에서 미군정과 인식을 같이하였다. 그러나 그는 화랑도 및 민족을 우선시하고, 당시 풍미하던 듀이의 실용주의 교육관에 반대한다는 점에서 미군정과 생각을 달리하는 부분이 있었다. 국정공민교과서의 편찬위원들은 미군정 학무국장 고문이었던 김성수와 관련이 있다. 이들은 보성전문의 교직원이었다. 또한 정열모, 현상윤, 장덕수는 모두 早稻田大學에서 수학하여 학맥으로도 연결되어 있었다. 그러므로 이들이 편찬위원이 된 것은 김성수와의 인연이 작용을 했을 것으로 보인다.

한편, 미군정은 조선어학회에 국어교과서와 공민교과서의 편찬을 의뢰하였다. 심지어 당시 편수국장도 조선어학회의 주요인물인 최현배였다. 당시 총선을 앞두고 있었던 조선의 문맹률은 80%에 달하는 상태였다. 공민의 자격은 글을 알아야 주어진다는 당시의 인식에 비추어 이것은 심각한 문제였다. 그런 까닭에 문맹퇴치를 위한 교육과 계몽이 중시되었고, 그 과정에서 조선어학회 인사들이 교과서 편찬에 참여하

게 된 것이다. 편찬위원들도 대체로 조선어학회와 깊은 관련을 맺고
있었다. 그리고 조선어학회는 민족주의적 색채가 짙었던 대종교와 관
련이 있었다. 그리고 안호상과 정열모, 백낙준 같은 편찬위원들은 우
리 민족의 우수성을 강조하고, 민족중심의 교육을 강조하던 인물들이
었다. 또한 개인보다도 민족과 국가의 안위를 우선시하였다. 이들에게
있어서 뛰어난 인물은 국가와 민족을 위해 일하는 사람이었다. 장덕수
나 현상윤도 정도의 차이는 있으나, 개인보다는 국가를 우선시하는 인
물들이었다. 장덕수는 개개인의 조화로운 장은 협력을 통해 만들어진
다고 주장하였고, 현상윤은 국민의 자격으로 애국심을 들고 있어 국가
에 대한 애정을 강조하였다. 그런 까닭으로 공민교과서 내용에는 국가
주의와 민족주의 요소가 강하게 들어가 있다. 공민교과서에서 표출된
자본주의 인식도 이와 연장선상에 있다고 할 수 있다. 공민교과서에서
바람직하다고 여겨진 경제 형태는 자족경제였다. 이 원리에 따라 국내
상품 대신 좋은 국외상품을 사는 등의 자본주의 원리는 매우 부정적으
로 묘사되었다. 공민교과서 편찬자들은 국가주의와 민족주의를 강조
하는 인물들이었고, 어떤 이유에서건 민족과 국가에 이득이 되지 않는
것은 나쁜 것으로 인식했기 때문이다.

　공민교과서 편수관과 편찬자들이 미군정과 의견을 같이했던 부분은
민주주의 교육과 반공교육이었다. 그러나 국정공민교과서 내 민주주
의에 대한 서술은 '미국식 민주주의'라기보다는 영국식 의원내각제에
가까운 것이었다. 이것은 아마도 편찬자들이 일본에서 교육받거나 일
제교육 체제하에서 공부하여, 의원내각제에 더 익숙했기 때문이라고
생각된다. 미국에서 공부했던 장덕수도 미국에 유학하기 전 일본에서
공부했다. 또한 그의 박사논문 주제도 영국에 관한 것이었다. 안호상
이 수학하던 때 독일은 나치체제 하에 있었다. 그러나 이들의 반공에

대한 입장은 대체로 미군정과 일치하였다. 이들 중 정열모를 제외한 나머지 인물들은 공산주의에 반대하던 인물들이었다. 따라서 공민교과서에 공산주의나 사회주의에 대한 소개는 전무하다. 계급의식에 대해서도 부정적으로 서술하고 있다. 때문에 미군정은 이들과 입장이 달랐음에도 불구하고, 이들의 교과서 편찬을 묵인하였다.

이처럼 공민교과서는 미군정의 의도대로 편찬되지 않았다. 그럼에도 불구하고 출판이 가능했던 것은 미군정이 교과서 출판과 편찬에 대해 유연한 태도를 취했기 때문이다. 미군정의 교육 이념에 적합한 교과서 제도는 원칙적으로 자유발행제였다. 게다가 유능한 교과서 저술 인력은 트럭운전사보다 적은 임금을 받으면서 미군정에서 일하려하지 않았다. 따라서 미군정은 필요한 만큼의 직원을 확보할 수 없었고, 교과서 편찬과 배부도 심각하게 지연되었다. 이런 현실적인 원인들도 미군정이 교과서 편찬기준을 엄격하게 할 수 없는 요인이 되었다. 이런 상황에서 미군정기 공민교과서는 편수관과 편찬위원 그리고 조선어학회의 영향을 받을 수밖에 없었다. 이들은 공민교과서를 통해 의원내각제를 기반으로 하는 민주정치를 소개하였다. 아울러 국가주의와 민족주의를 강조하고, 개인의 행복과 복리보다는 국가와 민족을 위하는 '공민'을 양성하고자 하였다.

〈참고문헌〉

『동아일보』『경향신문』

『초등공민 제삼사학년함께씀』, 국정청학무국, 1946.

문교부, 『중등공민 하』, 朝鮮敎學圖書株式會社, 1946.

오천석, 『민주주의 교육의 건설』, 국제문화공회, 1946.

군정청문교부, 『초·중등학교 각과 교수요목집(4) 초등학교 사회생활과』, 조선교학도서출판주식회사, 1947.

신의섭, 『(학생청년)애국독본』, 學生社, 1947.

안호상, 『一民主義의 본바탕』, 一民主義硏究院, 1950

최재희, 『新國民道德論』, 문교부 국민사상연구원 選, 1955.

정태수편, 『미군정기 한국교육사자료집』, 홍지원, 1992.

한국정신문화연구원 편, 『해방 전후 미국의 「대한인식」자료』, 선인, 2001

이길상 편, 『해방전후사자료집』 II, 원주문화사, 1992.

이길상·오만석 공편, 『한국교육사료집성-미군정기편』 III, 한국정신문화연구원, 1997.

최재희, 『崔載喜全集 VI 휴머니스트의 人生像』, 삼지원, 1985.

『실록 대한민국사 자료집 한국교육 정책자료 1』, 국사편찬위원회, 2011.

김한종, 『역사교육과정과 교과서연구』, 선인, 2006.

김영봉 외, 『교육학개론』, 서현사, 2007.

손인수, 『미군정과 교육정책』, 한국사회학연구소 민영사, 1992.

심성보, 『도덕교육의 새로운 지평』, 서현사, 2008.

허 강, 『한국의 검인정 교과서변천에 관한 연구』, 한국교과서연구재단, 2002.

김상훈, 「미군정기 교육정책 수립과 한국인의 역할」, 『역사연구』 28, 2015.

이상록, 「미군정기 새교육운동과 초등학교 규율 연구 –일제말기 초등학교 규율과 비교를 중심으로-」, 『역사와현실』 35, 2000.

이진석, 「한국과 일본의 미군정 초기 교육정책과 사회과 도입에 관한 연구」, 『시민교육연구』 제35권 제2호, 2003.

이명희, 「신국가건설기 교육과정의 성격: 사회생활과를 중심으로」, 『역사교육』 제88집, 역사교육연구회, 2003.

차수희, 「일제말기와 미군정기의 초등교육 현상 비교 연구」, 청주교육대학교, 2007.

윤병희, 「초등 사회과 교육과정 변천 연구」, 청주교육대학교 교육대학원, 2010.

곽한영, 「초기 사회과 교과서에 나타난 법교육의 양상에 관한 연구: 교수요목기 공민1 교과서를 중심으로」, 『법교육연구』 제5권 제2호, 2010.

차조일, 「정부 수립 초기의 학교 시민교육에 대한 연구」, 『시민청소년학연구』 제4권 제1호, 한국시민청소년학회, 2013.

박남수, 「사회생활과 교수요목의 편성기반에 대한 연구-해방 직후의 『초등공민』 의 분석을 중심으로-」, 『초등교육연구』 제17집 제2호, 2004.

임종명, 「해방직후 최재희와 개인 주체성 담론」, 『역사학연구』 제53집, 2014.

박범용, 「미군정기 미국 교육론의 도입과 교육정책」, 연세대학교 교육대학원 석사학위논문, 2001.

이태훈, 「해방 후 현상윤의 儒學인식과 사상적 지향: 평가의 변화를 중심으로」, 『한국사상사학』 제38집, 2011.

윤덕영, 「위당 정인보의 교유 관계와 교유의 배경- 백낙준·백남운·송진우와의 교유 관계를 중심으로 -」, 『東方學志』 제173집, 2016.

민경배, 「백낙준, 대한민국의 교육이념을 정립하다」, 『한국사 시민강좌』 제43집, 2008.

전은애, 「교육이념 '홍익인간'에 대한 끝없는 논란 (1) [기획] 21세기 다시 살아나는 '弘益人間'」, 『브레인미디어』, 2014년 10월 16일자.

홍웅선, 『광복 후의 신교육운동-1946~1949 조선교육연구회를 중심으로-』, 대한교과서주식회사, 1991.

최기영, 「白水 鄭烈模의 생애와 어문민족주의」, 『한국근현대사연구』 25집 여름호, 2003.

조성운, 「교수요목기 국사교과서의 발행과 편찬」, 『한국민족운동사연구』 86, 2016.

김인회, 「최현배의 『조선민족 갱생의 도』 식민지교육 척결위해 민족정신의 행동론 정립」, 『중등우리교육』, 1994.

이종국, 「미군정기 및 교수 요목기의 교육과정과 교과용 도서 편찬 - 광복교수요목기의 교과용 도서 편찬·발행을 중심으로」, 『한국편수사연구』 I, 한국교과서연구재단, 2000.

차조일·모경환·강대현, 「한국초기 사회과의 교과서 제도 분석-미군정기와 정부수립기를 중심으로-」, 『시민교육』 제44권 1호, 2012.

일제강점기 미국유학생의
기독교 인식과 학습

장경호

I. 머리말

19세기 말 최초의 미국유학생(이하 유학생) 유길준, 윤치호, 서재필을 필두로 한 유학생들 대부분은 문명국가인 미국의 선진문명을 배우기 위해 유학을 결정했고, 많은 수가 미션스쿨의 영향을 받아 도미하였다. 유학생들 대부분의 종교는 기독교였으며,[1] 신학 전공 및 신학대학을 거쳐간 학생들도 많았다. 1929년 신학을 전공한 학생들은 유학생 전체 402명중 11.2%인 41명에 달했고, 이는 공학과 경제 경영에 이어 3번째로 많은 숫자였다. 1932년 기록에는 26명으로 가장 많은 이들이 신학을 전공하고 있었다.[2]

---

[1] 미국기독교청년회 외국인학생조사표(1924)에 의거하면 조선학생은 90%가 기독교신자였다. 이는 중국(30%)과 일본(35%)을 비교하면 그 수치가 크다는 점을 확인할 수 있다(「留美우리學生의 信仰生活 經路」, 『우라키』 제3호, 19쪽).

유학생들에게 있어 기독교는 미국 문명사회의 지표였다. 그들 중 일부는 한국에 기독교를 전파함으로써, 한국이 문명국으로서의 지위를 갖춰야 한다는 생각을 하고 있었다. 그들은 유학 중 기독교를 학습했고, 귀국 후 주요 미션스쿨 설립에 관여하거나, 해방 이후 대한민국 정부의 교육 정책 회의에 참여하였다.

그럼에도 불구하고 이들의 기독교 인식이 드러난 연구는 많지 않다. 유학생 관련 연구는 2000년대 이후부터 본격적으로 이루어졌지만,[3] 이 중 유학생들의 기독교 인식을 살펴본 연구는 『우라키』를 중심으로 유학생들의 기독교 인식을 살펴본 연구뿐이다.[4] 이 연구는 유학생에게 있어 문명의 상징인 기독교를 어떻게 이해하는 지는 곧 그들이 구상하던 국민국가의 방향을 결정짓는다는 문제인식을 가지고, 『우라키』를 중심으로 유학생들의 다양한 기독교 인식에 대해 살펴보았다. 그러나 이들의 신앙생활이 구체적으로 어떠했고, 어떻게 공부를 했는지는 밝히지 못했다는 아쉬움이 있다.

본 논문은 유학생들의 다양한 기독교 인식을 알아보고, 특히 그들이 선교와 관련해서 어떠한 의견을 가지고 있었는지를 살펴보았다. 이를

---

2) 「Korean Students in America」, 『KSB』, 10-3-4, 1932. 12.

3) 유학생과 관련된 연구 성과는 김성은, 「1920-30년대 미국유학 여성지식인의 현실인식과 사회활동」, 서강대학교 박사학위논문, 2011, 2~6쪽에 잘 정리되어 있다. 2011년 이후 연구는 김성은, 「신여성 하란사의 해외유학과 사회활동」, 『사총』 77, 고려대학교 역사연구소, 2012; 장규식, 「초기 도미 이민자의 미국사회 자리잡기와 이중의 정체성: 차의석의 이민 자서전을 중심으로」, 『역사민속학』 46, 한국역사민속학회, 2014; 김성은 외 6명, 『한국 근대 여성의 미주지역 이주와 유학』, 한국학중앙연구원, 2018; 김선아, 「북미대한인유학생총회의 조직과 활동」, 『한국독립운동사연구』 70, 독립기념관 한국독립운동사연구소, 2020 등이 있다.

4) 장규식, 「일제하 미국 유학생의 근대지식 수용과 국민국가 구상」, 『한국근현대사연구』 34, 한국근현대사학회, 2005, 140~144쪽.

위해 그들의 기독교 학습을 위한 신앙생활과 세미나, 기독교 관련 논
문, 학습했던 연구서는 어떠했는지 등을 알아보고자 한다. 특히『우라
키』외에『The Korean Student Bulletin』에 유학생들의 기독교인식이 드
러난다는 점에 주목하였다. 이점에 의거하여 연구에서 주로 사용할 자
료는 북미학생총회에서 발간된 영문회보『The Korean Student Bulletin』
(국가보훈처, 2000)(이하『KSB』로 약칭),[5]『우라키』(한림대학교, 1999)[6]
등이다.

　논문의 구성은 먼저,『KSB』와『우라키』에 유학생들의 기독교 인식
이 어떻게 형성되었는지 확인해본다. 한국에서 선교사들로부터 학습
했던 기독교 사상은 유학 이후 변경되었는지를 살펴보고자 한다. 특히
유학생들은 선교(Mission)와 관련하여 그 필요성을 느끼면서도 선교를
하기 위해 고국으로 돌아갈지 아닐지에 대해서는 의견이 분분하였다.
1920년대 유학생들이 가지고 있었던 기독교 우월 인식은 다른 종교 참
배를 용납할 수 없다는 신사참배의 반대논리로 작용하였고, 이는 1930년
대 후반까지 심화되었다. 그런데 미국 유학 이후 고국으로 돌아가 경
성지역의 미션스쿨 교육에 종사했던 이들이 신사참배를 인정했다는

---

5)『우라키』에 이어 유학생들의 기독교 사상을 고취시킨 것은 영문회보인『The
　　Korean Student Bulletin』이었는데, 이는『우라키』에 비해 그간 연구자들이 크
　　게 주목하지 않았던 잡지다.『우라키』가 1925년부터 1936년간 7회에 걸친
　　짧은 시간 동안 게재되었던 잡지였던 반면,『The Korean Sutdent Bulletin』은
　　비교적 긴 기간인 1922년부터 1940년간 동안 꾸준히 게재되었던 잡지다. 유
　　학생들에게 출판사업을 지원해주었던 곳은 뉴욕YMCA였고, 이들의 목적은
　　"미국 내 모든 한인학생들에게 기독교를 접하도록 인도하여 기독교적 윤리
　　와 교육에 관심을 갖게 하는 것"이었다(「The Bulletin is」Vol.1, No.1 1922.12).
　　따라서 이 잡지의 기독교 인식을 살피는 것은 당시 유학생들의 기독교인식이
　　어떻게 형성되었는지를 보여준다.
6) 이 잡지의 서지사항은 김희곤,「북미유학생잡지 ≪우라키≫ 연구」,『경북사
　　학』21, 경북사학회, 1998을 참조.

것은 유학생들 가운데에서도 서로 다른 기독교 인식을 가지고 있었다는 점을 보여준다.

다음으로 유학생들이 기독교를 어떻게 학습했는지를 알아보기 위해 그들이 정기적으로 모임을 가지며 신앙생활을 깊게 했다는 점을 살펴보고자 한다. 또한 신학전공 학생들이 나온 학교들을 살펴보고, 학습했던 교재, 그들이 쓴 종교·신학 관련 학위 논문들을 살펴보고자 한다. 그들은 유학시절 미국에서 배운 것을 고국으로 돌아가 활용하자는 입장이었다. 이를 위하여 그들은 모임과 세미나를 갖거나 미국에서 유학한 경험이 있는 미션스쿨 교사 혹은 목사들을 초청해 강의를 듣기도 하였다. 이들이 학습한 기독교 사상은 귀국 혹은 해방 이후 미션스쿨 설립과 그들의 기독교 교육에 큰 영향을 끼쳤을 것으로 보인다.

마지막으로 부록에는 『KSB』와 『우라키』에 나타난 각 유학생들의 기독교 인식 및 기독교 인식 관련 글들을 실어 향후 후속 연구에 도움이 되도록 하였다.

II. 기독교와 선교 인식

1) 기독교의 우월성 증명

을사늑약이후 통감부는 선교사들을 회유하여 친일화를 시도했고, 한일강제병합이후 조선총독부는 기독교 탄압정책의 일환으로 「개정사립학교규칙」을 적용하였다.[7] 기독교학습이 자유롭지 못했던 일부 유

---

7) 이와 관련해서는 이성전 지음, 서정민, 가미야마 미나코 역, 『미국선교사와 한국근대교육』, 한국기독교역사연구소, 2006, 90~100쪽 참조.

학생들은 미국으로 도미하였다. 도미 이전 선교사들로부터 엄격한 청교도적 신앙을 학습하던 유학생들은 유학 이후 자유로운 기독교 인식과 해석을 가지게 되었다.[8]

한일강제병합 이전 유학생들은 대한제국기 친미파 李采淵과 인연이 깊은 로아노크(Roanoke) 대학[9]과 의료선교사이자 외교관인 알렌이 나온 오하이오 웨슬리언(Ohio Wesleyan) 대학에 진학하였고, 이후 일제강점기에는 선교사 조지 맥퀸(George Shannon McCune)이 학장으로 있었던 휴론 대학 등에 많은 수가 진학했다. 일부 선교사들은 그들이 믿음을 잃을 수 있다는 이유에서 도미를 반대하기도 했지만,[10] 유학생들은 유학과정에서 선교사에게 많은 영향을 받았다.

유학생들의 기독교 인식은 경성에서 유학생 모임이 발간한 『우라키』와 미주에서 발간한 『KSB』 등에서 찾을 수 있다. 특히 후자의 발간 목적은 유학생들의 기독교 의식 함양에 있었다. 이 잡지에 의하면 "몇몇 동아시아 유학생들이 발전하고 있는 교회의 실제 본질을 정확하게 알지 못한 채 고국으로 돌아간다는 사실을 경계하면서, 기독교가 독특한 종교라는 점을 명심해야 한다."고 했다. 특히 여러 가지 종교들 중에서도 기독교는 "초자연적인 힘을 가진 것으로 인간 삶의 장애가 되는 부분을 초월한다."고 하면서 다른 종교와 비교하여 기독교가 우월성을 지니고 있다는 점을 강조했다.[11]

---

8) 유학생 도미 배경과 관련해서는 홍선표, 「일제하 미국유학 연구」, 『국사관논총』 96, 국사편찬위원회, 2001, 153~156쪽; 장규식, 앞의 논문, 2006, 143~144쪽 참조.

9) Mark F. Miller, "Dear Old Roanoke": A Sesquicentennial Portrait, 1842-1992, Mercer University Press, 1992, pp.88-89, 102-103.

10) 「留美우리學生의 信仰生活 經路」, 『우라키』 제3호, 18쪽.

11) 「Christianity Vs Other Forms of Religion」, 『KSB』 Vol.1-2.

유학생들은 다른 사상들을 학습하고 비판하면서 기독교사상이 다른 사상에 비해 우월성을 가지고 있다고 했다. 하와이 출신 목사이자 오하이오 대학에서 유학하고 있던 김창순은 "기독교가 한국에서 반드시 부흥해야 한다."고 하면서 다른 종교를 비판했다. 특히 그는 조선에 팽배하고 있었던 유학을 비판했다. 그는 "유교의 다섯 가지 원리(仁, 義, 禮, 智, 信)는 중국에서 비롯되었고, 이 원리는 민주주의적 원리에 기초한 것이 아니다."고 밝혔다. 그리고 "중국의 종교인 유교는 한국에서 실패했다."고 봤다. 한편 "불교와 마호멧교는 교인들을 파견하여 사람들과 어울림 속에 진행하려고 했다고 하지만 이것 또한 실패했다."고 봤다.[12]

시카고대학의 염광섭은 물질문명이 발달하고 과학자들이 신앙생활을 비판하는 것에 반대되는 의견을 기고했다. 그는 과학자들과 사회주의자들의 기독교 비판에 반론을 제기하며 "기독교는 많은 이들이 가지고 있는 종교이니 비판자가 많을 것이고, 충돌도 많지만 비판자들의 허망한 충돌과 타인의 덕으로 안전한 생활을 얻으려는 생각을 버리고 타인과 같이 성심으로 수양하고 노력하고 경쟁하고 근면하게 행동하면 해결될 것이다."라고 했다.[13]

한편 유학생들은 세속적이고 복잡다변한 상황에서 기독교인이 리더십을 발휘해야 한다고 주장하였다. 즉, 현대 사람들이 '효율적인 메카니즘'(예를 들면 공산주의 나치즘, 자본주의와 같은 것)을 따르고, 현대철학(실용주의, 무신론, 불가지론)을 믿는 점과 기독교 자체가 교회로부터 벗어나 세속적인 기쁨을 추구한다는 점을 당면한 기독교인들의 현실적 문제로 삼았다. 또한 기독교인에게는 책임이 뒤따라야 된다고

---

12) 「Christianity Works In Korea and Why」, 『KSB』 Vol.16-3.
13) 「宗敎와 人生과의 關係」, 『우라키』 제2호, 26쪽

보았다. 즉, 따뜻한 곳까지 손이 닿아야 하고 바닥까지 내려가는 수치심마저 안아주어야 한다고 보았다.[14] 이러한 그들의 기독교 우월 인식은 1920년대 중반 반기독교운동에 대한 대응, 1930년대 후반 신사참배에 대해 대응하는 사상적 기반이 되었다.

그들은 기독교가 실용적이지 못하다는 문제에 대해서도 다음과 같이 인식하였다. 유형기는 신학이 실용적이지 못하다고 생각하는 이들에 비판의식을 가지고, "지난 30년간 조선청년에게 가장 영향을 준 것이 기독교이며, 교회는 신문화중 중심이었고 신진파의 활무대였다."고 밝히면서 기독교의 중요성을 밝혔다. 또한 "진정한 종교의 목적이 사후를 염려하는 것이 아니라 현재에서 사람다운 생활을 할 만한 원동력과 인생의 가르침을 배우는 것"이라고 했다.[15] 이러한 인식을 가지고 있던 그는 해방 이후 기독교 관련 여러 서적을 편찬하며 기독교 대중화에 힘썼다.

김송은은 기독교 자체가 '천국을 바라는 공허한 꿈'이 아니고 '현실에서 자기감정을 감추고 있는 자를 위로'하는 것도 아니고 '이곳저곳 들이대는 비활동적 종교'가 아니라고 했다. 대신 기독교는 '현실생활선상에서 진실과 선함을 위하며 지금의 고통까지 인내할 현실을 좀 더 선하고 아름답게 하고 민중화할 대중의 생활을 좀 더 안락하고 유복하게 할 용기를 줄 원동력'이라고 생각했다.[16]

요컨대 초기 유학생들은 기독교를 다른 종교와 비교하기도 하고 기독교와 관련된 비판을 다시 재비판하면서 기독교 관련 사상을 심화시

---

14) 「The Place of Christian Leadership in Our Communities」, 『KSB』 Vol.15-3, 1937. 5-6.
15) 「宗敎는 왜 枯息되나」, 『우라키』 제1호, 66~69쪽.
16) 「基督敎에 對한 誤解」, 『우라키』 제4호, 24~29쪽.

켰다. 그들은 어떻게 기독교인으로 살지도 염두에 두었다. 이는 유학
생활에서도 독실한 신앙생활을 하게 되는 원동력이 되었다.

2) 선교를 둘러싼 다양한 견해

미션스쿨을 졸업하거나 선교사의 영향 하에서 미국 유학을 결정하
였던 이들 중 일부는 궁극적으로 고국에 돌아가 동양사회의 기독교인
으로서 리더가 되어야만 한다고 생각했지만, 몇몇 학생들은 선교의 중
요성을 인정하면서도, 동양에서의 선교에 비판적인 인식을 가지고 있
었다.[17]

동양기독교학생연맹(Oriental Student Christian Federation)이 조사한
기독교 관련 설문지는 유학생들 366명(중국, 한국, 일본, 필리핀, 인도)
의 선교 관련 인식을 보여준다. 그 중에서도 다음 표는 그 중 30%에
해당하는 한국인들의 응답만을 추려서 재작성한 것이다.

유학생들은 "동양에서의 선교는 필요하고 더 많은 선교자들을 양성
해야 한다."고 생각하는 것에 대해서는 동의하고 있었다. 또한 선교와
방법이 개혁되어야 하며 특히 그 방법에 대해서는 실용적인 견해를 가
지고 있었다. 즉, "지금 하는 선교로는 기독교를 전파하기 부족하고 선
교의 본질적의 의미를 찾아야 한다."고 생각했다. 그들은 "세력이 약한
기독교 기관을 없애고 선교에 집중해야 한다."는 의견, "다양한 사상을
가진 리더들과도 밀접한 관계를 맺어야 한다."는 등 선교에 있어 효율
적인 방법을 택해야 한다고 하는 이들이 있었다. 그리고 기독교 하의
다양한 교파의 결성에 대해서도 비판적 인식을 가지고 있었음이 보인

---

[17] 「Cross-Section of Native Opinion Shows Left-Wing Church Tendencies」, 『KSB』
11-3-4, 1933. 5-6.

〈표 2〉 동양기독교학생연맹(Oriental Student Christian Federation)이
조사한 선교 관련 설문지

(단위 : 명)

번호	설문명	예	아니요
1	동양에서의 종교에 어떠한 종류의 요소가 연관되어 있는지 인정하고 노력하기 위하여 현대 선교는 긍정적인 역할을 해야만 한다.	22	2
2	동양으로 보내지는 선교사들의 감소 위험을 상쇄하기 위해 더 많은 (선교) 후보자들이 있어야 한다.	23	1
3	국가들은 선교사들의 보유와 선택에 대해 목소리를 내어야 한다	19	5
4	동양 선교사들의 파벌들은 미국에 있는 다양한 선교위원회의 파벌로부터 기원한 것이다.	17	6
5	선교사들은 동양국가들로부터 벗어나 기독교 본연의 리더가 되어야 한다	15	8
6	교육적이고 박애주의적인 선교의 일은 조직된 책임으로부터 자유로워져서 의식하고 직접 복음에 나서야 한다.	13	10
7	가르침, 의료, 미술, 문학 등 그 어떤 형태로의 선교들은 세속적인 행위로 이뤄지면 안된다.	22	1
8	선교의 재조직은 안으로부터 시작되어야 한다(지금 존재하는 복합적인 것들이 모두 포함된 하나의 선교 조직이 되어야 만 한다)	17	6
9	선교의 개혁이 필요하다(보수적인 신앙 기독교에서 하나님의 가르침과 삶에 대한 자유로운 표현과 해석이 가능한 기독교로)	20	3
10	세력이 약한 기독교 기관은 제거되고 선교의 자원과 인원들이 집중되어야 한다.	14	7
11	기독교인들은 사회주의, 공산주의 원리를 공부해야 하고 선교는 모든 다양한 사상을 가진 리더 들과 밀접한 관계를 유지해야만 한다.	20	4

전거 「Cross-Section of Native Opinion Shows Left-Wing Church Tendencies」, 『KSB』 11-3-4, 1933. 5-6.

다. 또한 다른 종교와 사상을 비판만 할 것이 아니라 타 종교와 사상들

을 공부해야 한다는 것에 의견을 모으고 있었다.

주목할 점은 설문지 5번의 "선교사들은 동양국가들로부터 벗어나 기독교 본연의 리더가 되어야 한다."라는 점을 놓고 의견이 분분하다는 점이다. 이 설문지에 답한 익명의 유학생은 "나는 동양국가에서의 선교가 곧 철수되는 것이 낫다고 본다. 선교사들이 동양에서 해야만 하는 일 밑에는 많은 다른 요소들(언어 문제, 사회 문제 등의 어려움)이 있다. 이는 다시 말하면 유학의 목적이 "고국으로 돌아가 선교활동을 하기 위해서"라는 일부 유학생들의 목적과 의견 차이를 보여주는 것이다. 당초에 귀국하여 선교를 하기 위해 미국으로 유학했던 이들이 고국으로 다시 돌아오지 않았다는 점에 있어서 주목을 요하는데, 당시 미국에 남아 선교를 하는 이들도 많았고, 본국으로 돌아가 미션스쿨에 관여하는 이들이 많았지만, 전자가 더 많았다. 『우라키』에 보이는 1925년 108명의 미국 대학 졸업생들 중 북미 혹은 하와이에 체류한 사람은 각각 53명, 9명이고, 본국으로 귀환한 이가 25명에 불과하다는 점이 이를 증명한다.[18] 선교사들이 우려했던 대로 도미했던 유학생들은 본국으로 돌아오는 것을 꺼려했다.

프린스턴신학교를 졸업한 한영교는 본국으로 돌아가지 않고, 미국에 남아 있는 유학생들을 강하게 비판했다. 유학생들이 당면한 문제점을 "(유학생들은) 한국으로 돌아가 교회와 사람들에게 봉사하는 우리 원래 목적을 (망각한) 대신, 이곳(미국)에 남아 평생 살 계획을 하고 있다."라는 점을 들었다. 그는 모든 기독교인들의 신앙에는 기쁨 안의 신앙(Faith in Pleasure)이 있는데, 이는 예수를 따르면서 느끼는 즐거움을 의미하는 것이다. 하지만 기독교인은 그러한 기쁨도 있지만 희생과 고

---

18) 「留美學生統計表」, 『우라키』 제1호, 153~163쪽. 본국 귀환자들과 미국 체류자들의 데이터를 기초로 통계.

통 또한 감내해야 할 부분이라면서 한국으로 돌아가 선교하는 것의 중
요성을 강조하였다.[19] 요컨대 한영교는 유학생들이 현실에 안주하여
기쁨을 찾지 말고, 한국으로 돌아가 선교에 힘쓰자는 입장을 가지고
있었던 것이다. 그는 해방 이후 귀국하여 연세대 교수와 초대신학대학
장 및 대학원장을 맡았다.

한영교의 언급대로 일부 유학생의 본질적인 유학의 목적은 학문을
배우기 위해 오는 것이 아니었다. 기독교를 배우고 신앙을 깊게 한 후
에 고국으로 돌아가 그것을 전파하기 위해 유학을 오는 것이었다. 유
학생들은 유학하는 동안 단순히 배움을 위해 사는 것이 아니라 이 세
계에 기독교인으로서 사는 것을 목표로 삼았다. 특히 유학생들은 기독
교인의 가장 큰 과제는 시험이라고 보았다. 즉 기독교인은 단순한 개
인이 아니라 하나님을 대표해야 한다는 것이다.[20]

한편 유학생들은 급변하는 세계정세 속에서 미션스쿨을 졸업한 이
들이 공격적이고 진보적인 리더십을 갖춰 세계 선교에 나아가야 한다
고도 보았다. 유학생들에게 있어서 현대 선교는 모든 사람들을 교육시
키는 것이 아니라 비기독교인뿐만 아니라 기독교인까지 도덕적 규범
(Moral Standard)을 세우는 것이었고, 전체 인구로 치면 '도덕적 다수
(Moral Majority)'는 그리 많지는 않지만, 도덕적 가치와 규범에 있어 이
'다수'가 우세하다고 보았다.[21] 이는 소수의 기독교인들이 바른 도덕적
가치와 규범을 지니면, 비기독교인들도 이런 도덕과 가치를 따라 기독
교인이 된다는 의미로 풀이된다. 다시 말하자면, 미국 유학에 있어서
그들이 가진 기독교적 사상과 훈련, 그리고 도덕적 규범이 해방 이후

[19] 「The Sanction of the Christian Worker」, 『KSB』 Vol.18-1, 1939.
[20] 「The Christian Challenge」, 『KSB』, Vol.1-2, 1923. 2.
[21] 「World Mission」, 『KSB』, Vol.17-2.

의 미션스쿨에 커다란 영향을 미친다는 것을 의미한다. 조선크리스찬
칼리지(연희전문학교)의 블리스 빌링스(Bliss W. Billings) 교수도 『KSB』
에 기고한 글에서 오늘날 한국이 필요한 세 가지 중에 하나가 신앙이
라고 생각했다. 그는 "기독교 신앙을 가지고 있는 사람들은 어려움에
직면할 때 용기를 찾고, 그것을 얻을 것이다."라고 하면서 유학생들을
독려했다.[22]

III. 신앙생활과 기독교 학습

1) 정기 모임과 회의

유학생들은 유학생활 동안 신앙생활과 정기 모임을 통해 기독교를
학습해갔다. 일부 유학생들은 유학의 목적이 단순히 교육 받기 위해서
가 아니라 이 세계에 기독교인으로서 자신들의 자리를 채우고 바르게
사는 것이라고 생각했다. 그리고 하나님의 영향 아래에 드는 것이 가
장 어려운 일로 보고 이를 위해 신앙생활에 힘쓸 것을 강조하였다.[23]
더군다나 유학생교회는 신앙생활의 전당이자 여러 유학생들끼리 교류
할 수 있는 귀중한 공간이었다.[24] 김활란의 회고에 의하면 여자유학생
들은 유학 지역의 한인교회에 나가 한인 및 다른 유학생들과 교류하
고, 성가대로 봉사하였다.[25]

---

22) 「What Korea Needs To-day」, 『KSB』, 7-4, 1929. 12.
23) 「The Christian Challenge」, 『KSB』 Vol.1-2, 1923. 2.
24) 장규식, 앞의 논문, 2006, 162쪽.
25) 김성은, 앞의 논문, 2011, 61쪽.

일부 유학생들은 신앙생활을 어떻게 할 것인지 논의하거나, 기독교에 대한 태도를 강조하여 주목된다. 평양 숭실전문학교 교수를 역임하고 해방 이후에 정계에 진출한 오정수는 하나님이 예수를 세상에 보내신 최후 목적이 무엇인가에 물음을 던지고, 예수처럼 이타주의로 살 것을 강조했다.[26] 서던캘리포니아 대학을 졸업하고 이화학당 교수 및 해방 이후 정치교육을 담당했던 한치진은 마태복음 5장 39절(누구든지 네 오른편 뺨을 치거든 왼편도 돌려 대며)을 인용하면서 비저항주의와 자기통제의 중요성을 강조하였다. 그에 의하면, 자기 통제는 '하나님이 우리 정신세계의 구원자인 것처럼 온전한 삶의 구원(을 하는 방법)'이라고 보았다.[27]

일부 유학생들은 종교교육에도 관심이 많았는데, 귀국 후 조선신학교를 설립한 송창근은 미국 신학 운동과 신학 대학에서 어떤 종교교육을 하고 있는지 밝히고 있다.[28] 일부 유학생들에게 귀국 이후 가장 큰 과제는 미션스쿨에 관여하고 선교를 위해 힘쓰는 것이었다.

해방 이후 서울대학교 총장을 맡은 장리욱은 유학생들이 미국에서 신앙생활을 어떻게 하는지를 상세히 밝혔다. 1. 예배일을 지키는 것 2. 성서를 성실히 읽는 것 3. 기도하는 것 4. 전도, 5. 성경 공부 참석, 6. 병자들을 심방하는 등의 규칙을 만들어 신앙생활을 해야 한다고 했다. 특히 그는 하나님 부활, 동정녀 탄생 등 성경과 관련해 의문이

---

26) 「愛他主義의 裏面」, 『우라키』 제1호, 89~92쪽.
27) 「What is Non-resistance?」, 『KSB』 3-2, 1925. 4.
28) 「美國文明槪觀-美國의 宗敎界」, 『우라키』 제4호, 46~48쪽. 본문은 "종교교육이란 무엇인가? 여기에 우리는 그 근본 목적과 의의를 잠시 설명할 필요가 있습니다. 식자층에 속하는 이로써도 종교교육이란 기독교나 또는 특수한 종파의 선교를 위한 신방안이 아니면 재래식 교회본위인 일요학교의 개량으로…"에서 다음페이지가 끊겨있다.

생길 때 이것은 '우리를 시험에 들게 하는 것이다'라고 생각해야 한다고 했다.[29]

미국으로 건너간 유학생들은 정기적으로 모임을 가지거나, 그곳에 있는 목사들의 도움을 받아 예배활동을 했다. 유학생들은 동양기독교학생지도자회의(The Oriental Student Christian Leader's Conference)에서 정기적인 모임을 가지며 신앙을 공부하였다.[30] 또한 시카고에서는 시카고기독교청년회(Young Men's Christian Association of Chicago)를 만들어 유학생들의 소재를 파악하고 각자의 신앙심을 고취하며 미국인 및 다양한 나라에서 온 유학생들의 친분을 도모했다. 그들은 이 모임의 목표를 교회, 학교, 시민 단체에서 외국인 대표자로 설교를 하는 것을 목표로 삼았다.[31]

미국의 각 지방에서 유학생들의 예배활동을 살펴보면 다음과 같다. 먼저 뉴욕의 한인 유학생들은 몇 년간 목회활동을 해온 임창수 목사의 설교에 따라 매 일요일 오후 4시 미국 감리교회에서 예배를 시작했다.[32] 뉴욕에 있는 한인들은 YMCA West side 강당에서 1924년 7월 27일 오후 2시 첫 예배를 시작했다. 예배 이후 한국 기독교회를 조직했고 여기에 30명이 넘는 사람들이 모였다.

한편 중부지역인 시카고에서는 재정상의 이유로 한인 교회가 설립되지 못하고 있다가, 한인들이 늘어남에 따라 한인교회를 조직하였다. 당시 유학생 조희염과 한국 감리교회에 있었던 목사가 목회를 주관하였으며 시카고 교회 연합장 토마스 홀게이트 학장(노스웨스턴)(Thomas

---

29) 「留美우리學生의 信仰生活 經路」, 『우라키』 제3호, 18~29쪽.

30) 「Friendship in the College Days」, 『KSB』 Vol.1-2, 1923. 2.

31) 「Dawn of A new Era for Foreign Students in Chicago」, 『KSB』 Vol.1-2, 1923. 2.

32) 「New York Korean Mission」, 『KSB』 Vol.1-2, 1923. 2.

F. Holgate)도 한인교회를 후원하였다.[33] 이어 뉴욕 115가(633 W. 115th street) 4층 건물에 종교 목적과 유학생들의 쉼터가 생기게 되었다.[34]

하와이에서는 100명이 넘는 학생들이 호놀룰루 성경 학교(Honolulu Bible Training School)에서 수업을 들었다.[35] 이 대학을 졸업한 이들은 1935년 현재 6명에 달했다.[36] 미시건 대학은 루이스 레이먼(Lewis C. Reimann)의 도움으로 많은 한인 학생들이 공부를 할 수 있었고, 특정 교파에 상관없이 자유로운 신앙과 공부가 가능하였다. 인디애나대학교 사우스벤드캠퍼스 역시 한 주에 1-2회 성경수업을 하였다.[37] 애틀란타 주에 있는 한인들 또한 매주 수요일 서로 만나서 20분이 넘지 않게 짧게 예배했다.[38]

유학생들은 신앙생활뿐만 아니라 기독교를 주제로 한 세미나도 열어 심화학습을 했다. 동양인으로, 기독교인으로서 미국에서 어떻게 신앙을 강화할지에 대한 세미나가 열렸다. 주제는 미국에서 여러 가지 문제로 다양한 영향을 받는 기독교의 신앙에 대한 비판적 분석이었다. 중국, 인도, 일본, 필리핀을 비롯한 다양한 나라의 유학생들과 한인 유학생들은 토론을 벌였고, 김활란이 이 회의의 좌장을 맡았다.[39] 국제회의도 참석하였다. 1928년 3월 24일부터 4월 8일까지 예루살렘에 열린 국제 선교 회의회에서는(the International Missionary Council) 김활란,

33) 「A Korean Church Organized」, 『KSB』 Vol.2-4, 1924. 9.
34) 「New Korean Church in New York City」, 『KSB』 6-1, 1928. 1.
35) 「Korean Student Movement In Hawaii Reports Many New Improvements」, 『KSB』 Vol.11, 1933.
36) 「The Minds of the Korean Youth in Hawaii」, 『KSB』 Vol.13-2, 1935. 3-4.
37) 「Report on College Visitation」, 『KSB』 Vol.1, 1922. 12.
38) 「Korean Students in Atlanta」, 『KSB』 Vol.3-2, 1925. 4.
39) 「Oriental Student Christian Conference」, 『KSB』 Vol.9-2, 1931. 5

신흥우, 양주삼, 변성옥 등 한인 4명이 참여하였다.[40] 초청강의도 있었는데, 일찍이 미국에 유학해서 신학을 전공한 김종만(서울감리신학교 학장)은 안식년에 드류대학으로 와서 학생들에게 한국의 기독교 교육에 대한 강의를 하였다. 1933년 4월 13일 스탠리 존스(Stanley Jones) 목사는 연설에서 "기독교인은 포기하지 않고 하나님을 따라야 한다는 태도를 지녀야 한다."라고 하였다. 그리고 장래에 기독교인으로서 필요한 것은 '리더십, 존엄도 아닌 기독교인으로의 정체성'이라고 했다. '진정한 리더는 그의 위치나 명예를 받을지 아닐지 걱정하지 않고, (하나님에) 복종한다면 나라의 리더'가 될 수 있다고 하면서 기독교 의식을 고취시켰다.[41] 그런데 유학생들은 기독교의 이상을 전파하고 사회를 만드는 것에 관련한 토론회에서는 "현실적으로 기독교가 너무나 이상주의적이어서 이 세계에 효율적이지 못하기에 실용적으로 재조직되어야 한다."는 주제를 논의하기도 했다.[42]

실질적인 선교 방법을 위해 프린스턴과 뉴욕의 유학생들은 외국선교위원회(Foreign Mission Board Secretaries)를 만났다. 이때 당시 한국에서 벌어지고 있는 신사참배 논의 관련해서도 논의하였다.[43] 유학생들은 한창 문제가 되고 있는 신사참배와 관련해서도 "신사참배는 일본 관습에 관한 단순한 존경의 표시에 불과하다는 것"에도 "그리 단순한 문제가 아니며 이러한 의식에도 특정한 종교적인 요소가 숨어 있다."[44]

---

40) 「The Jerusalem Meeting」, 『KSB』 Vol.6-1, 1928. 1.

41) 「Text of Dr. Stanley Jone's Speech, Dr Jones Calls for a new Christian Attitude」, 『KSB』 Vol.11-3-4, 1933. 5-6.

42) 「Nationalism Versus Christian Ideals in the World Today」, 『KSB』 12-1, 1934. 4-5.

43) 「foreign Mission Board Secreatries Meet with Koreans」, 『KSB』 Vol.17-2, 1938. 2-3.

44) 「The Shrine Question」, 『KSB』 Vol.17-2, 1938. 2-3. 신사참배와 관련해서는 김

하면서 이 문제를 신중히 보려고 하였다.

김창순은 기독교 이외의 종교를 받아들이는 것을 강하게 비판하였다. 한국인이 오늘날의 어떤 국가보다도 기독교를 빠르게 받아들일 수 있는 수 있었던 이유를 "新敎가 기독교(Christianity)의 원리와 매우 밀접하게 닮아 있기 때문이다."라고 생각했다. 그는 한국의 어머니가 다른 아이와 싸우면 "이웃과 싸우지 말고 네 이웃을 사랑하라"라고 가르치는 것에 비해 일본은 아이들에게 "사무라이즘과 애국심"을 가르친다고 하면서 일본의 신토종교를 강하게 비판하였다. 즉, 한국인 신교주의자(Shinkyoists)들이 오직 기독교 안에서 하나의 신을 섬긴다는 점, 신교주의자에 내재된 '죄와 벌'이 기독교를 기꺼이 받아들이게끔 했다고 보았다.[45)]

당시 유학생들이 일본토착종교와 기독교를 엄격하게 분리해서 인식하고 있었던 까닭은 중일전쟁 이후 일본이 조선의 기독교인들에게 신사참배를 강요하였기 때문이다.

이에 대한 대응책으로 13회 북미한국학생총회에서는 일제에 의하여 미션스쿨이 폐쇄되고 학생들이 기독교교육을 박탈당하는 것에 대한 문제의식을 가지고, 한국기독학생총회(Korean Student Christian Federation)를 결성하였다. 설립취지는 다음과 같다.

오늘날 한국은 예측할 수 없는 도덕적이고 정신적인 위기 아래에 놓였다는 것이 일반적인 생각입니다. 외국(역자 주: 일제)의 지배로 인

승태 엮음, 『한국기독교와 신사참배문제』, 한국기독교역사연구소, 1991 참조. 1930년대 후반 유학생들의 신사참배 관련 인식과 관련해서는 별도의 연구가 필요하다. 그 이전 유학생(1920-1930년 초반 졸업생들)들, 특히 귀국 후 서울지역 주요 미션스쿨들에 관여한 이들중 다수가 신사참배에 동조했기 때문이다.
45) 「Christianity Works In Korea」, 『KSB』 Vol.16-3, 1938. 4-5.

한 체계적 압박아래 한국인들은 한 가닥 희망을 위해 어둠 속에서 길을 찾고 있습니다. 많은 기독교 학교들과 대학들은 한국의 젊은 사람들에게 기독교인의 삶의 방식 안에서 편안함과 위안을 찾으라고 하지만, 일제는 (역자 주: 미션스쿨을) 전부 닫아버리거나 최근 몇 달 동안 그 활동들이 제한되었으며 수천 명의 학생들이 그들이 추구하는 교육과 훈련의 기회를 박탈당하였습니다.
한국에 우리 학생들에게 영향을 미친 이 상황에 관하여 긴급성을 깨닫고 이번 여름 미국에 한국학생기독교총회가 조직되었습니다. 이 조직의 목표는 (1) 미국에 있는 한국인 학생들 사이의 기독교 펠로우쉽을 촉진 (2) 모든 가능한 방법을 동원하여 필요한 학생들을 도움 (3) 적당한 장학금 기금 조성에 있습니다.46)

앞에서도 언급했듯 유학생들은 다른 종교와 비교하면서 기독교의 우월성을 강조하였고, 그들에게 있어 전시체제 이후 신사참배는 기독교의 정체성을 잃는 것이라고 생각하면서, 귀국 후 신사참배를 했던 일부 유학생들과는 차이를 보였다.

요컨대 유학생들은 정기적으로 모여 기독교를 공부했고 토론회를 개최하였으며 초청강연회를 열었다. 그리고 중일전쟁 이후 일부 한국 기독교인들의 신사참배 거부운동에 따른 일제의 미션스쿨 폐쇄에 대응하기 위하여 한국학생기독교총회를 결성하여 이를 대응하려고 했다.

미국 유학생이 고국에 있는 미션스쿨에 도움을 주려고 했던 일은 이번이 처음이 아니었다. 미국 유학생 중 숭실학당 출신들은 어려운 형편에도 불구하고 유학생들의 기금을 모아 고국에 후원을 하기 위한 활동을 벌였다.47)

46) 「Korean Students Organize Christian Group」, 『KSB』 Vol.17-1, 1938. 11-12.
47) 「숭실학교에서 공부하셨습니까?」, 『신한민보』, 1932. 3. 3.

2) 기독교 학습

유학생 전체 명단을 분석해보면 가장 많은 신학대학을 졸업한 곳은 프린스턴신학대학이었다. 이 학교에 총 16명이 수학한 것으로 집계된다. 이외에도 여러 대학에서 학습했는데, 그것을 정리해보면 다음 표와 같다.

〈표 3〉 신학대학 출신 혹은 신학 전공 유학생 명단(중복 포함)

대학	이름
프린스턴신학	김성락, 김인준, 김재준, 남궁혁, 백낙준, 서상복, 송창근, 송헌주, 윤응팔, 윤인구, 윤하영, S. W. Lee, 정기원, 정운수, 조상학, 한경직, 한영교
샌프란시스코신학	송창근, 위혜진, 이인애, 임정구, 조응철
LA성경	박일우, 이보배, 차광석, 차경신,
하트포드신학	김영섭, 김용섭, 김정은, 최윤관
드류신학	강태희, 노정일, Fritz Pyen
게렛성경	변성옥, 전용택, 정경옥
노스웨스턴	김창준, 김보린, 동석기
에모리	김인영, 나추건, 임두화
스캐릿	차미리사, 홍에스더
더뷰크	Wee. Rei Ko
산안젤모신학	S.D.Kim, 한경순
노스필드신학	김기춘
뉴욕성서신학교	김마리아
서부침례신학	김성락
필라델피아성경	김애신
템플	김애신
웨스턴신학	김재준
신시내티성경	동석기, 조득성

대학	이름
웨스트미니스터	명신홍, 박윤선
토론토	문재린
서던캘리포니아	민찬호
더뷰크	박유병, 최경학,
어번신학	박충한
시카고	배민수
예일	양주삼
무디성경	위덕실
밴더빌트	윤치호, 이창희
오하이오노스웨스턴	이영규
조지워싱턴	이용직
듀크	장기형
아우번신학	Y.H.Chung
안젤모신학	정인과
뉴욕신학	정일형, 한경순
오마하신학	조득란
보스턴	최영호
루이스벅신학	최자혜(Grace Choi)

본래 신학교에서는 목사양성과 신학연구에만 목적을 두었지만, 예일, 뉴욕, 프린스턴, 시카고 보스턴, 노스웨스턴 신학교 등이 종교교육을 위한 강좌를 새로 개설하였고, 이는 전국적으로 확대되기 시작하였다.[48]

그런데 위와 같이 신학전공 혹은 신학교를 졸업한 유학생들의 대학은 파악이 되지만, 기독교 공부를 하면서 어떻게 공부했는지는 구체적으로 가늠되지 않는다. 다만, 그들이 참조했던 교재는 박사논문부터 저서에 까지 매우 다양했는데, 이를 정리해보면 다음과 같다.

---

48) 「종교교육운동의 전개」, 『우라키』 제5호, 46쪽.

〈표 4〉 유학생이 참고했던 Mission 관련 책자

제목	내용
Clark C. A, The Korean Church and the Nevius Methods, 1930	1884년부터 1931년까지 한국의 장로교회와 네비우스 선교 정책(시카고대 박사학위 논문)
Gale J. S, Korea in Transition, 1909.	선교를 위한 책
Grifis W. E, A Modern Pioneer in Korea, 1912.	선교사 아펜젤러의 17년간 한국에서 감리교회 선교사로의 선교활동
Jones G. H. the Land, People and Customs, 1907.	감리교회의 선교활동과 사람들, 삶, 국가 소개
Paul L. G, The History of Protestant Missions in Korea, 1929.	1832년부터 1910년까지 한국에서 다양한 기독교의 선교활동들(예일대 박사학위 논문)
Underwood H. G, The call of Korea, 1908.	기독교선교가 한국에서 어떻게 진행되었지 설명한 것들
Underwood Mrs. H. G. fifteen Years Among the Top-Knots, 1908	1888년부터 1908년까지 의료선교를 한 개인 경험을 담은 책으로 왕후와 궁궐에 대한 묘사도 담고 있다.

전거 : 「Fifty Selected References on Korea—Annotated」 『KSB』 Vol.9-1(1931.3)

　『KSB』에서는 유학생들에게 한국 관련 50개의 참고문헌을 추천하였다. 내용은 경제, 교육·문화, 여행기, 선교 정치·역사·정부에 이르기까지 다양했다. 이 중 선교 관련 서적은 7개인데 위 표와 같다. 한국 선교 관련된 최신의 연구 성과부터 시작하여, 한국에서의 선교 방향을 알려주는 책들이 다수를 차지한다. 기독교 서적 혹은 학위 논문을 비판적으로 수용하는 모습도 보인다.

　예컨대 염광섭은 『The Korean Church and the Nevius Methods』를 리뷰하였다. 이 책은 30년 전 1만 명도 되지 않는 한국 기독교인이 폭발적으로 증가한 이유를 '네비우스 선교정책'에서 찾았다. 네비우스 선교정책은 중국에서 활동하던 네비우스 선교사가 서울에 와 자치, 자립,

자전을 중심으로 외부에 의존하지 않고 지역별로 토착 복음을 전파하라는 것으로, 이는 미국 북장로교회가 한국에서 적용한 선교 정책이 되었다.

염광섭은 이 책을 "한국 교회 역사를 쉽게 배울 수 있다."고 평가하면서도 네비우스 선교정책과 관련해서는 "효율적인 선교 방법인 것은 인정하지만, 책 전반에서 작가가 체계적인 절차에서 결론을 도출한 것이 아니라, 무리한 결론을 내고 있다. 즉, 증거 없이 주장된 몇몇 성공 요소들을 오보한 것으로 보이며, 결정적인 요소라는 것이 어떤 것을 말하는지 구체적으로 이해할 수 없다."며 비판하였다.[49]

유학생들은 학위 논문에서도 신앙생활에서 공부한 것들을 심화시켰음을 확인할 수 있다. 1915년 전까지 시카고대학과 예일대학에서만 종교교육논문으로 철학박사와 교육학박사학위 제도가 있었지만, 1922년에는 콜럼비아대학에도 종교교육과가 단과로 설립되었다. 1911년 4년제 대학을 설립한 보스턴신학대학에서는 신학관련 1919년 학·석·박사를 수여하게 되었다. 일리노이주립대학내에는 대학생들의 종교생활과 도덕교육을 지도하는 특수기관이 있었으며, YMCA, YWCA에서 종교교육운동에 힘썼다.[50] 유학생들 중 종교 관련 학위 논문 중 확인되는 것을 망라하면 다음과 같다.

위 표처럼 유학생들은 특정 인물에 대한 분석부터 미션스쿨의 커리큘럼, 음악 등 실용적인 부분에 이르기까지 다양한 전공으로 기독교를 공부했다. 유백희와 염광섭은 석사를 받고 따로 신학석사학위를 취득하였다. 임정구는 신약신학전공으로 석사학위를 취득 후, 다시 신학사를 취득하였다.[51] 귀국 후 이화여전 교수를 지냈던 한치진은 교회의

---

49) 「Book Reviews」, 『KSB』 9-2, 1931. 5.
50) 정일형, 「종교교육의 전개」, 『우라키』 5호, 47쪽.

〈표 5〉 유학생 종교 관련 학위 논문

이름	제목	학위	대학	연도
조득성	The Criteria of the Church of Christ the Proper Basis of Church Unity(M.A.)	석사	신시내티	1929
최영호	Social Significance of Christianity in Korea	석사	보스턴	1926
동석기	The Early History of the Restoration Movement in the United States	석사	신시내티 신학대학교	1929
한치진	Criticism of Chinese Ethical Southern California:Buddhism, Taoism, and Confucianism	박사	남가주	1928
김창준	A Curriculum for the Week-day Church School in Korea	석사	노스웨스턴	1926
김활란	Certain Relations of Philosophy and Religion	석사	보스턴	1925
김영의	Newman as Church Historian	박사	예일	1929
백낙준	The History of Protestant Missions in Korea, 1832-1910	박사	예일	1927
이로라	The use of Music in the Christian Church in Korea	석사	보스턴	1925
유백희	Rural Welfare and Church Work in Korea	신학사	서던메소디스트	1929
염광섭	The Attitude of Jesus Toward Gentiles	신학사	에즈버리	1922
임정구	Jesus Conception of the Kingdom of God	석사	태평양신학	1929
임영신	한국 불교도들의 기독교 신앙으로 전향하는 길	석사	서던캘리포니아	1931

전거 : 「A List of the Titles of Thesis and Dissertations written by Korean Students in America」, 『KSB』 Vol.7-4, 1929. 12. 「Recent Graduates」 8-2, 1931.5. 조규태, 「재미한인 임정구의 종교 활동과 민족운동」, 『대구사학』 114, 2014, 10쪽.

개혁을 추구하고 평신도와 교역자가 계급화되는 것을 경계할 뿐만 아

---

51) 조규태, 「재미한인 임정구의 종교 활동과 민족운동」, 『대구사학』 114, 대구사학회, 2014, 10쪽.

니라 사회생활과 교회생활의 일치를 추구하였다.[52]

뉴욕 한인예배당에서는 1932년 6월 5일 오후 2시 김활란을 중심으로 6회 유학생대회를 열었다. 이들은 이틀 차에 '북미 유학생 귀국 후 적응 문제'와 관련한 토의를 열었다.[53] 귀국 이후 그들이 조선에서 할 수 있는 일들과 관련해 유학생들은 깊은 고민을 가지고 있었던 것이다. 특히 여성들은 기독교계의 영향을 많이 받아 이화학당, 정신여학교 등을 비롯한 조선의 근대 초기 여학교들이 모두 기독교 선교사들에 의해 설립되었고, 이에 영향을 받은 여성들은 신식 교육을 받기 위해 미국으로 떠났다. 이화학당에서 영어는 기독교를 가르치는 교육수단으로 중요시 여겼고,[54] 특히 여성의 사회적 진출이 활발해지던 1920년대 그 영향은 뚜렷했다.[55]

유학을 마치고 돌아온 이들은 기독교 교육을 실천하기 위해 힘썼다. 귀국한 이들 대부분은 남감리교, 북감리교 목사 혹은 평양광성고보, 평양숭실대학, 경성연희전문학교, 기독학원, 이화대학 등 미션스쿨의 교수로 종사하여 기독교 교육을 이어나갔다. 특히 동석기는 해방 이후 1946-1949년 서울에 4개, 부산에 1개의 그리스도의 교회를 개척하였다.[56] 고황경 같은 경우 경성자매원 가정료를 설립하여 운영하였고 이들을 기독교 정신으로 감화하였으며, 여성을 위한 사회사업을 기독교

---

52) 이장형, 「한치진을 통해 본 한국 기독교사상계의 기독교윤리 이해」, 『기독교 사회윤리』 24, 한국기독교사회윤리학회, 2010, 45쪽. 해방 이후 그의 민주주의론과 관련해서는 홍정완, 「일제하-해방후 韓稚振의 학문체계 정립과 '민주주의'론」, 『역사문제연구』 24, 역사문제연구소, 2010 참조.
53) 「중부와 중서부의 학생연회 대성황리에서 유학생이 귀국 후에 취할 적응책 토구」, 『신한민보』, 1931. 6. 25.
54) 이화100년사편찬위원회 저, 『이화100년사 1권』, 1994, 133쪽.
55) 조동식, 「십년전여학생과 지금여학생」, 『신여성』, 1925. 1.
56) 김익진, 「동석기와 한국 그리스도의 교회」, 『한국기독교와 역사』 8, 1998.

정신과 근대화의 구현으로 보았다.[57]

백낙준은 한국교육의 새로운 이념 설정을 홍익인간으로 설정했다. 그리고 "우리가 기독교를 받아들이고 다른 나라에 전교한 것을 홍익인간의 생활을 한 것이다."라고 보았다.[58] 당초 유학목적이 독립운동이었던 임영신은 귀국 이후 기독교 정신으로 여성운동에 앞장서겠다고 밝힌 이후 기독교를 통해 평등을 가르치면서 기독교 민주주의 실현을 하고자 하였다.[59]

반대로 김활란은 애초에 유학의 목적을 선교활동이 아닌 신여성교육으로 보았고, 귀국해서는 이화학교에서의 교육방법을 놓고 선교사들과 의견 갈등을 보였다.[60]

한편 1925년부터 일어난 사회주의자들의 반기독교 운동에 유학생들이 대응하였는데, 그 의견 역시 유학생마다 달랐다. 서던캘리포니아 출신의 신흥우 같은 경우 기독교계에서의 반성을 촉구하였으며,[61] 프린스턴 출신의 장로교 신학자 박형룡은 사회주의자들의 무신론 주장에 맞서 변증신학의 준비가 필요하다고 했다.[62]

졸업 이후 미션스쿨 관련자 수를 보면, 미션스쿨 출신 학생들에 수에 비해 저조해졌다는 점을 알 수 있으며 많은 수의 유학생들이 고국에서의 선교와 미션스쿨 활동을 꺼려했다는 점을 의미한다.

---

57) 김성은, 앞의 논문, 2010(b), 221~222쪽.
58) 민경배, 앞의 글, 『문교월보』 제4호, 2008, 243쪽; 홍이섭, 「학회기략學誨記略」, 『백낙준전집』 10, 연세대학교 출판부, 1995, 22~23쪽 재인용.
59) 김성은, 앞의 논문, 2012, 220쪽.
60) 김성은, 앞의 논문, 2011.
61) 김권정, 「1920년대 후반 기독교세력의 반기독교운동 대응과 민족운동의 전개」, 『한국기독교와 역사』 14, 2001, 86쪽.
62) 김상태, 「근현대 평안도 출신 사회지도층 연구」, 서울대학교 박사학위논문, 67쪽.

Ⅳ. 맺음말

유학생들이 신앙을 잃을 것이라고 두려워한 일제강점기 선교사들은 그들의 도미를 반대했다지만, 도미한 후 유학생들은 다양한 사상들을 학습하면서 다른 종교에 비해 기독교가 우월하다고 생각하였고, 선교를 두고 서로 다른 생각을 가지고 있었으며, 선교를 위해 여러 차례의 세미나를 거치고 공부하였다.

일부 유학생들은 자신들의 학업을 위하여 도미한 것이 아니라 기독교 공부를 하고, 나아가 선교를 위해 도미하였다. 90%가 넘는 수가 기독교인이었지만, 이들 중에는 동양 선교에 관해 회의적인 생각을 가지고 있는 사람도 있었고, 미국에 남아서 영원히 사는 것이 아니라 한국으로 돌아가 선교활동을 해야 한다고 생각하는 이도 있었다. 특히 한영교는 미국에 남아 있는 이들을 '편안하게 선교를 하려고 하는 사람들'로 보고 강한 비판을 가했다. 요컨대 선교에 있어서는 유학생들 사이에 분명한 입장차이가 존재했고, 초기 유학생들 중 상대적으로 많은 수가 미국에 남았으며 일부는 하와이로 돌아가 선교활동에 전념했으며, 일부는 한국으로 돌아가 미션스쿨 설립에 관여하였다.

기독교 공부를 열심히 하고 신앙을 심화시켜 귀국 후 선교활동을 해야 한다는 인식을 가진 유학생들은 미국에서의 신앙생활에 매진하였고, 미주 각 지역 별로 기독교학생연합회를 조직하여 활동하였다. 또한 한국에서의 신사참배 거부운동에 따른 미션스쿨 탄압에 대응하여 한국기독학생총회(Korean Student Christian Federation)를 결성하였다. 이는 기독교가 다른 종교보다 우월적 지위를 점하고 있다는 초기 그들의 기독교 인식이 이어지고 있는 점을 보여주는 것이었다.

그들이 학습한 기독교 관련 교재는 기독교 역사에서부터 일반적인 신학에 이르기까지 다양했고, 신학 전공자들은 학위 논문으로 일반적 종교 인식 관련된 사항에서 뿐만 아니라 조선 기독교 역사, 기독교 음악, 복지 등 다양한 논문을 내어 귀국 후 이화, 연희, 협성, 평양광성고보 등 여러 미션스쿨에서 활동하였다.

유학생들은 귀국하고 해방 이후 향후 미션스쿨 발전에 큰 기여를 하였고, 기독교 사상을 미션스쿨에 투입시키려 노력하였다. 백낙준은 해방 이후 대한민국 교육이 홍익인간 이념을 가진 것이라고 생각하며 이를 기독교 인식과 결부시켰고, 임영신은 기독교 민주주의를 실현코자 하였다. 미션스쿨에 관여하지는 않았지만 한치진, 장이욱 등 유학생들의 기독교 사상이 해방 이후 어떠했는지를 살펴봐야 한다. 이들의 유학생활 중 기독교 인식과 학습이 해방 이후 미션스쿨의 설립 및 기독교 교육에 어떠한 영향을 끼쳤는지를 살펴볼 필요가 있다. 이는 추후의 과제로 남겨두고자 한다.

참고문헌

『The Korean Student Bulletin』, 국가보훈처, 2000.
『우라키』, 한림대학교 자료총서 27, 1999.
『신한민보』

서정민, 가미야마 미나코 역, 『미국선교사와 한국근대교육』, 한국기독교역사연
　　구소, 2006.
Mark F. Miller, "Dear Old Roanoke": A Sesquicentennial Portrait, 1842-1992, Mercer
　　University Press, 1992.

김권정, 「1920년대 후반 기독교세력의 반기독교운동 대응과 민족운동의 전개」,
　　『한국기독교와 역사』 14, 2001.
김상태, 「근현대 평안도 출신 사회지도층 연구」, 서울대학교 박사학위논문, 2002.
김성은, 「1920-30년대 미국유학 여성지식인의 현실인식과 사회활동」, 서강대학
　　교 박사학위논문, 2011.
김희곤, 「북미유학생잡지 ≪우라키≫ 연구」, 『경북사학』 21, 경북사학회, 1998.
이장형, 「한치진을 통해 본 한국 기독교사상계의 기독교윤리 이해」, 『기독교사회
　　윤리』 24, 한국기독교사회윤리학회, 2010.
장규식, 「일제하 미국 유학생의 근대지식 수용과 국민국가 구상」, 『한국근현대사
　　연구』 34, 한국근현대사학회, 2005.
　　　　, 「일제하 미국유학생의 서구 근대체험과 미국문명 인식」, 『한국사연구』
　　133, 한국사연구회, 2006.
　　　　, 「1900-1920년대 북미 한인유학생사회와 도산 안창호」, 『한국근현대사연
　　구』 46, 한국근현대사학회, 2008.
조규태, 「재미한인 임정구의 종교 활동과 민족운동」, 『대구사학』 114, 대구사학
　　회, 2014.
홍선표, 「일제하 미국유학 연구」, 『국사관논총』 96, 국사편찬위원회, 2001.

〈부록 1〉『KSB』에 기독교 인식과 신앙생활을 보여주는 글들

제목	내용	전거
Korean delegates at peking conference of the world's student christian federation	북경 세계 기독교 학생회 참석자 명단과 관련 내용	1-1
Christianity VS Other Forms of Religion	기독교와 다른 종교와의 차이점	1-1
The Christian Challenge	기독교인이 가지는 과제	1-2
Is it worth while?	미국의 기독교에 대한 태도	1-3
Faith in Personal GOD	신앙을 깊이 해야 할 당위성 설명	1-3
Prospecting in America	미국에서 기독교의 가치	2-3
Oriental Christian Student Fellowship Conference	오벌린대학에서 열린 기독청년회회의	2-3
A Korean Church Organized	시카고, 뉴욕 한인 교회 조직 관련	2-4
What is Non-resistance?	마태복음 5장 39절을 인용 비저항주의와 자기 통제의 중요성 설명	3-2
The influence of the Christian Churches upon American Life	미국에서 교회의 중요성	5-2
What Korea Needs Today	조선에서 필요한 3가지(기초 기반, 교육, 신앙)	7-4
The United Methodist Church of Korea Making Plans For Future Work	감리교회 선교 필요성(양주삼)	9-1
Oriental Student Christian Conference	유학 중 어떻게 기독교 신앙을 강화시키고 유지시킬지에 대한 동양 기독교인들의 모임 개최	9-2
Christianity and world peace	기독교와 세계 평화와의 관련성 설명	9-4
The Progress of The Korean Methodist Church	감리교회가 나아가할 필요성(교육, 선교파견 등)	10-1

제목	내용	전거
Text of Dr. Stanley Jone's Speech	스탠리 교수가 제3회 동양학생 기독회의(1933. 4. 13)에서 연설한 것	11-3-4
Cross-Section of Native Opinion Shows Left-Wing Church Tendencies	좌파 교회 경향, 기독교 인식의 변화	11-3-4
Nationalism Versus Christian Ideals in the World Today	기독교의 이상을 전파하기 위한 조건과 현실적 어려움	12-1
Fifty Years of Evangelization	한국 기독교의 50년 역사 정리	12-1
Christianity in Korea	한국에 있는 기독교인 숫자	12-1
Korean Representatives at Oriental Student Federation Conference	뉴욕에서열린 제 5회 동양학생 기독교 회의 관련 내용 (한국측은 허진업 참여)	13-3
Religion Confronts the Modern Scientific Age	과학발전 시대에 진화론에 대한 비판	14
Religion and Science	과학과 종교가 조화를 이뤄야 한다는 주장	14-3
The Place of Christian Leadership in Our Communities	복잡다변한 상황 속에서 기독교인 리더십을 발휘할 조건과 당위성	15-3
Christianity Works In Korea	조선에서 기독교가 잘 전파되게 된 배경 설명	16-3
Korean Students Organize Christian Group	한국학생기독교총회(Korean Student Christian Association) 설립 관련 내용	17-1
World Mission	선교의 필요성	17-2
The Sanction of The Christian Worker	유학생들이 가야할 길에 대해 설명	18-1

〈부록 2〉『우라키』에 기독교 혹은 종교 인식을 보여주는 글들

작성자	제목	출처
유형기(보스턴)	종교는 왜 고식되나	제1호
염광섭(시카고)	종교와 인생과의 관계 -특히 반기독교운동에 대하여-	제2호
조희염	진화론을 시인하여야할까	제2호
장이욱(콜롬비아)	유미(留美)우리학생의 신앙생활 경로	제3호
김송은	기독교에 대한 오해	제4호
송창근(웨스턴신학)	미국문명개관-미국의 종교계	제4호
임정구	고국사회에 대한 비판과 충언 -조선종교계에-	제5호
정일형	종교교육의 전개	제5호

제2부
기독교 학교의 모색과 제안
-성경구락부, 기독교대안학교의 운영과 활동

프란시스 킨슬러(Francis Kinsler)와 성경구락부(Bible Club) 운동

장금현

I. 들어가는 말

한국명 권세열(權世烈)로 불렸던 프란시스 킨슬러(Francis Kinsler)는 1928년 북장로교 선교사로 한국에 파송되어 한국교회 복구와 장로회 신학교 재건, 군목제도에 크게 공헌한 인물이다. 특히 그가 설립하여 이끈 성경구락부(Bible Club)는 한국 청소년교육에 적지 않게 영향을 끼쳤다. 킨슬러의 역할을 이어받아 활동했던 아들 아서 킨슬러(Arthur W. Kinsler, 權五德)는 성경구락부는 정상적인 제도권 교육을 받지 못한 100만여 명의 청소년들에게 교육기회를 제공하였고, 그중 70% 이상의 청소년들을 그리스도에게로 인도하였다고 밝힌 바 있다.[1] 이 주장

---

[1] 권오덕, 「권세열 선교사의 생애와 가족관계」, 『씨를 뿌리러 왔더니』, 서울: 카이로스, 2007, 61~62쪽; 킨슬러의 선교방법은 이정관의 "교육과정으로서의 성경교육과 실제성의 원리"와 접근이 유사하다. 『신학과 실천』 43호, 2015, 433~459쪽; 하디(Robert Alexander Hardie, 河鯉泳)는 킨슬러와 달리 직접적인

의 근거가 다소 부정확하지만 일제 강점기와 해방 직후, 6·25전쟁 이
후 혼란스러웠던 상황에서 성경구락부가 많은 한국 청소년들에게 공
교육을 제공했다는 것은 사실이다. 본 논문에서는 이 부분을 다루려고
한다.

성경구락부에 대한 연구로 석사학위 논문이 몇 편 있다.[2] 이 논문들
은 대부분 1953년부터 성경구락부에서 출간한 월간지『지도자』(The
Leader)를 기초로 연구되었다는 점에서 의의가 있지만, 킨슬러가 북장
로교 선교본부에 보낸 보고서나 서신, 북장로교와의 관계, 시대적인
상황을 간과함으로 성경구락부 활동에 대한 전체적인 조망이 부족해
보인다. 위의 논문들 외에 성경구락부 관련 책이 두 권 있다. 하나는
대한청소년성경구락부에서 출간한『사랑의 교육 60년』이고,[3] 다른 하
나는 1949년부터 성경구락부 총무로 봉사했던 김득렬이 관련자들의
글들을 묶어 출간한『씨를 뿌리러 왔더니』(2007)이다.[4] 두 책은 성경

복음사역을 시작으로 교육과 의료 및 신학교육으로 확장된 것으로 보인다.
이후천,「하디의 전인적 선교사역에 대한 선교학적 평가-하디의 선교보고서
를 중심으로」,『신학과 실천』36호, 2013, 647~669쪽.

[2] 고환규,「大韓靑少年 聖經俱樂部, "聖經俱樂部의 歷史的 硏究와 基督敎敎育에 끼친
影響」, 연세대학교 연합신학대학원 석사논문, 1974; 주선동,「성경구락부의
발전과정에 대한 연구」, 연세대학교 교육대학원 석사논문, 1976; 김웅,「한국
교회 성경구락부에 대한 연구」, 장로회신학대학교 대학원 석사논문, 2009.

[3] 대한청소년성경구락부 편,『사랑의 교육 60년』, 서울: 도서출판 화술, 1988.
1부에서는 고환규의 논문을 토대로 성경구락부의 역사를 정리하였고, 2부는
성경구락부 운동의 내용을 다루었고, 3부는 성경구락부를 이끈 지도자들의
글들을, 4-6부에서는 킨슬러와 성경구락부를 직간접으로 경험한 사람들의 경
험담을 실었다. 성경구락부 운동이나 성격을 이해하려면 이 책을 참고하라.

[4] 김득렬 편,『씨를 뿌리러 왔더니』, 서울: 카이로스, 2007. 이 책은 아들 권오덕
이 정리한 킨슬러의 생애, 킨슬러가 직접 정리한 성경구락부의 기독교교육
원리와 선교보고서 일부, 성경구락부 총무였던 김득렬이 기술한 권세열과 성
경구락부 관계, 킨슬러의 영향을 받은 사람들의 글 등을 묶어 편집되었다. 킨
슬러와 성경구락부와의 관계를 전체적인 맥락에서 이해하려며 이 책을 참고

구락부 운동에 대한 개념과 직간접으로 연관된 인물들의 경험담이 담겨 있다는 점에서 의의가 있으나 연구물이라고 보기에는 미흡하다.

따라서 본 논문은 북장로교 선교사 킨슬러의 성경구락부 운동을 『지도자』를 포함하여 그의 개인 보고서(Personal Report)나 연례 보고서(Annual Report)[5]를 통하여 조명하고, 북장로교와의 관계에서 분석하는 것을 연구목적으로 삼았다. 이 자료들은 보고서이기에 다소 그의 주관적인 내용이 포함되겠지만 1차 자료로써 중요하다. 연구 범위는 그가 성경구락부 운동을 시작했던 1929년부터 은퇴한 1970년까지로 한정하고, 시기별로 3단계로 구분하여 시대적인 상황과 함께 각 단계의 특징을 분석하고자 한다. 결론에서는 성경구락부가 한국사회와 기독교에 끼친 공헌과 한계에 대하여 기술하고 마무리하고자 한다.

II. 킨슬러의 생애

킨슬러는 1904년 1월 13일 독일계 아버지 아서 킨슬러(Arthur L. Kinsler)와 스코틀랜드계 어머니 베르다 캠벨(Bertha Campbell) 사이에서 막내로 태어났다. 아버지 아서는 레딩철강회사에 다니고, 해돈필드 교회 장로로 봉사하였다. 어머니 베르다는 뉴저지장로교회의 부인성경반을 운영할 정로도 리더십이 있었다. 독실한 장로교 가정에서 자란 킨슬러는 두 명의 누나와 형과 함께 롱아일랜드의 스토니 부룩에서 열

하라.

5) 킨슬러의 개인 보고서(Personal Report)나 연례 보고서(Annual Report)는 한국 기독교역사연구소가 미국 필라델피아 역사관에 보관된 북장로교 관련 마이크로필름을 출력하여 편집해 *The Annual Report of the Foreign Mission of the PCUSA*라는 제목으로 묶어 소장하고 있는 자료집(총 91권)을 참고하였다.

린 청년하기수양회에 참석하여 은혜를 받고 선교사로 헌신하였다. 큰 누나 마리안(Marian Kinsler, 權水羅)은 1922년, 작은 누나 헬렌(Helen C. Kinsler, 權信羅)은 1923년 각각 북장로교 선교사로 한국에 파송받았고, 형 아서 킨슬러(Arthur R. Kinsler)는 클레블랜드와 오하이오에서 목회 하였다.6)

　프린스톤신학교 4학년 때 킨슬러는 뉴져지 제3장로교회에서 청소 년 지도자로 봉사하였다. 그는 숭실대학 총장이었던 맥큔(George Shannon McCune, 尹山溫)이 프린스톤신학교에서 특강할 때 처음 만났다. 맥큔 으로부터 만주와 몽골의 선교부 설립계획을 들은 킨슬러는 그곳에 선 교하기로 결심했다. 그의 재정 후원자는 고모 안트(Aunt Francis)의 친 구 테일러 백화점 사장의 부인이었다. 물론 맥큔이 중간역할을 했다. 결심에 따라 킨슬러는 1928년 5월 북장로교 선교사로 한국에 파송 받 아 10월 4일 부산에 도착했다. 그는 부산에서 서울에 올라와 2개월간 한국어를 공부하고 겨울방학을 이용하여 평양을 거쳐 만주와 몽골로 갔다. 그곳에서 선교 상황을 모색했던 그는 일본과 중국의 전쟁 확전 으로 선교가 불가능하다고 판단하고 평양으로 돌아왔다.7) 그 후 평양

---

6) 킨슬러의 첫 번째 누나 마리안(Marian Kinsler, 權水羅)은 1922년부터 1949년 까지 한국선교사로 파송되어 한국여성들을 대상으로 주로 사역하였고, 태화 관과 여러 사회복지 센터에서 사역하였다. 1932년부터 중학생들에게 영어성 경을 가르쳤고, 독신여성들을 대상으로 한국어 성경을 가르쳤다. 또한 피어 선성경학교에 성경구락부를 세우고 1940년까지 운영하였다. 둘째 누나 헬렌 (Helen Kinsler, 權信羅)은 사범학교 출신으로 1923년 파송되어 1930년까지 대 구선교부에서 사역하였다. 특히 경상북도를 중심으로 전도부인과 각 가정을 방문하여 성경을 가르치고 여성들을 훈련시켰다. 대구신명여자고등학교에서 는 성경과 영어를 가르치고, 주일학교 교사양성과정을 담당하기도 했다. 1930년 귀국하여 1969년 은퇴할 때까지 필라델피아의 장로교 맹인학교에서 사역하였다. 권오덕, 「권세열 선교사의 생애와 가족관계」, 『씨를 뿌리러 왔더 니』, 63~65쪽, 79~82쪽.

의 가난한 어린이들을 돌보기 시작했는데, 이것이 모태가 되어 성경구
락부가 태동하였다.

1928년 뉴욕에서 열린 케직사경회(Keswick Conference)에서 킨슬러
는 도로시(Dorothy Wehmann Woodruff, 權도희)와 약혼한 뒤 먼저 한국
으로 왔다. 2년 후인 1930년 9월 도로시도 내한하자 두 사람은 평양의
맥퀸 사택에서 결혼식을 올렸다. 평양에 머물며 함께 사역하던 킨슬러
부부는 신사참배 거부문제로 일제와 갈등을 겪은 후 1938년 성경구락
부를 폐쇄하고 1941년 미국으로 떠났다.[8]

미국으로 돌아간 킨슬러는 300년 된 뉴욕의 제일장로교회에서 1942년
부터 담임목사로 사역하던 중 1948년 6월 장로회신학교 교수로 청빙받
아 한국으로 돌아왔다. 그는 평양신학교를 대신할 장로회신학교와 한
국교회 복구, 월남 기독교인들과 그 자녀들을 위한 성경구락부 재건에
전념하였다. 1950년 발발한 6·25전쟁으로 많은 선교사들이 가까운 일
본으로 일시 피신했으나, 킨슬러는 부산으로 내려가 세계교회봉사회
(Church World Service) 원조를 받아 전쟁미망인들과 고아들을 돌보았
다. 서울로 올라온 그는 성경구락부를 재건하고 미망인들에게는 성경
구락부의 일자리를 제공하여 경제적 도움을 주었다. 이런 일련의 활동
을 인정한 대한민국 정부는 그에게 1965년 2월 19일 '문화훈장 국민장'
을 수여했다. 1970년 9월 14일 성경구락부를 은퇴한 킨슬러는 미국 롱
아일랜드 센터 모리츠교회와 1976년부터는 캘리포니아 미주한인신학
교와 한인교회에서 사역하였다. 1992년 1월 9일 캘리포니아 듀알테에

---

[7] Francis Kinsler, "The Personal Report of the year to the Mission of Francis Kinsler," Aug. 28, 1929.

[8] Francis Kinsler, "Personal Report of Francis Kinsler," Sep. 9. 1940. 킨슬러는 미국 선교본부에 신사참배 문제로 평양신학교를 폐쇄했으며, 성경구락부도 같은 시기에 폐쇄했다고 보고했다.

서 숙환으로 소천하기까지 그는 한인교회에서 설교하며 한인들을 위한 삶을 살았다.[9]

킨슬러가 은퇴한 뒤 그의 아들 아서가 성경구락부 이사장을 맡고, 김찬호 목사가 실무를 담당하며 성경구락부를 이어갔다. 그 과정에서 성경구락부에서 고등공민학교를 거쳐 정규학교로 승격된 학교가 1970년 기준으로 45개교나 되었다.[10] 또한 2007년 기준으로 성경구락부는 전국적으로 33개가 있으며, 매년 약 2만 명의 근로청소년들이 교육을 받았다. 지금까지 성경구락부는 300여 명의 목사를 배출하였고, 100여 개 교회를 개척할 정도로 교육계와 기독교계에 많은 영향을 끼쳐왔다.[11]

---

9) 문화훈장의 내용은 다음과 같다. "위는 1928년 이래 대한예수교장로회 파견 선교사로 봉직하는 동안 종교활동을 통하여 우리나라 국민의 심령개발과 교육발전을 위하여 헌신적으로 노력하였음은 물론 특히 6·25동란으로 인한 전재민과 고아의 구호사업을 전개하는 한편 많은 고아원과 모자원을 설립하여 이들의 보호육성에 눈부신 활동을 하는 등 우리나라 육영사업 및 사회복지 향상에 참여한 공적이 현저함으로 대한민국 헌법이 부여한 대통령의 권한에 의하여 이에 문화훈장을 국민장을 수여함."

10) 대한청소년성경구락부 편, 『사랑의 교육 60년』, 53~54쪽. 킨슬러의 은퇴식에서 배포한 순서지에 담긴 학교들은 다음과 같다. 초등학교/ 인천의 인성, 강원의 춘천명신. 중학교/ 서울의 영락 염광 송곡여자, 인천의 인성여자 숭덕 중앙여자 안양동 신흥. 강원의 춘천명신 영동여자, 충북의 신일, 충남의 외산 팔봉 대명 삼광. 경북의 신동 한알 제일 탑리여자 삼성 동산여자 진성 화목 예천 상주 거북 삼광, 경남의 거제. 고등학교/ 서울의 염광상업 영락상업 동흥상업 청구상업 성동상업 피어선상업 새마을상업 천호상업, 경기의 신흥 인성여자, 강원의 명신 영동여자상업 영동상업, 경북의 김천상업. 초급대학/ 서울의 서울경리초급대학.

11) 권오덕, 「권세열 선교사의 생애와 가족관계」, 『씨를 뿌리러 왔더니』, 96쪽.

III. 성경구락부 교육목표와 교육내용

성경구락부의 교육목표는 성경 눅2:52에 근거하여 정신(mental), 신체(physical), 영성(spiritual), 사회생활(social life)이라는 균형잡힌 예수의 삶을 추구하도록 교육시키는 것이다.[12] 이 교육목표를 집약적으로 보여주는 것이 '구락부의 날(Club Day)'에 진행된 개회순서다. 매주 하루는 구락부의 날로 지켰는데, 먼저 성경구락부 학생대표가 학생들과 함께 눅2:52을 함께 암송한 뒤, "예수님을 본받아 종교·지육·체육·봉사의 생활을 실천하자!"고 외치면, 학생들은 경례하며 "실천하자!"고 합창했다.[13] 이날은 어린이들이 주도하여 사회를 보고, 성경구락부 노래를 합창하고, 문장을 만들어 기도하고, 성경구절을 암송하고, 구락부의 모토를 반복하고, 마지막 송영으로 개회순서를 마쳤다. 이 개회순서에 성경구락부의 정신이 함축되었다. 개회가 끝나면 다양한 프로그램으로 행사를 진행했는데, 교사는 뒤에 보조해주고 어린이들이 앞장

---

12) Francis Kinsler, "Station Letter from Pyengyang, Chosen Mission-Spring 1931," Mar. 20, 1931. 성경구락부는 이것을 번역하면서 지육생활, 체육생활, 종교생활, 봉사생활로 적용하였다.; 선교전략은 선교사가 소속된 선교회나 선교사 개인의 성향에 따라 결정된다. 다양한 선교방법이나 실제는 다음의 글을 참고하라. 전재옥, "한국 선교이론과 실제-한국 선교사들의 이해 중심으로," 「한국기독교신학논총」 22, 2001, 325~351쪽.

13) 김득렬, 「전설적인 선교사 권세열 박사」, 『씨를 뿌리러 왔더니』, 238~139쪽. '구락부의 날'은 지육, 체육, 종교, 봉사의 각 방면을 집중적으로 훈련시키기 위한 날이었다. 여기에 몇 가지 규칙이 있는데, 첫째는 모든 활동은 부원들이 진행했다. 둘째는 프로그램을 계획할 때 지도자들이나 임원들이 부원들과 함께 협력했다. 셋째는 활동을 최대 50명 정도의 규모로 제한하며 협동심 배양에 초점을 둔다. 이런 활동으로 부원들을 그리스도에 대한 믿음과 인격을 발전시키고, 기독교 신앙과 생활에서 순수한 사회적 체험을 하게하고, 자유스러운 민주적인 사회에서 그리스도인의 생활을 하도록 준비시키는 것이다. 대한청소년성경구락부 편, 『사랑의 교육 60년』, 126~129쪽.

서서 진행하였다.

성경구락부는 교육목표를 구현하기 위하여 〈통전적 그리스도인의 생활 도식표〉를 작성하였다.[14] 네모꼴의 도식표는 성경구락부에 속한 학생들이 추구해야 할 이상이며 목표였다. 통전적인 그리스도인의 삶을 위해 각자가 종교·지육·체육·봉사생활을 점수화시켜 자신의 삶을 살펴보도록 했다. 4개의 모서리(영성/종교생활, 정신/지육생활, 신체/체육생활, 사회/봉사생활)를 100점 만점으로 하고, 4종류의 생활에 각자 점수를 매겨 점을 찍고, 서로 연결시키는 것이다. 가장 이상적인 모양은 100점으로 연결된 4각형의 네모꼴 모양을 갖춘 형태다. 네모반듯한 모양이 그려지지 않으면, 부족한 부분을 반성하고 채움으로 통전적인 그리스도인의 삶을 살도록 돕는 것이다.

성경구락부의 교육내용은 평일과 주말이 달랐다. 평일에는 예배, 읽기, 쓰기, 산수, 지리, 역사, 성경, 음악, 체육 등을 배웠고, 주말에는 말하기, 토론, 청소, 조사, 결심의 날(Decision Day) 등의 프로그램에 참여했다.[15] 이런 과목 외에도 야구, 발리볼, 실내야구, 탁구 등의 운동을 하기도 했다. 또한 어린이들은 정원에 꽃을 심고, 도보여행을 하거나, 구락부 대항 노래와 이야기 대회를 정기적으로 가졌다.

성경구락부는 이런 교육과 프로그램을 위해 평양신학교 학생들과 숭실대학 학생들의 도움을 받았다. 그 후 급증하는 학생들을 대처하기 위해 질 좋은 교사를 선발하고, 그들의 생활비 일부를 지원했다. 교사들은 고등학교를 졸업한 활동적인 그리스도인이었고, 어린이들을 가르치는데 충분한 실력을 갖추었으며, 매일 여러 프로그램과 교육을 진

---

14) 김득렬, 「전설적인 선교사 권세열 박사」, 240~241쪽.
15) Rhodes and Campell ed., *"History of the Korea Mission Presbyterian Church in the U.S.A." Vol.II: 1935-1959*, New York: CEMR, 1964, 316-318.

행할 수 있는 사람들이었다. 교사는 한 명당 50명의 어린이들을 지도
하고, 매월 보고서를 작성하여 본부에 보고했다. 어린이들은 정규교육
에 참석하려면 동의서를 작성하고, 성경구락부의 규칙을 준수하기로
서약해야 했다.

어린이들은 단지 일반교육이나 기독교 정신만 배운 것은 아니다. 그
들은 민족의식을 함께 배웠다. 성경구락부 1회 졸업생인 김학수는 자
신이 성경구락부에서 공부하게 된 이유를 다음과 같이 언급한 바 있다.

> 이 성경구락부에서의 배움은 내가 애초에 생각했던 것보다 훨씬 유
> 용했다. 나는 이곳에서의 배움을 통해 비로소 삶의 목표를 갖게 되었
> 고, 이곳에서 가르치시는 분들의 열정적인 민족애를 통해 비로소 민
> 족의식에 눈뜨고, 역사의식을 갖게 되었다.
> 뜨거운 애국심과 깊은 신앙심을 바탕으로 학생들을 가르치시던 성경
> 구락부 선생님들의 모습은 60여 년의 세월이 흐른 오늘까지 내 가슴
> 에 깊이 새겨져 때로 기억의 언저리에 맴돈다. 그분들 중의 대표적인
> 분들은 방지일 목사님, 이유택 목사님, 신후식 목사님, 김진수 목사
> 님, 강신명 목사님, 이창철 선생님, 권태희 선생님 등이다.[16]

3 · 1운동 이후 일제의 교묘한 정책으로 한민족 정신이 말살되고 있
을 때, 기독교계는 새로운 대안을 모색해야 했다. 이때부터 젊은 기독
교인들은 여성운동, 농촌운동, 절제운동 등을 통하여 민족의식을 일깨

---

16) 김학수는 평양 출신으로 안창호, 조만식, 길선주, 주기철, 이성봉 목사, 박정
익, 김정선 장로, 김흥찬 권찰 등으로부터 신앙의 영향을 받으면서 성장했다.
그는 신흥학원을 수료하고 공립학교인 기림학원으로 진학해야 했지만 신앙
생활에 어려움이 있을 것을 생각하고 성경구락부에 입학하였다. 그는 여기에
서 교사들을 통하여 민족의식에 눈을 뜨고 역사의식을 배웠다고 한다. 김학
수, 「귀한 배움, 성경구락부에서의 3년과 나의 생애」, 『씨를 뿌리러 왔더니』,
271쪽, 275쪽; 김학수, 『은총의 칠십년』, 서울: 혜촌회, 1989, 25쪽.

우고, 정신을 강화시켜 나갔다. 성경구락부 운동에 참여했던 숭실대학과 평양신학교 학생들도 이런 맥락에서 교사로 참여했던 것으로 보인다.

IV. 킨슬러와 성경구락부

고환규는 자신의 논문에서 성경구락부 운동을 초창기(1929-1937), 재건기(1949-1953), 부흥기(1954-현재)로 구분하였다. 여기에서 현재는 1974년 기준이다. 그가 『지도자』를 집중 분석하면서 성경구락부 운동을 연구했다는 점에서 의의가 있지만, 3단계로 구분한 기준에 동의하기 어렵다. 특히 부흥기에 대한 개념이 불확실하다. 그가 구분한 재건기에 오히려 전재민 자녀나 고아들이 성경구락부에 대거 들어감으로 급증하였다. 반면 부흥기라고 구분한 시기에 성경구락부는 초등학교 의무교육이 정착되면서 어린이들이 줄어들었다. 다만 교육대상자를 중고등생들로 바꾸었다. 그러면서 성경구락부에서 고등공민학교로, 고등공민학교에서 정규 중고등학교로 전환하면서 전체적인 시스템과 체계가 바뀌었다. 따라서 부흥기라는 개념이 적절하다고 보기 어렵다. 본 연구에서는 교육대상자에 따른 구분방식을 취했다. 1단계는 성경구락부를 시작한 1929년부터 신사참배 문제로 폐쇄된 1938년까지, 2단계는 해방 후 재건된 1949년부터 1950년 6·25전쟁 이전까지, 3단계는 6·25전쟁 직후부터 킨슬러가 은퇴한 1970년까지로 구분하였다. 이런 구분은 시기마다 주요 교육대상자에 차이가 있으며, 한국사회의 변동과도 긴밀하게 연관되기 때문이다. 1단계가 일제 강점기에 정규교육을 받지 못한 가난한 어린이들이 교육대상자들이었다면, 2단계는 해방 후 북한에서 내려온 월남 기독교인들의 자녀들이, 3단계는 6·25전쟁 이

후에 발생한 전재민 자녀들과 고아들이 우선적인 교육대상자들이었
다. 서로 중첩된 부분도 있었지만, 전체적인 흐름에서 보면 성경구락
부 운동을 이렇게 구분하는 것이 타당하게 보인다.

1) 1단계/ 1929-1938년

킨슬러는 1928년 10월 4일 부산에 도착한 뒤, 서울로 올라와 두 달
동안 한국어를 배웠다. 그는 겨울방학을 이용해 평양으로 올라가 자신
을 한국으로 초청한 맥큔과 합류했다.[17] 1929년 겨울 어느 날 그는 평
양 대동강변에 있는 기독교서점 다락방에서 자신을 따르는 어린이들
을 만났다. 비록 한국어가 서툴렀지만, 그는 아이들과 단음절로 대화
하며 함께 많은 시간을 보냈다. 밤늦게까지 이어진 대화에서 어린이들
은 미국, 성경, 삶의 의미에 대해 질문을 계속 쏟아냈다. 일부 질문은
구체적이었고, 하나님을 향해 무언가 행동할 수 있는 것처럼 보이기도
했다.[18] 킨슬러는 이렇게 모인 6명의 어린이들과 '개척구락부(Pioneer
Club)'를 시작했다.[19] 이 사역은 그가 평양 스테이션에 합류해서 진행
한 첫 번째 프로젝트였다.[20]

---

[17] Francis Kinsler, "The Personal Report of the year to the Mission of Francis
Kinsler," Aug. 28, 1929. 킨슬러는 1928년 5월 선교사로 임명받았으나, 실제로
한국에 도착한 것은 10월 4일이다. Francis Kinsler, "My Resume, 1954," Feb,
1954.

[18] Francis Kinsler, "Dear Friend, Dr. John MoNab," Jan. 6, 1929.

[19] Francis Kinsler, "Dear Friends," July, 1970. "우리들은 한국에서 2년째 맞은 추
운 겨울밤, 평양 길거리에서 여섯 명의 걸인 소년들을 평양의 기독교 서점 2층
에 모아놓고 화덕가에서 잠을 자게 한 것으로부터 한국에서 성경구락부 운
동을 시작했다." 여기에서 기독교 서점은 광문서관이다.

[20] Rhodes and Campell ed., *"History of the Korea Mission Presbyterian Church in
the U.S.A." Vol. II: 1935-1959*, 316. 킨슬러의 첫 번째 사역은 어린이들을 대

개척구락부의 대상은 명확했다. 일제 강점기에 경제적으로 공교육
을 받을 수 없는 가난한 어린이들이 교육대상자였다. 많은 어린이들이
더럽고 오물이 가득한 움막 같은 곳에서 살았다. 킨슬러는 이런 어린
이들을 교육대상자로 삼았다. 그의 헌신으로 1930년 가을 3백여 명의
어린이들이 개척구락부에 모일 정도로 규모가 커졌다. 모임도 4개로
확장됐다. 교사들은 4개 그룹으로 나뉘었다. 평양에 소재한 성경학원
건물에서 오후에 한 반, 저녁에 한 반 모였고, 세 번째 반은 평양의 기
독교 서점에서, 네 번째 반은 신안교회에서 모임을 가졌다.21) 이런 가
운데 1931년 여름에는 매일 1천여 명의 어린이들이 11개 개척구락부에
모일 정도로 급증하였다.22)

1932년 말부터 '개척구락부'를 간섭하기 시작한 일제는 1933년 7월
부터 정기적인 보고를 요구하였다. 또한 '개척구락부'라는 명칭도 '성
경구락부(Bible Club)'로 바꿀 것을 강요하였다. "개척"이라는 단어가
전투적인 느낌을 준다는 이유에서였다. 이에 킨슬러는 그들의 요구에
따라 명칭을 바꾸고, 모든 교과서와 프로그램의 중심에 성경을 두었
다. 이전보다 더 성경에 집중한 것이다. 이런 상황에서도 1933년 초 전

상으로 야학(a night school)을 운영하는 것이었다. 선교사들은 한국에서 선교
할 때 소속 교단이나 선교사연합회의 선교정책을 따랐다. 박태영, 「1919년
<건백서>를 통해서 본 미국 선교사들의 정교분리 원칙에 관한 이해」, 『신학
과 실천』 31호, 2012; 김은호, 「선교사역의 극대화를 위한 전략적 방안으로의
'팀 선교'」, 『신학과 실천』 51호, 2016; 신현광, 「기독교교육과 선교의 관계성
에 대한 연구」, 『신학과 실천』 49호, 2016. 킨슬러는 교육을 통한 선교정책을
한국적 상황에 접목시켰다.

21) Francis Kinsler, "Station Letter from Pyengyang, Chosen Mission-Spring 1931,"
Mar. 20, 1931.

22) Francis Kinsler, "Report of Francis Kinsler, 1931," Aug. 4, 1931.; 김찬호, "권세
열 목사의 성경구락부 운동과 그 역사적 고찰," 『씨를 뿌리러 왔더니』,
303~304쪽. 1년 4학기로 운영된 개척구락부는 7개 개척구락부가 설립됐다.

국 13개 지역을 대표하는 어린이들이 제3회 노래 및 이야기대회에 참
석할 정도로 성경구락부가 크게 성장했다. 또한 성경구락부는 1933년
가을 대학체육관에 800명 이상의 어린이들이 모인 가운데 전국 규모의
'구락부 축제(Club Conference)'를 개최하고 말하기 대회, 놀이, 체육대
회 등의 행사를 가졌다.[23]

　　성경구락부 규모가 커질수록 봉사할 수 있는 교사가 부족한 것도
심각한 문제였다. 처음에는 숭실대학과 평양장로회신학교 학생들이
적극적으로 도움을 주었다.[24] 그 뒤에 여자고등성경학교 여학생들이
참여해 성경구락부를 섬겼고, 남자성경학교 종교부에서는 성경구락부
를 만들어 학교건물에서 매일 120여 명을 가르쳤다.[25] 그들의 적극적
인 참여로 교사부족 문제가 어느 정도 해결되었다. 그들이 성경구락부
운동에 적극적으로 참여하게 된 것은 교육과정을 계몽주의적 민족운
동의 일환으로 생각했기 때문이다.

　　1929년 겨울 평양에서 시작한 성경구락부는 1935년부터 신사참배
문제로 일제와 갈등했다. 선교사들은 1935년부터 본격적으로 신사참
배를 요구하는 일제와 맞서다 맥큔 경우 1936년 3월 미국으로 강제 퇴
거당했다. 신사참배에 강경했던 맥큔처럼 킨슬러도 신사참배를 거절
한 뒤 성경구락부를 1938년 폐쇄하고, 일제에 의해 1941년 강제 귀국하
게 되었다. 이로써 한국에서의 그의 성경구락부 활동이 끝나는 듯 했다.

---

23) Francis Kinsler, "Personal Report, 1933-1934," July 31, 1934.
24) Francis Kinsler, "Personal Report of Francis Kinsler, 1937-38," Nov. 23, 1938.
25) Francis Kinsler, "Report of Francis Kinsler, 1931," Aug. 4, 1931.

2) 2단계/ 1949-1950년

미국 선교사들은 태평양 전쟁을 계기로 한국으로 돌아갈 수 있다는 희망을 가졌다. 그들은 일본이 곧 패망할 것이며, 따라서 한국선교도 재개될 것으로 확신했다. 이를 위해 1944년 3월 4일 6개 선교단체가 초청한 모임에 참석한 재한선교사들은 '한국사역의 재개를 위한 명령과 행동'이라는 비망록을 작성하였다. 이듬해인 1945년 5월 북장로교 해외선교위원회는 한국사역을 재개하기 위해 선교사를 '그룹 A'와 '그룹 B'로 구분하여 한국인들과 협의체를 구성하기로 결의했다.26) 그러나 킨슬러는 그 명단에 없었다. 그는 이미 1942년부터 300년 된 뉴욕의 제일장로교회에서 담임목사로 안정적으로 목회하고 있었기 때문이다. 그러나 북장로교선교회가 장로회신학교 교수로 임명하자 그는 교회를 사임하고 1948년 6월 한국에 재입국하였다.

2단계에서 킨슬러는 두 가지 방법으로 성경구락부를 확산시켰다. 첫째는 이북신도회를 통한 확산이고,27) 둘째는 선교지부(mission station)을 통한 확산이다. 여기에서 두 방법을 함께 살펴보도록 하겠다.

---

26) Rhodes and Campell ed., *"History of the Korea Mission Presbyterian Church in the U.S.A." Vol.II: 1935-1959,* 26-28.; Francis Kinsler, "The Board of Foreign Missions of the Presbyterian Church in the United States of America," June 29, 1945, 3.

27) 킨슬러와 이북신도대표회와의 공식적인 관계는 1949년 10월 7일 이북신도대표회 제1차 실행위원회에서 킨슬러를 협동총무로 추대함으로 이루어졌다. 그러나 이북신도대표회 회장 한경직 목사와 킨슬러는 프린스턴신학교 동문으로 이미 일제 강점기 평양에서 자주 왕래하던 친밀한 사이였다. 두 사람은 1950년 11월 20일에는 이북신도대표회에서 북한교회 위문단 대표로 파송될 정도로 함께 했었다. 「제1차 실행위원회(1949.10.7.)」, 『이북신도대표회 문집』(서울: 이북신도대표회 편집위원회, 1984), 32쪽.; 「제8회 이북신도대표회 회의록(1950.11.20.)」, 『이북신도대표회 문집』, 24쪽.

먼저 이북신도회를 통한 성경구락부의 확산이다. 킨슬러는 1949년 초부터 성경구락부 재건 및 확산에 주력했다. 이 시기에 중요한 것은 킨슬러와 월남 기독교인들의 남한정착을 위해 조직된 이북신도대표회와의 관계다. 평양을 중심으로 사역했던 북장로교는 38선 문제로 선교 전략을 수정해야 했다. 대안은 월남한 기독교인들이 한경직 목사 중심으로 조직한 이북신도대표회를 지원하는 것이다. 북장로교 미국선교 본부에서 한경직 목사에게 지원을 약속하자, 그는 월남한 20여 명의 목회자와 함께 1947년 8월 15일 영락교회에 모여 이북신도대표회를 발족하였다. 회의에서 회장에 한경직 목사, 서기에 김성준 목사를 선출하고 다음과 같은 목표를 설정했다.

1) 월남한 교우를 위하여 월남 목사들은 교회를 신설토록 할 것.
2) 월남한 교우들의 자녀교육을 위하여 중등교육 교육기관을 설립토록 할 것.[28]

이북신도회 설립목적은 월남 기독교인들을 위해 교회를 세우고, 그 자녀들을 교육시키고자 함이었다. 그러나 당시에는 처음부터 정식학교로 출범하기 어려웠기에 그들은 교회를 설립하고 성경구락부를 운영하였다. 대표적인 경우가 영락교회가 세운 대광학교다. 영락교회는 북장로교 선교부에서 지원한 5만 달러로 신설동에 위치한 고무공장을 매입하여 대광학교를 세우고, 백영업 목사를 교장으로 임명하였다. 그러나 정식학교로 설립되기 전에 이미 성경구락부 형태로 수업을 진행

---

28) 「제1회 이북신도 대표회 창립총회 회의록(1947.8.15.)」, 『이북신도대표회 문집』, 13쪽; 「제1차 실행위원회(1949.10.7.)」, 『이북신도대표회 문집』, 32쪽. 자세한 내용은 다음의 글을 참고하라. 장금현, 「월남 기독교인의 남한 정착과정 연구-이북신도대표회를 중심으로」, 「대학과선교」 37호, 2018, 97~142쪽.

하고 있었다.[29]

또한 킨슬러는 1949년 32명의 신학생을 선발하여 성경구락부 지도자였던 박윤삼 전도사와 윤종목 전도사가 이끄는 '시범성경구락부'에 위탁시켰다. 교육을 마친 그들은 북장로회가 이북신도대표회를 지원하여 세운 교회나 월남 기독교인들이 다수를 이루고 있던 해방교회, 창신교회, 영락교회, 상도교회, 서대문교회, 충무교회, 동광교회, 효자교회, 도원동교회 등으로 파송 받아 교회 내에 성경구락부를 조직했다. 그 결과 월남 기독교인들은 성경구락부를 통하여 자녀들을 교육시킬 수 있었다.

두 번째 방법은 선교지부를 통한 성경구락부 확산이다. 킨슬러는 일제 강점기에 성경구락부를 전국 규모로 크게 성장시켰지만, 주요 지역은 평양이었다. 해방 후 평양 중심의 성경구락부는 38선으로 더 이상 재건할 수 없었다. 따라서 그는 남한을 중심으로 성경구락부를 재조직해야 했다. 다만 그가 북장로교 소속이었기 때문에 그 범주를 크게 벗어나기 어려웠다. 북장로교 선교부는 해방 전에 운영했던 북한 지역의 선교지부를 포기하고 먼저 서울, 청주, 대전, 대구, 안동을 중심으로 재건했다. 이 지역의 교회들은 대부분 성경구락부를 운영했다.[30] 성경구

---

[29] 「제3회 이북시도 대표회 회의록」, 1948.10.9.; 6년제로 운영된 대광학교는 1-3년은 중학교 과정으로, 4-6년은 고등학교 과정으로 교육했다. 1952년 기준으로 459명의 재학생 중에서 장로교 437명, 감리교 14명, 성결교 3명, 천주교 1명, 그 외 4명으로 구성되었다. 출신지로는 평북 229명, 평남 118명, 함북 16명, 함남 25명, 황해 31명이고, 남한 출신은 총 40명으로 서북지역 출신자들이 다수를 차지했다. "A Report on Taekwang High School," June 10, 1952, 1-2.

[30] Rhodes and Campell ed., "History of the Korea Mission Presbyterian Church in the U.S.A." Vol.II: 1935-1959, 72-184.; 초기에는 1년 4학기제로 운영했지만, 후에는 2학기제로 변경하였다. 성경구락부는 매일 운영하였고, 토요일도 종종 포함되었다. 하루 일과는 주로 예배, 노래, 게임, 운동 등으로 이어졌다. 비 오는 날에도 평균 3천 명의 어린이들이 참석해서 교육을 받았다. 지역을 7개

락부가 정규학교로 전환된 학교들은 대부분 선교지부를 중심으로 성장하고 자리 잡았다는 특징이 있다.

정리하면 해방 후 1948년 킨슬러가 내한했을 때는 38선으로 이북의 주요 활동 근거지를 잃은 상태였다. 그는 성경구락부 재건을 위해 새로운 전략을 세워야 했다. 하나는 북장로교가 이북신대표회를 지원하여 월남 기독교인 중심의 교회들이 성경구락부를 운영하도록 하는 것이고, 다른 하나는 남한의 선교지부를 중심으로 주변 교회와 연계하여 성경구락부를 재건하는 것이었다. 이 두 가지 방법은 3단계에서도 일정 기간 지속되었다.

3) 3단계/ 1950-1970년

6·25전쟁이 일어나자 선교사들은 대부분 가까운 일본으로 피신했다.[31] 반면 킨슬러는 대전을 거쳐 부산으로 내려가 전재민들을 도우며 구호활동에 전념했다. 따라서 전쟁 직후에는 성경구락부를 재건할 여력이 없었다. 밀려 내려오는 전재민들을 돕는 데도 힘이 벅찼기 때문이다. 특히 장로교선교사회 실행위원장이었던 그는 부산진교회에 구호본부를 설치하고 세계교회봉사회(Church World Service)에서 전달한 구호약품, 분유, 식량, 신발과 비누 등을 나누어 주었다. 구호본부는

로 나누어 연합체를 구성하였는데, 대략 1만 5천 명의 학생들이 모였다. 서울에서 사역한 Volkel은 한 보고서에서, 12세에서 15세가 되는 어린이의 인도로 운동장에 모인 전체 어린이들이 머리 숙여 기도했고, 어린 소녀의 인도로 모두가 노래하였음을 보고하였다. Ibid., 318.
31) 6·25전쟁은 한국사회의 많은 변동과 교회의 변화를 가져왔다. 자세한 내용은 다음의 글들을 참고하라. 허명섭, 「한국전쟁과 한국 교회 구조의 변화」, 『한국기독교신학논총』 35, 2004, 155~177쪽.

약 6만여 명에게 구호품을 전달했고, 트럭을 이용해 시골교회에 설치된 여러 구호센터를 방문하여 구호품을 전달하였다.32) 어느 정도 자리를 잡아가자 킨슬러는 1950년 12월 미국교회에 한국교회 재건과 성경구락부 복구를 위한 지원을 요청했다.33)

후에 킨슬러는 대구를 거쳐 서울로 올라와 잠시 이북신도대표회 회장 한경직 목사와 평양에 다녀오기도 했지만, 중공군의 개입으로 다시금 서울로 복귀했다. 총성이 멎자 킨슬러는 서울을 중심으로 성경구락부 운동을 재개하였다. 1952년 아담스(Edward Adams)를 대신해서 재한선교사회실행위원회 의장으로 선출된 킨슬러는 회의를 열고 새로운 계획을 통과시켰다. 위원회는 성경구락부에서 봉사할 43명 미망인들의 급여로 월 15달러, 5명의 지역 대표자에게는 20달러, 100명의 교사들에게는 5달러씩을 지원하기로 결의한 것이다. 또한 11월 위원회는 교사를 230명으로 증원하고, 연료비 1천 달러를 지원하기로 결의했다. 12월에도 교사 33명을 증원했는데 이런 일련의 결의는 성경구락부로 몰려드는 학생들을 효율적으로 지도하고자 함이었다. 이듬해인 1953년 7월 위원회는 김득렬을 성경구락부 총무로 선발하여 전체 행정을 맡겼다.34)

32) Francis Kinsler, "Annual Report of Francis Kinsler," Oct. 5, 1950.; 대한청소년성경구락부 편, 『사랑의 교육 60년』, 30.

33) Francis Kinsler, "Dr. John Smith," Nov. 17, 1950. 킨슬러는 서신에 전쟁 후의 상황을 간략하게 언급하며 긴급히 필요한 것들을 요청하였다. 요청내용은 총 9가지로 구호품, 교회재건 물품, 의료품, 파괴된 학교재건 물품, 식품, 기독교 서적, 운송수단, 선교사 가정 물품, 성경구락부 훈련 물품 등이다. 특히 그는 미국교회에 성경구락부 복구를 위하여 마루바닥을 위한 나무, 칠판용 나무, 도화지, 인쇄용 용지, 공책, 연필, 메모 용지, 종, 호루라기, 주일학교 교육용 컬러 사진, 농구공, 발리공 등을 보내 줄 것을 요청했다.

34) Rhodes and Campell ed., "History of the Korea Mission Presbyterian Church in the U.S.A." Vol.II: 1935-1959, 319. 김득렬은 1949년 가을 성경구락부 총무로

그 결과 1952년 12월 기준으로 서울 7천 명, 청주 1천 명, 거제도 2천
명, 인천 1천 5백 명의 어린이들이 성경구락부에 소속될 정도로 계속
증가하였다. 1953년 2월 기준으로 전국적으로 300-400개의 성경구락부
가 있었으며, 3만 명의 어린이들이 교육받고 있었다.[35] 4개월 뒤에는
더 급증하여 4만 5천여 명의 어린이들이 교육을 받았다. 킨슬러의 보
고에 따르면 1954년 7월에는 성경구락부가 1천 5백 개로, 어린이들은
5만 5천 명으로 성장하였다. 12월에는 장로교 성경구락부 7만 명, 감리
교 웨슬리 구락부 2만 명씩을 각각 수용하고 있음을 밝혔다.[36] 성경구
락부 운동이 단지 장로교 내에서만 국한되지 않았다는 의미다.

6·25전쟁 이후 성경구락부는 내륙만 아니라 제주도까지 확장하였
다. 전재민 일부가 제주도와 거제도로 피난하였기 때문이다. 킨슬러의
1951년 3월 보고서에 따르면, 3개월 동안 제주도에 목회자 300명과 1만
여 명의 기독교인들을 포함하여 수만 명의 피난민들이 들어갔다고 한

임명받았다. 신학교 2학년생이었던 그는 여기저기 세워지는 성경구락부 지
도자들과 긴밀히 연락하고 킨슬러를 보좌하였다. 성경구락부 본부의 행정총
괄을 담당하던 중 1956년 9월 미국으로 유학을 떠남으로 그의 성경구락부 사
역은 일시 중단되었다. 1961년 귀국하여 계명대학교에서 교수로 사역하였고,
1964년부터 연세대교수로 부임하면서 다시금 성경구락부본부 중앙위원으로
봉사하였다. 김득렬, 「전설적 선교사 권세열 박사」, 251~252쪽, 261쪽.

[35] Rhodes and Campell ed., "History of the Korea Mission Presbyterian Church in
the U.S.A." Vol.II: 1935-1959, 318. Ott DeCam(감부열)에 따르면 1953년 5월
1일 기준으로 서울에만 성경구락부가 93개가 있었고, 9,750명의 어린이들이
일주일에 6일간 공부하고 있었다. 그들은 초등학교 과정만 아니라 성경과 그
리스도인의 삶을 함께 배웠다. 킨슬러도 감부열과 비슷한 보고를 했다. 서울
의 성경구락부에만 1만 명의 어린이가 참석했는데, 2주 사이에 4천 명이 증
가했다고 보고했다. 안동에는 7천 명이 출석했는데 1주일 동안 1천 명이 증
가했고, 제주도에만 3천 명이 몰려들었다고 보고했다. Francis Kinsler, "Dear
Friends," May 22, 1953.

[36] Rhodes and Campell ed., "History of the Korea Mission Presbyterian Church in
the U.S.A." Vol.II: 1935-1959, 318.

다. 1951년 3월 초 킨슬러는 장로교의 프로보스트(Ray Provost)와 필립
스(Jim Phillips), 감리교의 스톡스(Charles Stokes), 성결교회 길보른
(Edward Kilbourn)과 함께 미군 상륙정을 타고 제주도 교회들을 방문했
다. 그가 확인한 것은 제주도에도 성경구락부가 40곳에서 60곳이 이미
시작했거나 준비하고 있었다는 것이다.[37]

성경구락부가 전국적으로 확장하자 지도자 그룹도 그에 대응해야
했다. 그것을 위하여 지역별로 매월 전체 지도자 모임을 가졌는데, 서
울에는 80명, 인천에는 75명, 대전에는 50명, 대구에는 150명, 청주에는
30명이 각각 참석하여 당면문제를 해결하는 데 집중했다.[38] 지도자 모
임이 정착하자 1956년 성경구락부 본부는 매월 서울지역의 목회자들
과 약 160명의 성경구락부 지도자들을 초청해서 정기적으로 모임을 갖
고 다양한 의견을 교류하였다.[39] 더 나아가 성경구락부는 서울을 비롯
한 경주, 광주, 청주에 성경구락부 훈련원을 설치하여 교사들을 훈련
시켰다. 강의는 그리스도인의 교육 이상, 성경구락부 운동의 원리, 기
독교 교수법, 성경구락부 운영방법과 활동 등의 내용으로 이루어졌다.
또한 피어선신학교에서 매년 성경구락부 지도자훈련을 개최하여, 다
양한 모임들을 소개하고 훈련시켰다.[40] 이런 훈련을 통하여 양질의 교
사들을 배출하는 데 전념했다.

성경구락부는 1953년 월간지 『지도자』(The Leader)를 발간하여 관련

---

[37] Francis Kinsler, "Personal Report of Francis Kinsler," Mar. 20, 1951.; 3개월 뒤
인 6월 킨슬러는 제주도 목회자들로부터 25개 곳에서 성경구락부가 조직됐
고, 매일 2,500명의 어린이들이 교육받고 있다는 소식을 들었다. Francis
Kinsler, "Personal Report of Francis Kinsler," July 16, 1951.
[38] Francis Kinsler, "Annual Report of Francis Kinsler, 1954-1955," July 17, 1955.
[39] Francis Kinsler, "Annual Report of Francis Kinsler," June 17, 1956.
[40] Francis Kinsler, "Personal Report of Francis Kinsler," Dec. 28, 1965.

소식들을 전달하였다.[41] 매월 1천부씩 발간된『지도자』는 지역 지도
자들에게 배포됐다. 내용은 대부분 성경구락부와 관련된 것으로 5-8개
주제를 다루었다. 성경구락부의 원리, 교육방법, 성경구락부의 날 프
로그램, 성경공부, 게임, 연중 계획표 등의 내용이 주를 이루었다.[42]

3단계 시기에는 몇 가지 변화가 있었다. 첫 번째 변화는 초등학교
의무교육제도 시행이다. 미군정기가 끝나고 세워진 새로운 정부는 헌
법에 교육체계를 명시하였다. 그것은 초등학교 의무교육제도다. 1948년
헌법에서 초등학교 의무교육을 명시하자, 정부는 1949년 교육법과
1952년 교육법 시행세칙을 제정하고, 1959년까지는 초등학교 의무교육
을 완성시키고자 적극적으로 추진하였다.[43] 그러나 정부 계획과 달리
의무교육의 전면적 실시는 재정적으로 역부족이었고, 특히 6·25전쟁
은 전반적인 교육체계를 붕괴시켰다. 킨슬러는 전국적으로 퍼져 있는
성경구락부를 통하여 공교육의 정부 역할을 일부분 대신하였다. 많은
성경구락부는 자체적으로 프로그램을 개발하여 농사짓기, 가축키우기,
과수작물, 목수일, 이발기술, 재봉기술 등을 가르쳤다. 이전과 교육내
용이 적지 않게 바뀌었는데 주로 기능이나 기술에 더 초점을 두었다.
초등학교 의무과정이 어느 정도 자리를 잡아가자 어린이들이 급격히
감소했다. 대신 중등과정과 고등과정으로 진학하는 학생들이 많아져,
성경구락부가 그들 대부분을 흡수하여 교육시켰다. 초등학교 의무교
육이 정착과정에서 초등과정생들이 급격하게 줄어드는 반면 중등과정

---

41)『지도자』창간호 발행일은 1953년 5월 1일이다.

42) Francis Kinsler, "Personal Report of Francis Kinsler," July 9, 1956.

43)「의무교육시행제도」,『한국교육 100년사』, 서울: 교육신문사, 2003, 302쪽. 의
　　무교육은 보호자에게는 아동을 취학시킬 의무를, 지방공공단체에는 학교설
　　치의 의무를, 제3자에게는 교육보장의 의무를 부과하여 아동들이 일체의 경
　　제적 부담 없이 무상교육을 받게 하는 형태다.

은 계속 증가하였다. 고등과정은 늦게 시작한 관계로 처음에는 미미했
지만 계속 증가하는 모습을 보여주었다.

두 번째 변화는 성경구락부의 장로교 총회(통합)로 편입이다. 성경
구락부는 1962년을 계기로 새로운 전환기를 맞았다. 1962년 장로교 총
회는 안광국, 이권찬, 김성칠 목사와 성경구락부 킨슬러, 김찬호, 최상
서 목사 등 6명을 성경구락부 본부위원으로 임명하고 지부조직을 그
대로 인준하였다. 그 결과 성경구락부가 총회의 산하단체에 위치할 수
있었다. 1962년 10월 21일 오전 11시 장로교선교부 회의실에서 열린 성
경구락부 중앙위원회 제1회 결의사항은 다음과 같다.

> ① 총회교육부에서 총회측 성경구락부 중앙위원으로 이권찬, 안
>   광국, 김성칠 목사 3인을 임명한다.
> ② 명칭은 대한예수교장로회 성경구락부 중앙위원회라 칭한다.
>   중앙위원은 총회위원 3인, 성경구락부 위원 권세열, 김찬호,
>   최창서 목사 3인으로 구성한다.
> ③ 성경구락부 실무자로서 아래와 같이 인준하고 총회에 청원하
>   기로 하였다.
>   본부장 권세열, 총무 최창서, 김찬호, 김득렬
> ④ 성경구락부 중앙위원회는 연 1회 소집하기로 한다. 회장 김찬
>   호, 서기 최창서[44]

1962년부터 성경구락부와 장로교 총회와의 관계가 1970년부터는 보
다 진일보하게 발전했다. 1970년 12월 16일 성경구락부는 사단법인 대
한청소년 성경구락부로 명칭이 변경되고 장로교 산하 청소년 성경구
락부 소속으로 편입됐다.[45] 총회는 이사장 겸 본부장에 기독교방송국

---

44) 김찬호, 「성경구락부의 역사-전국 조직기(II)」, 『지도자』 통권 153호(7-8), 1973,
37쪽.

을 설립하고 킨슬러와 성경구락부 운동을 함께 했던 드캠프(Edward Otto DeCamp, 감의도)를 선임하고, 명예본부장에 킨슬러, 서기에 김찬호, 위원에 이기혁, 김성수, 김득렬, 김정렬 등을 선임했다. 성경구락부가 사단법인으로 설립허가를 받고 장로회 소속으로 편입된 것은 킨슬러의 은퇴와 맞물려 있었다. 설립자 킨슬러는 자신이 은퇴한 뒤에 성경구락부가 개인이 아닌 교단차원에서 운영되길 기대한 결과로 생각된다. 반면 성경구락부가 특정교단에 예속됨으로 확장성은 떨어졌다.

세 번째 변화는 정규과정 학교로의 전환이다. 이전까지 성경구락부는 비정규과정이었다. 교육부에서 인정하지 않는 무허가 학교였다. 따라서 학생들의 졸업 후 진학을 위해서는 정규과정으로 전환이 필수적이었다. 따라서 적지 않은 성경구락부는 고등공민학교를 거쳐 정규학교로 전환되었다. 정규학교로 전환되는 과정에서 성경구락부는 '성경구락부교회학교(The Bible Club Church School)'로 명칭을 변경하였다. 이것은 킨슬러의 1966년 보고서부터 나타난다.[46] 비정규학교가 정규학교로 전환됨으로 학생들에게 사회진출에 도움을 주었고, 상급학교로 진학할 수 있는 길을 열어 주었다.

이상 성경구락부의 3단계를 정리하면 1단계에서는 주로 평양의 가난한 어린이들이, 2단계에서는 해방과 함께 월남한 기독교인들의 자녀들이, 3단계에서는 6·25전쟁으로 인한 피난민과 전재민의 자녀, 고아들이 교육대상자였다. 특히 3단계에서는 초등학교 의무교육과 특정 교단으로의 흡수, 중고등학교로의 전환 등을 거치면서 성경구락부도 초

---

45) 『대한예수교장로회 총회회의록』, 서울: 대한예수교장로회 총회, 1973, 107~109쪽.

46) Francis Kinsler, "Annual Report of Francis Kinsler, 1966-1967," 발송일 불명; Francis Kinsler, "Annual Report - Francis Kinsler," May, 1968.

기와는 많이 달라진 모습을 보였다. 그러나 전제적으로 하나의 흐름이 있다면, 정규교육을 받을 수 없는 이들에게 성경구락부는 공부할 기회를 제공하였다는 점이다. 이 일에 교회가 참여함으로 교육을 통한 한국발전에 적지 않게 기여했다고 볼 수 있다.

V. 나가는 말: 평가를 중심으로

프란시스 킨슬러는 1928년 10월 북장로교 선교사로 부산에 도착했고, 이듬해인 1929년 1월 저녁 평양의 광문서관에서 6명의 굶주리고 추위에 떨던 어린이들과 만남을 계기로 성경구락부를 시작했다. 서울에서 2개월 동안 배운 한국어로는 킨슬러가 그들과 충분한 대화를 갖기에는 역부족이었다. 그럼에도 그는 어린이들과 시간을 가지면서 성경구락부 설립에 대한 동기를 부여받았다.

은퇴를 앞두고 킨슬러는 성경구락부 설립 40주년을 맞이하여 자신의 사역을 평가하면서 1) 세대 간의 간극에 다리 역할을 하였고, 2) 자존감이 없는 청소년들에게 무언가 할 수 있는 열망을 심어주었고, 3) 교육을 위해 현대적인 방법을 사용했으며, 4) 그리스도의 사랑으로 세속화된 세상으로 뛰어들게 했으며, 5) 복음의 능력으로 변화된 증인이 되게 하였고, 6) 어린이들을 그리스도의 명령에 복종하여 그에게까지 나아가도록 가르쳤음을 회고하였다.[47] 그의 자체적인 평가 외에도 성경구락부는 한국사회와 교회에 다음과 같은 주요한 역할을 담당했다.

첫째로 성경구락부는 일정 기간 한국의 공교육을 대신했다. 일제 강

---

47) Francis Kinsler, "Personal Report - Francis Kinsler, 1968-1970," 발송일 불명.

점기에는 가난한 어린이들에게, 해방 후에는 남한에 정착하지 못한 월남 자녀들에게, 6·25전쟁 후에는 피난민과 전재민 자녀들, 고아들에게 일반교육을 가르쳤다. 1948년 정부는 초등학교 의무교육을 강조했지만, 그것을 수행할 여력이 없었다. 희망과 현실에서 생기는 교육 공백을 성경구락부가 일정 부분 담당했다.

둘째로 성경구락부는 사회발전에 기여했다. 사회 공동체를 이루는 데 문맹률이 높을수록 통합에 어려움을 겪는다. 당시 성경구락부에서는 한국어로 교육을 실시함으로 사회통합에 앞장서고 문맹률을 낮추는데 적지 않게 기여했다. 낮은 문맹률은 노동력을 산업으로 연결시키는데 도움을 주고, 사회발전에 중요한 역할을 수행했다.

셋째로 성경구락부는 학생들에게 자율성을 부과하여 독립성을 키웠다. 〈통전적 그리스도인의 생활 도식표〉는 학생들에게 자율성을 부여하고, 스스로 점검케 하는 표다. 이 점검표는 학생들이 독립적으로 자신을 점검할 기회를 주는 것이고, 결과에 따라 부족한 부분을 스스로 채움으로 통전적인 존재로 성장하도록 돕는 것이다.

넷째로 성경구락부는 청소년들에게 사회성과 리더십을 고양시켰다. 예를 들어 성경구락부는 매주 1회씩 '구락부의 날'을 선정하여, 모든 진행을 학생들이 진행하도록 맡겼다. 그 과정을 통해 학생들은 사회성과 리더십을 배울 수 있었다. 학생들이 전면에 나서 행사를 진행했고, 교사들은 뒤에서 지도하며 격려했다. 이런 경험과 훈련은 사회성과 리더십을 키워주는 데 도움을 주었다.

다섯째로 성경구락부는 한국 교회성장에 크게 기여했다. 눅2:52에 근거한 교육목표와 기독교 신앙은 성경구락부의 가장 중심에 자리 잡고 있었다. 또한 성경구락부가 설치된 곳은 대부분 교회였기 때문에 어린이 혹은 청소년들이 기독교를 접하기 수월했다. 이런 사례들은 성경구락부에서 월간지로 출간한 『지도자』를 비롯해 학생들과 교사들의 글을 엮어 편집한 『긴 장마 끝에 참 빛이』와 『검은 땅에 피어난 꽃들』 등에 많이 담겨 있다.[48)

성경구락부의 이러한 긍정적인 측면에도 불구하고 몇 가지 부분에서 아쉬움이 남는다.

첫째로 통계의 부정확성이다. 성경구락부 지도자들은 100만 명의 어린이와 청소년들이 청소년구락부를 거쳐 갔다고 하지만, 이를 뒷받침할 근거가 부족하다. 『지도자』에 따르면 1952년도부터 1970년까지의 졸업자는 7만 2천여 명에 불과하다. 따라서 성경구락부 지도자들이 제시한 통계는 일제 강점기를 포함해서 교육과정에 참석한 청소년 전체를 염두에 둔 것으로 보인다. 졸업생 숫자와 교육과정에 잠시 참여한 숫자가 큰 차이를 보이기 때문에 정확한 통계집계는 어려워 보인다. 다만 본문에서 언급한 1954-1955년 연례 보고서를 보면 전국적으로 성경구락부가 1천 5백 개나 있었고, 장로교의 성경구락부 7만 명, 감리교의 웨슬리구락부에 2만 명이 재학하고 있었다는 점에서, 또한 45개 성경구락부가 정규학교로 전환했다는 점에서 성경구락부의 역할이 적지 않다.

둘째로 성경구락부를 특정 교단에 편입시켰다는 점이다. 이것은 확장성의 결여와 연관된다. 확장성 결여는 장로교가 합동측과 통합측의 분열의 결과이기도 하다. 1962년 장로회 총회(통합)가 킨슬러의 성경구락부 조직을 그대로 인수한 것은 주도권을 확보하고자 함으로 보인다. 당시 감리교에서는 웨슬리구락부로, 성결교는 성경구락부로 별도로 운용되고 있었다. 성경구락부를 특정 교단으로 편입시킨 것은 그만

---

48) 대한청소년 성경구락부 편, 『긴 장마 끝에 참 빛이』, 서울: 보이스사, 1985; 대한청소년성경구락부 편, 『검은 땅에 피어난 꽃들』, 서울: 보이스사, 1984.

큰 고립화될 위험성을 지닌다고 하겠다. 1970년에는 법인화되어 새로운 돌파구가 생길 것 같았지만, 결국 확장성의 부족으로 지금은 많이 축소된 상태다.

셋째로 성경구락부는 시대적인 흐름을 간과하였다. 본 논문에서 성경구락부의 시기를 3단계로 나눈 것은 교육대상자들의 변화에 따른 것이기도 하다. 주요 교육대상자들이 시대마다 달랐지만 한 가지 공통점은 교육을 요구하는 대상자들을 집중적으로 공략했다는 것이다. 초등과정 의무교육이 본격적으로 시행되자 중등과정과 고등과정을 개설함으로 대안을 모색하였다. 그러나 그 이후에는 한계를 드러냈다. 대안의 결핍으로 성경구락부는 쇠락의 길을 걸을 수밖에 없었다.

본 연구를 마치면서 성경구락부 운동은 한국교회에 중요한 과제를 제시하고 있다고 생각한다. 교회는 성경구락부를 통하여 시대마다 교육 욕구를 채워주면서 신앙교육을 병행하였다. 그 이유로 청소년들은 자연스럽게 교회로 향할 수 있었다. 그러면 현시대에 청소년들의 필요와 요구는 무엇인가. 교회는 그에 대하여 어떻게 반응하고 있는가. 교회는 급격한 인구 변화에 직면하고 있다. 미래 전망도 암울하다. 성경구락부의 쇠락한 원인이 현대교회에도 존재한다. 청소년들의 간절한 욕구는 무엇인가. 교회는 여기에 대안을 찾아 진지하게 답해야 할 것이다.

마지막으로 한 가지 덧붙이면, 본 연구를 수행하면서 선교지부에 따른 지역별 성경구락부의 활동과 특성 및 성경구락부의 정규학교로 전환되는 과정을 깊게 살펴보지 못한 아쉬움이 있다. 이 연구는 차후에 진행하고자 한다.

〈참고문헌〉

고환규, 「聖經俱樂部의 歷史的研究와 基督敎敎育에 끼친 影響」, 연세대학교 연합신학대학원 석사논문, 1974.

권세열, 「성경구락부의 역사-전국 조직기 (II)」, 『지도자』 153호(7-8), 1973.

김득렬 편, 『씨를 뿌리러 왔더니』, 카이로스, 2007.

김 웅, 「한국교회 성경구락부에 대한 연구」 장로회신학대학교 대학원 석사논문, 2009.

김은호, 「선교사역의 극대화를 위한 전략적 방안으로의 '팀 선교'」, 『신학과 실천』 51호, 2016.

김학수, 『은총의 칠십년』, 서울: 혜촌회, 1989.

대한예수교장로회, 『대한예수교장로회 총회회의록』, 서울: 대한예수교장로회 총회, 1973.

대한청소년성경구락부 편, 『검은 땅에 피어난 꽃들』, 서울: 보이스사, 1984.

_____, 『긴 장마 끝에 참 빛이』, 서울: 보이스사, 1985.

_____, 『사랑의 교육 60년』, 서울: 도서출판 화술, 1988.

박태영, 「1919년 <건백서>를 통해서 본 미국 선교사들의 정교분리 원칙에 관한 이해」, 『신학과 실천』 31호, 2012.

신현광, 「기독교교육과 선교의 관계성에 대한 연구」 『신학과 실천』 49호, 2016.

이북신도대표회, 『이북신도대표회 문집』. 서울: 이북신도대표회 편집위원회, 1984.

이정관, 「교육과정으로서의 성경교육과 실제성의 원리」, 『신학과 실천』 43호 2015.

이후천, 「하디의 전인적 선교사역에 대한 선교학적 평가 - 하디의 선교보고서를 중심으로」, 『신학과 실천』 제36호, 2013.

한국교육 100년사 편, 『한국교육 100년사』, 서울: 교육신문사, 2003.

장금현, 「월남 기독교인의 남한 정착과정 연구 - 이북신도대표회를 중심으로」, 『대학과선교』 37호, 2018.

주선동, 「성경구락부의 발전과정에 대한 연구」, 연세대학교 교육대학원 석사논문, 1976.

전재옥, 「한국 선교이론과 실제-한국 선교사들의 이해 중심으로」, 『한국기독교신학논총』 22, 2001.

허명섭, 「한국전쟁과 한국교회 구조의 변화」, 『한국기독교신학논총』 35, 2004.

"The Board of Foreign Missions of the Presbyterian Church in the United States of America." June 29, 1945, 3.

Rhodes and Campell ed. *History of the Korea Mission Presbyterian Church in the U.S.A. Vol.II: 1935-1959.* CEMR: New York, 1964.

Kinsler, Francis, "Dear Friend, Dr. John MoNab." Jan. 6, 1929.

_____, "The Personal Report of the year to the Mission of Francis Kinsler." Aug. 28, 1929.

_____, "Station Letter from Pyengyang, Chosen Mission-Spring 1931." Mar. 20, 1931.

_____, "Report of Francis Kinsler, 1931." Aug. 4, 1931.

_____, "Personal Report, 1933-1934." July 31, 1934.

_____, "Personal Report, 1935." Aug. 2, 1935.

_____, "Personal Report of Francis Kinsler, 1937-38." Nov. 23, 1938.

_____, "Annual Report of Francis Kinsler." Oct. 5, 1950.

_____, "Dr. John Smith." Nov. 17, 1950.

_____, "Personal Report of Francis Kinsler." Mar. 20, 1951.

_____, "Personal Report of Francis Kinsler." July 16, 1951.

_____, "Dear Friends." May 22, 1953.

_____, "Annual Report of Francis Kinsler." July 17, 1953.

_____, "Dr. John Smith." July 28, 1953.

_____, "My Resume, 1954." Feb, 1954.

_____, "Annual Report of Francis Kinsler, 1954-1955." July 17, 1955.

_____, "Personal Report of Francis Kinsler." July 9, 1956.

_____, "Annual Report of Francis Kinsler." June 17, 1956.

_____, "Personal Report of Francis Kinsler, 1963-64." Dec. 28, 1965.

_____, "Annual Report of Francis Kinsler, 1966-1967." 발송일 불명.

_____, "Annual Report - Francis Kinsler." May, 1968.

_____, "Personal Report - Francis Kinsler, 1968-1969." 발송일 불명.

_____, "Dear Friends." July, 1970.

Kinsler, Marian, "Personal Report." May 1939.

한국 기독교의 성경구락부 운동 전개와 학교로의 전환

윤은순

I. 들어가는 말

한국 기독교는 한국 근대교육의 시초를 담당했다고 할 정도로 일찍이 교육에 관심을 기울이고 많은 학교를 세웠다. 이에 따라 일제시기 기독교계가 설립한 사립학교들은 공교육과 더불어 교육계의 한 부분을 담당하였다. 미북장로교와 미북감리회 등의 대표적인 교단 외에도 호주장로교와 캐나다 장로교 등도 여러 학교를 세웠고, 선교회 외에 개교회에서도 선교와 지역계몽을 위해 작은 학교를 세우기도 하였다.

이와는 별도로 성경구락부(Bible Club)가 있다. 애초 성경구락부는 빈민아동의 구제로 출발하여 사회사업적인 특징이 강하였으나 점차 발전하면서 기독교 교육의 한 부분을 담당하게 되었다. 특히, 해방 후 열악한 공교육의 빈자리를 채우고 넘쳐나는 교육열을 수용하였다.

그런데, 이에 대한 체계적인 연구는 부족한 편이다.[1] 이들 연구는 성경구락부의 기독교 교육적 측면을 주로 부각하고 기독교 선교와 교육에 끼친 영향에 주목하고 있다. 성경구락부의 운영현황과 사회적 영향 및 역할에 대한 분석은 부족하다. 현재 사단법인 대한청소년성경구락부가 존재하지만, 유명무실한 상태이고, 성경구락부 자료의 보관도 원활히 되어 있지 않아 이에 대한 정리가 필요하다.

성경구락부의 운동은 일제시기에 시작되어 해방 후 1970년 후반까지 오랜 기간 지속되었으며 전국적 규모로 조직되어 수많은 인원이 참여한 운동이자, 해방 후 한국 교육의 부족한 부분을 담당하며 여러 학교 형태로 전환·유지되고 있어 사회·교육적 측면에서의 연구가 요구된다.

해방 후 교육제도가 확립되는 가운데, 초등학교에서 대학교로 이어지는 정규 학교교육과 함께 기술학교와 고등기술학교, 공민학교, 고등공민학교, 각종학교 등의 방계 학교계통도 법적으로 규정한 학교의 범주에서 다루어졌다.[2]

성경구락부는 빈민아동에 대한 기독교적 사랑과 구제에서 비롯된 야학의 형태로 자체적으로 존립하면서 확산하기도 하였지만, 정규 중·고등학교, 고등공민학교, 전수학교, 재건학교 등의 형태로 변화·발전하면서 다양한 학교체제와 결합한 경우도 많다. 이에 성경구락부

---

[1] 고환규, 「성경구락부의 역사적연구와 기독교교육에 미친 영향」, 연세대학교 연합신학대학원 석사학위논문, 1974; 주선동, 「성경구락부의 발전과정에 관한 연구」, 연세대학교 교육대학원 석사학위논문, 1975; 김웅, 「한국 교회 성경구락부에 대한 연구」, 장로회신학대학교 석사학위논문, 2008.

[2] <교육법(제정 1949. 12. 31. 법률 제 86호)>. 제81조 균등하게 교육을 받게 하기 위해 다음과 같은 학교를 설치한다. 1. 초등학교, 중학교, 고등학교, 대학 2. 사범학교, 사범대학 3. 기술학교, 고등기술학교 4. 공민학교, 고등공민학교 5. 특수학교 6. 유치원 7. 각종 학교.

의 역사적 변천과정과 각종 학교로의 전환을 살펴 그 사회교육적 역할
과 의미를 파악해 보고자 한다.

Ⅱ. 성경구락부의 설립과 전개

한국 기독교의 성경구락부 운동은 미국 선교사 프랜시스 킨슬러
(Francis Kinsler, 權世烈, 1904~1992)에 의해 시작되었다. 미국 프린스턴
신학교를 졸업한 그는 1929년 10월 미국 연합장로교회에서 한국 선교
사로 임명받고 내한하였다. 입국 후 길선주의 장남 길진경으로부터 한
국어 강습을 받고 '권세열'이라는 한글이름을 받으며 선교지에서의 준
비를 다졌다. 이후 숭실전문학교의 교수와 평양신학교 강사, 평서노회
담당 선교사로 활동하였다.

성경구락부는 1929년 겨울 평양 광문서림 2층에서 킨슬러가 빈민 아
동들에게 잠자리와 먹을 것을 제공하고 성경과 노래를 가르치면서 시
작되었다. 점차 인원이 늘어 처음엔 남자아이들만 있었는데, 이후 여
자아이들까지 오게 되면서 주·야간반이 형성되었다. 이후 평양신학
교 건물과 신암, 수성내, 경창리 교회들을 포함한 평양 시내에 위치한
몇몇 교회에서 성경구락부가 조직되었다.[3] 초기에 '개척구락부'라는
명칭으로 불렸는데, '개척'이라는 표현에 대해 일제가 불온하다고 하여
'성경구락부'로 하였다고 한다. 다소 진보적인 표현에 대해 구락부에
사회주의적 성격이 내재되어 있지 않다면 기독교적 이름으로 고치는
것이 좋다는 의견에 따라 성경구락부로 확정되었다.[4]

---

[3] 김득렬 편, 『권세열 선교사 전기, 씨를 뿌리러 나왔더니』, 대한청소년성경구
락부, 2007, 104쪽.

차차 성경구락부의 수와 학생 수가 늘어 1931년 평양에 7개소, 1934년 34개소, 학생 수 1,500명을 넘게 되었다. 성경구락부의 대상은 당시 보통학교 정도의 어린이들이었고, 교사진은 숭실전문학교과 평양신학교의 강사 및 학생들로 구성되었다. 배민수, 신후식, 김치선, 강신명, 안광국, 김광현, 김양선, 방지일 등이 교사로 활동하였다. 이들 숭실재학생들은 1년간 성경구락부 교사로 일하면, 다음 해 학비를 킨슬러로부터 보조받아 공부할 수 있었다.

교육내용은 예배와 성경, 한글, 산수, 음악 등이었다. 종교와 체육, 위생에 이르기까지 근대적이고 기초적인 교육이 이루어졌다. 평양의 권번 기생들이 한글을 배우기 위해 출석하기도 하였다.[5] 1933년부터는 중등교육과정을 시작하였는데, 1938년에 학생 수 5천 명으로 늘었다.

그러나 1930년 후반 일제의 신사참배 강요와 이를 따르지 않는 기독교계 학교에 대한 단속이 강화되면서 성경구락부도 제재를 받고 더 이상의 운영이 어렵게 되었다. 일제는 신사참배를 거부하는 학교들에 대한 압력을 행사하면서 인가받지 않은 학교들의 운영을 제재하였고, 1938년 평양신학교가 9월 2학기 개학을 앞두고 폐쇄될 때, 평양의 여자신학원과 남자성경학원과 함께 성경구락부도 폐지되었다.[6] 더욱이 일제말기 선교사들이 추방될 때 킨슬러도 본국으로 돌아가면서 성경구락부운동은 더 이상 지속되지 못했다.

해방 후 1949년 킨슬러는 장로회신학교 교수 겸 미연합장로교 한국선교사 회장으로 다시 내한하여 성경구락부운동을 재개하였다. 1949년

---

4) 「성경구락부 운동의 역사적 고찰」, 『지도자』 163권 5-8월호, 1975. 56~57쪽.
5) 「1930년대 초창기 성경구락부 교사 최영일 목사의 증언」, 『지도자』 185, 1987 봄호, 26~30쪽.
6) 「문제의 平壤神學校 등 無認可론 開學不許」, 『매일신보』, 1939. 8. 24.

3월 7일 서울 피어선성경학원에서 시작된 성경구락부 운동은 곽안전, 감의도 등의 선교사와 다수의 한국인 협력자들에 의해 발전하게 되어 이듬해 30개 구락부와 2,500명의 부원으로 확장되었다.[7]

일제시기 평양에서 시작된 성경구락부 운동은 이제 남한에서 특히, 해방 후 북한지역에서 월남한 기독교인들이 세운 교회에서 많이 조직되었다. 교육받을 형편이 되지 못하는 아이들을 모아 성경과 초등학교 과정을 가르치는 형태로 진행되었다. 영락, 창신, 보린, 신광, 해방, 도림, 인천제일교회 등이 호응하여 예배당을 사용하게 하면서 성경구락부 운동이 활발하게 일어날 수 있었다. 월남인 미취학 자녀에 대한 교육이 큰 호응을 얻었다. 1950년 봄 남산공원에서 1,500명이 모여 연합대회를 개최할 만큼 부원의 수가 급속히 늘어갔다.[8]

한국전쟁 중에도 성경구락부 운동은 계속되어 피난지 부산을 비롯하여 대구, 제주도와 거제도에 이르기까지 전개되었다. 킨슬러는 장로교선교사회 실행위원장으로 일하면서 '기독교세계봉사회(CWS)'를 통해 부산에 구호본부를 설치하고 전재민 구호에 앞장섰다. 전쟁 중 남한의 많은 교회와 기독교인들은 전쟁고아들을 위한 구호시설을 설치하고 구호물품을 나누는 가운데 성경구락부 프로그램을 운영하면서 빈민 아동에 대한 구호와 아울러 교육을 실시하였다.[9]

킨슬러를 비롯하여 성경구락부 본부 관계자들에 의해 설립이 지원된 경우도 많았지만, 각 지역 교회와 개인이 자발적으로 시작하는 경우가 대부분이었다. 개인적으로 성경구락부를 시작하고 본부에 가입

---

7) 「대한청소년성경구락부 연혁」, 『지도자』 9권 8호, 1964. 10, 7쪽.
8) 「聖俱運動 南韓全域에 初中二百校 無産兒敎育에 功獻莫大」, 『기독공보』, 1952. 11. 10.
9) Francis Kinsler, "Annual Report of Francis Kinsler", July. 17. 1953.

하는 형태였다.[10] 특히, 월남 피난민이 많았던 부산, 거제, 제주에서의
성장이 두드러졌다.[11] 선교보고서에 따르면 1951년 제주도에 40~60개
정도의 성경구락부가 개설되거나 계획되어 3,000여 명이 수업하고 있
다고 하였다.[12] 1952년 서울 7,000명, 청주 1,200명, 대구 2,000명, 부산
1,500명, 제주 3,000명, 거제도 2,000명, 인천 1,500명의 성경구락부원이
있었다.[13]

한국전쟁을 거치면서 교육시설이 부족한 가운데 기독교인과 비기독
교인을 막론하고 공교육의 사각지대에 놓인 아동들이 성경구락부에
모여들었고, 그 규모가 비약적으로 커져갔다. 1953년 400개 구락부에
서 1955년 전국적으로 696개의 성경구락부와 1,823명의 교사, 7만여 명
의 학생들을 구성원으로 하는 방대한 조직으로 성장하였다.[14] 서울을
비롯하여 전국 18개 지부가 조직되었다. 지부의 책임자들은 대개 과거
북한에서 성경구락부의 경험이 있던 사람들이었다. 북한지역에서 교
사였던 월남인들이 초대 지부장을 맡아 조직 건설과 확장에 나섰다.
해방 전 성경구락부 학생이었던 이들이 월남 후 새롭게 지부를 조직하
는 경우도 있었다.

서울, 경북, 경남부터 시작하여 충남, 대전, 제주, 거제, 광주, 순천
등으로 지부가 확장되었다. 임시 수도였던 부산과 피난지 거제, 제주
를 비롯하여 북장로교 선교 스테이션이 있던 경북, 킨슬러가 교수로

---

10) 「전재고아들을 교도 성경구락부의 미거」, 『동아일보』, 1953. 9. 24.
11) 「巨濟島內引處 聖經俱樂部」, 『기독공보』1953. 8. 31; 「성경구락부 부산대회 팔
    백아동참집리에 대성황」, 『기독공보』 1952. 11. 24.
12) Francis Kinsler, "Annual Report of Francis Kinsler", Mar. 20. 1951; Nov. 7.
    1951.
13) Francis Kinsler, "Annual Report of Francis Kinsler", Nov. 10. 1952.
14) 「성경구락부 운동의 역사적 고찰」, 『지도자』 163권, 1975. 5-8, 60쪽.

있었던 대구에서 성경구락부 설립이 활발했다. 안동을 중심으로 하는 경안지부는 선교사 반피득의 주선으로 설립되어 역대 경안지역 담당 선교사들이 지부장을 역임하여 성장시켰다. 전북지부의 경우 남장로 교 선교사 인톤과 협력하여 발전시켰다. 당시 감리교의 '웨슬레구락부' 도 성경구락부에 가입하기도 했다.[15]

1962년 성경구락부는 대한예수교장로회 총회에서 인준을 받고 협력 체제를 구축하였다. 총회측 위원 3명과 구락부대표 3명으로 '중앙위원 회'를 구성하여 총회교육부에 속한 독립된 사업으로 구성하였다. 그 아래 본부위원회와 지부위원회를 두어 산하 구락부를 지도 감독하는 형태를 갖추었다. 1970년 12월 16일 '대한청소년 성경구락부'로 사단법 인 인가를 받았다.

규모가 커지자 전국적으로 일원화된 교육의 필요성이 제기되었다. 이에 『지도자』라는 기관지를 발행하고 1954년 12월부터 전국의 교사 들에게 배포하여 지침서로 삼게 하였다. 성경구락부의 교사는 '지도자' 로 불렸는데, 이들은 대체로 순수한 신앙적 동기와 교육에의 헌신으로 자발적으로 나선 기독교 청년·대학생, 교사들이었다. 때문에 특별한 보수를 받지 않았고, 오히려 자비를 들여 성경구락부를 세우고 운영하 는 경우가 대부분이었다.

성경구락부 본부는 한국전쟁 후 고등학교 졸업 이상의 '전쟁미망인' 들을 훈련시켜 각 교회에 파송하였다. 미연합장로교 한국선교부의 특 별 예산으로 33명의 여성들에게 급여를 제공함으로써 전쟁 후 생계유 지가 힘들었던 여성들을 구제하고, 성경구락부의 사업을 확장하면서 교사 채용을 수월하게 할 수 있는 효과를 얻었다. 1952년 2월 영락교회

---

15) 「지부의 역사」, 『지도자』 통권 163호, 1975년 5-8월호.

에서 제1회 지도자 강습회를 수료한 이들은 전국 28개 교회에 파송되었다.[16)]

성경구락부는 1955년 전국적으로 70,654명에 달하여 최고에 이르렀는데, 이후부터 점차 학생수가 감소한다. 이는 한국전쟁 후 초등학교 의무교육이 실시되고 공교육이 점차 안정화되면서 비롯된 결과였다.[17)] 정부는 의무교육을 적극 홍보하면서 성경구락부에 6~12세 아동을 받지 말 것을 통고하였다.[18)]

이에 성경구락부는 시대상황에 맞춰 방향을 정비한다. 우선, 특별좌담회를 열고 "1. 문교부에서 시행하는 의무교육을 방해하는 태도를 취해서는 안된다. 2. 성경구락부는 국민학교와 같은 기간내에 신입생 모집하는 것을 금한다. 3. '성경구락부' '교회학교' 라는 명칭 외에는 허락하지 않는다."는 내용을 발표하였다.[19)] 이후 성경구락부는 중등부를 보다 활성화하여 1957년 학생수 9,437명에 달하였다. 명칭도 '소년성경구락부'에서 '청소년성경구락부'로 변경하였다.[20)]

1960년대에 이르러 초등학교 취학률이 90% 훨씬 넘어서자 중학교 입시 경쟁이 치열해졌다. 중학교 진학 희망자는 급격히 늘어났지만 중

---

16) 「재수복 후의 성경구락부」, 『지도자』 18권 1호, 1973년 1-2월호.

17) 1949년 <교육법> 제정과 1952년 <교육법시행령>의 공포로 초등 의무교육이 확립되었다. 한국전쟁으로 실행이 지연되다가 1953년 7월 의무교육완성 6개년계획을 수립하고 추진하여 1959년까지 6~11세 학령아동의 96%가 취학하였다. 「明春 學童 全部 受容」『동아일보』1945. 12. 17;「학동취학문제」, 『동아일보』, 1945. 12. 18.

18) 「미취학아동조사」, 『경향신문』 1959. 2. 8;「구천명을 국민교에 편입=공민교, 사설학습소선 적령아 못받는다」, 『경향신문』 1959. 2. 19.

19) 김찬호, 「성경구락부 회의록」, 대한청소년 성경구락부 발간 1959. 50쪽(대한청소년 성경구락부, 『성경구락부 창립 60주년 기념문집, 사랑의교육 60년』, 화술, 1988, 38쪽).

20) 『성경구락부 창립 60주년 기념문집, 사랑의교육 60년』, 36쪽.

학교 증설은 이를 따라가지 못했다. 치열해진 경쟁만큼 중학교에 진학하는 것은 어려워 경쟁률이 최고 3대 1의 입학지옥 관문이라는 표현이 나오기도 할 정도였다.[21]

〈표 1〉 각급학교 학생 수 및 취학률

연도	초등		중등	
	학생수	취학률	학생수	취학률
1960	3,622,685	99.9	802027	26.9
1965	4,941,345	97.7	1177872	34.3
1969	5,622,816	98.3	1677509	38.3
1970	5,749,301	100.7	1909190	40.8
1972	5,907,447	105.8	2176757	43.9
1975	5,599,074	105.0	3149840	56.7
1979	5,640,712	102.3	3959975	74.3

한국교육개발원 교육통계연보(박환보, 「해방 이후 학교교육 팽창의 규모와 특징」, p.191-192. 재구성)

〈표 1〉에 보이는 대로, 1960년대 들어 초등학교 취학률은 100%에 이르지만 중학교는 1970년 40%를 겨우 넘기고 1975년 56.7%, 1979년이 되어서야 74.3%에 이른다. 1970년대 중반 학령인구의 절반밖에 되지 않는 중학교 취학률은 정규학교 이외의 다른 길을 모색하게 하였다. 중학교 입시에서 떨어진 학생들과 아예 가정형편 등 여러 가지 문제로 중학교에 진학할 수 없었던 많은 학생들이 성경구락부의 수요자가 되었다.

초등의무교육이 완성되자 성경구락부는 중등부에 집중하였다. 초등부는 1960년을 넘기면서 현저하게 감소하였고 1970년을 넘어서면서 명맥을 찾기 어려울 정도이다. 〈표 2〉에 따르면, 중등부는 1960년부터 증가하여 1965년부터 급성장하고 있음을 볼 수 있다. 중학교 이상의 취

---

21) 「장내는 사각 소리만... 시내 각 중학교 입시」, 『경향신문』, 1955. 3. 6.

<표 2> 성경구락부 전국 학생 수

년도	초등	중등	고등
1954	69,208		
1955	70,654		
1956	57,182		
1957	48,200	9,437	
1958	53,279	11,496	
1959	48,203	18,095	
1963	12,758	19,082	
1965	8,970	24,145	395
1966	7,905	26,541	1,601
1967	7,324	26,240	
1968	2,189	35,954	588
1969	1,989	47,730	1,275
1970	1,727	51,348	3,830
1971	8,70	46,181	5,628
1972	500	47,920	10,922
1973		46,919	12,388

대한청소년 성경구락부,『성경구락부 창립 60주년 기념문집, 사랑의교육 60년』, 화술, 1988, 33-42쪽 참고.

학이 어려운 가정의 청소년들을 대상으로 중등 성경구락부의 수가 늘어갔다. 고등성경구락부는 1965년부터 시작되어 1970년대까지 꾸준히 증가하고 있다. 중학교 무시험으로 교육기회가 확대되면서 고등부의 수요가 늘었다. 주간에 공장 등에서 일하고 저녁에 수업을 받는 야간 성경구락부가 활발해졌다. 중·고등구락부는 각종 야간학교, 야학 등의 형태를 갖추고 고등공민학교, 전수학교, 기술학교 등의 방계 교육체제를 차용하여 운영하기도 하였다. 1970년 당시 전국 290개 성경구락부 가운데 다른 학교로 전환 및 병행하지 않은 순수 성경구락부는 154개였는데, 이들도 계속 정규학교를 모방하고 전환을 모색하는 중이었다.

그러나 성경구락부는 1970년대 후반부터 급격히 감소하기 시작하여

1988년 7,582여 명이라는 통계를 마지막으로 확인할 수 있다. 2007년 당시 성경구락부는 서울 7개 지부와 전남, 전주에 각 1개씩 있으며 명맥을 유지하다가 현재 거의 유명무실해졌다.

이렇듯 성경구락부가 퇴보한 것은 무엇보다 의무교육이 확대되고 공교육이 자리 잡으면서부터이다. 해방과 전쟁으로 공교육이 제대로 작동하지 못할 때 성경구락부가 그 틈을 메울 수 있었는데, 사회가 발전하면서 인가받지 못한 성경구락부에 오는 학생들이 감소했기 때문이다. 정규학교에 못미치는 시설과 교사진은 결국 야학의 한계를 드러낼 수밖에 없었다. 한국 교회의 무관심도 한몫을 했다. 1980년대 들어 한국교회는 양적 성장에 치중하면서 성경구락부에서 점차 이탈하여 교회에서 운영하는 성경구락부는 전체의 20%에도 미치지 못했다. 성경구락부 본부의 약한 조직력과 개별적으로 운영되는 구조도 주요 요인 중 하나이다. 무엇보다, 킨슬러 개인의 활동에 기댄 미국선교부의 후원이 중지되고 재정적인 어려움을 겪으면서 성경구락부는 유지능력을 상실했다.

III. 성경구락부의 교육내용과 운영방식

서구사회에서 기독교회는 기독교적 진리를 가르칠 목적으로 많은 학교를 세웠고, 예수를 교육적 이상으로 삼았다. 성경구락부도 기독교 포교와 기독교적 인간 완성을 위해 설립되었고, 때문에 정규학교나 일반 야학에서 가르치는 교과과정에 앞서 기독교 정신과 인격 수련을 중시하였다.

성경구락부가 근본목표로 삼은 인간상은 조화된 전형의 삶을 보여

준 예수의 상이었다. 즉, "유용하고도 원만한 기독교적 생활인으로 육
성함"에 성경구락부의 교육목적이 있었다. 이를 위해 성경구락부의 교
육원리는 첫째, 인격중심의 교육으로서, 예수의 생활과 그 인격을 본
받는 것이 가장 원만하고 인격적인 삶이라 하였다. 둘째, 생활중심의
교육이었다. 생활의 목표를 예수의 생활에 기초하여 종교, 지육, 체육,
봉사의 4대 생활의 실천에 두고 있다. 셋째, 학생중심의 교육이었다.
기독교적인 자주성, 책임, 협조성, 민주적인 정신 함양을 목표로 모든
활동은 학생들의 자발적 참여로 이루어지게 하였다. 이를 통해 소질을
개발하고 자신감과 책임을 함양시키며 기독교인으로서의 자유와 사회
참여 및 시민의식의 발현을 도모하였다.22)

성경구락부의 첫 번째 목적이 기독교 선교와 기독교적 생활인 양성
이었기에 일반 교과과정보다 예배를 중시하였음에도 또 하나 강조한
것이 민주시민육성이다. 킨슬러는 성경구락부를 통해 교회와 민주사
회의 유용한 일원을 만들어야 한다고 강조하였고, 이를 위해 모든 활
동에 참여해야 한다고 하였다.23) 성경구락부는 민주적 절차에 의한 의
사결정과 선택, 토의를 가르쳐 학생들로 하여금 민주적 사고를 영위할
수 있도록 교육하는 것이 교사의 의무라고 하면서, 훈련방침으로서
"교회와 민주사회의 중견으로 성장하도록 지도한다"고 거듭 밝히고 있
다.24) 이는 해방 후 민주사회 건설이 주요 과제였던 당시 남한 사회에
서의 시대적 요구에 부응하는 것이자, 기독교적 근대시민사회를 가장

22) 「성경구락부 교육원리」, 『지도자』, 1968. 7-8, 1~4쪽.
23) 「지도요강」, 『지도자』, 1955, 2쪽(『성경구락부 창립 60주년 기념문집, 사랑의
교육 60년』, 44쪽).
24) 「성경구락부운동은 민주적으로 하는 것이다」, 『지도자』 2권 11호, 1954. 12,
1쪽; 「성경구락부 운동의 건의서」, 『성경구락부 창립 60주년 기념문집, 사랑
의교육 60년』, 316~317쪽.

가치있고 추구해야 할 목표로 생각했던 기독교인들의 생각이 잘 드러나는 대목이라 할 것이다.

이를 잘 보여주는 프로그램으로서 '구락부의 날'이 있다. 성경구락부의 일과는 매일 기도회, 운동과 게임, 학습시간으로 이루어지는데, 일주일에 하루를 '구락부의 날'로 정해 학과 공부는 하지 않고, 예배, 음악, 체육, 그리고 특별한 프로그램들을 진행하였다. 모든 프로그램은 성경 〈누가복음 2장 52절〉에 묘사된, 소년 예수의 생활을 본받아 지성적 생활("예수는 지혜와"), 신체적 생활("키가 자라가며"), 영적 생활("하나님과"), 사회적 생활("사람들에게 더욱 사랑스러워 가시더라")를 포함하였다. 즉, 아동으로 하여금 '기독교신앙의 원만한 삶으로 성장해갈 수 있게 하는 기독교인의 생활훈련' 프로그램이었다.[25]

그런데, 특히 강조한 것은 단체활동에의 참여와 경험이었다. 예배도 학생들이 직접 사회와 기도 등 제반절차를 진행하였고, 안건 토론과 음악, 체육 활동을 통해 사회적 생활과 협동정신을 중요시하였다. '민주적인 자세', '기독교 봉사', '생활중심 교육', '자율·자치'의 실제 생활을 훈련하는 시간이었다. '청소년이 주인공이 되어 그리스도를 본받아 지육, 체육, 봉사, 종교를 배우고 단체훈련을 통해 민주 시민사회를 건설한다'는 목적으로 실시되었는데, 전국 성경구락부의 가장 큰 행사였다. 예배는 물론 작품발표, 모의재판, 웅변대회, 견학, 체육대회, 봉사활동 등이 진행되었다. 아울러 지부별 연합대회 및 전국 연합대회, 학생임원수련회 등도 수시로 개최하여 특히 중고등부 학생들의 자율·자치 역량 배양에 역점을 두었다.[26]

초등부에서부터 시작된 성경구락부는 처음에는 9-16세까지 무산 미

25) Francis Kinsler, "Annual Report of Francis Kinsler", Nov. 10. 1952.
26) 「1차 학생 간부 훈련 보고서」, 『지도자』 20권 2호(통권157), 1973. 3-4. 52~53쪽.

취학 아동을 수용하여 초등학교 졸업정도의 학력을 교수하는 것을 목
표로 운영되었다. 처음엔 4년 과정이었다가 이후 6년 과정으로 바뀌었
다. 중등과 고등부는 각각 3년으로 이루어졌다.

초등부는 국민학교 과정의 국어, 셈본, 사회생활, 자연, 음악 등의
교과 과정을 비롯하여 기도, 예배, 성경 등의 기독교적 교육과 손닦기,
세수하기, 복장 단정, 규칙적 식사 등의 생활습관 형성을 지도하였
다.27) 중등부와 고등부 역시 예배를 포함하여 정규학제에서 다루는 과
목을 교수하였다. 본부는 기관지『지도자』를 통해 일선 교사들을 위해
교육학적 교수방법이나 구체적인 시험문제, 평가 형식 등을 제시하여
현장에서의 지도를 도왔다.28)

또, 전국적 혹은 지부별 지도자 강습회를 수시로 실시하여 교사들의

---

27) 「학교표준 구락부를 위한 교과과정」, 『지도자』 4권 10호, 1956. 12, 28쪽.
　　1학년: 국어, 셈본, 사회생활, 자연과학, 미술, 실과, 음악(국정 교과서 1,2), 성
　　경, 기도, 주일학교 출석, 가정에서 순종, 날마다 손닦기, 세수하기
　　2학년: 국어, 셈본, 사회생활, 과학, 미술, 음악, 실과(국정 교과서 1,2), 성경,
　　가정에서 심부름, 구락부에서 봉사
　　3학년: 국어, 셈본, 사회생활, 과학, 미술, 음악, 실과(국정 교과서 1,2), 성경,
　　기도, 주일학교 출석, 성경암송, 날마다 손닦기, 세수하기, 복장 단정, 규칙적
　　식사
　　4학년: 국어, 셈본, 사회생활, 과학, 미술, 음악, 실과(국정 교과서 1,2), 성경,
　　매일 기도, 주일학교 출석, 통상순서 참여, 날마다 손닦기, 세수학기, 복장단
　　정, 규칙적 식사와 잠자기, 예습하기
　　5학년: 국어, 셈본, 사회생활, 과학, 미술 음악, 실과(국정 교과서 12,) 성경, 기
　　도, 교회 출석, 세례, 국락부 모든 행사 참여, 복장 단정, 규칙적 식사와 잠자
　　기, 매일 예습, 운동
　　6학년: 국어, 셈본, 사회생활, 과학, 미술 음악, 실과(국정 교과서 12,), 성경,
　　기도, 교회 전도, 구락부 활동 및 자선 사업 참여, 가정 일 돕기, 복장 단정,
　　운동 경기실적 기록해 두기.
28) 「평가문제의 형식과 작성상의 주의」 『지도자』 17권 6호(통권 149호), 1972.
　　11-12, 34~40쪽.

연수를 도왔다. 서울, 광주, 청주에 성경구락부 훈련원을 설치하여 교
사들을 훈련시켰다. 성경구락부 운동의 원리, 기독교 교수법, 교육학,
성경구락부 운영방법과 활동을 비롯하여 학생심리론, 교육방법론, 교
육사 등이 그 내용이었다. 피어선신학교에서도 매년 지도자훈련을 실
시하고 교사들의 자질향상을 도모하였다.[29]

개별 성경구락부의 설립과 운영은 거의 전적으로 독립적이었다. 개
인이 야학이나 야간학교 등을 운영하다가 성경구락부 본부에 가입하
는 형태가 많았다. 전남 곡성의 대명중등구락부는 호남신학대학교 교
수가 중학교 미진학 아동을 모아 가르치다가 나중에 성경구락부에 가
입했다. 경북 청도의 삼성학교도 이미 야학을 설립하고 운영하던 중
성경구락부의 교육이념에 부응하여 가입한 경우이다.[30]

때문에 항상 재정이 문제였다. 무산아동에 대한 교육이기 때문에 교
육비를 받지 않는 구제의 성격을 많이 갖고 있었는데, 실제 운영에는
돈이 들었다. 천막교실이나마 철거되면 갈 곳이 없었다.[31]

본부는 다만 일정 정도의 지원을 할 수 있을 뿐이었다. 전국적 조직
이었지만, 중앙집중적 직영 구조가 아닌 개체로 설립되고 본부에 승인
을 받는 형태였기 때문에, 보조금 정도를 받을 수 있었다. 서울의 본부
에서는 각 지역의 구락부 설립을 지원하고 미국 선교본부에서 오는 후
원금으로 보조하였다. 본부의 재정은 킨슬러 개인의 활동으로 지원받
는 재정이 가장 컸고, 이후 대한예수교장로회 협동위원회의 보조금,
국내외의 유지 특별보조금, 교회 및 협조기관의 보조금, 기타 잡수입
금 등으로 운영되었다. 그런데, 킨슬러의 은퇴 후 그의 개인적 모금액

---

29) Francis Kinsler, "Personal Report of Francis Kinsler", Dec. 28. 1965.
30) 「구락부 신규 가입」, 『지도자』 18권 5호(통권154), 1973년 9-10월호.
31) 「오백명이 노천수업」, 『동아일보』, 1959. 6. 1.

이 없어지고 선교부의 보조금이 삭감되면서 재정은 점차 어려워졌다.

본부로부터 약간의 지원밖에 받을 수 없었던 대부분의 성경구락부는 영세한 야학의 형태를 가지고 있었다. 시설은 교회교육관이나 비영리단체 장소를 사용하기도 하였고, 설립자가 자기의 재원을 출연하여 건물을 마련하기도 하였지만, 학생과 교사가 직접 벽돌을 쌓아 학교건물을 짓기도 하였다. 교사들은 자발적 봉사로 참여하였다. 교육비는 무료가 대부분이고 약간의 자치운영비를 받기도 하였다. 성경구락부의 취지에 공감하고 이를 지원하는 외부의 후원도 운영에 상당한 도움이 되었다.[32]

자립적 운영을 위해 각 구락부는 양돈, 과수재배 등의 부업을 통해 재정을 충당하였다. 원동기를 구비하고 습득시켜 학생들의 취업을 도모하는 등 공장이나 산업체와의 연계를 모색하기도 하였다. 본부도 이러한 자립책을 독려하였다.[33]

한편, 학생들은 본인들이 어려운 형편이었음에도 불구하고 여름철 농촌봉사 활동에 나서 일손 돕기와 이발봉사, 어린이들을 위한 인형극 상연 등을 통해 봉사활동을 전개하기도 하였다.

이러한 활동은 지역사회와 밀접하게 연계하여 지역의 교육발전에 영향을 주었다. 깊은 산촌이나 오지의 경우 성경구락부가 지역 유일의 교육기관이 되어 지역교육의 중심이 되었다. 과수 재배·양돈·양봉 등의 농사나 직업실습 교육은 지역민과 연계하여 긍정적인 영향을 주고받는 통로가 되었다.

---

32) 「학용품등을 기증 홍중령의 미거」, 『경향신문』 1957. 5. 27; 「소년원에 침구기증 미 찰스 상사」, 『경향신문』 1959. 1. 17.

33) 「용성구락부」, 『지도자』 16권 5호(통권142호) 1971년 9-10월호, 46~48쪽; 「삼성중등구락부」, 『지도자』 18권 5호(통권 154), 1973. 9-10월호; 「자립구락부 학교 순례」, 『지도자』, 1976. 8-10, 23쪽.

강원도 화천군 사내면 광덕교회에서 시작된 사내구락부는 지도교사 12명 중 과반수 이상이 지역유지로서, 현역군인, 면장, 우체국장 등이 맡아 중학교 전과목을 가르쳤다. 이들의 참여로 주간 7-8시간 수업이 이루어졌고, 무상교육으로 학부모와 교사가 상호간 농사일과 교육을 품앗이 하는 형태로 진행하면서 지역내에서 성경구락부의 위상이 높았다. 충북 증원 용원구락부도 그 지역 유일의 교육기관으로서 농업기술학원 인가를 받아 지역주민과 밀착된 프로그램을 진행하였다. 전북 완주군 동상면 동상중등구락부는 행정구역상 1개면이면서도 1면 1교의 분교 시책에서까지 제외된 고립 지역인데, 구락부가 최종학교의 역할을 담당하여 300여 졸업생 가운데 검정고시를 거쳐 4명의 대학생을 배출하기도 하면서 지역의 자부심을 높였다.[34]

한편, 성경구락부의 운영방식을 두고 갈등이 야기되었다. 성경구락부는 초등구락부가 의무교육으로 인해 유지하기 어렵게 되자 중고등부를 신설하고 1970년대까지 꾸준히 확장시켰다. 그러나, 점차 학력인정을 받지 못해 상급학교로의 진학을 보장할 수 없었던 구락부의 학생 수 감소는 구락부의 유지와 정체성을 두고 고민하게 하였다.

애초 성경구락부 운동이 지향했던 바가 'School'이냐 'Club'이냐를 두고 성경구락부 내부 구성원들 사이에서 의견이 분분했다. 변화하는 사회와 교육환경에 맞추어 시대의 흐름을 따라야만 운영을 유지할 수 있다는 주장과 당초 "그리스도를 닮은 사람이 되는 것"이라는 성경구락부 설립 이념을 고수해야 한다는 의견이 대립하였다. 지속적인 학생모집을 통해 성경구락부 운영을 계속하려면 정규학교로 전환해야 할 것이고, 그것은 일정정도의 기독교 교육을 포기해야 하는 것을 의미했다

---

34) 「푸른 내일을 가꾸는 성경구락부」, 『지도자』 20권 2호(통권 157), 1973년 3-4월호, 41~42쪽; 「자립구락부학교 순례」, 『지도자』, 1976. 8-10, 23쪽.

정부인정의 교육기관이 되면 교육부의 제재를 받고 법에 따라야 하는데, 그렇다면 기독교적 교육이나 성경 교수가 불가능했다. 때문에 성경교육의 원칙을 포기하지 말고 클럽형식의 고유 운동을 계속하자는입장이 맞섰다.

이에 1977년 3월 "미래사회와 성경구락부운동"이라는 주제로 전국의지부장 및 총무들이 모여 회의를 통해 "성경구락부 출발 당시의 목적을 따라 오늘의 미취학 불우청소년들을 위해 학교형식(school type)의성경구락부 운동을 계속한다", "전국 각급 학교와 근로 청소년들을 중심하여 클럽형식(club type) 의 성경구락부 운동을 전개한다"는 내용의결의문을 채택하였다. 결국, 학교형식과 클럽형식을 모두 추구한다는결론이지만, 막상 실행에서는 문제가 많았다.[35]

성경구락부의 정체성을 두고 본부의 임원진들이 맞서는 것과는 별개로 실제 많은 성경구락부들은 고등공민학교, 전수학교, 각종 실업학교로의 전환을 꿈꾸었다. 그러나 현실적으로 대부분은 부족한 재원으로 시설과 교사진 등 자격요건을 갖추기 어려웠기 때문에 그 꿈을 이루기 어려웠다. 1970년대 정부시책에 순응하여 전문학교나 산업학교를 세워야 한다는 의견이 있었지만, 대부분의 현장은 그럴만한 여력이없었다.[36]

클럽형식도 사실상 불가능하였다. "일정한 장소에서 이루어지는 학교 교육과 같이 되기는 어렵겠고, 교회를 중심으로 한 보이스카웃 운동과 같은 클럽운동으로 전개되기를 원한다"[37]라는 소망처럼 현실적

---

[35] 「성경구락부 운동의 미래」, 『지도자』 174호, 1978. 1-2, 18~19쪽.
[36] 「변화된 상황과 구락부 운동의 교육 원리」, 『지도자』 20권 3호(통권 158), 1974년 5-6월호, 18~26쪽.
[37] 「성경구락부 운동에 바란다」, 『지도자』 174호, 1978, 1-2, 27쪽.

으로 정식학교로 인정받기보다는 클럽운동을 지향하였으나, 정규학교 내에서 이루어지는 클럽활동에 성경구락부가 차지할 틈이나 조직력이 없었다.[38]

아예 기존의 문맹퇴치와 성경교육에서 나아가 의식개발, 사회개발 교육으로 교육목표를 수정해야 한다는 의견과 YMCA같은 지역사회 공헌 프로그램의 예를 따르자는 주장도 있었다.[39] 하지만, 이것은 원론적인 이야기일 뿐 구체적인 실현가능성이 없었다. 교회교육에서 나아가 사회교육이 되기 위한 조직적 기반이나 준비가 전혀 되어있지 않았다.[40]

한편, 정규학교로의 발전을 둘러싼 성경구락부 구성원간의 이견이나 여건 미비와는 별도로 교육부 당국과의 마찰도 있었다. 정규학교가 아님에도 불구하고 교과서를 비롯하여 교육과정을 그대로 교수하며 교표나 교복을 사용하는 것 등이 모두 무인가 시설에서의 불법적인 활동이었기 때문이었다.

이에 성경구락부는 '학교'가 아닌 '운동체'라며 "음지의 청소년에게 인간 본래의 자각을 일깨워주는 기초교육을 제공하는 국민교육 운동기관"으로서 교육당국의 단속대상이 아니라고 항변하였다.[41] 처음부터 성경구락부는 학교설립을 목적으로 한 것이 아니었다. 킨슬러가 "이 사업은 부분적으로 곤궁 어린이에 대한 구호사업이며 또 부분적으

---

38) 「변천하는 사회 안에서의 성경 구락부의 미래상」, 『지도자』, 19권 4호(통권 159), 1974. 7-8, 23~24쪽.

39) 「성경구락부 운동의 교육정책」, 『지도자』, 20권 3호(통권 158), 1974. 5-6, 10~11쪽.

40) 「특수교육 기관으로서의 구락부운동 교육 방법론」 『지도자』, 20권 3호(통권 158), 1974년 5-6월호, 15~17쪽.

41) 「교육당국에 드리는 글-성경구락부를 소개합니다」, 『지도자』 1976년 3-4월호 (통권 165호), 42~44쪽.

로 다음 세대 지도자 될 청소년들을 위한 복음전도사업이지만, 근본적
으로는 기독교교육을 받기 원하는 청소년을 위한 기독교 교육사업"이
라고 밝히고 있듯이 '교육' 이전에 '기독교'가 먼저였다.[42] 제도권학교
의 모방으로 '운동'이 제재 받는 것을 원하지 않았다. 정규학교 전환에
기독교적 성격이 제한을 받는다면, 그것도 고려해 볼 문제였다.

그러나, 현장의 많은 성경구락부들은 여건이 되는대로 제도권 학교
로의 전환을 모색하였고, 조건미달의 성경구락부는 퇴보해갔다. 시간
이 흐르면서 애초 성경구락부의 빈민 아동에 대한 구제와 교육이라는
단순했던 목적과 현장의 상황 및 의도가 일치하지 않았기에 운영에 갈
등을 겪었다.

Ⅳ. 학교로의 전환 양상

성경구락부는 순수하게 성경구락부라는 이름으로 존재하는 경우도
있었지만, 상당수는 다양한 학교체제와 병행 발전하였다. 1980년대 이
후 많은 성경구락부가 소멸했지만, 다른 형태로 전환. 유지되고 있기
도 하다. 공민학교나 고등공민학교와 병행된 곳이 가장 많고, 이후 정
규학교로 성장한 경우도 있다.

다음의 〈표 3〉은 성경구락부로 출발하여 정규학교로 전환한 학교명단이다.

〈표 3〉을 통해 성경구락부의 변화를 크게 구분하면 다음과 같다.

첫째, 정규학교로 발전한 경우이다. 정규 중ㆍ고등학교로 성장한 성
경구락부는 대부분 교회를 중심으로 안정적인 지원을 받고 설립자가

---

42) 「성경구락부 교육의 특색- 권세열」, 『지도자』, 1976. 8-10, 31~38쪽.

교단 내에서도 명망 있는 교역자인 경우가 많다. 주로 서울, 경기, 충남, 경북에 정규학교로 전환한 학교가 많은 것은 북장로교 선교구역이 남한에서는 서울 대전, 안동, 대구, 부산이었던 것과 관련이 있는 듯하다. 이 지역은 북장로교 미션스테이션(Mission Station)이 있는 지역으로서, 성경구락부 지부도 서울과 경북, 경안지부의 성경구락부 수가 압도적이었다. 지역내 교회에서 성경구락부를 설치하고 지속적으로 운영하면서 정규학교로 발전한 것이다.

영락중·고등학교는 영락성경구락부에서 출발하였다고 학교연혁에 명시하고 있는데, 해방 후 영락성경구락부는 성경구락부의 중심이었고, 한경직이라는 교계의 큰 존재가 있었다. 성경구락부 이사를 지낸 이기혁의 인성초·중·고의 경우도 마찬가지이다. 인성초등학교는 1953년 인천에 처음으로 세워진 인천 제1구락부에서 시작하여 정식 인가받았다.[43] 신흥의 강신경은 신흥학원을 설립하고 신한대학, 고양외국어고등학교 등 10여개 학교를 설립하였다. 숭덕은 동안교회를 세운 홍석련의 설립과 후원으로 성장하였다.

또한, 이 학교들의 특징 가운데 하나는 월남인이 세웠다는 것이다. 인성, 영락, 염광, 숭덕, 신흥, 신성학원은 북한출신 기독교인들이 세운 학교들이다. 신성고등학교는 아예 평북 선천에 있던 신성고등학교의 교명을 계승하였다고 밝히고 있다. 염광학원도 설립자가 월남하여 진도에서 자발적으로 야학을 운영한 경험이 있었고, 이후 부산 영도교회 성경구락부에서 교사로 활동하고 상경하여 염광구락부를 설립하였다. 이들은 평양에서 활동했던 킨슬러가 해방 후 남한지역에서 성경구락부를 재건하는 데 함께 하면서 이북신도회를 중심으로 결집하였고 피난민을 위한 교육에 뜻을 두고 성경구락부와 학교를 설립하였다.

---

43) 「초등학교 인가 제1호」, 『지도자』 제9권 3호, 1964. 4, 27쪽.

〈표 3〉 정규학교로 발전한 성경구락부[44]

구분	지역	학교명	설립자	설립일	법인명	연혁
초등	인천	인성초	이기혁	49.3.	제일학원	49.3. 인천제일교회 이기혁 목사 설립. 인성초, 인성여중, 인성여고 설립함.
중	서울	영락중·고	한경직	52.6.10.	영락학원	52.6.10. 영락교회 성경구락부로 출발
		염광중·고	김정렬	65.12.29.	염광학원	65.12.29. 학교법인 염광학원 설립인가
		숭무여중·고	왕하수	69	숭무학원	53.5.13. 서울정리고등기술학교 69. 교사 신립. 70.1.13. 학교법인 숭무학원 → 숭무여고, 숭무대학
		인성여중·고	이기혁	52.5.15.	제일학원	52.5.15. 보성여중 인천분교로 개교 54.5.1. 제일여자중학교로 개명 61.2.7. 인성여자고등학교 설립
		숭덕여중·고	홍석련	66.11.19.	숭덕학원	66.11.19.: 학교법인 숭덕학원 인가
	경기인천	중앙여중	김지숙	67.	보합학원	67.10.28 학교법인 보합학원 인가 68.3.2. 인천중앙여자중학교 설립인가 74.1.5. 인천중앙여자상업고등학교 설립인가 (여중에서 중앙여자상업고등학교로 변경)
		안양동중학교 →	정장선	56.5.7.	신성학원 → 인천학원	56.5.7. 성림성경구락부 59.3.1. 성림고등공민학교 인가 69.11.20. 신성학원 설립인가

강원	학교명			
	신성중 신성고			69.12.27. 안양동중 설립인가 74.3.5. 안양동고 개교 76.3.1. 신성중학교로 교명 변경 08. 원천학원으로 변경
	신흥 중고	강신정	57.7.	57.7. 신흥농축기술하교 개교 60.4.14. 학교법인 신흥하원 설립 인가 61.2.28. 신흥중 인가 60.5.3. 신흥농업고등학교 개교 62.12.6. 신흥실업고등학교 개편 → 신흥중, 신흥고, 신한대학
	성남 → 숭림중 숭림고	박용구 박형구	69.	은숙하원	69. 성남제일교회, 성남구덕부 설립 70.3.28. 학교법인 융녀하원 추진 73.4.1. 하교부지 구입 성남상업전수하교 78.3.2. 성도중 개교 79.1.21. 성도고 설립인가 85.3.1. 은숙하원, 숭림중, 숭림고로 변경
	양서농예 기술학교 (양평)	남상원	57.4.	57.4. 양서농예기술학교(중하과정) 설립 79.4. 우진하원이 인수(이사장 어정찬) 79.11.21. 양서농예기술학교 폐교, 양서종합고등학교 설립인가 03.3. 양서고등학교로 개명
	영동중 여중	박기혁	64.11.21	64.11.21. 설립(강동 교동) 88년 2월 28일 *폐교 총 21회 졸업시 통해 7,136명 졸업

중남	외산(부여)	이판식	66.11.29.	성인학원	66.11.29 학교법인 성인학원 인가 67년 3월 9일: 외산중학교 개교
	팔봉(서산)	정계훈	66.4.1.	제훈학원	66.4.1. 어송감리교회 웨슬레중등구락부 개교 68.2.3. 팔봉고등공민학교 설립인가 70.7.27. 제훈학원 설립인가 71.3.13. 팔봉중학교 개교
	대명(보령)	황의성	64.3.17.	대명학원	64.3.17. 승덕중학교 개교 65.1.6. 대천고등공민학교 설립 인가 66.3.29. 학교법인 대명학원 설립
	삼광(보성)	정병태	1960.2.8	삼광학원	60.2.8. "신앙교육"의 목적 아래 학교 설립위원회 구성 60.4.6. 고등공민학교 개교 67.11.29. 삼광중학교 설립 인가
	성실여중(서천)→한산중	장만용	60.5.17.		60.5.17. 한산교회 장만용 목사 한산고등공민학교 설립 64.3.5. 한산성실중학교 개교 81.3.2. 성실여자중학교 변경 00.3.1. 한산중학교로 통폐합
경북	한얼(예천)		63.1.7.	한얼학원	63.1.7. 재단법인 한얼학원 설립인가 63.1.29. 한얼중학교 설립인가 99.3.1. 폐교
	탐리여(의성)	김상군	66.2.8.	삼영학원	63.5.27. 대한성경구락부 중등부 설립 66.2.8. 학교법인 삼영학원 설립 인가
	삼성(의성)	권병두	49.9.5.	삼성학원	49.9.5. 삼문교회 김행길 목사와 장로들이 "삼성중등강습회"를 설립 55.2.2. 재단법인 삼성학원 설립인가

고등	지역	학교	설립자	기간	이전 명칭	비고
	경남	동산여중·고(영주)	우성배	69.10.4.	동산교육재단	67.8.16. 동산교회 장로 우성배 동산고등공민학교 설립 / 69.10.4. 학교법인 동산교육재단, / 동산여자중학교, / 동산여자상업고등학교(→영주동산고등학교)
		진성(청송)	안태석	63.4.15.	기독교 농민학원	63.4.15. 진성 고등공민학교 설립 / 67.2.10. 진성중학교 6학급 인가
		상주(남해)	김종선	53.5.17.	상주학원	53.5.17. 상주고등공민학교 설립 / 63.12.14. 상주고등학원 설립인가 / 15.2.4. 특성화중학교(대안계열) 지정
		거제	진명식	48.10.16.	거제기독교청년회 교육학원 → 지성학원	48.10.16. 재단법인 거제기독교청년회 교육학원 설립 허가 / 79.11.26. 학교법인 지성학원으로 명의 변경
	서울	동중상업전수		66.3.4.~83.12.19.		동대문구 용두동 / 학력인정 좀 / 동중상업전수 → 대일외국어학교(83.12.30) → 대일외국어고(91. 9.)
		청구상업전수		67.~97.	재명학원	성동구 중이동 / 1970.12.5. 학력인정 與
		성동상업전수		65		학력인정 與(1967. 7. 11.) / (성동고등공민)-성동상업전수 -숭곡고-숭곡여고(95)-숭곡여정산(98)

학교명	설립일	설립자	학원 변경	비고
피어선 실업전수				종로구 신문로2가 학력인정 중
새마을 상업전수	66.12.30.			영등포구 당산 학력인정 중 1976. 4. 30. 폐교
천호상업 전수	68.3.2	유준웅	천호학원 → 꽃동산학원	68.3.2. 천호상업전수학교 설립 1972.2.4. 학력인정 與 83.2.8. 위례상업고등학교로 교명 변경 07.3.1. 학교법인 꽃동산 학원 명칭 변경 07.3.1. 동산정보산업고등학교로 교명 변경
서울 공연 예술고	66.3.6.		문성학원 → 청은학원	66. 정희 중고등구락부 66.3.6. 정희고등공민학교 개교 81.3.2. 정희여자상업전수학교(학력인정 중) 84.7.27. 학교법인 문성학원 설립 92.3.2. 정희여자상업고등학교로 승격 96.10.2. 청은학원으로 법인 변경 01.10.15. 은일정보산업고등학교로 변경 08.6.11. 서울공연예술고등학교 설립 인가 (예술계 특수목적 고등학교)
서울 연희 미용고	1969	박재욱		69. 신림동 영일제건(중)학교 78. 염리동 이전. 연희새마을(중,고등)학교 87. 가리봉동 이전. 11. 13. 고등학교 학력인정 96. 연희실업고등학교 변경 승인 00. 서울연희미용고등학교. (미용 학력인정)

성인교육 (학력인정)				
고양숭암 고등학교	정충득	1973		73.3.15. 고양제건학교 설립 76.3.20. 고양새마을학교 변경 85.12.4. 고양실업학교 인가 88. 고양실업고등학교로 개칭 17. 재단법인 숲바위상하재단 설립 인가 18.10.12. 고양숭암고등학교 변경 (학력인정 학교)
삼성실업 학교 (영등포 신길동)	안태진	1971	삼성학원	71. 7. 1. 삼성학원 개원 (인장 안태진, 강사 7명, 학생 24명) 71. 11. 15. 삼성재건학교 설립 72. 5. 16. 삼성재건학교 인가 76. 삼성새마을청소년학교 등록 설립 승인 88. 삼성실업학교 변경 문해교육, 평생교육, 검정고시
제일 실업 (성남)	최규성	1971		성남제일실업학교(전막하교, 71~09년 폐) 장하학교(초등학력인정기관)

44) 1970년 9월 11일 영락교회에서 진행된 진습러의 정내되임 환송식에서 보고된 명단 가운데 확인 가능한 학교와 추가로 조사한 명단임. (『사랑의교육 60년』, 53~54쪽) 성경구락부에서 정규학교로 전환되었다고 보고된 학교 가운데, 순천명신초·중·고등학교, 신일중, 신동중, 제일중, 화목중, 예은중, 거북중, 김천상업전수, 영동상업전수, 서울정리초급대학에 대한 내용은 현재 찾을 수 없었다. 1970년 진습러의 환송식에서 보고된 명단에서도 45개교 정규학교라고 하였고, 1988년 성경구락부에서 발행된 문집에는 구체적 학교명은 없이 54개라고만 되어 있다. 여기에는 현제 유지되고 있거나 여러 자료를 통해 재물제 존재유무를 확인할 수 있는 학교만 포함하여 정리하였다(중지. 각 학교 및 교육청 홈페이지, 『지도자』 참고).

1947년 8월 영락교회에서 월남 목회자 20여 명으로 조직된 이북신도 대표회는 월남 신도들을 위한 교회 설립과 아울러 그 자녀들을 위한 교육을 목적으로 하면서 미국 북장로교 선교회로부터 지원을 받았다. 킨슬러는 이 회의 협동총무로 역할을 하였고, 월남 목회자들의 성경구락부 설립과 이후의 정규학교로의 전환은 킨슬러, 이북신도대표회와의 긴밀한 관계맺음 속에서 성장할 수 있었다.[45]

한산고등공민학교와 양서농예기술학교는 성경구락부에서 출발하여 중간에 운영주체가 바뀌면서 완전히 다른 학교로 전환된 경우이다. 한산고등공민학교는 한산교회에서 시작하여 운영하다가 정규중학교인 한산성실중학교로 허가받았고 이후에는 공립인 한산중학교로 통폐합되었다. 양서농예기술학교는 남상원이 설립하여 운영하다가 재정문제에 봉착하여 우진학원이 인수하여 현재 양서고등학교로 발전하였다.

한때 600여개에 달했던 성경구락부 가운데 정규학교로 발전한 경우는 28개 학원이다. 채 1%도 안 되는 비율이라고 할 수 있지만, 대개 학원 산하 여러 학교로 발전하여 성경구락부 가운데 가장 성공한 경우라 할 것이다. 이들 학교는 일제시기 외국선교부에 의해 시작된 미션스쿨과는 다르게, 해방 후 한국기독교인들에 의해 설립된 학교로서 중등교육의 한 부분을 담당하고 있으며 기독교 사립학교로서의 입지도 단단하다.

둘째, 정규학교는 아니지만, 고등공민학교, 전수학교, 재건학교 등과 병행·발전한 경우이다. 성경구락부로 출발하여 고등공민학교 등으로 인가받은 후 지속되다가 소멸한 경우도 있고, 나아가 정규학교로 전환된 경우는 앞서 언급한 첫 번째에 해당한다.

---

45) 장금현, 「월남 기독교인의 남한 정착과정 연구-이북신도대표회를 중심으로」, 『대학과 선교』 37, 2018, 121~134쪽.

공민학교는 해방 후 초등학교에 취학하지 못하고 학령이 초과한 사람을 단기간 교육하여 국민생활에 필요한 보통교육과 공민적 사회교육을 실시함을 목적으로 하였다. 1946년 5월 '공민학교 설치요강'을 제정한 이래 1949년 교육법이 제정되면서 공민학교는 초등교육에 준하는 과정으로, 고등공민학교는 초등학교 또는 공민학교를 졸업하고 중학교 과정을 배우는 과정으로 설치되었다. 시·읍·면·이·동장을 비롯하여 회사, 종교단체, 독지가 등이 공회당, 공장, 사업장 등의 건물을 사용하여 설립하고 교육위원회의 인가를 받았다.[46)]

초등성경구락부가 부흥했던 1950년대에는 공민학교와 병행하는 수가 많았는데, 1960년대 들어 초등의무교육이 확립되면서 많은 중등성경구락부는 우선적으로 고등공민학교로 인가받는 것을 목표로 하는 경우가 많았다.[47)]

1975년 7월 당시 전국 184개 성경구락부 가운데 고등공민학교는 48개였다.[48)] 신영고등공민학교는 1958년 가평중등구락부를 모태로 하여 1964년 2월 28일 고등공민학교로 인가받았다. 정원 50명으로 하여 1~3학년에 각각 1학급씩 3학급으로 편성하고 국어·사회생활·수학·과학·영어·농업·예능 등의 중등교육 과정을 가르쳤다. 중학교 진학률이 높아지고 취학생이 줄어들면서 1982년 2월 폐교하였다. 1982년 제22회 졸업식까지 1,311명의 졸업생을 배출하였다.

여천성경구락부, 이광고등공민학교, 주내중등구락부, 제일고등공민학교 등도 성경구락부에서 출발하여 고등공민학교로 운영되다가 지역

---

46) <교육법(제정 1949. 12. 31. 법률 제 86호)> 제137조~제142조.
47) 「水源第一敎會聖俱 公民學校로 認可」, 『기독공보』, 1953. 7. 20; 「성인교육기관으로 주문진에 진성여고 신설」, 『경향신문』, 1949. 2. 16.
48) 「성경구락부전국주소록」, 『지도자』 163호, 1975. 5-8, 127~132쪽.

내 미진학자가 거의 없어지면서 자발적으로 폐교하였다. 제도권 밖의 고등공민학교로 병행하였던 대부분의 성경구락부는 중학교 진학률이 증가하고, 시설 여건 등에서 정규학교 기준에 부합하지 못할 때, 폐교의 수순을 밟았다. 이는 정규학교로 성장하지 못한 대부분의 성경구락부가 걸은 길이었다.

많은 성경구락부들이 우선적으로 고등공민학교로의 전환을 희망했지만, '기독교적 교육'을 위해 이를 거부한 사례도 있다. 정규 학교에서는 과목으로서 성경을 교수하는 등의 활동 및 여타 기독교적 색채들이 제한받기 때문이었다.

전수학교는 각종학교에 해당하는데, 1970년대 상공업 진흥정책에 따라 상업·공업계의 기능을 전수하는 것을 목적으로 설립되었다. 정규학교에 진학하지 못한 청소년들에게 취업과 자립의 기회를 제공하기 위해 설치되었으며 교육과정은 실업계 고등학교에 준하여 운영되었다. 정규 고등학교에 준하는 운영으로 학력인정을 받아 검정고시에 약간의 특전을 받을 수 있었고, 정규 학교로 승격되는 경우도 있었다.

그런데, 상당수의 전수학교가 학생초과 모집, 시설미비, 교재교구 빈약, 관리운영 부실 등으로 종종 학력인정 승인이 정지되거나 재단비리로 물의를 빚기도 하였다. 하지만, 학령인구를 다 수용할 수 없던 정부는 법인을 설립하고 시설여건을 정비할 경우 정규학교로 개편하겠다는 방침을 내놓기도 하였다.[49]

1975년 상주와 춘천에 각 1개를 포함하여 서울의 8개 고등성경구락

---

49) 「8전수학교도 학력 승인 정지」, 『경향신문』 1973. 1. 8;「문교부 전국 전수학교 종합감사 실시」, 『경향신문』 1978. 8. 29;「청구상전 전교장 8억 부도사건 공납금 3억 횡령」, 『동아일보』 1978. 8. 28;「부실전수교 정비 법인설립을 권장」, 『경향신문』 1978. 11. 20.

부가 전수학교였다.[50] 성동과 천호는 각각 정규 고등학교로 성장하였다. 1966년 개교한 성동상업전수학교는 1986년 송곡고등학교로 승격되었다. 송곡학원 설립 이래 송곡여자중고등학교, 송곡고등학교, 송곡대학에 이르기까지 확장하였다. 천호상업전수학교는 1968년 설립되었는데, 현재는 동산정보산업고등학교로 바뀌어 운영되고 있다. 재단이 바뀌었지만, 전수학교로부터 비롯된 역사를 명시하면서 기독교 학교로서의 정체성을 밝히고 있다. 정희여자상업전수학교는 성경구락부로 출발하여 고등공민학교와 전수학교를 거쳐 정희여자상업고등학교로 승격하였다. 동흥, 청구, 피어선, 새마을전수학교는 시설미비, 관리부실 등의 이유로 1980년대 들어서면서 폐교되었다.

고양송암고등학교, 삼성실업학교는 청소년 성인 교육 및 검정고시 준비 학력인정학교로서 재건학교에서 성장한 경우다. 재건학교는 1961년 국가재건최고회의법에 따라 발족한 재건국민운동본부가 주요 사업으로 채택하여 전국에 설치한 학교이다.[51] 재건학교의 중앙 행정 조직은 재건국민운동중앙회였고, 각 시·도 위원회와 시·군 위원회가 있었다. 그러나 중앙회는 약간의 후원금 지원, 교재 발간과 배포, 학습용지 몇 권의 지원에 그쳐 실제 학교운영의 책임은 교장 및 운영자에게 있었다. 수업료는 무료였고, 교사들은 대부분 무보수로 근무하였

---

50) 1970년 성경구락부 본부는 전수학교를 정규학교로 인식하고 전국적으로 8개가 있다고 하였는데, 김천상업전수학교와 영동상업전수학교에 대한 자료는 찾지 못했다.

51) 1965년 4월 개교된 재건학교는 재건중앙회의 지원하에 1965년 246개교 1966년 411개교, 1967년 952개교로 증가하였다. 1960년대 후반 중학교 평준화가 시작되면서 감소하여 1975년 250개교로 감소하였고, 1975년 12월 재건중앙회가 해체되면서 재건학교에 대한 지도감독이 마을금고연합회로 승계되었으며, 1976년 1월 '재건학교'라는 명칭이 '새마을청소년학교'로 바뀌게 된다. 임송자,『배움과 좌절의 갈림길, 야학』, 서해문집, 2017, 114~207쪽.

다.52)

삼성학원의 설립자도 성경구락부의 일원으로서 학원을 설립한 후 재건학교 인가를 받았고, 교사 확보 및 운영에서도 개인의 역량에 기대어 운영하였다. 재건국민운동본부의 해산에 따라 새마을청소년학교로 명칭을 변경하여 운영하다가 1988년 삼성실업학교로 변경하여 청소년 및 주부, 성인교육 기관으로 현재까지 이어지고 있다. 고양송암고등학교도 재건학교와 새마을학교로의 변경을 거쳐 현재 학력인정학교로 운영되고 있다. 서울연희미용고등학교는 재건학교에서 출발하여 특수목적(미용) 고등학교로 성장하였다.

재건학교는 관제 사회운동의 일환으로 설치된 것이다. 다만 성경구락부의 애초 목적이 빈민 가정의 청소년들에 대한 교육이었는데, 재건학교도 농촌을 중심으로 하는 근로학생 육성에 목적이 있었던 만큼 양자간의 연합이 추진될 수 있었고, 극빈 가정 청소년들에게 배움의 기회를 제공할 수 있었다.

마지막으로, 여타 학교로 병행 혹은 전환하지 않고 순수하게 성경구락부를 유지한 경우이다. 1975년 전국 184개 성경구락부 가운데 정규학교, 고등공민, 기술, 상업전수, 재건학교 등과 병행하지 않은 순수구락부가 80여개 있었다. 제일실업, 삼성, 선일 등 상당수의 성경구락부는 여타 학교가 아닌 순수한 성경구락부로 운영되었다.53)

이들의 가장 큰 문제점은 학력인정을 받지 못하기 때문에 지원자가 계속 줄어드는 것이었다. 이곳에 다니는 학생들 입장에서는 일반 중학

---

52) 이훈도, 「광복 후 한국야학의 유형과 교육사적 의의」, 『교육철학』 15, 1997, 280~281쪽.

53) 앞서 소개된 정규전환 학교 외의 성경구락부가 고등공민학교, 전수학교, 기타 다른 이름으로 어떻게 운영, 유지, 전환, 폐교되었는지 파악할 수 있는 자료는 찾을 수 없었다.

교와 같은 교과목을 배우고 교복도 입었는데, 고등공민학교나 전수학교라는 이름도 갖지 못하고, 무인가라며 교육청의 고발을 당하고 지역으로부터 불신감을 받는 것이 서러웠다. 대부분 극빈가정의 청소년으로 산업체에 근무하던 이들은 취업과 학업 사이에서 많은 갈등을 겪었다.[54] 애초 성경구락부에 오는 학생들 대부분이 정규학교에 갈 수 없었던 형편이었기에 검정고시를 거쳐 대학에 진학하는 경우는 5%도 되지 않았다. 이는 학생들의 사회경제적 배경에 따른 것으로서 성경구락부의 교육수준과 어찌보면 무관하였다고 할 수도 있다.[55] 이 경우 자연소멸하거나 간혹 문해교육 등 학력인정기관으로 남은 경우가 있다.

정리해보면, 성경구락부로 출발하여 바로 법인을 설립하고 정규학교로 전환한 학교도 있고, 성경구락부, 고등공민학교, 상업전수학교를 모두 거쳐 정규학교로 발전한 경우도 있다. 고등공민학교, 상업전수학교까지 이르렀다가 없어지기도 하였다. 이런 경우는 수없이 많이 생겼다가 사라진 성경구락부 가운데 일부이다. 대부분의 성경구락부는 야학형태로 영세하게 운영되다가 폐지되었다.

하지만 1949년부터 1980년대까지 지속되었던 성경구락부는 정규학교로 발전하여 중등교육에 한 역할을 한 것과는 별개로 배움을 희망했던 많은 아동, 청소년들에게 현재를 버티고 미래를 준비하는 희망을 주었다. 어려운 가정형편 때문에 학교에 다닐 수 없었던 청소년들은 봉제공, 식모, 공장노동자 등으로 생활하면서도 배울 수 있다는 기회에 감격하며, 또, 타향살이에 정신적 위로를 받으며 성경구락부에 대한 애정을 드러내기도 하였다. 특히, 경제적 이유와 관습 때문에 제도

---

54) 「성경구락부운동의 미래- 순수 구락부를 중심하여」, 『지도자』, 1976년 3-4월호, 통권 165호, 21~24쪽.

55) 『성경구락부 창립 60주년 기념문집, 사랑의교육 60년』, 292~295쪽.

권 교육을 열망하였지만 여기에 진입하지 못한 근로여성들에게 성경
구락부는 학습의 열망을 채워주고 학생이라는 소속감을 충족해주는
공간이었다.56)

V. 나오는 말

성경구락부는 일제시기 극빈 아동을 위한 구호사업적 성격을 띠고
출발하였다. 해방 후 1950년대까지는 분단과 전쟁으로 교육의 기회를
얻지 못한 아동들에게 문해교육을 비롯한 사회교육으로 전개되면서
공민학교 등으로 병행되기도 하였다. 1960년대에서 1970년까지 아동
및 근로청소년들을 대상으로 고등공민학교, 전수학교, 재건학교 등으
로 운영되었다. 정규 중고등학교로 승격되기도 하였다.

성경구락부가 가장 성했던 시기는 한국전쟁 직후에서 1970년대까지
이다. 사회사업적 성격이 강했던 1950년대를 지나 제도권 교육이 교육
수요를 충족하지 못했던 1970년대까지 다양한 학교로 병행하거나 야
학의 형태로 발전할 수 있었다.

성경구락부는 기독교계가 교육을 통한 기독교 포교를 목적으로 한
것이다. 선교가 일차적 목적이기에 인지교육 보다 종교적 측면을 강조
하고 종교교육에 역점을 두었다. 예수를 모범으로 삼아 변화와 각성을
통해 기독교적 가치를 실천하는 인간 양성에 그 초점이 있었다. 그러
나 이러한 의도는 공교육이 확립되면서 제도권 교육 내에서는 어려운
것이 되었다. 많은 성경구락부가 정규학교로의 전환을 꿈꾸었고 일부

---

56) 대한청소년성경구락부 편저, 『검은 땅에 피어난 꽃들』, 보이스사, 1984.

는 성공하였지만, 의무교육이 확대되고 공교육이 안정적으로 자리잡아가면서 조직력과 재정이 부족했던 성경구락부는 점차 소멸해갔다.

성경구락부는 가장 빈곤한 계층의 아동과 근로청소년 교육에 전념하여 초·중등 수준의 교육기회를 제공하고 이들의 학습열을 담아냈다는 데 가장 큰 의의를 갖는다. 전쟁 후 의무교육이 시행되었어도 사친회비 등 각종 학교잡부금을 낼 형편도 못 되는 빈곤 아동과 근로청소년들에게 성경구락부는 대안적 학교의 역할을 했다. 시기마다 고등공민학교, 전수학교, 재건학교 등 형편에 맞는 교육제도와 연합하여 교육의 영역을 넓혀가면서 교육열을 수용하였다. 특히, 여성 교육 참여에 대한 부정적 인식 속에 남성에 비해 상급학교 진학이 저조했던 여성들과 학령초과 만학도에게도 성경구락부는 억눌린 향학열을 담아내 학습갈증을 해소해 주는 통로가 되었다.

더불어 학생들의 자치역량 배양을 강조함으로써 민주적 시민의식 형성에도 역점을 둔 것은 청소년을 위한 사회교육 시설이 빈약했을 때 사회계몽교육으로서도 일정한 역할을 했다고 할 수 있다.

농촌지역의 성경구락부는 교육과 계몽, 지역발전의 중심으로 기능하였다. 정부의 지원 없이 개별적으로 설립·운영된 성경구락부는 지역민과 연계하여 지역사회의 교육과 계몽에 구심점 역할을 하였다. 뜻 있는 설립자와 자발적으로 봉사한 교사들의 참여는 제도권 교육이 미치지 못하는 지역의 유일한 교육기관으로서 교육의지를 높이고 농촌계몽운동을 활성화시키는 데 일조하였다.

즉, 성경구락부는 해방 후 공교육의 영향력이 미치지 못하는 사회계층과 지역사회에 대안적 교육기관의 역할을 감당하고 사회계몽의 한 축을 형성했다는 점에서 그 역할을 평가할 수 있을 것이다.

〈참고문헌〉

『매일신보』

『경향신문』

『동아일보』

『기독공보』

대한청소년 성경구락부, 『지도자』

Francis Kinsler, "Annual Report of Francis Kinsler"

대한청소년 성경구락부, 『성경구락부 창립 60주년 기념문집, 사랑의교육 60년』,
　　화술, 1988.

대한청소년성경구락부 편저, 『검은 땅에 피어난 꽃들』, 보이스사, 1984.

대한청소년성경구락부 편저, 『긴 장마 끝에 참 빛이』, 보이스사, 1985

김득렬 편, 『권세열 선교사 전기, 씨를 뿌리러 나왔더니』, 대한청소년성경구락
　　부, 2007.

임송자, 『배움과 좌절의 갈림길, 야학』, 서해문집, 2017.

고환규, 「성경구락부의 역사적연구와 기독교교육에 미친 영향」, 연세대학교 연
　　합신학대학원 석사학위논문, 1974.

김　웅, 「한국 교회 성경구락부에 대한 연구」, 장로회신학대학교 석사학위논문,
　　2008.

박환보, 「해방 이후 학교교육 팽창의 규모와 특징」, 『대한민국 교육 70년』, 대한
　　민국역사박물관, 2015.

박환보·유나연, 「1950-60년대 고등공민학교에 관한 연구」, 『교육연구논총』 38,
　　2017.

이훈도, 「광복 후 한국야학의 유형과 교육사적 의의」, 『교육철학』 15, 1997.

주선동, 「성경구락부의 발전과정에 관한 연구」, 연세대학교 교육대학원 석사학
　　위논문, 1975.

장금현, 「월남 기독교인의 남한 정착과정 연구-이북신도대표회를 중심으로」,
　　『대학과 선교』 37, 2018,

최병택, 「해방 이후 의무 교육 요구와 정책의 전개 방향」, 『대구사학』 125, 2016.

웨슬레 구락부의 발전과 특징

: 지역사회 교육과 개척 교회

윤은석

I. 서론

1950년 6 · 25전쟁의 발발은 대한민국의 경제, 산업, 문화 등 모든 영역에 씻을 수 없는 상처를 주었다. 교육도 전쟁의 화마를 피해갈 수는 없었다. 전쟁으로 인해 교실의 50%가 파괴되어 외적인 교육 환경이 약화되었고, 교원 충원의 어려움으로 무자격 교사가 등장하여 내적인 교육 환경도 완비되지 않았다. 1953년에 정교사 비율이 60%에 불과했고, 준교사 25%, 무자격 교원이 15%에 달했다. 이런 상황에서 학생 수도 감소하였다. 전쟁 전 국민학교 아동 264만 5천여 명은 23만 5천여 명이 줄어서 241만 정도가 되었다.[1]

---

[1] 한국교원대학교 한국교육100년사 편찬위원회, 『韓國의 敎育學 한국의 미래교육 100년』 제1권, 서울: 한국의 미래교육 100년과 한국교육 100년사 편찬실. 2011, 87쪽; 손인수, 『한국교육운동사』 제1권, 서울: 문음사, 1994, 322~323쪽.

한편 문교부에서 1950년 6월 1일에 착수한 의무교육 6개년 계획은
6·25전쟁으로 인해 미루어졌고, 1952년 교육법시행령이 공포되고
1954년에 본격적으로 시작될 수 있었다. 그리하여 1953년에 73%에 불
과했던 국민학교 취학률이 1954년에는 82.5%가 되었고, 1959년에는
96.4%까지 상승되었다. 물론 이러한 취학률의 증가의 이면에는 교실과
교원의 부족으로 100명이 넘는 초과밀학급이 있었고, 불가피하게 3-4부
제를 실행하는 등 정상적인 교육은 요원하였다.[2]

또한 의무교육을 실시한다고 하여도, 모든 취학연령의 아동들이 학
교의 교육을 받을 수 있었던 것은 아니다. 1954년에는 3,246,364명 중
567,386명이 국민학교 교육을 받지 못했다. 취학률이 높아진 1959년에
도 3,799,690명의 241,548명이 교육의 수혜를 받지 못했다.[3] 의무교육
의 실행으로 취학률이 높아졌다고 하여도, 교육 혜택의 사각지대에 놓
인 아동들이 많았다는 것이다.

이러한 때에 개신교는 정규 학교에 다니지 못하는 아동들을 대상으
로 교육의 기회를 제공하였다. 이러한 교육 기관을 장로교에서는 성경
구락부, 감리교에서는 웨슬레 구락부라고 불렀다. 이 기관들은 신앙교
육을 중심으로 초등교육을 담당하였다. 1959년에 장로교는 7,000개의
성경구락부에서 7만여 명의 학생들을 교육하였고, 감리교는 1만 2천여
명의 학생들을 가르쳤다.[4]

장로교의 성경 구락부에 대한 연구는 존재한다.[5] 하지만 웨슬레 구

---

[2] 피정만, 『한국교육사이해』, 서울: ㈜도서출판 하우, 2011, 200~201쪽; 孫仁銖,
『韓國敎育史』 제2권, 서울: 文音社, 1995, 700쪽.
[3] 피정만, 『한국교육사이해』, 201쪽.
[4] 박용규, 『한국기독교회사』 제2권, 서울: 생명의말씀사, 2004, 878쪽.
[5] 김웅, 「한국 교회 성경구락부에 대한 연구」, 석사학위논문, 장로회신학대학교
대학원, 2009; 주선동, 「성경구락부의 발전과정에 관한 연구」, 석사학위논문,

락부에 대한 연구는 몇몇 역사가가 서술한 개론서 외에는 없다고 볼
수 있다. 윤춘병은 웨슬레 구락부의 설립배경과 목적, 발전과정 등을
4페이지로 소개하였다.[6] 박용규는 웨슬레 구락부의 시작과 발전과정을
1페이지 반에 걸쳐서 소개하였다. 여기에는 설립 목적, 학기, 기여한 선
교사, 회심자, 중등과정으로의 전환 등이 나온다.[7] 사우어(Charles August
Sauer)의 글에도 웨슬레 구락부에 대한 개론적인 설명이 나온다.[8] 그러
나 이러한 언급은 웨슬레 구락부에 대한 간략한 소개일 뿐 체계적인
연구로 보기는 어렵다. 웨슬레 구락부에 대한 체계적인 연구의 부재는
교회사의 영역에서 서술의 오류를 초래한다. 개교회사 중 하나는 감리
교회 역사를 개론적으로 서술하면서 웨슬레 구락부가 중등교육으로
시작했다는 뉘앙스를 보였다.[9] 웨슬레 구락부에 대한 학문적 접근이
부족하다 보니, 개교회사 서술에도 오기가 나오게 되는 것이다. 이에

연세대학교 대학원, 1975; 윤길원, 「성경구락부의 사회교육적 연구」, 석사학
위논문, 연세대학교육대학원, 1972. 이 중에서 김웅의 논문을 제외하고는 내
용을 확인하지 못했다. 그러나 제목으로 보아 성경구락부에 대한 논문임이
분명하다.

[6] 윤춘병, 『한국감리교 교회성장사』, 경기도: 韓國監理敎會史學會 監理敎 出版社,
1997, 800~803쪽.

[7] 박용규, 『한국기독교회사』 제2권, 867쪽.

[8] Charles August Sauer, "*Methodists In Korea*", Seoul: The Christian Literature
Society, 1973, pp. 213-214.

[9] 전성성, 『가양교회 반세기사(1954~2002)』, 대전: 대전문화사, 2003, 46쪽. "전
쟁 후의 상태로는 정규적인 교육의 실시가 어려웠고 농촌에서는 더욱 힘들
었기에 교회가 웨슬리구락부를 운영하여 중등교육 과정을 무료로 실시하게
되었다." 전성성, 『대전지역 감리교회사』, 대전: 기독교 대한감리회 대전남지
방, 1987, 33쪽. "중등부 교육과정인 웨슬레 구락부가 거의 무료로 교회 교육
의 연장으로 이루어 졌다는 점이다." 전성성은 각주에서 1955년부터 1959년
까지 대전지방 웨슬레 구락부 수를 기록하였다. 이때는 웨슬레 구락부가 초
등교육에 전념하던 때이다. 이때를 언급하며 웨슬레 구락부가 중등교육을 담
당했다고 하는 것은 명백한 오기이다.

웨슬레 구락부에 대한 체계적인 연구의 필요성이 제기된다 하겠다.

그리하여 본 연구는 웨슬레 구락부의 발전과정을 세밀하게 살펴볼 것이다. 웨슬레 구락부의 발전과정은 당시 대한민국의 교육정책과도 긴밀한 연관이 있었다. 또한 한국 감리교의 교회 개척 운동과도 긴밀하게 연관되었다. 더 나아가 구락부 운동은 정규 학교로 발전되기도 하였다. 웨슬레 구락부의 배경과 발전과정을 보다 구체적이며, 폭넓게 파악하는 것이 바로 본 연구의 목적이다.

II. 웨슬레 구락부의 발전과정과 선교부의 후원

웨슬레 구락부는 1954년 4월 제프리(F. B. Jeffery) 선교사와 위제하 선생이 중심이 되어 인천동지방에서 먼저 시작되었다. 만 7세-15세의 아동들을 대상으로 하였고, 3년을 수업연한으로 하되 4월 1일부터 9월 30일까지, 그리고 10월 1일부터 명년 3월 31일까지를 한 학기로 하였다. 수업은 오후와 저녁 시간에 진행되었다. 구락부라는 표현을 쓴 것은 학교 설립 기준에 미치지 못하여 학교라는 말을 쓸 수 없었기 때문이다. 도시와 농촌의 교육의 혜택을 받지 못하던 아동들에게 초등교육을 제공한다는 목적을 가진 웨슬레 구락부는 시기에 따라 그 모습을 달리하며 1971년까지 지속되었다.[10]

---

[10] 박용규, 『한국기독교회사』 제2권, 866~867쪽; Charles August Sauer, "*Methodists In Korea*", 214;「기독교 대한감리회 제8회 총회회의록」, 1958, 119쪽. 이 기록에 따르면 웨슬레 구락부는 1954년 7월에 시작되었다. 「기독교 대한감리회 동부중부남부연합연회회의록」, 1959, 207쪽. 그러나 1년 뒤의 자료에는 웨슬레 구락부의 시작이 1954년 4월이라 나온다. 1958년에 부정확하게 기록하였다가, 1년 뒤에 이를 수정하였을 수 있다. 또한 학기의 시작이 4월인 점으로

〈표 1〉 웨슬레 구락부 연도별 현황[11]

연도	1954.	1955	1956	1957	1958	1959	1960
구락부 수	175	188	201	200	218	227	237
학생 수	13,328	12,101	11,692	11,636	11,697	11,895	12,472
연도	1961	1963	1964	1965	1967	1969	1970
구락부 수	276	284	230	284	224	60	60
학생 수	12,384	13,484	10,225	12,719	10,007	3,447	3,443

웨슬레 구락부는 시작 이후 1960년대 중반까지 꾸준히 학생 수 1만 명 상회하였으며 구락부 수도 1956년부터 200개를 넘었다. 그러나 1969년도부터 갑자기 구락부의 수가 60개로 줄어들었고, 학생 수도 3천 명 정도로 줄어들었다. 이러한 성장과 약화에는 중요한 국가의 교육정책이 있었다.

먼저 국가의 초등교육 의무화이다. 앞서 언급하였듯이, 1954년에 본격적으로 의무교육 6개년 계획 실시되면서 국민학교 취학률이 높아졌다. 더 나아가 1959년에 접어들면서 서울특별시 교육당국은 가난하여 성경구락부 등 사설기관에서 공부하던 학생들에게 국민학교로 편입할 것을 지시하였고, 이러한 사설교육기관이 학령하동(6-12세)의 아동을 받아들이지 못하게 하였다. 그리하여 1959년에 사설교육기관에서 공부하던 서울의 16,934명의 아동 중 8,720명이 국민학교에 편입하였다.[12]

볼 때, 4월에 시작되었을 가능성이 높다. 유영희, "웨슬레구락부가 하는 일을 아십니까," 「감리교생활」, 1959. 1, 94. "이 사업은 1954년 봄부터 시작되었습니다." 또 다른 1959년의 자료에도 1954년 봄이 웨슬레 구락부의 시작된 때라고 나온다. 그리하여 본 연구에서는 웨슬레 구락부의 시작을 1954년 4월로 보았다.

11) 윤춘병, 『한국감리교 교회성장사』, 802쪽.
12) 「미취학아동조사」, 『경향신문』, 1959. 2. 8, 3; "九千名을 國民校에編入=公民校·私設學習所선適齡兒못받는다," 『경향신문』, 1959. 2. 19, 3. 이완철, 『양광교회

초등교육 의무화로 인해 웨슬레 구락부는 변화의 과정을 겪었다. 과거 초등 공교육이 체계를 잡기 전에 교육의 불모지인 산간벽지에서 초등교육을 대체했던 웨슬레 구락부는 시간이 지남에 따라 초등교육에서의 영향력이 약화되었다. 이에 한국 감리교는 방향 전환을 모색했다. 1960년에는 "의무교육실시에 따라 도시교회에서 보다 농촌, 특히 산간벽지, 고도에서의 사업이 앞으로는 기대"된다고 보고했다.[13] 1961년에는 웨슬레 구락부를 중등교육으로 확대할지 고민하였다. 과거 초등학교 연령층만을 대상으로 했다면, 이제는 중등부 연령까지 포함하여 교육시킬지 여부를 논의했던 것이다.[14] 그리하여 1962년에는 276개의 웨슬레 구락부 중 30%가 중등교육을 실시하였다.[15] 시간이 지날수록 웨슬레 구락부는 초등교육에서 중등교육으로 전환하여 1969년에는 전체 웨슬레 구락부 중 9개를 제외하고는 다 중고등학교 과정이었다.[16]

50년사』, 서울: 양광교회 50년사 편찬위원회, 2007, 206~207쪽. 양광감리교회는 1958년 야간 성경구락부(감리교회에서 운영했으므로 웨슬레 구락부일 것이다)를 시작하여 학교에 가지 못하는 아이들에게 한글을 가르쳤다. 이 성경구락부는 1년 후 1959에 문을 닫아야 했는데, 이것은 서울 교육당국의 지침과 관련이 있을 것이다. 어수해는 양광감리교회의 성경구락부를 6개월간 다니다가 용두국민학교 4학년에 편입하였는데, 역시 서울 교육당국의 지침 때문일 것이다. 이성삼, 『염창교회 100년사』, 서울: 기독교대한감리회 염창교회, 2005, 274~276쪽. 1955년 3월부터 웨슬레 구락부를 운영했던 염창교회도 1959년 김포교육청의 지시에 따라 1959년 9월에 폐교하고 학생들을 양천국민학교에 편입시켰다.

13) 「기독교 대한감리회 동부중부남부연합연회회의록」, 1960, 222쪽.
14) 「기독교 대한감리회 중부동부남부연회회의록」, 1961, 319쪽, 343쪽.; 「화평교회 새로 발족」, 『감리회보』, 1955. 12, 12쪽. 물론 그보다 전에 웨슬레 구락부에서 중등과정을 교육한 사례가 있다. 이제형 장로가 서울 성북구 월곡동에 개척한 교회는 낮에는 유년을 대상으로, 밤에는 중등학생들을 대상으로 웨슬레 구락부를 운영하였다. 총회 교육국 차원에서 추진하기 전에 먼저 중등과정을 교육했던 것이다.
15) 「기독교 대한감리회 중부동부남부연회회의록」, 1962, 272쪽.

1970년에는 60개의 웨슬레 구락부 중 중등과정이 54개처였고, 고등공
민학교로 발전한 것이 6개였다. 초등교육은 하나도 없었다.[17)

  두 번째로 중학교 무시험 진학제도이다. 1970년대에 들어서면서 중
등교육의 영역에서도 웨슬레 구락부가 설 자리는 줄어들었다. 1968년
2월에 중학교 무시험 진학제도가 제정되었고, 1969년에 서울을 시작으
로 1970년에는 부산, 대전, 대구, 광주, 춘천, 청주, 전주, 제주 등 10대
도시에서, 그리고 1971년에는 전국적으로 시행되었다. 이로 인해 중학
교 진학률이 1968년 55.9%에서 1969년도에 61.8%, 1970년에 66.1%,
1971년에 69.6%, 그리고 1972년에는 71.0%로 크게 높아졌다.[18) 과거에
는 중학교에 진학하기 어려운 학생들이 웨슬레 구락부를 찾았지만, 무
시험 진학제도로 인해 중학교 진학률이 높아지면서 웨슬레 구락부는
학생 유치에 어려움을 겪었다. 이러한 시대적 배경 속에서 1971년을
마지막으로 웨슬레 구락부에 대한 선교부의 지원이 중단되었다. 그리
하여 한국 감리교는 웨슬레 구락부를 농촌에서는 공민학교, 도시에서
는 직업학교로 계속하도록 장려하였다. 그러므로 1971년은 감리교 총
회 차원에서 웨슬레 구락부가 막을 내린 해라고 볼 수 있다.[19)

  웨슬레 구락부의 발전에 있어서 지대한 역할을 한 것은 바로 미국
감리교 선교부였다. 확인이 가능한 웨슬레 구락부의 연도별 결산은 아
래와 같다.

---

16) 「기독교 대한감리회 20회 중부연회회의록」, 1969, 부록 32.
17) 「기독교 대한감리회 중부동부남부연회회의록」, 1970, 322쪽.
18) 피정만, 『한국교육사이해』, 서울: ㈜도서출판 하우, 2011, 206쪽.
19) 「기독교 대한감리회 중부동부남부연회회의록」, 1971, 277쪽, 279쪽. 「기독교
    대한감리회 중부동부남부연회회의록」, 1972, 281쪽. 1972년도에 보조가 중단
    되고 자치적으로 운영한다는 언급이 있은 후 이후의 연회회의록에는 웨슬레
    구락부의 이야기가 나오지 않는다.

<표 2> 웨슬레 구락부 결산 내역

연도	1954[20]	1955[21]	1956[22]	1957[23]	1958[24]	1959[25]	1961[26]
총경비		8,360,135환	10,133,270환	11,111,974환	16,518,400환	16,689,600환	17,124,910환
선교부 보조	2,685,000환	7,000,000환($15,000)	8,491,835환($16,983.07센트)	9,250,000환($18,500)			
각 구락부 지원		6,318,000환	6,989,680환	6,724,500환			

연도	1962[27]	1963[28]	1965[29]	1968[30]	1969[31]	1970[32]	1971[33]
총경비	996,248원	1,360,158원	4,083,391원				
선교부 보조	954,163원	1,079,166원	3,594,521원				$3,000
각 구락부 지원	654,417원	760,000원	3,018,838원	2,140,000원	1,480,166원	816,000원	

*1962년 6월 10일에 환에서 원으로 화폐 개혁이 있었고, 교환비율 10:1이었다.[34]

---

20) 「기독교 대한감리회 동부중부남부연합연회록」, 1956, 185쪽. 앞선 <표 1>은 윤춘병이 감리교 회의의 기록들을 직전 해에 대한 현황 보고로 보고 정리한 것이다. 이에 연구자도 당해 회의의 기록은 직전 해의 현황으로 보고 정리하였다. 즉 1956년도 보고는 1955년에 대한 기록이다. 반면, 총회회의록에는 회의 전 여러 해의 보고가 들어있다. 또한 각 회의록에 분명하게 연도가 기록된 보고들이 있다. 이런 경우에는 보고서대로 기록하였다. 가령 1959년 연회 회의록에 1957년의 보고가 있다면 1957년으로 기록하였다.
21) 「기독교 대한감리회 제8회 총회회의록」, 1958, 122쪽.
22) 「기독교 대한감리회 제8회 총회회의록」, 1958, 122쪽.
23) 「기독교 대한감리회 제8회 총회회의록」, 1958, 122쪽.
24) 「기독교 대한감리회 동부중부남부연합연회회의록」, 1960, 245쪽, 251쪽. 1958. 6. 1-1959. 5.31까지의 결산임.
25) 「기독교 대한감리회 동부중부남부연합연회회의록」, 1961, 368쪽.
26) 「기독교 대한감리회 동부남부중부연합연회회의록」, 1962, 321쪽.
27) 「기독교 대한감리회 중부동부남부합동연회회의록」, 1963, 79쪽. 85쪽. 1962.

총 경비의 대부분을 차지했던 것은 바로 선교부 보조였다. 선교부
보조는 1965년까지 계속적으로 증가하였다. 1966년의 경우 환-원의 가
치를 고려하면 35,945,210환이다. 선교부 보조의 대부분은 각 지역의
웨슬레 구락부의 지원에 사용되었다. 1954년에는 매달 구락부에 2천환
또는 4천환씩, 1955년에는 매달 3천환씩, 1958년 6월 이후에는 매달 5천
환씩 지원하였다.35) 1961년에도 5,000환씩 지원하였다.36) 1968년부터
1970년까지는 대략 1,000원(10,000환)을 지원하였다.37) 선교부 보조는
1965-1968년을 기점으로 하여 줄어들었을 것이다. 앞서 살펴보았듯이,
1969년은 웨슬레 구락부 수가 60명으로 떨어진 시기이다. 그와 함께

---

6. 1-11.30까지의 결산임.
28) 「기독교 대한감리회 중부동부남부연합연회회의록」, 1964, 257쪽, 263쪽. 1963.
    6.1-12.31까지의 결산임.
29) 「기독교 대한감리회 중부동부남부연회회의록」, 1966, 부록 1, 4, 12. 1965. 12.
    31까지.
30) 「기독교 대한감리회 20회 중부연회회의록」, 1969, 부록 32.
31) 「기독교 대한감리회 중부동부남부연회회의록」, 1970, 322쪽.
32) 「기독교 대한감리회 중부동부남부연회회의록」, 1971, 294쪽.
33) 「기독교 대한감리회 중부동부남부연회회의록」, 1971, 279쪽.
34) https://ko.wikipedia.org/wiki/%ED%99%94%ED%8F%90_%EA%B0%9C%ED%8
    %81 (2020년 1월 20일 검색).
35) 「기독교 대한감리회 제8회 총회회의록」, 1958, 120쪽; 「기독교 대한감리회 제
    9회 동부연회회의록」, 1958, 307쪽. "현재의 二00 구락부는 개척교회 등의 기
    둥과 사회에 큰 도움을 주고 있음은 이미 다 아시는 바 현재 보조액 월 三,
    000환은 사업 상 큰 지장을 주고 있어 증액이 요청됩니다" 1958년에 증액을
    요청하였고, 이에 3,000환에서 5,000환으로 증액되었다.
36) 「기독교 대한감리회 중부동부남부연회회의록」, 1961, 341쪽.
37) 「기독교 대한감리회 20회 중부연회회의록」, 1969, 31~32쪽. 1년 보조금
    2,140,000원을 12개월로 나누고, 다시 보조받는 구락부 175개로 나누면,
    1,000원 정도가 된다. 「기독교 대한감리회 중부동부남부연회회의록」, 1971,
    294쪽. 보조금 816,000원을 12개월로 나누고, 구락부 수인 63으로 나누면 대
    략 1,000원 정도가 된다.

각지 구락부 지원이 줄어드는데, 구락부 지원의 주요 원천이 되었던 선교부 보조도 줄어들었을 것이다. 그리고 1971년을 끝으로 선교부 지원은 중단되는데, 1955년의 1/5에 해당하는 3,000불만 지원되었다. 1965년부터 1971년에 이르는 선교부 지원의 감소 추이를 짐작할 수 있다.

한편, 선교부의 지원에 있어서 중요한 역할을 한 것은 바로 인디아나 주의 교회들과 레인스(Raines Richard Campbell) 감독이었다.[38] 1955년의 15,000불은 레인스 감독의 후원이었다.[39] 또한 그는 웨슬레 구락부 교사들을 위해 의복 308상자를 보냈다.[40]

이러한 선교부의 지원은 실제로 많은 도움이 되었을 것이다. 1958년에 폐쇄된 구락부의 현황을 살펴보니, 66%가 돈이 없어서 폐쇄하였고, 학생이 없는 경우가 26%, 교사가 없는 경우가 8%였다.[41] 웨슬레 구락부의 운영에 있어서, 한국인들은 재정이 부족하였고, 외부의 지원이 없을 경우 폐쇄할 수밖에 없는 상황이었다. 이런 상황에서 선교부의 막대한 지원은 웨슬레 구락부를 운영할 수 있는 중요한 원천이 되었던 것이다.

그렇다면 총리원 교육국은 선교부 보조금을 어떻게 각지 웨슬레 구락부에 분배했을까? 보조 대상 구락부 선정과 보조액은 웨슬레 구락부 위원회에서 결정되었다.[42] 위원 구성은 선교사와 한국인들로 이루어졌다.[43] 위원회는 6월 중에 개최하였고, 이때 보조 대상 구락부와 보조액을 정했다. 가령 1회 구락부 위원회는 1956년 6월 15일 2시에 총리

---

38) 「기독교 대한감리회 동부중부남부연합연회록」, 1956, 184쪽.
39) 「감독의 편지」, 『감리회보』, 1955. 12, 2쪽.
40) 「기독교 대한감리회 동부중부남부연합연회회의록」, 1959, 209쪽.
41) 「기독교 대한감리회 제8회 총회회의록」, 1958, 122쪽.
42) 「웨슬례구락부 소식」, 『감리회보』, 1955. 8, 9쪽.
43) 「기독교 대한감리회 제9회 동부연회회의록」, 1958, 310쪽. 1958년 당시 위원: 박신오 조윤승 이철상 쩨푸리 스탁튼 쥬디 최귀덕 김폴린 박우희 안신영 한영선 윤창덕 유증서 유영희(담당간사).

원의 선교부 회의실에서 열렸고, 이때 기존에 지원을 받던 186구락부를 포함하여 200구락부를 지원하며 그와 동시에 신설 구락부를 지원하기 위해 기존의 구락부 중 20%를 자립시키기로 결정하였다.[44]

III. 웨슬레 구락부와 개척교회

웨슬레 구락부 운동은 한국 감리교회의 개척운동과 맞물려 있었다. 전후 한국 감리교회는 교회 복구에 전념하였고, "1953년 웨슬레 250주년을 맞아 기념사업으로 특별부흥전도의 해로 정하고 대부흥운동을 전개했다." 이러한 대부흥운동의 일환으로 감리교회는 100교회 신설을 목표로 교회설립운동을 추진하였다.[45]

이듬해 1954년 6월 23일부터 30일까지 대천에서 미국 감리교 대표 9인, 선교사 대표 18인, 한국 감리교 대표 25인이 회합하여 한국 감리교의 재건을 논의하였다. 그리고 세운 계획은 1957년까지 765개의 교회를 복구 및 개척하겠다는 것이었다. 이 중 개척 목표는 368개였다.[46] 그리고 실제로 한국 감리교회는 1954년에 786개에서 1956년 1,018개로 교회 수가 증가하였다.[47] 200개 이상의 교회들이 개척되었음을 짐작할 수 있다.

그런데 중요한 것은 많은 개척교회들이 웨슬레 구락부를 운영했다

44) 「56년도 새사업을 결정」, 『감리회보』, 1956. 7, 8쪽; 「응접실」, 『감리회보』, 1955. 8, 12쪽; 「공고」, 『감리회보』, 1958. 10. 11, 16쪽. 구락부 지원 대상 공고이다.

45) 박용규, 『한국기독교회사』 제2권, 873쪽.

46) 윤은석, 「6·25전쟁과 미국 감리교회의 한국 감리교회 지원: 1950년부터 1955년까지」, 『ACT신학저널』 39, 2019. 4, 73~74쪽.

47) 윤은석, 「6·25전쟁과 미국 감리교회의 한국 감리교회 지원: 1950년부터 1955년까지」, 79쪽.

는 것이다. 1960년의 기록에 따르면, "현재 각 구락부 전부가 개척교회"
였다.[48] 감리교회는 1954년부터 교회개척운동을 실시하여 1956년에 접
어들면 200개 이상의 교회가 개척되었다. 그와 동시에 웨슬레 구락부
는 1956년부터 200개 이상의 교회들에서 시행되었고, 대부분 개척교회
였다. 이것은 대부분의 개척교회들이 웨슬레 구락부를 시행했음을 말
해주는 것이다.[49]

교회를 개척하면서 웨슬레 구락부를 시행한 사례들이 있다. 1954년
감리교 신학교의 전도부는 기념사업으로 교수들과 학생들이 모은 돈
으로 천막을 치고 인천 지방에 신혁교회를 설립하였다. 그리고 1년이
지난 1955년에 초가 5간의 주택을 지었고, 이호운 교수의 지원으로 웨
슬레 구락부도 조직되었다.[50] 미아리 교회의 장로 이제형은 환갑을 맞
아 자녀들에게 환잡잔치 대신 돈을 받아서 서울 성북구 월곡동에 월세
로 개척교회를 시작하였다. 이때 이제형의 아들 이어천이 자비로 웨슬
레 구락부를 시작하였다.[51] 인천의 내동교회는 1950년 4월 내리에 살
던 오정교회의 성도들의 노력에 의해 설립되었다. 그러나 설립 2달 만
에 6·25전쟁이 발발하여 수난을 겪다가 1952년 5월에 19평의 목조 예
배당을 건축하였다. 그리고 첫 번째 목회자로 유동선 전도사가 1953년
3월에 부임하였다. 유동선은 3년간 내동교회에서 목회를 하면서 웨슬
레 구락부를 운영하였다. 그러면서 어린이들을 전도할 수 있게 되었
고, 주일학교를 시작할 수 있었다.[52]

48) 「기독교 대한감리회 동부중부남부연합연회회의록」, 1960, 222쪽.
49) 유영희, 「존경하는 동지들에게—웨슬레 구락부 교사들에게—」, 『기독교세계』,
    1968. 8, 8쪽. 웨슬레 구락부 위원회의 위원이자 교육국에서 관련 일을 맡던
    유영희는 웨슬레 구락부의 결과로 "교회가 개척"된 것을 언급하였다.
50) 「설립 한돐의 신현교회소식」, 『감리회보』, 1955. 10, 11쪽.
51) 「화평교회 새로 발족」, 『감리회보』, 1955. 12, 12쪽.

　교회 개척을 위해 먼저 웨슬레 구락부를 시행하는 경우도 있었다. 바로 은평교회였다. 1954년 5월 9일 윤성렬 목사는 교육국으로부터 매달 2,000원씩 지원을 받아 딸인 윤정숙의 집에서 은평 웨슬레 구락부를 시작하였다. 처음에는 5-6명이 참여했지만, 시간이 지남에 따라 웨슬레 구락부를 통해 주일학교도 조직되었고, 수요기도모임도 생겼다. 곧 이어 웨슬레 구락부 용도의 10평짜리의 건물도 건축되었고, 이것은 예배처로도 사용되었다. 그리고 1954년 5월 28일 은평교회 창립예배가 거행되었다.[53) 논산지방의 경우 웨슬레 "구락부 사업이 매우 활발한 바 있으며 이 구락부를 기초로 교회개척이 된 곳이 수다"하였다.[54) 강화의 여차리교회, 수원의 빛골교회도 구락부가 개척하여 세운 교회들이었다.[55)

　그렇다면 기존의 교회들이 아닌, 개척교회들이 웨슬레 구락부 설치에 앞장섰을까? 그것은 웨슬레 구락부가 주는 전도의 이점 때문이었다. 개척교회들은 지역사회를 복음화함에 있어 재정과 전도 전략의 부족을 겪을 수밖에 없었다. 그런데 웨슬레 구락부를 할 경우 한국 감리교 총리원에서 재정을 지원해주었고, 웨슬레 구락부는 지역 사회에 중요한 전도의 접촉점이 되어주었다.[56)

　실제로 웨슬레 구락부를 통해 많은 어린이들이 전도되었다. 거제도

52) 구본선, 『내동교회 60년 그리고 100년』, 경기도: 성서연구사, 2014, 130~137쪽.
53) 김영근, 『은평교회 50년사 1954-2004』, 서울: 기독교대한감리회 은평교회 50년사 편찬위원회, 2004, 39~41쪽.
54) 「논산지방 주최 웨슬레구락부 강습회 성황」, 『감리회보』, 1956. 6, 8쪽.
55) 유영희, 「웨슬레구락부가 하는 일을 아십니까」, 『감리교생활』, 1959. 1, 94쪽.
56) 「기독교 대한감리회 동부중부남부연합연회회의록」, 1959, 210쪽. "현재의 각 구락부 거의 전부가 개척교회의 인적 및 재정적인 면의 기둥의 역할을 하고 있"다는 언급은 한국 감리교 본부가 웨슬레 구락부 지원을 통해 개척교회에 큰 도움이 되었음을 짐작하게 한다.

내간교회는 웨슬레 구락부를 3개월간 진행하였는데, 200명 이상의 농촌 아이들이 등록하였고, 이 중 많은 아이들이 주일예배와 새벽기도회까지 열심히 참여하였다.[57] 또한 교육국 간사 윤정옥 등 13명이 1957년에 방문한 제주도 월정교회는 주일학생 16명이 전부 다 웨슬레 구락부 학생이었다.[58] 웨슬레 구락부에 다니는 학생들이 개신교 신앙을 갖게 되는 경우가 많았음을 알 수 있다. 통계를 보면 이를 더욱 더 잘 알 수 있다. 1958년 5월까지 감리교회는 웨슬레 구락부를 통해 30,474명의 아동들에게 교육을 제공하였고, 이 중 10,384명의 아동과 1,515명의 부모가 개신교 신앙을 갖게 되었다.[59] 교육을 제공받은 30,474명 중 원래부터 개신교인이 있었음을 감안해야 한다. 대략 원래부터 개신교인은 34% 정도 되었던 것 같고, 웨슬레 구락부에 오기 전 불신자는 66%(개종자 34%, 여전히 불신자 32%)였던 것으로 추정된다. 종합적으로 보면 대략 불신자의 52%정도가 개신교 신앙을 갖게 되었다고 볼 수 있다.[60] "공부하는 장소가 대부분 교회여서, 이 사업은 지역 선교에 상당한 공헌을 하였다"는 웨슬레 구락부에 대한 평가는 상당 부분 일리가 있다.[61]

---

57) 「불일 듯 일어나는 거제고 내간교회의 웨슬레클럽」, 『감리회보』, 1956. 7, 7쪽.
58) 윤정옥, 「제주지방 방문(訪問)기」, 『감리회보』, 1957. 6, 6~7쪽.
59) 「기독교 대한감리회 제8회 총회회의록」, 1958, 121쪽.
60) 「기독교 대한감리회 제8회 총회회의록」, 1958, 122쪽. 1958년에 웨슬레 구락부에는 68% 개신교인과 32% 비개신교인이 다니고 있었다. 이 비율이 웨슬레 구락부의 평균으로 가정하고, 이 비율을 30,474명에 적용하면, 이 중 개신교인은 20,722명 정도 된다. 그리고 개신교인 중 웨슬레 구락부를 통해 개종된 사람의 수는 10,384명이므로 원래 개신교인은 10,338명 정도 되었으리라 추정할 수 있다. 개종된 사람이나 원래 개신교인이었던 사람은 둘 다 30,474명의 약 34%정도 된다. 그리고 여기서 개종하지 않은 사람은 30,474-20,722=9,752명이 된다. 그리고 불신자의 개종 비율은 웨슬레 구락부에 오기 전 불신자 수 10,384+9,752= 20,136명이며 이 중 10,384명이 개종하였으므로 개종률은 약 52%이다.
61) 김진형, 『음성교회 100년사』, 충북: 기독교대한감리회 음성교회, 2006, 161쪽.

IV. 웨슬레 구락부와 지역사회 교육

초기 웨슬레 구락부는 신앙을 기초로 한 초등교육에 방점을 두고 있었다. 그리하여 당시 웨슬레 구락부가 진행한 수업은 성경, 국어, 산수, 자연, 예능(미술 음악)이었다. 국어의 경우 한글 첫걸음, 예수의 이야기, 웨슬레 구락부 독본이 교재로 쓰였고, 산수와 자연은 국민학교 교과서가 사용되었다. 예능의 경우 국민학교 교과서와 찬송가 등이 사용되었다.[62] 국어나 예능은 신앙을 중심으로 교재가 채택되었지만, 일반적인 교과서들도 많이 사용되었음을 알 수 있다.

신앙과 교육의 목표를 달성하려면 준비된 교사들이 있어야 했다. 그러나 웨슬레 구락부에는 신앙과 교육에 완전히 준비된 교사들이 많지는 않았다.[63] 이에 교육국 차원에서 단기 지도자 강습회를 계획하였다. 강습회에서는 "구락부관리법, 아동심리학, 교재와 교안, 성경개론, 성경지도법, 교수의 실제 비판 및 토의, 보건, 예배법, 창작활동, 음악, 게임지도, 무용 등의 과목을 강습"하였다.[64] 또한 지도자 강습회는 전국규모의 강습회와 지방 강습회로 개최되었다. 전국 강습회는 1년에 1번, 서울에서 9월 또는 10월에 5-6일 가량 실시되었다. 전국 강습회의 경우 각 구락부에서 1명 이상 참여를 의무화했다. 만일 참여하지 않으면 보

62) 「기독교 대한감리회 제8회 총회회의록」, 1958, 123쪽.
63) 유영희, 「웨슬레 구락부 강습회는 성황을 이루었었다」, 『감리회보』, 1956. 10·11, 3쪽. 당시 교육국에서 웨슬레 구락부의 업무를 담당하던 유영희는 "현재 우리 구락부 중에는 높은 학식은 가지고 있고 유능하나 신앙적으로 부족한 지도자를 가진 곳이 다소 있다. 또는 신앙적으로는 훌륭하나 목적을 달성시킬 수단과 방법에 있어 부족한 지도자를 가진 구락부도 다소 있다"라고 하였다.
64) 유영희, 「웨슬레 구락부 강습회는 성황을 이루었었다」, 『감리회보』, 1956. 10·11, 3쪽.

조금을 제한하겠다고 할 정도였다. 그리하여 참여인원은 평균적으로 100명이상 되었다. 지방의 경우 해마다 순회하며 진행되었다. 1955년엔 예산지방과 인천동지방, 1956년엔 천안지방, 부산지방, 마산지방, 1957년엔 인천동서지방, 제주지방, 강화지방, 여주지방, 서울동지방, 철원지방, 수원지방, 1958년에는 논산지방, 공주지방, 전남지방에서 실시되었다.[65]

웨슬레 구락부는 전국적으로 분포하여 그 지역사회의 교육의 사각지대를 담당하였다. 시작 5년차인 1958년에는 전국 32개의 지방회 중

〈표 3〉 감리교 지방회 별 웨슬레 구락부 수(1958년 6월까지)

서울동	서울북	한남	철원	인천동	인천서	인천남	강화
7	6	2	8	13	3	4	5
수원	이천	여주	천안	마산	충서	예산	호서
16	4	5	3	7	8	7	10
대전	공주	전북	전남	논산	대구	마산	원주
5	8	4	8	23	14	19	3
충북	부산	제주	춘천	강릉	삼척		
3	7	11	1	4			

에서 29개의 지방회에 웨슬레 구락부가 있었다.[66]

서울은 인구 밀집에 비하면 웨슬레 구락부가 많이 설치되지 않았다. 반면 논산, 제주, 대구, 수원, 인천에는 상대적으로 많은 웨슬레 구락부가 있었음을 알 수 있다. 그러나 전체적으로 본다면, 전국적으로 웨슬

---

65) 「기독교 대한감리회 제8회 총회회의록」, 1958, 123쪽; 「웨슬레구락부 지도자 전국강습회」, 『감리회보』, 1958. 8·9, 5쪽; 「웨슬레 구락부 지도자 강습회 안내」, 『감리회보』, 1956. 8·9, 4쪽; 「웨슬레구락부 지도자 강습회」, 『감리회보』, 1957. 8·9, 5쪽.
66) 「기독교 대한감리회 제8회 총회회의록」, 1958, 86, 120~121쪽.

레 구락부가 널리 설치되어 지역사회 교육에 일조했음을 알 수 있다.

웨슬레 구락부의 지역사회 교육에 일조한 정도는 졸업생들의 수와 상급학교 진학자 수를 통해 확인할 수 있다. 1954년 4월부터 4년간 웨슬레 구락부가 가르친 30,474명의 아동들 중 2,457명은 상급학교로 진학하였고, 187명은 웨슬레 구락부의 교사로 봉사하였다.[67] "이 중 월정 구락부(제주도)에서 졸업한 여학생 하나는 여학교 시험에 수석으로 입학했을 뿐 아니라 입학 후에는 장학금을" 받았다.[68] 서론에서 언급하였듯이, 1954년에는 전국적으로 567,386명이, 1959년에도 241,548명이 교육의 사각지대에 놓여있었다.[69] 연도별로 웨슬레 구락부가 교육 사각지대에 놓인 학생들을 담당한 비율은 달라지나, 웨슬레 구락부를 통해 상급학교에 진학한 학생이 2,000여명이라는 사실은 웨슬레 구락부가 대한민국의 공교육이 안정되기 전에 교육계에 기여한 바가 결코 적지 않았음을 시사한다.

일반신문의 기사를 통해서도 웨슬레 구락부의 지역사회에 대한 교육 기여를 짐작할 수 있다. 웨슬레 구락부가 지역사회 교육에 기여할수록 지역민들의 인식은 좋아지게 마련이다. 그리고 일반신문은 이를 기사화할 수 있다. 동아일보는 1954년 삼천포 교회의 웨슬레 구락부에 대해 "三개년간 계속 수업으로서 초등학교 전과정 수료정도의 실력배양을 목표로 문맹퇴치에 진력 중에 있어 읍민유지들의 칭송이 자못 큰바 있다"라고 평가했다.[70] 경향일보도 1954년부터 1962년까지 웨슬레 구락부를 운영하는 송주현에 대해 소개하며 "불우한 처녀들을 선도하

67) 「기독교 대한감리회 동부중부남부연합연회회의록」, 1959, 207쪽.
68) 유영희, 「웨슬레구락부가 하는 일을 아십니까」, 『감리교생활』, 1959. 1, 94쪽.
69) 피정만, 『한국교육사이해』, 서울: ㈜도서출판 하우, 2011, 201쪽.
70) 「文盲退治에 盡力」, 『동아일보』, 1954. 12. 20, 2쪽.

고 고된 생활 속에서도 희망을 갖게 하기 위해 헌신적인 봉사를 하고 있는 宋씨는 학교 창설 이래 2백여 명의 졸업생을 내었"다고 높게 평가하였다.[71] 당시 웨슬레 구락부에 대한 일반인들의 인식이 좋았으며, 이에 일반신문이 이를 반영했다고 할 수 있다. 그리고 더 나아가 웨슬레 구락부의 지역사회에 대한 교육적 기여가 분명했음도 추정 가능하다.

V. 웨슬레 구락부의 정규 학교로의 발전

웨슬레 구락부는 초등교육이 의무화 되고, 중학교 무시험 진학 제도가 실시되면서 점점 약화될 수밖에 없었다. 이에 웨슬레 구락부는 1960년대에 들어서면서 고등공민학교로 전환하게 되었다. 그리하여 앞서 살펴보았듯이, 1970년에는 60개의 웨슬레 구락부 중 6개가 고등공민학교였다.[72]

웨슬레 구락부에서 고등공민학교로 변화한 사례들 중 하나는 강경제일감리교회의 웨슬레 구락부이다. 강경제일감리교회의 주일학교장인 진병선 장로는 가난하여 중학교에 진학하지 못하는 교회의 학생들을 보며, 최종철 담임목사와 진창옥 장로와 협의하여 1961년에 웨슬레 구락부 중등과정을 개설하였다. 그리고 신입생으로 인해 학생 수가 증가하자 구 만동학교 자리로 학교를 이전하였고, 1963년 2월 15일에 학교명을 강성고등공민학교로 개명하고 충청남도 교육청으로부터 학교

71) 「두메서 쫓겨나는 文盲」, 『경향신문』, 1962. 11. 5, 7; 「篤志의 牧師, 私財도 털어」, 『동아일보』, 1962. 7. 30, 3. 동아일보도 송주현의 웨슬레 구락부에 대해 긍정적으로 보도하였다.
72) 「기독교 대한감리회 중부동부남부연회회의록」, 1970, 322쪽.

인가를 받았다. 강성고등공민학교는 "1964년 1월 20일에 100명의 졸업생을 배출한 이후 1973년 10회 졸업을 끝으로 학교의 문을 닫는 기간까지 약 830명의 학생을 배출하였다."[73]

　드물긴 하지만, 웨슬레 구락부에서 고등공민학교를 거쳐 정규학교로 발전한 사례가 있다. 바로 팔봉중학교이다. 팔봉중학교는 어송감리교회의 웨슬레 구락부에서 기원하였다. 어송감리교회의 정계훈 목사는 가난한 학생들을 대상으로 1966년 4월 1일에 웨슬레 구락부를 만들었다. 처음에는 4명으로 시작하였지만, 곧 40명이 되었다. 이에 정계훈

---

[73] 강승구, 『강경제일감리교회 100년사』, 충남: 기독교대한감리회 강경제일교회 100년사 편찬위원회, 2008, 118~121쪽. 여기에는 "요한 웨슬레 중학원"이라고 나오지만, 93쪽과 99쪽의 사진을 보면 웨슬레 구락부임을 알 수 있다. 이영옥, 「마산지역 고등공민학교의 역사적 고찰」, 석사학위논문, 경남대학교 대학원, 2014, 22~24쪽. 웨슬레 고등공민학교도 웨슬레 구락부와 긴밀한 관계가 있었다. "웨슬레고등공민학교는 1957년 7월 15일 설립 인가를 받은 마산고등공민학교가 전신이다." 마산고등공민학교는 북마산교회로부터 건물을 빌려서 운영하였다. 그러다가 설립자 노현섭은 1965년에 설립권을 북마산교회의 서익수에게 넘겨주었다고 한다. https://news.naver.com/main/read.nhn?mode= LSD& mid=sec&sid1=103&oid=005 &aid=0000251385 (2020년 1월 11일 검색) "역경의 열매, 서익수 (3) 야학운영 경험살려 다른 곳에도 계속 설립" 2006년 7월 17일에 입력된 기사. https://news.naver.com/main/read.nhn?mode= LSD&mid=sec&sid1=103&oid=005&aid=0000251471 (2020년 1월 11일 검색) "역경의 열매, 서익수 (4) 처음 미약한 신앙생활… 갈수록 깊은 은혜," 국민일보 2006. 7월 18일에 입력된 기사. 그러나 서익수는 조금 달리 이야기 했다. 서익수는 6·25전쟁 이후 참혹한 한국의 교육 상황에 조금이라도 기여하고자 난민학교를 운영하였다. 이런 식으로 많은 학교들이 설립이 되었고, 그러던 중 그는 학생들의 정서적 안정을 위해 기독교 정신이 필요하다는 생각을 하고 북마산 교회에 다니기 시작했다. 그리고 그는 "출석교회에서 웨슬리클럽을 시작했다." 그의 열정에 의해 북마산 교회 웨슬레 구락부는 전국적인 모범 야학이 되었고, 보조금도 받을 수 있었다. "얼마 후 웨슬레고등공민학교로 승격돼 당국으로부터 인가를 받았다." 두 자료를 종합해 볼 때, 북마산 교회 웨슬레 구락부가 발전하는 과정에서 마산고등공민학교를 인수하여 웨슬레 고등공민학교로 승격했을 수 있다.

은 목회와 교육 중 하나만을 선택해야 하는 상황에 놓이게 되었다. 정계훈은 교회를 포기하고 어송리 2구 마을에 있는 4H회관에서 웨슬레 구락부를 계속하였다. 그리고 그의 부친 정동준의 퇴직금 일부로 어송리 숫돌재 언덕의 약 1400평을 구입하고 교실을 지었다. 그러면서 교명도 팔봉중학원으로 개명하였다. 이후 1968년 2월 3일에 팔봉고등공민학교로 인가를 받을 수 있었다. 팔봉고등공민학교의 초대 교장은 정계훈이었다. 교육 과정은 3년 과정이었고, 학년마다 50명의 정원을 두어 총 6학급으로 편성하였다.[74]

팔봉중학교로의 변화는 1968년 문교부의 중학교 무시험 진학 제도와 관련이 있었다. 문교부는 이 제도의 안착을 위해 중학교가 없는 지역에 중학교를 설립하겠다는 계획을 발표하였다. 그럴 경우 고등공민학교의 폐교는 불 보듯 뻔하였다. 이에 팔봉고등공민학교는 중학교 인가를 목표로 하게 되었다. 정계훈은 그의 부모와 가족들과 상의를 하고 소와 할아버지가 물려준 논을 팔았고, 김철수라는 인물은 3,156평의 대지를 기부하였다. 그 결과 1970년 7월 27일에 학교법인 계훈학원이 설립인가를 받고 동년 8월 4일에 팔봉중학교 6학급이 예비인가를 받았다. 개교행사는 신규 모집된 120명의 학생들과 함께 1971년 3월 13일에 진행되었다.[75]

이 외에 웨슬레 구락부는 아니지만, 교회에서 시작된 성경학교가 정규학교로 발전한 사례가 있다.[76] 바로 호서중학교이다. 호서중학교는

---

74) 팔봉중학교, 『팔봉삼십년사』, 서울: 學校法人 啓薰學園 30年史 編纂委員會, 1996, 47~62쪽.
75) 팔봉중학교, 『팔봉삼십년사』, 68~69쪽, 72~73쪽.
76) 「기독교 대한감리회 제8회 총회회의록」, 1958, 118쪽. 고등성경학교는 평신도 사역자 양성을 목적으로 설립된 학교이다. 호서성경고등학교도 한국 감리교에서 운영하던 고등성경학교이었을 것이다.

당진감리교회의 조종범 목사가 호서지방회의 목사들과 함께 1956년 4월 15일 단기 성경학교(구락부) 설립을 결의하고 5월에 시작한 "호서성경고등학교"에 기원을 두고 있다. 호서성경고등학교는 수업의 대부분을 신학관련 과목으로 하는 등 일반 웨슬레 구락부와는 차이가 있었다. 호서성경고등학교는 동년 5월 26일에 명륜고등공민학교를 합병하고, 1957년 5월 12일 당진장로교회의 성경구락부를 합병하며 당진의 유일한 성경학교가 되었다. 그러나 호서지방의 교회들의 후원이 끊기면서 재정적인 어려움이 발생하여 1957년 6월 5일 지방교역자회의에서 학교 폐교를 결정하게 되었다. 이에 조종범 목사 등 관계자들은 학교 유지를 위해 노력했고, 그 결과 1957년 7월 15일 호서성경고등공민학교로 인가를 받았다.[77]

1964년 미군 8군의 지원과 조종범 목사의 헌신으로 학교는 발전해갔지만, 1966년 1월 3일 조종범 목사가 갑작스럽게 소천하면서 상황은 새롭게 전개되었다. 조종범 목사의 유족들은 재정적 어려움으로 학교를 포기했고, 당진교회도 학교의 재단 구성을 학교에 위임했다. 이에 교명은 호서고등공민학교로 변경되었고, 학교 운영은 휘문출판사의 사장인 리명휘가 맡기로 하였다. 이후 1967년 10월 23일 명휘학원이 설립 인가를 받았고, 동년 12월 13일 호서중학교가 설립 인가를, 1971년 1월 29일에는 호서종합고등학교가 인가를 받았다. 호서중학교는 정규학교로 발전하는 과정에서 학교가 외부인에게 넘겨져서 개신교적 색채는 많이 약해진 것 같다.[78]

77) 이한웅, 『당진감리교회 75년사』, 충남: 당진감리교회, 2004, 112~117쪽.
78) 이한웅, 『당진감리교회 75년사』, 충남: 당진감리교회, 2004, 122~125쪽. 박흥교 목사가 1967년부터 이 학교의 교목을 맡았다고 하며, 책이 쓰인 2004년까지 재단 이사로 활동했다고 나온다. http://hoseo.cnems.kr/sub/info.do?m=0107&s=hoseo_m, http://hoseo.cnehs.kr/sub/info.do?m=0107&s=hoseo (2020. 1. 29 검

VI. 결론

본 연구는 해방 이후 교육의 사각지대에 놓였던 학생들을 대상으로 한국 감리교에서 진행한 웨슬레 구락부의 발전과정과 그 특징을 다루었다. 웨슬레 구락부는 1954년 4월에 시작되어 선교부의 막대한 지원을 받으며 발전하되, 대한민국의 교육적 상황에 따라 그 모습을 변화하였다. 국가의 초등교육 의무화에 따라 1961년부터는 중등과정을 모색하기 시작했고, 1969년 중학교 무시험 진학제도의 시행에 따라 웨슬레 구락부는 중등과정에서도 설 자리를 잃으며 1971년에 사실상 막을 내렸다.

웨슬레 구락부는 한국 감리교의 개척운동과 밀접하게 관련되었다. 감리교가 웨슬레 250주년 기념으로 교회설립운동을 추진한 1953년과 대천에서 선교사들과 한국인들이 회합하여 교회 복구 및 개척을 계획한 1954년 6월 23일부터 30일 사이에 웨슬레 구락부가 시작되었다. 그리고 한국 감리교는 교회를 개척하면서 웨슬레 구락부를 시작하거나, 웨슬레 구락부를 통해 교회를 개척하였다. 이를 통해 개척교회들은 재정과 전도방법을 확보할 수 있었고, 실제로 웨슬레 구락부를 통해 많은 전도의 결실을 맺을 수 있었다.

웨슬레 구락부는 신앙을 통한 초등교육이라는 초기 목적을 가지고 지역사회의 교육에 일조했다. 전국적으로 분포된 웨슬레 구락부는 지역사회의 교육의 사각지대에 놓인 아동들에게 교육의 기회를 제공하였고, 이를 통해 실제로 상급학교에 진학하는 경우도 적지 않았다. 웨슬레 구락부 출신의 학생이 정규 학교를 수석으로 입학한 사례나, 일반 신문에서 웨슬레 구락부를 좋게 평가한 것은 당시 웨슬레 구락부의

색) 그러나 중고등학교 학교 홈페이지에 보면, 교목이 없는 등 전반적으로 개신교 색채는 사라진 것으로 보인다.

지역사회에 대한 교육적 기여가 적지 않았음을 보여준다.

　시간이 지남에 따라, 공교육이 안정되면서 웨슬레 구락부는 정규 학교로 발전되어갔다. 먼저 고등공민학교로 변화하였고, 대표적인 사례가 강경제일감리교회 웨슬레 구락부였다. 고등공민학교를 넘어 정규학교로 전환한 경우는 정계훈 목사의 팔봉중학교였다. 성경학교를 기원으로 정규학교가 된 것으로는 당진의 호서중고등학교가 있다. 그러나 호서중고등학교는 고등공민학교까지는 조종범 목사가 이끌었지만, 그의 사후 외부인에게 넘어가면서 개신교적인 성격은 많이 약화되었다.

　본 연구는 웨슬레 구락부의 발전과 특징들을 다루었다. 특별히 시대의 변화에 따른 웨슬레 구락부의 발전과 쇠퇴를 분석하였고, 선교사들의 지원도 언급하였다. 개척교회와 관련된 웨슬레 구락부의 특징과 웨슬레 구락부의 정규 학교로의 발전의 사례도 다루었다. 이러한 연구 결과들은 이후 웨슬레 구락부에 접근할 학자들에게 하나의 발판이 될 수 있다. 그러나 본 연구가 정규 학교로 발전한 모든 웨슬레 구락부를 다루었다고 말하기 어렵다. 연구자가 발견한 것 외에도 정규 학교로 발전한 사례들이 더 있을지 모른다. 더 많은 개교회사와 홈페이지, 그리고 국가가 발행하는 각종 통계자료를 분석해야 할 숙제가 남아 있다. 훗날 이러한 자료들을 발굴하게 되면, 더 깊은 연구가 될 수 있을 것이다.

　전쟁 후, 한국 사회가 혼란스러울 때에 한국 개신교는 서방의 개신교 친구들로부터 지원을 받아서 한국 사회에 선한 일들을 많이 했다. 교육은 그 중 하나이다. 대한민국이 어렵고 아파할 때에 개신교가 묵묵히 행했던 선한 일들이 하나씩 발굴되어져서 개신교의 공과 과가 분명히 평가받게 될 때, 이 논문이 작은 조연의 역할을 하게 되기를 바라며 본 논문에 마침표를 찍는다.

〈참고문헌〉

강승구, 『강경제일감리교회 100년사』, 충남: 기독교대한감리회 강경제일교회 100년사 편찬위원회, 2008.

구본선, 『내동교회 60년 그리고 100년』, 경기도: 성서연구사, 2014.

길 원, 「성경구락부의 사회교육적 연구」, 석사학위논문, 연세대학교육대학원, 1972.

김영근, 『은평교회 50년사 1954-2004』, 서울: 기독교대한감리회 은평교회 50년사 편찬위원회, 2004.

김 웅, 「한국 교회 성경구락부에 대한 연구」, 석사학위논문, 장로회신학대학교 대학원, 2009.

김진형, 『음성교회 100년사』, 충북: 기독교대한감리회 음성교회, 2006.

박용규, 『한국기독교회사』 제2권, 서울: 생명의말씀사, 2004.

손인수, 『한국교육운동사』 제1권, 서울: 문음사, 1994.

_____, 『韓國敎育史』 제2권, 서울: 文音社, 1995.

윤춘병, 『한국감리교 교회성장사』, 경기도: 韓國監理敎會史學會 監理敎 出版社, 1997.

윤은석, 「6·25전쟁과 미국 감리교회의 한국 감리교회 지원 : 1950년부터 1955년까지」, 『ACT신학저널』 39, 2019, 4, 59~86쪽.

이성삼, 『염창교회 100년사』, 서울: 기독교대한감리회 염창교회, 2005.

이영옥, 「마산지역 고등공민학교의 역사적 고찰」, 석사학위논문, 경남대학교 대학원, 2014.

이완철, 『양광교회 50년사』, 서울: 양광교회 50년사 편찬위원회, 2007.

이한웅, 『당진감리교회 75년사』, 충남: 당진감리교회, 2004.

전성성, 『가양교회 반세기사(1954~2002)』, 대전: 대전문화사, 2003.

_____, 『대전지역 감리교회사』, 대전: 기독교 대한감리회 대전남지방, 1987.

주선동, 「성경구락부의 발전과정에 관한 연구」, 석사학위논문, 연세대학교 대학원, 1975.

팔봉중학교, 『팔봉삼십년사』, 서울: 學校法人 啓薰學園 30年史 編纂委員會, 1996.

피정만, 『한국교육사이해』, 서울: ㈜도서출판 하우, 2011.

한국교원대학교 한국교육100년사 편찬위원회, 『韓國의 敎育學 한국의 미래교육 100년』, 제1권, 서울: 한국의 미래교육 100년과 한국교육 100년사 편찬실, 2011.

Sauer, "Charles August, *Methodists In Korea*" Seoul: The Christian Literature
　　Society, 1973.

「기독교 대한감리회 동부중부남부연합연회록」, 1956.
「기독교 대한감리회 제9회 동부연회회의록」, 1958.
「기독교 대한감리회 제8회 총회회의록」, 1958.
「기독교 대한감리회 동부중부남부연합연회회의록」, 1959.
「기독교 대한감리회 동부중부남부연합연회회의록」, 1960.
「기독교 대한감리회 중부동부남부연회회의록」, 1961.
「기독교 대한감리회 중부동부남부연회회의록」, 1962.
「기독교 대한감리회 중부동부남부합동연회회의록」, 1963.
「기독교 대한감리회 중부동부남부연합연회회의록」, 1964.
「기독교 대한감리회 중부동부남부연회회의록」, 1966.
「기독교 대한감리회 20회 중부연회회의록」, 1969.
「기독교 대한감리회 중부동부남부연회회의록」, 1970.
「기독교 대한감리회 중부동부남부연회회의록」, 1971.
「기독교 대한감리회 중부동부남부연회회의록」, 1972.

유영희, 「웨슬레구락부가 하는 일을 아십니까」, 『감리교생활』, 1959, 1.
「감독의 편지」, 『감리회보』, 1955. 12.
「웨슬례구락부 소식」, 『감리회보』, 1955. 8.
「응접실」, 『감리회보』, 1955. 8.
「설립 한돐의 신현교회소식」, 『감리회보』, 1955. 10.
「화평교회 새로 발족」, 『감리회보』, 1955. 12.
「논산지방 주최 웨슬레구락부 강습회 성황」, 『감리회보』, 1956. 6.
「불일 듯 일어나는 거제고 내간교회의 웨슬레클럽」, 『감리회보』, 1956. 7.
「56년도 새사업을 결정」, 『감리회보』, 1956. 7, 8.
「웨슬레 구락부 지도자 강습회 안내」, 『감리회보』, 1956. 8·9.
유영희, 「웨슬레 구락부 강습회는 성황을 이루었었다」, 『감리회보』, 1956. 10·11.
윤정옥, 「제주지방 방문(訪問)기」, 『감리회보』, 1957. 6.
「웨슬레구락부 지도자 강습회」, 『감리회보』, 1957. 8·9.
「웨슬레구락부 지도자 전국강습회」, 『감리회보』, 1958. 8·9.

유영희, 「존경하는 동지들에게—웨슬레 구락부 교사들에게—」, 『기독교세계』, 1968. 8, 8.

「공고」, 『감리회보』, 1958. 10·11.

「미취학아동조사」, 『경향신문』, 1959. 2. 8.

「九千名을 國民校에編入=公民校·私設學習所선適齡兒못받는다」, 『경향신문』, 1959. 2. 19.

「두메서 쫓겨나는 文盲」, 『경향신문』, 1962. 11. 5.

「文盲退治에 盡力」, 『동아일보』, 1954. 12. 20.

「篤志의 牧師, 私財도 털어」, 『동아일보』, 1962. 7. 30.

https://ko.wikipedia.org/wiki/%ED%99%94%ED%8F%90_%EA%B0%9C%ED%98%81 (2020년 1월 20일 검색)

https://news.naver.com/main/read.nhn?mode=LSD&mid=sec&sid1=103&oid=005&aid=0000251385 (2020년 1월 11일 검색) "역경의 열매, 서익수 (3) 야학운영 경험살려 다른 곳에도 계속 설립" 2006년 7월 17일에 입력된 기사.

https://news.naver.com/main/read.nhn?mode=LSD&mid=sec&sid1=103&oid=005&aid=0000251471 (2020년 1월 11일 검색) "역경의 열매, 서익수 (4) 처음 미약한 신앙생활… 갈수록 깊은 은혜," 국민일보 2006. 7월 18일에 입력된 기사.

http://hoseo.cnems.kr/sub/info.do?m=0107&s=hoseo_m;http://hoseo.cnehs.kr/sub/info.do?m=0107&s=hoseo (2020. 1. 29 검색)

한국 기독교 대안학교의 발전과 전망

박창훈

I. 글을 시작하며

한국현대사회의 교육부분에서 최근 가장 두드러진 현상 가운데 하나는 전통적인 공교육의 한계를 지적하며 다양한 대안교육을 모색하는 움직임이다. 대안교육은 처음에는 해외의 이론과 사례의 소개로부터 시작되어, 점차 한국의 현실에 맞는 학교들을 소개하기 시작했다. 대안학교는 공교육을 담당하고 있는 정부의 교육정책에 대한 비판과 대응에서 시작되었다. 실제로 과열된 입시경쟁으로 인한 조기유학, 학교폭력 등에 대한 강구책, 즉 전통학교에 대한 부정에서 출발하였다. 그래서 대안학교는 단순히 다른 학교를 만드는 것이 아니라, 다른 교육철학에 기초한 운동이라고 할 수 있다.

기독교 대안학교는 대안학교 가운데, "고유이념추구형 대안학교"로 나타났다. 이제까지의 기독교 학교(Mission School)가 지나치게 정부주도의 교육정책을 따르다가 결국은 기독교의 정체성을 잃어버린 세속적인 교육에 휩쓸렸다는 판단과 함께 시작된 운동이었다. 이 과정에서 공교육에서 사각지대에 있었던, 장애학생, 부적응학생, 해외체류경험 학생 등에 대한 전문교육의 필요가 있었던 것이다. 그리고 현재는 농업, 공학, 예능 등 전문교육기관이 생기고 있다.

　기독교 대안학교에 대한 연구는 주로 신학대학교의 기독교교육의 관점에서 수행되었다. 그래서 기독교교육이라는 비전과 그에 대한 효과를 중심으로 서술되었다. 그러나 대부분의 연구가 신앙교육이라는 관점에서 접근하여, 종교인의 신앙고백적인 차원을 넘어서지 못하고 있다. 그래서 한국사회의 교육정책과 사회변화와의 연관성에서 연구가 진행될 필요가 절실하다. 아울러 교육을 담당하는 학교의 입장이 아닌, 학생의 학습권과 학부모의 기대심리에 대한 고려도 함께 되어야 한다. 그리고 보다 더 큰 그림에서 어떻게 한국현대사회의 교육영역에 기여했는가를 밝혀야 할 것이다.

　이와 같은 연구의 필요성을 갖고, 이 글은 "1990년대 이후 초등학교부터 고등학교까지의 연령층을 대상으로, 공교육제도로서의 학교 교육을 전면적 혹은 부분적으로 거부하며, 일부 학부모와 교사, 교육 운동가를 중심으로 민간부분에서 다양한 가치를 추구하는 교육 실천"을 대안교육이라 하며, 대안학교는 이러한 실천이 학교 형태로 진행되는 것"이란 의미로 사용하고자 한다(강대중, 2002: 19).

　이 글에서는 먼저 대안학교가 한국현대사회에서 생기게 된 발생배경을 역사적으로 살피고자 한다. 여기서 대안학교의 사상적인 배경과 제도적인 변화에 대한 언급을 포함할 것이다. 또한 대안학교의 설립목적과 교육과정을 통하여 대체적인 유형화를 시도해 볼 것이다. 아울러 기독교 대안학교의 발생배경과 유형, 그에 맞는 사례를 찾아보려고 한다. 마지막으로 대안학교의 전망과 과제, 그리고 결론을 도출해 보고자 한다.

　결국 대안교육, 더 나아가 기독교 대안학교를 표방한 여러 학교가 있으며, 저마다 공교육의 한계를 극복하고, 새로운 교육의 장을 만들어야 한다는 절실함으로 출발하여 현실적인 문제와 장벽을 극복하여 왔다는 실제적인 성과를 드러내는 것이 이 글의 내용이 될 것이다. 전체적으로 대안학교가 출현한 지 한 세대가 되는 시점에서 돌아보니, 교육주체들의 민주적인 의식의 성장 그리고 교육현장의 다양한 모델들을 개발했다는 것을 보여주고자 한다.

II. 대안학교의 발생배경과 그 유형

1) 사상적 배경

　대안교육 그리고 이를 실현하기 위한 대안학교 운동은 1960년대 이후 세계적인 현상 가운데 하나였다. 냉전시대가 점점 약화되어가고 이념에 대한 연구가 상대적으로 자유로워지면서, 비판적인 교육가들은 근대화를 이끌었던 획일적인 교육에 문제를 제기하기 시작되었다. 기존제도에서 필요로 하는 인간을 만들고자 하는 근대 교육이 인간의 자유로운 자아실현이라는 민주적인 교육목적을 방해하고 있다고 비판한 새로운 교육은 독일(Refompadagogik), 프랑스(education nouvelle), 이탈리아(attivismo), 그리고 영미권(progressive education) 등에서 동시에 일어났다(황규석, 2003: 7).[1] 특히 중남미의 "제3세계"에서도 대안학교 운

---

[1] 명문대학 입시위주의 교육풍토를 비판적으로 그린 "죽은 시인의 사회(Dead Poets Society)"라는 영화가 가상으로 설정한 시기도 1959년 미국 버몬트의 엘

동이 일어났는데, 세계교회협의회(WCC)에서 활동한 브라질 교육학자 파울로 프레이리(Paulo Freire)의 『피압박자의 교육학』(*The Pedagogy of the Oppressed*)(Freire, 1979: 17), 푸에르토리코 가톨릭대학교(Catholic University of Puerto Rico)에서 활동한 교육가 에버렛 라이머(Everett Reimer)의 『학교는 죽었다』(*School Is Dead: An Essay on Alternatives in Education*)(Reimer, 1971), 라이머와 함께 활동했던 가톨릭 사제 이반 일리치(Evan Illich)의 『탈학교의 사회』(Deschooling Society) 등의 저서는 대안학교를 찾으려는 흐름을 보여주었다.[2]

대안학교에 대한 국내적인 배경으로는 1987년 6월 민주항쟁 이후, 교육현장의 요구를 지적할 수 있다. 1986년 5월 10일 "교육민주화선언" 을 주도했던 교사들은 1987년 9월 27일 "민주교육추진 전국교사협의 회"를 창립했고, 1989년 5월 28일 "전국교직원노동조합"을 만들었다. 그러나 교사들의 노동조합을 인정하지 않는 정부 당국과의 마찰로 1,527명의 교사들이 해직하는 사태를 맞았다. 1999년 7월 1일 전교조는 "임의단체"로 합법화는 되었으나,[3] 그 사이 전교조 교사들은 '공교육

리트 기숙학교이다. https://en.wikipedia.org/wiki/Dead_Poets_Society (2020년 5월 8일 접속).

[2] 이 책들은 모두 1965년부터 1974년 사이 영국의 "펭귄교육특별선(Penguin Education Specials)"으로 출판되었다. https://en.wikipedia.org/wiki/Penguin_Edu cation (2020년 5월 6일 접속). 1990년대 초반 대안학교 논의를 다룬 「녹색평론」(1991년부터 출간)의 주요 서평대상이었다. http://greenreview.co.kr/all-ma gazines/page/22/ (2020년 5월 8일 접속). 현재도 한국에서 대안교육을 추구하는 학교들에서 계속 언급하는 책들이다. http://cafe.daum.net/docham1318/UYg 6/8?q=%ED%83%88%ED%95%99%EA%B5%90%20%EC%82%AC%ED%9A%8 C "도시속 참사람학교"는 2001년 광주광역시에 설립된 대안학교이다(2020년 5월 6일 접속).

[3] https://www.eduhope.net/web/eduhope/introduce/eduhope_introduce2020.php?menu_ id=1010#img_e (2020년 5월 7일 접속).

현장에서' 문제들을 지적하고 "민족, 민주, 인간화"라는 교육이념을 제
시하며 집단적으로 구조적인 변화를 시도하였다(이종태, 2002: 133).
그러나 집단의 노력이 좌절되면서 이들 가운데 해직이나 은퇴 후 대안
학교 운동에 참여한 교사들이 생겨났다.[4]

　이와는 다르게, 강대중은 대안학교의 배경으로 공교육에 있어서 교
육과정과 교과서의 획일성을 지적한다(강대중, 2002: 24-25).[5] 이는 입
시위주의 교육을 강화시켜 1990년대 급격히 늘어난 학생들의 자살현
상으로 나타났다고 진단하면서(이종태, 2002: 135), 이종태는 이런 전
반적인 현상을 "학교 붕괴"라고 언급했다(이종태, 2002: 11). 그리고 이
런 획일성에 반발하여 민간의 자발적인 교육운동으로서, 대안사회라
는 거대담론보다는 입시위주의 성적만능현상에 지친 학생들에게 다양
한 경험을 제공한다는 취지로, "또 하나의 문화"라는 단체에서 1986년
부터 1993년까지 20회에 걸친 초등학교 캠프를 시작하였는데, 이 운동
이 실제적으로 대안학교 운동이 시작된 계기였다(강대중, 2002: 24-25).
같은 시기의 비슷한 모임들 가운데 "다솜학교"(1990년) "창조학교"(경기
도 광명, 1992년), "민들레 만들래"(대구, 1993년), "자유학교 물꼬"(1993
년), "창조학교"(부산, 1994년), "여럿이 만드는 학교"(경기도 성남, 1994
년), 중고생을 위한 "따로 또 같이 학교"(1995년), "들꽃 피는 학교"(안

---

4) 이강산, "대안교육을 찾아서," http://cafe.daum.net/S2000/63o/ 186?q=%ED%95
　%B4%EC%A7%81%EA%B5%90%EC%82%AC%EC%99%80%20%EB%8C%80
　%EC%95%88%ED%95%99%EA%B5%90 (2020년 5월 8일 접속). 대안교육을
　대안사회와 연관하여 생각했던 사람들 가운데, 야학운동 또는 농민운동을 했
　던 사람들 가운데 자신들의 자녀들을 새로운 환경에서 키우고자 한 이들의
　움직임도 있었다.
5) 1949년 12월 31일 제정된 "교육법"(150조, 155조, 157조)부터 1998년 1월 13일
　제정된 "초·중등 교육법"(23조, 29조)까지 교육과정은 대통령령으로, 교과서
　는 교육부의 검·인정교과서로 지정하고 있다.

산, 1996년), "꾸러기학교"(1992년), "공동육아협동조합"(1994년) 등이 있었다(이종태, 2002: 136).

다양한 형태로 캠프와 수련회 모임을 주도한 주체들은 공교육에 대한 공통된 문제의식을 가진 연대적인 운동을 시도하게 되었는데, 그것이 바로 "새로운 학교를 만드는 모임"이었다. 17개 단체 47명이 참석한 첫 모임은 1995년 2월 25일 유성에서 모였고,[6] 그 다음 해 1월 27-28일 대전에서 2차 모임을 가졌다(강대중, 2002: 26-27).[7] "새로운 학교를 만드는 모임"은 고려대학교(1996년)와 성공회대학교(1997년)에서 연차적으로 "대안교육 한마당"이라는 워크숍을 개최하였다(이종태, 2002: 137-138). 그리고 이러한 배경에서 1997년 3월 9일 첫 대안학교인 간디청소년학교가 설립되었다(이종태, 2002: 140).

간디청소년학교는 교육당국이 법적으로 인정하지 않는 전일제 기숙사형 학교이며, "시골에 위치한 은둔형 농촌학교"란 이미지와 함께 많은 관심을 끌었다. 미국 UC산타바바라 (University of California, Santa Barbara)에서 철학을 공부하고 돌아온 양희규 박사는[8] 처음 1994년 12월 귀농의 뜻을 둔 사람들과 농촌공동체를 산청에 세웠다. 1995년 11월과 12월 「녹색평론」을 통해 10명의 예비교사를 모아, 1996년 여름과 겨울의 계절학교 경험을 거쳐, 간디의 단순함, 노동, 공동체 정신을 이

---

[6] http://blog.segye.com/ysm0201/170570 (2020년 5월 8일 접속).

[7] 1995년 7월 4-5일 서울평화교육센터 주관으로 "대안교육 탐색을 위한 워크숍"이 경기도 수지에서 있었고, 이 자리에서는 공교육 내부에서의 "열린교육"의 성공적인 사례로 거창고등학교, 풀무농업고등기술학교, 성지고등학교 등의 사례 발표와 확산 가능성을 논의했는데, 이 모임도 2차 모임에 합류하게 되었다.

[8] "『10대 너의 행복에 주인이 되어라』 양희규 저자 인터뷰," http://blog.naver.com/PostView.nhn?blogId=geuldam4u&logNo=220648749921 (2020년 5월 9일 접속).

어받자는 의미를 담아, 1997년 27명의 학생으로 중학교 1학년부터 고
등학교 1학년 과정을 시작하였다.[9]

2) 제도적 변화: 특성화학교, 자율학교, 혁신학교

학교 현장에서의 문제와 그로 인한 대안학교의 설립이 기정사실로
되자, 교육당국이 대안학교 형태를 제도적으로 합법화하도록 조치를
취하기 시작했다. 대안학교 운동은 민간차원의 운동이었으나, 동일한
시기에 공교육을 주도하는 교육 당국의 정책적인 변화가 나타난 것이
다. 교육 당국의 변화의 이유는 첫째, 중도탈락학생들에 대한 대안부
재로 청소년범죄가 증가하고 있었고, 둘째, 대안학교 형태를 통해 획일
화된 공교육을 개혁하는 방편으로 삼으려는 것이었다(강대중, 2002: 27).

1990년대 후반 중·고등학교의 중도탈락자, 소년범죄자, 학생범죄자
가 증가하고 있다는 현실에 대해서(강대중, 2002: 29-34),[10] 교육당국은
1996년 12월 10일 "학교 중도 탈락자 예비 종합 대책"을 내놓았다. 그
리고 1997년 3월 30일 "대안학교 설립 및 운영 지원 계획"을 통해, 처음
정부가 대안학교를 설립하려던 계획을 바꾸어 민간에서 세운 5개 대
안학교를 포함하여 6개의 대안학교를 지정해 60억을 지원하겠다는 것이

---

9) http://gandhi-h.gne.go.kr/gandhi-h/cm/cntnts/cntntsView.do?mi=129280&cntntsId=1
8097 (2020년 5월 9일 접속).

10) 1993년부터 1997년까지 전체 학생수(중학교, 일반계·실업계 고등학교)는
4,480,084명에서 4,517,008명으로 0.8% 증가하였지만, 중도탈락자는 68,723명
에서 84,433명으로 22.9% 증가하였고, 소년범죄자(0-18세)는 110,604명에서
150,199명으로 35.8% 증가하였으며, 학생범죄자는 46,259명에서 78,239명으
로 69.1% 증가하였다. 동일한 시기에 전체 범죄자 중 소년 범죄자 구성비도
6.4%에서 7.5%로 증가했고, 소년범죄자 가운데 학생 범죄자 비율도 41.8%에
서 52%로 증가하였다.

었다. 그리고 같은 해 6월 "고교 설립 준칙주의"를 통해 한 학급에 20명 3개 학년 60명으로도 운동장 없이 건물만으로 학교가 설립될 수 있도록 기준을 낮추었다. 그러나 교육 당국은 "대안학교"라는 명칭의 사용을 멈추고, "특성화학교"라는 말을 사용하여, 1998년 3월 간디학교, 양업고, 성지고, 원경고, 화랑고, 한빛고 등 6개 학교를 특성화고등학교로 인가하였다(강대중, 2002: 29-34).

1998년 3월부터 시행된 「초·중등교육법」"제61조(학교 및 교육과정 운영의 특례) ①학교교육제도를 포함한 교육제도의 개선과 발전을 위하여 특히 필요하다고 인정되는 경우에는 대통령령이 정하는 바에 의하여 제21조 제1항·제24조 제1항·제26조 제1항·제29조 제1항·제31조·제39조·제42조 및 제46조의 규정을 한시적으로 적용하지 아니하는 학교 또는 교육과정을 운영할 수 있다. ②제1항의 규정에 의하여 운영되는 학교 또는 교육과정에 참여하는 교원 및 학생 등은 이로 인하여 불이익을 받지 아니한다."[11]고 하여 학교장의 교육과정에 대한 자율성을 부여하였다. 또한 「초·중등교육법 시행령」제76조(특성화중학교), 제91조(특성화고등학교)를 정하여, 제105조(학교운영의 특례) ③를 통해 "자율학교" 범주에서 관리하도록 하였다: "③교육부장관은 다음 각 호의 학교에 대하여는 교육감으로 하여금 자율학교를 지정·운영하게 할 수 있다. 1. 법 제28조의 규정에 의한 학습부진아 등에 대한 교육을 실시하는 학교, 2. 개별학생의 적성·능력을 고려한 열린교육 또는 수준별 교육과정을 운영하는 학교, 3. 특성화중학교, 4. 특성화고등학교,

---

[11) 「초·중등교육법」 (시행 1998. 3. 1.) [법률 제5438호, 1997. 12].
http://www.law.go.kr/LSW//lsInfoP.do?lsiSeq=3500&ancYd=19971213&ancNo=05438&e fYd=19980301&nwJoYnInfo= N&efGubun=Y&chrClsCd=010202&ancYnChk=0#0000 (2020년 5월 9일 접속).

5. 기타 교육부장관이 특히 필요하다고 인정하는 학교."[12)

   정리하자면, 대안학교를 제도적으로 받아들여 특성화학교와 자율학교를 허락한 것이다. "특성화학교"에 대해서는 한동안 퇴학당한 학생들의 학교라는 이미지로 인해, 학교설립 예정부지 주민의 반대도 적지 않았다. 그러나 "자율학교"라는 이름을 통하여서는 입시위주의 획일적인 주입식교육에서 벗어나 학생들의 다양한 소질과 적성과 능력에 맞는 열린교육의 교육과정을 시행할 수 있다는 가능성도 열어 놓았다. 즉 민간차원의 대안학교를 제도권으로 흡수하면서, 재정 지원은 하되 규제는 하지 않으며, 교장자격기준완화, 교재선택 자유, 특별교부금 지원, 3년간 평가제외 등의 특혜를 주기 시작한 것이다(강대중, 2002: 29-34).

   자율학교는 1999년 14개, 2000년 1개, 2001년 6개, 2002년 19개 신설되었고, 2006년에는 초등학교를 포함하였으며, 2009년에는 지역적인 확산을 하여 2010년까지 2,286개까지 확대되었으며, 이는 전체 학교의 20.3%에 해당한다(김민조, 2011: 18).[13) 2009년 통계로 보면, 고등학교의 경우는 농어촌우수학교(94개교, 37.9%), 특성화학교(76개교, 30.6%), 중학교와 초등학교는 "교장공모제"로 인한 이유가 다수였다(김민조, 2011: 9, 4).[14)

---

12) 「초·중등교육법시행령」 (시행 1998. 3. 1.) [대통령령 제15664호 1998]. http://www.law.go.kr/LSW/lsInfoP.do?lsiSeq=32010&ancYd=19980224&ancNo=15664&efYd=19980301&nwJoYnInfo=N&efGubun=Y&chrClsCd=010202&ancYnChk=0#0000. (2020년 5월 9일 접속).
13) http://edpolicy.kedi.re.kr/cmm/fileDownload.do?nTbBoardArticleFileSeq=10559 (2020년 5월 9일 접속).
14) 고등학교에는 일반고, 특목고(과학고, 외국어고, 국제고, 예술고, 체육고, 마이스터고), 특성화고(직업관련 전문계고, 대안형), 자율고(자율형 사립·공립고) 등이 있다. "자립형 사립고는 사립학교의 건학이념에 따라, 교육과정과 학사

〈표 1〉 자율학교 신규지정 학교수 (김민조, 2011: 8)

학교구분	2002	2003	2004	2005	2006	2007	2008	2009	2010
초등학교	0	0	0	0	2	21	6	407	504
중등학교	0	0	1	5	3	8	13	201	316
고등학교	19	12	14	15	63	44	31	232	358
전 체	19	13	15	20	68	73	50	840	1178

2006년부터 경기도에서부터 시작된 혁신학교는 2010년 6월 2일 지방 선거에서 당선된 진보적인 교육감들을 통해 전국적으로 시도되었다. 혁신학교는 학급 인원을 25명 이하로 제한하여 소규모 학교로 운영하며, 입시위주의 획일화된 교육체계에서 벗어나 주도적이고 창의적인 학습능력을 배양하기 위한 새로운 학교 형태이다.[15] 혁신학교의 특징은 보다 민주화적인 방식으로 교육과정과 학교운영에 학교 구성원이 참여하게 하려는 의도를 갖고 있으며, 학교 현황을 분석한 뒤 이를 토대로 학교상을 세우고 실천 과제를 찾는 과정을 거쳐 혁신학교에 지원할 수 있다. 그리고 혁신학교에 선정되면 교육 당국은 교사의 안정적 근무와 행정 인력을 지원하여, 학교는 연간 1억 내외의 예산을 4년간 받을 수 있다.[16]

운영을 자율적으로 운영하고, 학생과 학부모의 선택과 평가에 의해 책무성이 보장되는 고등학교이다. 또한 자립형 공립고는 학교운영 등에 자율성·책무성을 부여하고, 교육과정 및 프로그램을 특성화·다양화하여 질 높은 교육을 실현하는 학교로 2007년부터 시범적으로 운영중이던 개방형 자율학교를 확대 발전시킨 모델이다." 그런 의미에서 자율학교는 초·중·고 모두를 포함하며, 한시적으로 운영된다면 점에서 자사고와는 다르다. 2020년 현재 38개교이다. http://edpolicy.kedi.re.kr/cmm/fileDownload.do?nTbBoardArticleFileSeq=10559 (2020년 5월 9일 접속).

[15] https://100.daum.net/encyclopedia/view/18XXXXXX2603 (2020년 5월 9일 접속).

[16] 강성란, "난 네게 반했어! 마음 속 학교를 꿈꾸다," 「교육희망」 (2010년 10월 4일), http://news.eduhope.net/sub_read.html?uid=12350 (2020년 5월 9일 접속).

교육 당국은 2005년 「초등교육법」 60조 3항에 "대안학교"를 신설하면서, 대안학교의 설립근거를 마련하여 교육과정(수업)과 운영(초중고 통합) 등에 자율성을 부여하였는데, 기존의 학력 미인가(비인가)[17] 대안학교를 각종학교로 편입하여, 양성화하려는 계획이었다.

① 학업을 중단하거나 개인적 특성에 맞는 교육을 받고자 하는 학생을 대상으로 현장 실습 등 체험위주의 교육, 인성위주의 교육 또는 개인의 소질·적성 개발위주의 교육 등 다양한 교육을 실시하는 학교로서 제60조 제1항에 해당하는 학교(이하 "대안학교"라 한다)에 대하여는 제21조 제1항, 제23조 제2항·제3항, 제24조 내지 제26조, 제29조 및 제30조의4 내지 제30조의7의 규정을 적용하지 아니한다.
② 대안학교는 초등학교·중학교·고등학교의 과정을 통합하여 운영할 수 있다.
③ 대안학교의 설립기준·교육과정·수업연한·학력인정 그 밖에 설립·운영에 관하여 필요한 사항은 대통령령으로 정한다. [본조신설 2005. 3. 24.][18]

2011년 6개 지역 150여개의 혁신학교가 출범했으며, 전교조는 "새로운학교분과"를 통해, 혁신학교 운동에 적극 참여하고 있다. "새로운 학교네트워크" http://www.newschoolnet.kr/bbs/content.php?co_id=edu_networks (2020년 5월 9일 접속).

17) 교육 당국은 "미인가"라는 말을 사용하여 제도권 안으로 포함시키려는 의도를 드러내는 반면, 대안학교의 고유 이념을 강조하는 학교는 "비인가"라는 말을 사용한다.

18) 「초·중등교육법」(시행 2005. 9. 25.) [법률 제7398호, 2005. 3]. http://www.law.go.kr/LSW//lsInfoP.do?lsiSeq=67141&ancYd=20050324&ancNo=07398&efYd=20050925&nwJoYnInfo=N&efGubun=Y&chrClsCd=010202&ancYnChk=0#0000 (2020년 5월 12일 접속). 상대적으로 미인가(비인가) 대안학교의 경우는 교육감의 인가 없이 학생을 모집하여 "학교"라는 말을 사용하여 전일제로 운영하기에 법적으로는 불법인 것이 명확해졌다. 김철주, 고병철, "한국 종립 대안학교의 종교교육과 대안성," 「정신문화연구」 34(3) (2011), 96 각주.

이후 대안학교는 2010년까지 150여개의 학교가 설립되어 확산되었는데(민들레 편집부, 2010: 8), 2017년 현재 교육부가 발표한 인가된 대안학교는 모두 71개교이며,[19] 2014년 교육부에 발표한 미인가(비인가) 대안학교는 모두 170개교이다.[20] 그러나 비인가 대안학교의 통계는 정확하게 파악할 수 없다. 혹자는 2017년까지 400개로 추산하기도 하고,[21] 대안교육학회는 899개교로 그 2배 이상을 제시하기도 한다.[22] 이 가운데 50% 이상이 기독교 대안학교이며,[23] 기독교 대안학교의 다수는 비인가 학교이다. 2020년 현재 대안교육연대에 회원 52개교,[24] 한국기독교대안학교연맹에 회원 76개교[25]의 회원학교를 파악할 수 있다.

3) 대안학교의 유형

대안학교가 교육당국의 지원을 받을 수 있게 되면서, 민간차원의 대안교육을 지향하였던 대안학교들에서는 또 다른 문제에 봉착하였다.

---

19) 교육부, "2019년 대안학교 및 대안교육 특성화학교 현황" https://www.moe.go.kr/boardCnts/view.do?boardID=316&lev=0&statusYN=W&s=moe&m=0302&opType=N&boardSeq=77266 (2020년 5월 12일 접속).

20) 교육부, "14년 미인가 대안교육시설 현황조사 결과" https://www.moe.go.kr/newsearch/searchTst.jsp (2020년 5월 12일 접속).

21) "기존 대안학교에 대한 연구" http://blog.naver.com/PostView.nhn?blogId=damiano2000&logNo=221867588680 (2020년 5월 12일 접속).

22) "대안학교 내실화 위해 교육진흥법 통과되어야"「기독신문」2017년 11월 17일. http://www.kidok.com/news/articleView.html?idxno=106429 (2020년 5월 12일 접속).

23) 차영회, http://www.casak.org/ (2020년 5월 11일, 음성통화).

24) "대안교육연대" https://www.psae.or.kr/introduce/%ec%a1%b0%ec%a7%81/ (2020년 5월 9일 접속).

25) "한국기독교대안학교연맹" http://www.casak.org/ (2020년 5월 9일 접속).

이른바 인가학교가 되고자 하는 기대와 요구가 강화된 것이다. 이 문
제는 첫 대안학교였던 "간디청소년학교"가 비인가로 시작했다가 바로
그 다음해 1998년 특성화고등학교가 된 것이다. 특성화고등학교가 되
면서 대안학교는 독자적인 교육과정을 국가에서 정한 교육과정과 함
께 편성하여 교육 당국에 보고를 해야 하고 이를 바탕으로 수업이 진
행되었다(강대중, 2002: 63-64). 이 과정을 통해 간디학교는 많은 관심
을 받게 되었고 지원자들이 폭증했으나, 간디학교의 중학교과정이 비
인가의 형태로 운영되다가 2001년 중학교과정은 경남 교육청의 해산
명령을 받게 되었다. 이로 인해 양희규 교장은 간디고등학교를 남기
고, 학교 설립정신인 간디의 이념을 유지하며 자율성을 유지하기 위
해, 비인가 중학과정을 산청에 독립하고 금산에 비인가 간디고등학교
를 새롭게 설립하였다(강순원, 2013: 107).

이와 같이 인가와 비인가는 대안학교를 크게 둘로 나누는 분기점이
되었다. 인가를 받기 위해서 교육부에서 지정한 국민공통기본교육과
정을 수행해야 하므로 기본적인 수업일수(180일)는 채워야 한다.[26] 인
가학교는 졸업한 학생들이 상급학교에 진학할 수 있는데, 비인가 학교
의 졸업생은 상급학교 진학을 위해서는 검정고시를 보아야 한다. 물론
비인가 대안학교를 상급학교로 선택할 경우는 예외이다. 교육감의 인
가가 없으므로 비인가 대안학교는 위법적인 요소가 있다.

인가와 비인가로 나누어보면, 대안학교가 교육 제도와 어떤 관계에
서 있느냐에 따라서 형태상 세분화 할 수 있다. 첫째는 "제도 안" 대안
학교이다. 기존의 학교제도 안에서 내용적으로 새로운 교육을 시도하
는 학교이다. 홍성 풀무원고등기술학교, 완주 세인고등학교 등 특성화

---

[26] https://namu.wiki/w/%EB%8C%80%EC%95%88%ED%95%99%EA%B5%90
(2020년 5월 15일 접속).

고등학교, 자율학교, 혁신학교 등이 이에 해당한다. 둘째는 "제도 밖" 대안학교이다. 기존의 학교제도에 편입되기를 거부하고 새로운 형식 과 내용을 가지고 교육을 하고 있다. 서산 꿈의 학교, 변산 공동체학 교, 산청간디학교, 대구 민들레만들래, 두밀리 마을학교 등이다. 셋째 는 "제도 곁" 대안학교이다. 기존의 학교교육을 그대로 유지하며, 방과 후, 주말 또는 방학을 이용하는 학교이다(강대중, 2002: 39-40, 45-48).[27]

최근에는 대안학교에서 추구하는 교육적 가치를 기준으로 구분하려 는 시도들이 있다(이종태, 2002: 119). 첫째, 자유학교형은 기존 학교에 서 학생들을 지나치게 통제하고 억압했다는 반성과 함께, 교사중심의 교육에서 학생들의 가능성에 무한한 가치를 두고 학생들을 최대한 존 중하는 형태이다. 비인가 간디청소년학교의 초기 모습이 이에 해당한 다고 할 수 있다. 둘째, 생태학교형은 생태주의 이념에 입각하여, 자연 과 공존하는 인간의 모습을 실현하려는 교육이념에 따라, 마을공동체 의 학생들을 가르치는 형태를 말한다. 간디청소년학교, 푸른꿈 고등학 교, 실상사 작은학교, 변산공동체학교 등의 모습이다. 셋째, 재적응학 교형은 일반학교에 적응하지 못하는 학생을 주로 대상으로 한다. 특성 화학교에 포함되는 학교들로, 세인고등학교, 영광 성지학교, 화랑고등 학교, 원경고등하교, 양업고등학교, 동명고등학교, 두레자연고등학교 등이다. 마지막으로, 고유이념 추구형은 대표적으로 오스트리아의 루

---

27) 이런 형태상의 구분으로 본다면, "제도 밖"의 학교들을 본래적 의미의 대안학 교로 보아야 한다는 주장은 다양한 형태의 비제도권 학교를 대안학교로 포함 해야 하는 문제가 파생한다. 예를 들어, 직업교육기관, 학원, 교회를 비롯한 사회단체나 대학생들의 야학 등을 대안학교의 범주에 포함할 수는 없기 때문 이다. 강대중은 제도화형(수용형과 타협형), 갈등형, 제도이탈형(갈등유예형, 무관심형) 등 5가지로 세분화하였고, 이것을 교육권과 학습권의 관점에서 입 체적으로 표현하였다.

돌프 슈타이너(Rudolf Steiner)의 인지학에[28] 입각한 "발도르프(Waldorf)
학교"를[29] 지적할 수 있으며, 대개의 기독교 대안학교는 이 유형에 해
당한다. 물론 하나의 교육적 가치만으로 대안학교를 구분하는 것은 불
가능하다. 하나를 추구하면서도 다른 요소들을 포함하기 때문이다.

Ⅲ. 기독교 대안학교의 발생과 유형

일제강점기와 해방이후 장로교회의 성경구락부, 감리교회의 웨슬레
구락부 등은 교육의 기회가 없었던 이들에게 교회가 교육의 기회를 제
공함으로 공교육을 보완하는 역할을 하였다(장금현, 2020). 1970년대
산업화이후로도 교회와 기독교 단체는 빈민과 농민을 위한 야학, 방과
후 학교, 공부방, 계절캠프 등을 계속 실시하였다. 1990년대 이후 대안
학교에 대한 논의가 시작되고, 교육 당국에 의한 특성화고등학교 등
여러 조치들이 발표되면서, 특히 2005년 「초·중등교육법」 개정안으로
대안학교의 인가로 상대적으로 용이해지자, 교회와 기독교 단체에서
대안학교에 다수 참여하였다(강순원, 2013: 38-39). 특히 2000년대 이후
"종교차별금지법"을 제정하자는 논의가 본격화 되자, 전통적인 기독교

---

28) https://search.daum.net/search?w=tot&DA=YZR&t__nil_searchbox=btn&sug=&su g
o=&q=%EC%9D%B8%EC%A7%80%ED%95%99 (2020년 5월 10일 접속). "루
돌프 슈타이너가 설립한 철학으로, 슈타이너가 자신의 사상을 가리켜 사용한
용어이다. 지각적 체험과는 관계없는 일종의 사고를 배양함으로써, 인지적
상상, 영감적 고취, 직관의 능력들을 계발하는 것을 목표로 한다."

29) https://valentine-14.tistory.com/13 (2020년 5월 10일 접속). 출생부터 7세까지의
유아를 강하고, 건강하게 자유로운 영혼과 명석한 정신을 가지게 하겠다는
목표로 예술, 과학, 종교에 대한 강조와 함께 정서적인 부분과 감성적인 부분
에 대한 교육을 통해 인간의 자아를 실현하도록 돕는 학교이다.

학교(Mission School)로는 더 이상 종교교육이 어려워질 것이라 예측한 교회와 기독교 단체는 대안학교를 적극 모색하게 되었다.

기독교 대안학교의 유형도 일반적인 대안학교의 유형과 다르지 않다. 형태상의 구분에 따라 "제도 안, 제도 밖, 제도 곁"으로 나눌 수 있고(장선희, 2002: 39), 교육적인 가치에 따라서는 기본적으로 "고유이념 추구형"이지만, 좀 더 세밀하게 분류하면, 생태형 기독교 공동체의 가치를 강조하는 학교, 부적응 학생을 위한 학교, 영재학교, 탈북 청소년·다문화가정 자녀 등을 위한 학교 등이 있다.[30] 또한 위치에 따라서 탈도시형과 도시형, 설립자에 따라서는 교회설립형이나 개인설립형 등으로 나눌 수 있다(김혜경, 2012: 6).

탈도시형 기독교 대안학교 가운데, 생태형 기독교 공동체를 함께 추구하는 학교는 홍성풀무농업고등기술학교이다.[31] 홍성풀무학교는 대안학교 논의가 있기 오래 전인 1958년 충남 홍성군 홍동면에 세워진 고등학교 과정 기숙사제 전인교육기관이다. 설립자인 이찬갑은 평북 오산학교 출신으로 교회, 학교, 지역공동체를 통해 국가를 구원하고자 하는 꿈을 가졌다. 이승훈의 친족이기도 한다. 또 다른 설립자 주옥로는 홍동 출신으로 감리교신학대학에서 공부하고 함석헌과 김교신의 영향을 받았다.[32] 주옥로는 홍동초등학교 교사를 역임하고 홍동감리교회에 목회를 하던 중, 1958년 신년성서집회 참석 후, 이찬갑과 학교를 세울 것을 결심하였다. 풀무골에 세워진 풀무학교는 처음 농촌중학교로 시작하였다. 그러나 1980년 공교육이 아닌 독자적인 교육노선을

---

[30] 기독교적인 교육과정을 전면에 내세우고 수업에 반영하는 학교와 인간의 보편적 가치, 자유, 평화, 사랑, 인권, 생태 등을 통해 간접적으로 기독교의 교육이념을 표현하는 학교로 분류할 수도 있을 것이다.

[31] http://poolmoo.cnehs.kr/main.do (2020년 5월 12일 접속).

[32] https://811345.tistory.com/126 (2020년 5월 13일 접속).

걷고자 각종학교인 학력인정농업학교로 위상을 낮췄다. 1990년 이후 대안학교로 교육이념을 설정한 후, 생태, 노동, 평화를 지향하는 작은 학교, 기독교의 인격을 실천하는 신앙교육, 마을과의 연대를 통한 공동체 생활을 강조하는 교육을 실시하고 있다(강순원, 2013: 153). 처음에는 정원을 채우기도 힘들었으나, 기독교 대안학교로 알려진 후 경쟁률이 높아졌고, 2020년 현재 매년 한 학급당 27명의 학생을 모집한다. 2019년부터는 수업료와 학교운영지원비(이전에 393,900원) 감면의 무상교육을 실시하고 있으며, 생활관비, 급식비, 입사비와 현장체험학습비(년 494,000원)를 부담한다. 교육과정은 기초학력, 체험학습을 위한 실업(마을과 함께 하는 노작활동), 예체능을 통한 정서함양, 교양과 자치활동으로 구성되어있다. 특히 특강, 발표, 토론 등의 전교생 문화시간, 능력별 편성된 특정과목, 인터넷, 원예, 화훼, 축산, 논농사, 제빵, 목공, 도예, 선반, 컴퓨터 등의 직업생활(수 5-6교시), 독서, 악기, 무광(춤), 역사, 연극, 시사, 그림, 종교, 축구 등 다양한 동아리 활동(방과후)을 하고 있다. 신앙교육은 매 주 첫 시간 아침예배, 매일 성서 1장 읽기, 일요 성서공부(예배), 교과과정 중의 성서공부(주 당 1시간) 등으로 구성되어 창세기(1학년), 복음서와 사도행전(2학년), 모둠별 성서공부(3학년)를 진행한다. 특히 성서를 필사하는 훈련을 시킨다. 운영은 5개의 자치회가 유기적으로 의사결정에 참여하도록 유도하고 있다. 학우회, 교사회, 이사회, 학부모회, 그리고 수업생회(동창회)로 구성된다. 특히 홍성지역사회와 유기적으로 관계를 맺고 있는데, 졸업생들을 중심으로 한 풀무신협(1969년), 풀무생협(1993년) 등을 통해 마을 공동체를 유지하고 있기 때문이다. 홍동교회와 풀무학교를 기둥으로 하여, 유기농을 지향하는 농촌신앙공동체를 근간으로 하는 기독교 대안학교이다.[33] 이밖에도 2004년 세워진 남양주산돌학교와[34] 2007년에 새워진 산청민들레학교도[35] 생태형 기독교 대안학교이다.

탈도시형 기독교 대안학교 가운데, 부적응 학생들을 위한 특성화학교로 인정받은 전북 완주의 세인고등학교가 있다.[36] 1997년 전주의 목사들과 원동연 박사에 의해 설립된 세인학교는 10월 4명의 중퇴학생을 대상으로 "위탁형 대안학교"로 시작되었다. 그 다음해 1998년 학교를 설립하여 3월 9일부터 40명의 학생을 선발하여 개교하였다. 세인학교의 입학조건은 중·하위권에 있어본 학생으로 학교생활에서 어려움을 겪어본 경험이 있는 학생들이 우선 선발대상이다. 물론 과거의 어려운 상황을 극복하고자 하는 의지가 있는 학생을 선발하고자 한다.[37] 2020년 현재 한 학년에 3학급 한 학급에 60명-180명이 정원이다. 학교 자체가 외진 곳에 위치하여 단단한 각오를 하고 오라고 미리 알릴 정도로 전형적인 탈도시형 대안학교라고 할 수 있다(민들레 편집실, 2010: 156). 세인학교가 내세우는 교육목표와 내용은 기독교정신을 해석한 원동연 박사의 "5차원 전면교육"으로 표현된다.[38] 지력, 심력, 체력, 자기

33) "풀무학교홍동교회, 두 기둥으로 든든히 선 송정마을,"「홍주일보」(2016년 7월 8일). http://www.hjn24.com/news/articleView.html?idxno=24410 (2020년 5월 13일 접속).

34) www.sundol.or.kr 비인가 기숙형이다. (2020년 5월 13일 접속).

35) http://www.dandelionschool.net/default/ 비인가 기숙형 학교이다. (2020년 5월 13일 접속).

36) http://seine.hs.kr/ (2020년 5월 13일 접속).

37) 신형수 교장선생님에 따르면, 면접을 통해 부적응학생들을 선발하여 교육을 하여 졸업생 가운데 대학진학과 유학 등 괄목할 만한 결과가 나오자 한 때 11:1의 경쟁률을 기록하기도 하였다. 그러자 탈락자 가운데 전북교육청에 민원을 제기하여 선발의 공정성을 지적받았고 선발과정을 변경하였다. 현재는 성적 50%, 면접 50%로 선발을 하고 있는데, 결과적으로 성적우수자를 선발하게 되었다고 아쉬워한다. 물론 학생들은 그만큼 학교에 대한 자부심을 갖게 되었으나, 학교는 다시 면접점수 비율을 높여 초기의 설립취지를 살리려고 한다(2020년 5월 15일, 음성통화).

관리, 인간관계 등의 요소에 맞는 교과과정과 특성화활동을 구성한다. 지력을 위한 교육활동은 독서법 익히기, 9단계 학습을 통한 학습, 각 교과별 5차원 교재 활용 등이 있으며, 심력을 위한 교육활동은 3분 묵상, 일생고공표 작성, 1인 1악기 연주 등이 있고, 체력을 위한 교육활동은 매일 아침 5차원 체조하기, 태권도, 산악등반훈련 등이 있으며, 자기관리를 위한 교육활동은 자기관리 기르기 교과, 5차원 일기쓰기, 자기관리 시간 설정하기 등이 있고, 인간관계를 위한 교육활동은 인간관계 능력 기르기 교과, 자신의 장단점 변환 활용하기, 사랑의 상담활동 등이 있다. 이 5차원은 전체적으로 통합교육활동인 홈스쿨체험, 팀 담임제, 해외여행, 테마학습, 수학여행 등으로 전개되어 결국 다이아몬드 칼라(Diamond Collar)의 세계인을 기른다는 것이다. 약점위주의 학습과 수준별 담임제를 통하여 취약점을 개선하도록 돕는데, 특히 속독 능력과 달란트 개발이 중점교육사업이다. 신앙교육은 진로진학상담부의 교목을 통하여 "인성교육을 위한 중점사업"으로 진행되며, 아침과 저녁기도회, 학기초 영성수련회, 1년 2회의 감사절 및 성찬식과 세례 등으로 구성되어 있다.[39] 그 외에도 주 1회의 성서시간(2006년), 수요 채플(성서탐색) 등이 있으며,[40] 자발적인 모임으로는 주일예배(주말에

---

[38] 신형수 교장은 이를 학생들의 자존감을 높이려는 자기주도학습이라고 설명한다(2020년 5월 15일, 음성통화).

[39] "2018년 학교경영계획서: 세인고등학교" http://seine.hs.kr/index.jsp?mnu= M001001007&SCODE=S0000000359&frame=&search_field=&search_word=&category1=&category2=&category3=&page=&nPage=&cmd=view&did=13623230 (2020년 5월 14일 접속).

[40] 2016년에 한 학생이 채플선택의 자유를 주장하며 국가인권위원회에 제소를 했고, 현재는 모든 예배는 선택으로 진행하여, 채플을 참석하지 않는 학생은 대체 자습이나 과제를 부여하고 있다. 성서시간은 더 이상 공식적으로 진행할 수 없어서, 진로시간에 품성교육으로 실시하고 있다. 2020년에는 신형수 교장은 모두가 참여하는 개인 성경필사를 계획하고 있다(2020년 5월 15일,

기숙사에 남은 학생들), 찬양모임, 제자반, QT모임, 새벽기도회, 기숙사 중보기도 등이 있다(장선희, 2002: 82). 전체적으로 신앙교육을 위한 수업자체는 사라지고 있으며, 인성교육의 차원에서 진행하는 것으로 바뀌고 있다. 이 밖에도 부적응 학생들을 위한 대안학교로는 1999년에 경기도 화성에 설립된 두레자연고등학교,[41] 1999년 개교한 광주 광산의 동명고등학교,[42] 2007년 개교한 경북 영천산자연학교 등이 있다(강순원, 2013: 66-70).

탈도시형 대안학교 가운데, 꿈의 학교는 영재교육을 강조하는 기숙형 비인가 학교이다. 1996년 송명현 목사의 방과후 독서활동이었던 "아가피아 독서학교"에서 시작되었다. 이것이 양평과 괴산 등지의 학부모들의 호응으로 기독교공동체 운동으로 발전되었다(강순원, 2013: 148). 그러나 재정난으로 어려움을 겪게 되었고, 2001년 12월 황성주 박사가 인수하면서 꿈의 학교로 개명하여 충남 서산에서 새롭게 시작하게 되었다(장선희, 2002: 55). 중학교과정인 드림스쿨주니어과정과 고등과정으로 이루어졌으며, 고등과정은 300여명의 일반과정전형과 목회자와 선교사 자녀를 위한 특별전형이 정원외로 관리되고 있다. 꿈의 학교는 "크리스천 인재"를 키우겠다는 기독교적인 설립이념을 가지고 있으며, 이를 위해 교사와 학생은 100% 그리스도인으로 선발한다(강순원, 2013: 148). 그러므로 교사 선발에서는 영적인 자세가 중요시되며, 학부모는 필요한 재정을 담당해야 하기에 신앙적으로 헌신적인

음성통화).

[41] http://www.doorae.hs.kr/ 인가형 기숙학교이다(2020년 5월 13일 접속). 간디학교와 유사하게 특성화학교로서는 본래적인 신앙교육이 힘들어 학교 정체성에 대한 고민을 하였고, 김진홍 목사는 구리에 비인가 대안학교를 새로 설립하였다. 강순원, 218.

[42] http://kdm.hs.kr/ 동명교회에서 설립한 특성화학교이다(2020년 5월 13일 접속).

학부모를 선택하려고 한다.[43] 흥미로운 것은 입학절차에서 1차 서류
전형으로 선발된 학생들은 2박 3일 선발캠프를 통해 공동체 생활과 함
께 국어, 영어, 수학, 성경 시험 및 학부모 면접을 통해 선발한다는 것
이다. 교육목표는 크게 하나님 형상회복을 위한 전인교육과 하나님나
라 회복을 위한 비전교육으로 구성되는데, 전인교육은 영성, 지성, 체
성, 감성, 관계성 등을 키우는 것을 의미하며, 비전교육은 세계선교와
세계변혁을 목표로 한다. 교육과정은 9가지로 운영되는데, 가장 먼저
신앙교육, 가정교육(년1회 학부모 캠프, 매학기 기도회, 세미나를 통한
학부모 학점제), 독서교육(독서마라톤 프로그램), 만남교육(매학기 명
사초청토론회), 세계교육(해외연수), 실천과 체험교육(단기선교와 봉
사활동), 개별학습교육(자기주도학습과 수업코칭), 생활공동체교육(생
활담임제와 생활관), 나라사랑교육(매년 4박 5일 130km 국토사랑행진)
등으로 구성된다. 신앙교육으로는 교과과정에 성경수업이 배치되어
있고, 비교과과정에도 전교생이 참여하는 성경수업, 개강수련회, QT,
주일예배, 수요예배, 고난주간 기도회, 부활절행사, 신입생을 위한 성
경통독캠프, 자발적으로 참여하는 침례식, 십자가정병학교(선교훈련
프로그램), 겨울단기선교, 초막절, 제자훈련, 각종 기도회, 찬양팀, 새
벽기도회 등이 빼곡히 준비되어 있다. 학교시설이 거대하지만 아기자
기한 모습을 갖추고 있어서, 도예실, 체육실, 또래상담실 등이 있으며,
기숙사에서의 아침식사는 황성주생식을 권장하고 채식 위주로 구성된
다(강순원, 2013: 149). 이 외에도 인재양성 기독교 대안학교로는 2009년
에 개교한 원주 영강쉐마기독학교와[44] 1998년 시작된 포항 한동글로벌
학교[45] 등이 있다. 2000년 개교한 서울 은평구의 로고스 크리스찬 아

43) http://www.dreamschool.or.kr/ (2020년 5월 13일 접속).
44) http://www.ygshema.com/ (2020년 5월 13일 접속).

카데미, 2000년 시작된 춘천의 V-학교, 2002년 전일제가 된 분당의 독수리학교 등은 외국 대안학교의 교재를 사용하여 영어수업을 통한 인재양성에 주력하고 있다(장선희, 2002: 40-55)). 최근에 이러한 유형의 도시형 기독교 대안학교들이 많이 생겼다.

2004년 서울시 중구에 개교한 여명학교는 북한이탈청소년들과 북한이탈주민의 자녀를 교육하는 학력인가(2010년) 도시형 대안학교이다.[46] 1990년대 후반 북한주민을 돕고 탈북자를 보호하던 교회들과 개인들이 연합하여 설립하였다. "하나님을 경외하고 사람을 사랑하며 민족을 하나로"라는 교훈을 통해 기독교 대안학교로서의 정체성을 드러내고 있다. 교육철학에서 강조하는 것은 회복과 이해와 사랑이다. 학생들의 회복을 통해 민주시민이 되도록 하고, 학업을 통해 겸손한 전문가가 되도록 돕는 학교로서, 통일시대 북한 지역의 학교모델을 세워나가려고 한다. 현재 비인가 중학교과정(1년) 16명, 인가 고등학교과정

---

45) http://his.sc.kr/ 처음에 선교사 자녀들을 위한 홈스쿨링으로 시작되었다가, 한 동대학교 교직원 자녀들에게 문을 열고, 2004년부터 일반 학생들의 입학을 허락하였으며, 2011년 학력인정 대안학교가 되었음. (2020년 5월 13일 접속). 강순원, 65.

46) http://www.ymschool.org/ 특성화고등학교는 아니다. (2020년 5월 13일 접속). 조명숙 교감은 2005년 개정된 「초·중교육법」으로 인해 실제적으로 북한이탈청소년을 위한 대안학교로 인가를 받은 곳은 없으며, 그 이유로 시행령이 없었기 때문이라고 지적한다. 여명학교는 2009년 11월 5일 변경된 「초·중교육법새행령」 98조 2 (북한이탈학생의) "학력심의위원회 설치 운영" 및 98조 3 (북한이탈학생의) "학력인정과 학년결정을 할 수 있는 학교 등"의 규정이 생긴 후에야 허가를 받을 수 있었다. 그리고 학교부지위의 학교가 아닌 경우이지만 북한이탈학생·부적응학생·다문화학생 등의 예외를 인정받아 2010년 3월에 인가를 받았다고 진술한다. (2020년 5월 15일, 음성통화). 다음을 참조하라: 「초·중등교육법시행령」 (시행 2009. 11. 5.) [대통령령 제21809호, 2009. 11. 5., 타법개정]. http://www.law.go.kr/LSW//lsInfoP.do?lsiSeq= 97117& ancYd=20091105&ancNo=21809&efYd=20091105&nwJoYnInfo=N&efGubun=Y &chrClsCd=010202&ancYnChk=0#0000 (2020년 5월 15일 접속).

(3년) 89명의 학생으로 구성되어 있다.[47] 교육과정을 통해 5가지 습관
을 집중적으로 교육하는데, 자신의 삶을 스스로 선택하고 책임 있게
살아내는 주도성 습관, 평생 학습하며 자신을 발전시켜 나가는 독서습
관, 자유 대한민국에서 살아가는 데 필요한 인성습관, 사회에 기여하
고 유익을 끼치는 봉사습관, 그리고 건강한 체력을 위한 건강습관 등
이다. 신앙교육은 크게 드러내지는 않지만, 금요일 1교시 예배(또는 소
규모 성경공부와 대체과목)를 진행하고 있다. 윤리·종교과목 주 1시
간에 성서공부를 하고 있는데, 이는 후원교회들의 부교역자 4명이 파
트타임 교목으로 참여하여 맡고 있다. 서울시내 6군데에 나누어져 있
는 기숙사에는 희망학생들이 이용할 수 있는데, 여기서는 자발적으로
QT가 이루어지고 있다. 조명숙 교감은 여명학교의 자랑으로 신실한
교사들을 손꼽았다. 공산사회에서 생활하던 청소년들에게는 추상적인
교리나 신앙교육보다도 눈앞에 보이는 교사들의 애정과 헌신 그리고
신실함을 통해 교육의 실제적인 결과를 얻었다는 것이다.[48] 이 외에도
북한이탈청소년을 위한 기독교 대안학교는 2006년 설립된 경기도 안
성의 한겨레중고등학교[49] 등이 있다.

---

[47] 2017년 5월 기준 통일부 등록자료에 따르면, 한국에 거주하는 북한이탈주민
은 총 26,693명이며, 이 가운데 10-19세까지의 청소년은 985명이다. "탈북 청
소년 현황과 지원체계 개괄," http://blog.naver.com/PostView.nhn?blogId= looka
fterme&logNo=221875268838 (2020년 5월 15일 접속).

[48] 여명학교 조명숙 교감(2020년 5월 15일, 음성통화).

[49] http://han.hs.kr/ 인가형 기숙학교이다(2020년 5월 13일 접속).

IV. 기독교 대안학교의 전망과 과제

기독교 대안학교의 전망은 사실 일반 대안학교의 전망과 크게 다르지 않다. 그리고 대체로 그 전망은 그리 밝지 않다.

첫째, 학생의 측면에서, 저출생으로 인한 교육연령의 감소현상이다. 교육연령이 감소한다는 것은 결국 대안학교만이 아니라 모든 교육기관의 위기이기도 하다. 이런 가운데 새롭게 생기는 대안학교도 있는가 하면, 흔적도 없이 사라지는 대안학교들도 다수라는 것은 학생들이 부족하다는 것을 증명하고 있다.

둘째, 학교의 측면에서, 비인가 대안학교가 증가하고 있다. 대안학교가 인가를 받는다는 교육의 자율성이 줄어든다는 것을 의미할 수도 있다. 기독교 대안학교의 경우는 신앙교육을 공개적으로 할 수 없다는 것을 의미한다. 비인가 기독교 대안학교는 "인가를 받아 공교육의 교육과정을 따를 것인가, 해외의 교육과정을 따를 것인가, 아니면 독자적인 교육과정을 개발할 것인가?"의 고민을 해결해야 한다. 인가 대안학교는 교육비를 비롯하여 교복, 수학여행, 방과후 학교 프로그램 등의 지원을 받고 있어서 제도 안으로 들어오는 것이 지속가능한 교육을 가능하게 한다고 강조한다.[50] 교사의 측면에서, 비인가인 경우 교사들은 자신들의 업무가 언제까지 지속될지 불안한 상태에 놓이게 된다. 설립초기는 대개 교사들의 헌신에 의존하지만, 고용불안은 헌신의 강도에 커다란 도전이 되고 있다.

셋째, 교육법에 대한 개정운동을 전개하고 있다. 먼저는 "특성화학교"라는 범주에 대안학교뿐만 아니라 '직업관련 전문계 고등학교'도 포

---

[50] 세인고등학교 신형수 교장 (2020년 5월 15일, 음성통화).

함되어 있어서, 여기서 생기는 행정상의 혼란을 해결해야 한다. 실례로 세인고등학교의 경우 특성화고등학교를 유지하기 위해서는 86단위(시간)의 직업관련 과목을 교육청으로부터 요청받고 대학진학을 목표로 하는 교육과정을 어떻게 진행시킬 것인지를 고민하고 있었다.[51] 비인가 대안학교는 현행 학력인정을 통한 인가제를 학력인정과는 별도의 등록제(또는 인가기준완화)로 법제화하기 위해 노력하고 있다. 이를 통해 대안학교 학생들에 대한 형평성과 차별금지의 원칙을 실현하고자 한다.[52]

넷째, 학부모의 측면에서, 의식의 변화가 나타나고 있다. 처음 대안학교를 시작한 세대는 1970년대 유신시대에 청년시절을 보냈던 부모들이다. 그리고 1980년대 민주화시대에 대학을 다녔던 부모들 때 대안학교의 정점을 형성했다. 이들은 자신들의 자녀들을 위한 대안학교를 적극적으로 지원하였다. 이들 가운데는 대안학교를 통해 대안사회를 이루겠다는 이념을 가진 이들이 있었다. 이 두 시기 대안학교 관련자들은 치열하고 열정적이었고 사명감이 있었다. 그런데 이들은 사실 교육전문가가 아니었고, 특히 교육공학의 전문가도 아니었다. 그래서 대안학교 운동을 체계적이고 안정적인 운동으로 발전시키지 못하였고,[53] 고립분산적인 노력만을 보여주고 말았다(이종태, 2002: 15). 현재 대안학교의 학부모는 청년기에 1990년대 말 IMF를 겪은 세대이다. 이들은 보다 현실적이다.[54] 그래서 비인가 대안학교가 상대적으로 비싼

---

51) 세인고등학교 신형수 교장 (2020년 5월 15일, 음성통화). "대안교육 관련 법령, 어떻게 정비할 것인가?" 대안교육 관련 법령 정비발안 시민 대토론회 자료집 2019년 2월 9일, 8쪽.

52) "대안교육 관련 법령, 어떻게 정비할 것인가?," 13~14쪽.

53) 여명학교 조명숙 교감, (2020년 5월 15일, 음성통화).

54) "대안학교의 대안," (2016년 1월 16일). http://cafe.daum.net/monandal/EvTM/

교육비임에도 불구하고, 자녀가 학원에 다니는 것보다는 '고효율 저비용'이라는 사실에 만족하고 있지만, 언제고 자녀교육에 대한 가성비가 떨어진다면 학교를 옮길 준비가 되어 있다.[55]

다섯째, 도시형 비인가 기독교 대안학교가 증가하고 있다. 〈표 1〉에 나타나는 것처럼, 한국기독교대안학교연맹에 가입된 학교들의 설립 추이를 살펴보면, 탈도시형에서 도시형으로 바뀌고 있다.[56] 특히 분당, 수지, 일산 등에서는 International(Global 또는 국제)와 Christian이라는 이름을 가진 대안학교들이 많이 생겼다(강순원, 2013: 183). 이는 전통적인 "시골에 위치한 은둔형 농촌학교"라는 모습의 대안학교가 아니라, 오히려 초기 대안학교가 극복하려고 했던 경쟁적 대학입시를 염두에 둔 입시학원형이거나 외국대학 진학을 준비하는 유학준비형 등이 증가하고 있음을 보여준다. 그리고 비인가 대안학교가 증가하는 것으로 보아 현행 교육제도의 규제를 무시하는 경향으로 보여진다. 특히 이는 개교회의 대안학교 설립이 증가하고 있는 것으로 나타나기도 한다. 교회가 공교육에 대한 실망과 신앙교육에 대한 염원을 두드러지게 나타내는 모습이다. 그리고 전통적인 기독교 학교(Mission School)에서의 신앙교육과는 선을 긋는 노력이기도 하다(김철주 · 고병철, 2011: 107).[57] 그러나 단기적인 신앙교육의 성과와 결과를 내기 위해서 편중되게 신앙교육을 편성하는 경우가 있다. 공교육의 지평을 넘어서는 초

115?q=%EB%8C%80%EC%95%88%ED%95%99%EA%B5%90%EC%9D%98%
20 %EA%B3%B5%EB%8F%99%EC%B2%B4 (2020년 5월 17일 접속).

[55] 맑은샘학교 손종칠 학부모(한국외국어대학교 경제학과 교수), (2020년 5월 15일, 음성통화) 맑은샘학교는 2005년에 설립된 도시형 비인가 대안학교이며 기독교 대안학교는 아니다. 그러나 대안학교에 자녀를 보내는 학부모의 입장을 전해 들을 수 있었다.

[56] http://www.casak.org/ (2020년 5월 17일 접속).

[57] 기독교 학교(Mission School)과는 분리의식을 갖고 있다고 표현하고 있다.

월의 영성을 추구한다며, "그리스도의 제자" 또는 "전도자"와 같이 신학교육 과정에서나 요청되는 헌신과 영성을 강요하여, 이로 인해 청소년교육의 일반적인 목표를 시야에서 놓치게 된다는 우려도 함께 증가하고 있다.[58]

V. 글을 마치며

기독교 대안학교는 일반적인 대안학교의 발전 가운데 두드러지게 나타났다. 기독교 대안학교에 대한 연구를 통해 다음과 같은 결론을 얻을 수 있다.

첫째, 교회는 교육현장의 문제를 해결하기 위한 대안학교 운동에 주도적으로 참여하고 있다. 대안학교 운동의 배경이 되었던 "제3세계"의 교육이론도 기독교를 중심으로 형성되었다. 국내에서 풀무농업고등기술학교는 대안학교 운동이 본격화되기 그 이전인 1958년부터 농촌공동체를 기초로 세워져서 지금까지 생태형 대안학교를 운영하고 있다. 그리하여 홍동지역 공동체와 관련을 갖고 자연농법, 유기농법 등 미래의 생태문화를 선도하고 있다(강순원, 2013: 152). 그 외에도 기존학교에 부적응한 학생들에게 자존감을 높이며 사회에서 자신의 자리를 찾아갈 수 있도록 한 세일고등학교는 일반학교에서 실시할 수 없는 특징적인 인성교육을 실시하고 있다. 영재교육을 위한 학교는 최근에 교회

---

58) 여명학교 조명숙 교감(2020년 5월 15일, 음성통화). 원불교는 종파차원에서 계획적으로 대안학교를 설립하는 반면, 기독교의 개신교를 통한 대안학교를 설립은 체계적이지 않고 단기적 성과에 매달리는 경향이 있으며, 고립분산적이다.

가 설립하여 운영하는 대안학교의 대다수에 해당한다. 아울러 북한이
탈청소년 등 한국사회에서 소외되고 무시될 수 있는 학생들에게 신앙
교육을 통해, 올바른 인성을 가지고 한국 사회에 적응하도록 하는 역
할을 수행하고 있다.

둘째, 교회가 대안학교를 설립하면서, 교육이 국공립의 간섭을 벗어
나 민간(또는 사적)영역에서 고려될 수 있다는 가능성을 열었다. 근대
교육이 국가주도의 공교육으로 일반화되면서, 국가가 획일적이고 일
방적인 교육을 하는 길을 열어놓았던 것인데, 이제는 민간(또는 사적)
영역에서 회복하여야 한다는 목소리를 높일 수 있게 된 것이다. 그렇
게 기독교 대안학교 운동은 공교육에 자극을 주어, 특성화학교, 자율
학교, 혁신학교 등으로 제도 안에서 변화가 일어나도록 하였다. 이런
자극에 지방자치단체들도 지역 홍보를 위해 경쟁적으로 혁신학교를
설립하는 현상이 나타나고 있다. 대안학교는 결국 공교육 자체를 살리
려는 몸부림으로 작용하였다.

셋째, 다양한 형태의 기독교 대안학교는 교육현장의 문제를 다양한
각도에서 대답을 제시하고 있다. 인가/비인가, 도시형/탈도시형, 전일
제/방과후, 주말, 방학 등 다양한 형태를 통해서, 여러 교육환경의 변
화에 민감하게 대응하는 교육이 될 가능성은 증가하는 것이다. 대안은
많을수록 풍부하다.

넷째, 기독교 대안학교는 자기주도학습을 통해, 그만큼 학생들이 민
주적 의식을 강화 시켜서 민주사회의 일원으로 성장하도록 돕고 있다.
학습권뿐만 아니라, 자치활동, 현장활동, 동아리활동 등을 통해 스스로
배우고 스스로 결정하고 스스로 책임지는 공부를 하고 있다. 또한 소
수의 학생을 지닌 기독교 대안학교일수록 교사와의 접촉시간이 상대
적으로 길고, 교사와 학생이 만날 수 있는 공간이 다양해서, 학생들은

자신의 장래와 개인생활에 대한 조언을 폭넓게 들을 수 있다(신대호, 2003: 51).[59)

마지막으로, 기독교 대안학교에서는 일반학교에서 볼 수 없는 교사들의 열정과 헌신이 있었다(김복락, 2009: 42).[60) 신앙적으로 동기부여가 된 교사들은 부적응학생, 북한이탈청소년, 장애학생 등을 헌신적으로 돌보며, 학생들이 사회의 일원으로 성장하도록 돕고 있다. 이들은 때로 불안전한 고용으로 어려움을 겪으면서도, 이론적인 지식을 통해 학생들을 지도할 뿐만 아니라, 직접 몸으로 기독교 신앙의 핵심을 보여줌으로 일반학교에서 기대할 수 없는 교육효과를 거두고 있다.

〈표 2〉 한국기독교대안학교연맹에 가입된 대안학교들의 설립 추이[61)

지역	1980-90년대 설립	2000년대 설립	2010년대 설립
서울		IT기독학교(비)-2008 하늘꿈학교(비)-2002 이야기학교(비)-2009	꿈나무대안학교(비)-2013 다음학교(비)-2011 빛의자녀들학교(비)-2011 인투비전스쿨(비)-2010 Calvary Christian Academy(비)-2014 우리들학교(비)-2010 DGA(비)-2010
경기	두레자연고등학교(인)-1999 새이레기독학	두레학교(비)-2001 릭스쿨(비)-2006 산곡기독학교(비)-2007	뉴턴스쿨(비)-2017 더빛기독학교(비)-2015 두레줄기학교(비)-2012

---

59) 풀무농업고등기술학교, 동명고등학교, 두레자연고등학교 학생 287명에 대한 신대호의 설문에서, 교사와의 상담시간에 대한 문항에 대한 응답자 161명 중 66.5%가 일주일에 10-30분 정도의 시간을 상담하며, 상담 장소에 대한 문항에 대한 응답자 164명 중 57.3%가 자유롭게 교사와 만날 수 있다는 점을 지적했다.
60) 대안학교를 선택하는 학부모들의 기대이며, 만족감이 높은 학부모의 이유이기도 하다.
61) "회원학교현황," http://www.casak.org/ (2020년 6월 29일 접속).

	교(비)-1997 사랑방공동체 학교(비)-1992	샘물초등학교(비)-2? 쉐마학교(비)-2006 독수리기독학교(비)-2002 그레이스아카데미(비)-2004 데오스중고등학교(비)-2007 킹씨드학교(비)-2004 다리꿈학교(비)-2006 샘물중고등학교(비)-2009 헤이븐기독학교(비)-2008 광성드림학교(비)-2006 지구촌기독학교(비)-2009 한꿈학교(비)-2008 푸른꿈비전스쿨(비)-2009 은혜의동산기독학교(비)-2009 참빛문화예술학교(비)-2006 밀알두레학교(비)-2005 채리티학교(비)-2009	러브릿지크리스천스쿨 (비)-2013 무릎위의학교(비)-2017 예수향남기독학교(비)-2012 우리기독학교(비)-2014 카라크리스천스쿨(비)-2012 언약글로벌기독학교 (비)-2010 IMUS실용음악고등학교 (비)-2011 기독혁신학교 Lbot(비)-2012 동탄기독국제학교(비)-2011 소명중고등학교(비)-2012
충청도	꿈의학교 (비)-1998	다다예술학교(비)-2009 좋은열매기독학교(비)-2008 트윈사성학교(비)-2006 글로벌선진학교(인)-2003 사사학교(비)-2002 벨국제아카데미(비)-2006	새로남기독학교(비)-2013 별무리학교(비)-2012 드림학교(비)-2011
강원도		생명의강학교(비)-2009 효신푸른학교(비)-2009	산돌자연학교(비)-2012
경상도		지구촌고등학교(인)-2002 드림국제학교(비)-2003 나드림국제미션스쿨(비)-2009	글로벌선진학교 문경캠퍼스(인)-2011 반디기독학교(비)-2014
전라도	동명고등학교 (인)-1999 이랑학교 (비)-1982 한빛고등학교 (인)-1997	기독사관학교(비)-2003 시냇가에심은나무(비)-2009 토기장이(비)-2008 월광드림스쿨(인)-2009 광주밀알두레학교(비)-2006	힘스기독학교(비)-2014
제주도			제주열방대학 부설기독학교(비)-2011
해외	필리핀한국아 카데미 (인)-1993	캄보디아프놈펜좋은학교(인)- 2009	
계	(인)-4, (비)-4, 계-8	(인)-4, (비)-36, 계-40	(인)-1, (비)-27, 계-28

<h1 style="text-align:center">〈참고문헌〉</h1>

강대중, 『대안학교는 학교가 아니다』, 박영률출판사, 2002.

강순원, 『강순원의 대안학교 기행』, 한신대학교 출판부, 2013.

고병헌 외, 『교사, 대안의 길을 묻다: 대안교육을 위한 아홉가지 성찰』, 이매진, 2009.

권민정, 「기독교 대안학교의 교육과정에 대한 연구」, 한세대학교 석사학위논문, 2006.

권순극, 「새로운 기독교 대안학교 유형에 관한 연구」, 영남신학대학교 석사학위논문, 2004.

김민정, 「사례를 통해 본 기독교 대안학교의 성격 연구」, 한신대학교 석사학위논문, 2004.

김민조, "자율학교 제도운영 현황과 개선방향," http://edpolicy.kedi.re.kr/cmm/fileDownload.do?nTbBoardArticleFileSeq=10559 (2020년 5월 9일 접속), 2011.

김복락, 「대안학교를 선택한 학부모 교육열의 특성에 관한 연구: 종일제 대안학교를 중심으로」, 한양대학교 석사학위논문, 2009.

김철주·고병철, 「한국 종립 대안학교의 종교교육과 대안성」, 『정신문화연구』 34(3), 2011, 91~117쪽.

김태연, 『대안학교와 대안교육정책』, 한국학술정보, 2008.

김혜경, 「기독교 대안학교 교사의 직무만족, 조직헌신, 이직의도에 관한 연구」, 이화여자대학교 석사학위논문, 2012.

민들레 편집실, 『대안학교 길라잡이』, 도서출판 민들레, 2010.

배유태, 「기독교적 대안학교에 관한 모델 연구: 세인고등학교, 풀무농업고등기술학교 사례를 통해」, 한일장신대학교 석사학위논문, 2006.

송혜정, 「대안학교의 공동체 가치에 관한 연구」, 중앙대학교대학원 석사학위논문, 1999.

신대호, 2003, 「기독교 대안학교학생들의 영성 생활연구」, 명지대학교 석사학위논문, 2003.

윤경은, 「기독교 대안학교의 현황과 전망에 관한 연구: 기독교 대안학교의 교육 사례 중심으로」, 한세대학교 석사학위논문, 2006.

이인희, 「교사의 가르침에 대한 자서전적 연구: 기독교 대안학교 독서교육 현장을 중심으로」, 웨스트민스터신학대학원대학교 박사학위논문, 2017.

이종태, 『대안교육과 대안학교』, 도서출판 민들레, 2002.
장금현, 「프란시스 킨슬러와 성경구락부 운동」, 『신학과 실천』 68, 2020.
_____, 「해방후 경북지역 성경구락부의 변화」, 『대학과 선교』 43, 2020.
장선희, 「우리나라 기독교 대안학교 사례연구」, 연세대학교 석사학위논문, 2002.
전광식, 『기독교 대안교육과 대안학교: 그 원리와 실제』, 독수리교육공동체, 2006.
조성현, 「기독교 대안교육과 학교운영이 방향성 연구」, 서울장신대학교 석사학
　　　위논문, 2006.
황규석, 「기독교 대안학교의 운영 및 실태분석에 관한 연구」, 총신대학교 석사학
　　　위논문, 2004.
Paulo Freire, 『페다고지』, 성찬성 역, 한국천주교 평신도사도직 협의회, 1979.

대안학교 관련 단체 및 자료 Homepage)

녹색평론 http://greenreview.co.kr/all-magazines/ (2020년 6월 29일 접속).
대안교육연대 https://www.psae.or.kr/ 월간지 「민들레」 (2020년 6월 29일 접속).
대안학교 다모여: 기독교 대안학교 소개 (차영회)
　　　https://blog.naver.com/PostList.nhn?blogId=guone0191&categoryNo=22
　　　(2020년 6월 29일 접속).
서울시 학교밖청소년지원센터 http://seoulallnet.org/ (2020년 6월 29일 접속).
새로운 학교네트워크 (작은 학교운동 네트워크, 2008): 혁신학교와 연관된 교사
　　　모임 http://www.newschoolnet.kr/) (2020년 6월 29일 접속).
전교조프로젝트학습분과 https://daean.eduhope.net/ (2020년 6월 29일 접속).
학업중단예방 및 대안교육지원센터 꿈지락 https://www.gotoschool.re.kr/ (2020년
　　　6월 29일 접속).
한국기독교홈스쿨협회 http://khomeschool.com/ (2020년 6월 29일 접속).
한국기독교대안학교연맹 http://www.casak.org/ (2020년 6월 29일 접속).
함께여는교육 http://www.ceri.re.kr/ (2020년 6월 29일 접속).

제3부
기독교 학교의 발전과
지역사회에서의 역할

강홍모와 전주 영생학원의 설립과 운영의 역사적 의의

이은선

I. 들어가는 말

19세기 말부터 전주에 기독교가 전파되어 미션 스테이션을 설립하고 교회와 기독교 학교와 병원을 설립한 과정과 의미는 이미 여러 학자들에 의해 연구되었다.[1] 원도연은 이러한 미션 스테이션이 전주의 근대적인 발전에서 가지는 의미를 연구하였다.[2] 기존의 연구들은 주

---

[1] 정옥균, 「전북지역 개신교 초기 교회의 형성과 그 전개과정에 대한 연구 (1892-1945년)」, 목회학박사학위논문, 한신대학교, 1999쪽.; 송현강, 「레이놀즈의 목회 사역」, 『한국기독교와 역사』 33, 2010, 35~56쪽.; 이재근, 「남장로교의 전주 신흥학교 · 기전여학교 설립과 발전(1901-1937)」, 『한국기독교와 역사』 42, 2015, 45~83쪽.; 송현강, 「미국 남장로교의 전북지역 의료선교 (1896-1940)」, 『한국기독교와 역사』 35, 2011, 44~77쪽.; 최형근, 「미국 남장로교 선교사 인돈(William A. Linton)의 교육선교」, 『한국교회사학회지』 40, 2015, 125~168쪽.

[2] 원도연, 「19세기 미션스테이션의 근대성과 기념의 문제 - 전주스테이션의 사

로 해방 이전에 대해서 연구했는데, 최근에 이은선은 해방 이후 전주 스테이션이 전주 발전에 기여한 역할을 연구하였다.[3]

이러한 기존의 연구들은 전주 스테이션의 역할에 주목했는데, 본고에서는 해방 이후 전주지역에서 그 스테이션의 영향을 받고 성장한 한국인 가운데 기독교교육에 기여한 강홍모와 그가 세운 영생학원과 영생교회를 주목하고자 한다. 6·25전쟁 이후의 혼란한 상황 가운데 전주에서 기독교인이 세운 대표적인 미션 스쿨이 영생학원이다. 영생학원은 1953년에 인가를 받아 영생교회와 함께 세워졌고, 1956년에 남녀공학의 중학교와 고등학교로 출발하였다. 그 후 1963년에 영생여자중학교와 영생여자실업고등학교로 확장되었고, 1964년에는 현재 전주대학의 전신인 영생대학으로 발전하였으며, 1976년에는 영생공업전문학교를 세웠다. 이러한 영생학원의 발전과정은 6·25전쟁 이후의 한국사회의 발전과정에서 폭발적으로 늘어나는 교육적 수요를 기독교인이 담당한 하나의 중요한 사례이다. 본고에서는 강홍모 장로가 전주에서 기독교미션 스쿨로 영생학원을 영생교회와 함께 설립하여 운영한 역사적인 의의를 다음의 몇 가지 관점에서 고찰하고자 한다.

첫째로 6·25 전쟁 이후의 전주의 교육적인 상황을 분석하고자 한다. 당시 전주의 교육적인 상황을 분석하게 되면, 이 영생학원 설립의 교육적인 필요성이 밝혀질 것이다. 둘째로 영생학원을 설립했던 강홍모와 그의 부인의 학교 설립 이념을 분석하고자 한다. 그들이 받은 교육과정과 1950년대의 그 혼란한 상황에서 영생학원을 설립한 그들의 교육이념을 밝히고자 한다.[4] 셋째로 영생학원의 발전과정을 중학교와

레를 중심으로」, 『지방사와 지방문화』 15/2, 2013, 37쪽.
[3] 이은선, 「해방 후 전주 스테이션과 장로교회들이 전주 발전에 미친 영향」, 『한국교회사학회지』 52, 2019, 109~148쪽.

고등학교에서 출발하여 영생대학과 영생공업전문학교로의 확장과정
을 통해 고찰하고자 한다. 결론적으로 이들의 교육이념이 미션 스테이
션 설립과 가진 연관성과 해방 후 대한민국 발전에 미친 영향을 검토
해 보고자 한다.

II. 해방 이후 1950년대까지 전주의 초중등 교육기관의
발전 과정

1) 전국 초등교육의 확장과정

해방 이후 초등교육기관의 전국적인 확장은 해방 후부터 꾸준하게
전개되어 1950년대 후반에 가면 이미 취학 학령의 90%이상이 학교에
취학하게 되었다. 해방 직후 미군정이 조직한 조선교육심의위원회에
서 1946년 1월 26일에 의무교육실시안을 채택하였고,[5] 5월에 이르러서
는 1946년 9월부터 시작하여 1951년까지 6개년 계획으로 초등학교 의
무교육을 완성한다는 계획을 발표하였다.[6] 그러나 미군정 하에서 예
산이 뒷받침되지 못해 의무교육안은 제대로 시행되지 못하였다.[7] 그

---

4) 한 논평자가 강홍모의 저술을 분석하지 않았다고 지적했는데, 현재 그의 저
   술로 남아 있는 것은 『충만한 기쁨』(서울: 나됨, 2001)이란 설교집 한 권이 있
   다. 안타깝게 이 책에는 학교에 대한 언급은 일체 없다. 자료를 없기 위해 가
   족들에게 연락을 했으나 가진 자료가 없다는 답을 얻었고, 궁금한 사항들은
   큰 딸이자 전 YWCA회장을 지낸 강교자와 부안군수를 지낸 영생고등학교
   총동문회장인 김종규와 영생고등학교와 영생여자상업고등학교 교목을 지낸
   정동철목사를 통해 정보를 얻었음을 밝혀둔다.
5) 『동아일보』, 1946. 1. 29.
6) 『동아일보』, 1946. 5. 28.
7) 최병택, 「해방 이후 의무 교육 요구와 정책의 전개 방향」, 『대구사학』 125,

럼에도 불구하고 해방 후에 국민들의 교육에 대한 욕구가 강해 초등학교 취학률은 빠르게 상승하였다. 1945년에 45%였던 취학률이 1946년에 52%로 높아졌고, 1947년에는 77%로 상승하였다.[8] 정부가 수립된 후인 1948년 12월에 6년간에 걸친 의무교육 계획을 수립하였고,[9] 1950년 6월 1일에는 6년제 의무교육안을 발표하였다.[10] 이러한 의무교육안은 6·25전쟁의 발발과 함께 열악한 국가재정 형편으로 제대로 시행되지 못하였지만, 전쟁 이후 취학률은 빠르게 상승하였다. 이미 1948년에 취학률은 91%에 달하였으나,[11] 각주의 표에서 보는 바와 같이 6·25전쟁으로 인해 감소했다가 1950년대 후반에 가면 다시 90%가 넘는 취학률을 보이고 있다.

〈표 1〉 해방 후 초등학교 취학률[12]

	1953	1954	1955	1956	1957	1958	1959
아동수	2,399,776	2,247,057	2,664,460	2,930,327	3,216,217	3,503,967	3,790,352
취학률	80.0	75.7	81.5	87.0	90.5	93.4	94.2

2016, 16쪽.

8) 류한구, 「중등교육 팽창에 대한 실증적 연구: 1952-1989 시계열 분석」, 박사학위논문, 서울대학교, 2002, 41쪽.

9) 『시정월보』 제2호, 1949. 3. 1, 108~110쪽.

10) 『경향신문』, 1950. 6. 2.

11) 『시정월보』 제2호, 1949. 3. 1.에 따르면 1948년 공립국민학교 학생 취학상황은 2,708,031명인 바 당해 년도 현재 만6세 이상 만11세까지의 학령 아동수 2,971,712명과 비교하면 91%强 수용의 통계를 보이고 있다.

12) 박환보, 「해방 이후 학교 교육의 팽창의 양상과 특징」, 대한민국 역사박물관, 『대한민국 교육 70년』, 2015, 103쪽. 한국교육10년사간행위원회, 『한국교육

2) 전주시 초등교육의 확장과정

해방 후부터 1950년대에 전국적인 취학률이 이와 같이 빠르게 증가하고 있을 때, 전주에서 초등교육의 확장 과정을 분석해 보자. 1914년에 이루어진 행정개편에서 전주군은 전주면을 포함하여 20개 면으로 구성되어 있었다. 전주면은 1931년에 읍으로, 1935년에 부로 승격되었으나, 19개 면으로 구성된 완주군과 분리되어 규모가 상당히 축소되었다. 해방 후 전주부는 1949년 전주시가 되었고, 1957년에 초포면과 우전면을 통합하였다.13) 전주시의 인구는 1935년에 42,387명이었고, 1949년에 10만 명을 약간 넘었으며, 1960년에 188,216명이었다.14)

이렇게 전주시가 확장되고, 해방 후에 초등학생들의 취학률이 높아지는 과정에서 전주 시내 초등학교 숫자는 해방 당시 5개교에서 1961년에 19개로 확장되었다. 해방 당시 전주시내에는 전주, 완산, 풍남, 서신, 전주교대 병설 초등학교 등 5개의 초등학교가 있었다. 이러한 학교들은 전주 시내 인구 밀집지역에 자리 잡아 규모가 큰 학교들이었다. 전주초등학교는 대한제국에서 1896년 소학교령이 발표된 직후 1897년 전주에 설립된 최초의 초등학교였다. 1943년 전주공립상업보습학교를 부설하였다가 1945년에 폐지하였고, 1946년에 전주공립국민학교로, 1950년에 전주국민학교로 개명되었다.15) 완산초등학교는 1906년에 세워진 함육학교를 포함하여 양영, 양성, 유치 등 3개 사립학교를 병합해 1913년에 전주 제2공립보통학교가 되었으며, 1941년에 전주완산공립국

100년사』, 서울: 풍문사, 1960, 518쪽.

13) 조성욱, 「전주시의 상대적 저성장에 대한 원인 고찰: 광주 및 대전 광역시와의 비교를 중심으로」, 『한국지리학회지』 6/2, 2017, 278쪽.

14) 조성욱, 「전주시의 상대적 저성장에 대한 원인 고찰」, 279쪽.

15) http://encykorea.aks.ac.kr/Contents/Item/E0049687 (2020년 1월 20일 접속).

민학교로, 해방 후에 완산국민학교로 개명하였다. 풍남초등학교는 3·1운동 직후인 1919년 11월에 전주여자공립보통학교로 개교하였고, 1950년 6월에 전주풍남국민학교로 개명하였다. 전주사범대학부설초등학교는 1937년 5월에 전주사범학교 부속 보통학교로 개교하였고 1941년 4월에 전주사범학교 부속 국민학교로 개명하여 해방을 맞이하였다. 서신초등학교는 1937년 6월에 이동 공립보통학교로 개교하였고 1958년 9월에 전주서신국민학교로 개명하였다.

해방 후에 새로운 교육수요에 맞추기 위하여 1946년 5월에 중앙국민학교가 개교하였고, 6·25전쟁 중이던 1951년 9월에 금암국민학교가 개교했으며, 1955년 4월에 문정국민학교, 장천국민학교와 호성국민학교가 개교하였다. 동국민학교는 1957년 5월에 풍남국민학교에서 분리하여 개교했으며, 팔복국민학교는 1958년 7월에, 남국민학교는 1959년 3월에, 진북국민학교는 1961년 4월에 개교하였다.

전주를 확장하는 과정에서 1957년 11월에 우전, 초포, 송천, 미산 등 4개교와 1958년에 아중초등학교가 완주군에서 전주시로 편입되었다. 우전과 초포국민학교는 해방 전에 세워진 학교들이었다. 송천국민학교는 1946년 11월에 완주군 동산국민학교 송천분교로 개교하여 1948년 3월에 송천국민학교로 승격하였다. 미산초등학교는 1946년 5월에 초포국민학교 미산분교로 설립되었고 1949년 11월에 미산국민학교로 승격하였다. 이들 4개교는 1957년 11월에 시의 확장에 따라 전주시에 편입되었다. 아중초등학교는 1945년 11월에 완주군에 있던 용진공립초등학교 아중분교로 개교하여 1949년에 용남국립국민학교로 승격했고 1958년에 아중국민학교로 개명하면서 전주시에 편입되었다.[16]

---

16) 각 학교의 연혁은 각 초등학교의 홈페이지를 참고하였다.

1961년에 이르면 해방 후 학교설립과 완주군에서 전주시로의 편입
을 통해 전주시내 초등학교가 해방당시 5개에서 거의 4배가 늘어난 19개
로 증가하였다. 이러한 초등학교의 증가는 위에서 언급했던 바와 같이
초등학생들의 취학률의 증가와 해방과 전쟁 이후의 인구증가에 따른
초등학생들의 숫자의 증가에 따른 현상이었다.

〈표 2〉 전주 시내 초등학교 설립년도/편입연도와 1961년 4월 30일자 학생 숫자[17]

	학교명	설립/편입년도	학급 수	재학생 숫자	졸업생 숫자	진학생 숫자
1	전주	1897	69	4,836	824	662
2	완산	1906	54	3,619	749	535
3	풍남	1919	53	3,613	666	456
4	우전	1923/1957	21	1,367	130	11
5	초포	1933/1957	12	809	86	40
6	사범병설	1937	18	1,069	150	132
7	서신	1937	17	1,028	152	66
8	아중	1945.11/1958	9	554	41	17
9	중앙	1946. 5	55	3,746	623	552
10	송천	1946. 11/1957	12	726	98	22
11	미산	1946. 5/1957	11	601	49	19
12	금암	1951. 9	24	1,658	209	109
13	문정	1955	9	640	74	22
14	장천	1957(?)	3	205		
15	호성	1955	4	181	22	17
16	동	1957	46	3,104	423	265
17	팔복	1958	11	682	58	22
18	남	1959	17	1,183		
19	진북	1961	5	333		
합계			451	30,005	4,324	2,946

---

17) 전주시, 『단기 4294년 편찬 통계연보-제1회』, 전주시: 문화당인쇄소, 1961, 82~83쪽.

해방이전에 세워진 전주, 완산, 풍남, 사범병설, 그리고 서신국민학교와 해방 직후에 세워진 중앙국민학교 등 전주 시내 중심부에 세워진 6개 국민학교의 재적생 숫자가 1961년에 전체 재학생 3만 명 가운데 17,911명으로 60%를 차지하였다. 그러므로 전주시 초등학교 교육은 이들 학교들을 중심으로 이루어지면서 주변의 학교들이 설립되어 확산되어 나갔다. 1961년도 전주에서 초등학교 졸업생 가운데 진학한 학생들은 67, 66%였다. 그러므로 전체적으로 졸업한 학생들 가운데 2/3정도가 중학교에 진학하고 있었다.[18]

3) 전주의 중등교육의 발전과정

해방 후 1946년에 전주의 남자중학교는 1946년에 북중, 남중, 신흥중, 그리고 여자중학교는 전주여중, 성심여중, 기전여중 등 6개교가 있었고, 1951년에 동중과 중앙여중은 실업중학교에서 분리되거나 개편되었으며, 서중과 전주사범학교 병설중학교는 신설되었다. 북중은 3·1운동 직후 설립되어 해방 후인 1946년 '전북 공립중학교'로 교명을 변경하고, 6년제 학제로 전환하였다. 1951년에 6년제 중학교가 폐지되면서 '전주 북중학교'와 '전주고등학교'로 분리되었다. 남중학교는 1937년 4월에 일본인들이 다니는 수업 연한 5년의 전주공립중학교로 개교하여 1938년 4월에 전주남중학교로 개칭하였으며,[19] 1945년 8월 광복과

---

18) 1960년 전국의 초등학교 취학률 99.8% 중학교 진학률 33.8% 고등학교 진학률 19.8%였다(류한구, 「중육 팽창에 대한 실증적 연구등교」, 43쪽). 전국 취학률은 초등학생 가운데 1/3정도가 중학교에 진학했으므로, 전주의 중학교 진학률은 상당히 높았다는 것을 알 수 있다.

19) 당시 한국인들이 다니는 학교는 고등보통학교였고, 일본인들이 다니는 학교는 중학교 명칭을 사용하였다. 1938년 제3차 교육령으로 한국인과 일본인이

함께 폐교되었다. 남중학교는 1946년 11월에 6년제의 전주공립중학교로 복교했고, 1951년에 전주남중학교와 전주상업고등학교로 분리되었다.[20] 신흥중학교는 1900년에 이눌서 선교사에 의해 설립되었고, 1922년 9월에 조선총독부로부터 인가받았으며, 1937년 9월에 신사참배 거부와 함께 자진 폐교하였다. 해방 후 1946년 11월에 복교하였으며, 1950년 4월에 중학교 3년제 고등학교 3년제로 분립 병설하였다. 동중학교는 1951년에 전주공립농림중학교에서 분리되었다.[21]

기전여자중학교는 1902년 9월에 미국 남장로교 여선교사 전킨(W. Junkin)이 설립한 학교로 신사참배를 거부하여 1937년 10월에 폐교되었다. 광복 후 1946년 11월에 4년제 전주기전여자중학교로 재개교하여 1954년 4월에 전주기전여자중학교와 기전여자고등학교로 개편되었다.[22] 전주여중은 1926년 5월에 4년제의 전주공립여자고등보통학교로 설립 인가를 받았고, 광복 후 1947년 8월에 6년제 전북공립여자중학교로 개편하였으며, 1951년 9월에 학제변경에 따라 전주여자중학교와 전주여자고등학교로 분리 되었다.[23] 성심여자중학교는 1926년에 해성강습소로 출발하여 1945년 4월에 일제의 징발로 학교를 폐교하였다. 1946년 10월에 개교하였고, 1951년 8월에 교육법의 개정으로 중학교와 고등학교로 분리되었다.

전주중앙여자중학교의 기원은 1944년 4월에 설립된 전주 공립여자

다니는 학교를 중학교로 통일하면서 북쪽에 있던 고등보통학교는 북중학교로, 남쪽에 있던 전주중학교는 남중학교로 교명을 변경하였다.

[20] http://encykorea.aks.ac.kr/Contents/Index?contents_id=E0068414 (2020년 1월 20일 접속).

[21] http://encykorea.aks.ac.kr/Contents/Item/E0049656 (2020년 1월 20일 접속).

[22] http://encykorea.aks.ac.kr/Contents/Item/E0049654 (2020년 1월 20일 접속).

[23] http://encykorea.aks.ac.kr/Contents/Item/E0049674 (2020년 1월 21일 접속).

상업실천학교이며, 1946년에 전주여자상업초급중학교로 승격되었다가 1951년 9월에 남녀공학인 전주중앙중학교로, 1954년 1월에 전주중앙여자중학교로 개명했다. 그리고 전주사범학교병설중학교는 1950년 3월에 설립되어 4월에 공립에서 국립으로 이전되었다.[24] 전주서중학교는 1951년 10월에 개교하였다.

이와 같이 1951년에 전주시에 전주사범학교 병설중학교와 서중학교의 2개교가 신설되는데 그쳐 10개의 중학교가 있었다. 그 중에 전주사범병설중학교가 국립이고, 공립학교는 북중, 남중, 서중, 동중, 중앙여중, 전주여중 등 6개이며, 신흥중, 성심여중, 기전여중 등 3개가 사립학교였다.

1949년 12월에 중학교와 고등학교의 3년제 학제를 규정한 교육법이 1951년에 시행되면서 전주에서 중학교와 고등학교가 분리되어 5개의 고등학교가 생겨났다. 전주의 고등학교는 해방 후에 4년제 혹은 6년제로 개교했던 중학교들이 3년제 중학교와 3년제 고등학교로 분리되면서 생겨났다. 전주고등학교는 북중에서, 전주여고는 전주여중에서, 신흥고등학교는 신흥중에서, 성심여자고등학교는 성심여중에서, 기전여자고등학교는 기전여중에서 분리되었다. 그러므로 전주에서 인문계 고등학교는 1951년부터 54년 사이에 5개가 분립되었다. 물론 중학교가 분리되는 과정에서 실업학교도 생겨났다.

전주에서 해방 후에 초등학교 학생들은 상당히 많이 증가했으나, 중·고등학교는 위에서 설명한 바와 같이 해방 이전부터 있던 학교들이 복교가 된 것 외에는 새로운 학교가 거의 설립되지 못하였다. 그러므로 전주에서 중학교와 고등학교는 새로운 교육의 수요에 맞추어 확

---

[24] http://encykorea.aks.ac.kr/Contents/Index?contents_id=E0049664 (2019. 12. 30일 접속).

장이 되어야 했으나, 그러한 여건을 마련하지 못하고 있었다. 이러한 전주의 학교상황에 비추어 중학교와 고등학교 설립이 반드시 필요한 상황이었다. 이 때 학교 설립에 나섰던 인물이 강홍모였다.

Ⅲ. 강홍모의 교육관과 영생학원 설립

영생학원을 세웠던 강홍모는 1921년 2월 완주군 상관면 대성리 강대석의 3남으로 태어나 기독교 신앙을 받아들였다.[25] 그는 서울 경신고등학교를 1937년에 졸업하였고 일본 명치대학교 경제학과를 1942년에 졸업하였다.

그는 해방 후 전라북도 도청에서 근무하면서 전주 남문교회 장로로 시무하였다. 강홍모는 30세가 되던 1951년 5월 1일에 왕창순과 함께 남문교회 장로로 장립을 받았다. 남문교회의 2대 목회자인 고득순 목사는 1925년 교회 안에 영생유치원을 설립하였고, 1928년에는 영생유치원 내에 영생보육원을 개설했는데, 보육원 수업은 야간에 실시하여 경제적으로 어려운 사람들이 교육받을 수 있게 하였다.[26] 일제는 2차대전 말기에 이르자 한국교회들을 강제로 통폐합한 후에 전쟁을 위해 교회당을 징발하였다. 남문교회도 1944년 4월에 폐쇄되었으며, 이 때 영생유치원과 보육원도 폐쇄 당했다.[27]

장로로 장립을 받은 강홍모는 6·25전쟁 동안에 겪은 여러 번 생명의 위기 속에서 하나님께 매달려 생명을 구원받는 기적을 체험한 뒤

25) 『전북도민일보』, 2002. 6. 16.
26) http://nmchurch.onmam.com/bbs/viewPage/5 (2019년 12월 21일 접속).
27) 김수진, 『호남교회 100년사-전북편』, 서울: 쿰란출판사, 1998, 127쪽.

교육을 통한 복음전파에 눈을 뜨게 됐다.[28] 그는 전쟁 후 거리를 헤매
는 수많은 고아들과 전쟁피해아동들을 보면서 동정을 넘는 아픔을 느
꼈다. 내가 죽임을 당했으면 우리 아이들도 저렇게 되지 않았을까? 하
는 끝없는 안타까움 속에서 이들에게 복음을 전해야 한다는 사명감을
갖게 되었다. 그 때부터 6·25전쟁으로 발생한 고아들과 경제적으로 어
려운 청소년들에게 복음을 전하며 야간에 야학을 하기 시작하였다.

그는 개인적인 차원의 그러한 활동을 넘어서 1951년 10월에 부임한
이해영담임목사와 함께 전쟁고아들과 경제적으로 어려운 어린이들의
교육에 나서게 되었다. 이해영 목사는 1952년 당회의 결의로 영생보육
학교를 부활시키고 정식 이사회를 조직하였다. 초대이사장에 이해영
목사, 부이사장에 강홍모장로, 김영묵, 상무이사에 어택용 등이 직책을
맡아 직무를 수행했다. 그리고 학원장에는 담임목사인 이해영, 유치원
원감에 이갑철, 중학교 교감에 어택용, 가정학교 교감에 김삼순 등이
직책을 맡아 운영해 나갔다.[29] 이 시기 남문교회는 이해영목사와 강홍
모 장로를 중심으로 전쟁고아들과 경제적으로 어려운 아이들에게 복
음을 전하면서 교육기회를 제공하고자 영생보육학교를 부활시켰다.
영생보육학교는 유치원과정, 중학교 과정, 가정 학교 과정으로 구성되
어 있었다. 특히 중학교 과정은 사회적으로 소외된 교육대상자들이 복
음을 들으면서 교육을 받을 수 있도록 야간에 교육을 실시하였다.

강홍모 장로는 사람에게 가장 중요한 것이 하나님을 알고 믿는 것이
며 전쟁고아들도 하나님을 알고 믿을 수 있도록 가르치는 것이 자신의
사명임을 깨닫게 되었다. 영생보육학교는 교회 내에 설치된 교육기관

---

28) 「영생학원 설립자 고 강홍모 목사 추모 예배 열려」, 『크리스천 전북』, 2017.
   6. 23.
29) 김수진, 『호남교회 100년사-전북편』, 127쪽.

이었는데, 이 교육기관을 교회 밖의 독립된 교육기관으로 발전시킨 인물이 강홍모 장로이다. 그는 평소에도 기독교 인재를 길러야 한다는 신념을 가지고 교육에 관심이 많았는데, 교회 내에서 운영되던 영생보육학교를 정식의 교육기관으로 발전시키고자 하는 목적을 가지게 되었다. 처음엔 낮엔 도청에 근무하면서 퇴근 후에 아이들을 교회 교육관에서 저녁을 먹이고 가르치는 야학을 시작했는데 몰려오는 아이들이 많아지면서 문제가 복잡해졌다. 아이들이 많아져 수용하는데 어려움이 생겨나고 교회 안에서 불평이 발생하면서 교회는 깊은 고민과 갈등을 안게 되었다. 이 때 강홍모 장로는 남문교회에서 분리하여 영생학원을 설립하려는 결단을 내렸다. 처음에 교회에서 전쟁의 혼란 속에서 교육받지 못하는 불우한 학생들을 모아 교육을 시작했으나, 점점 학생들이 많아지면서 교회가 수용하는데도 한계가 있었고, 그들의 교육을 위해 필요한 재정도 점점 늘어났으며, 교회주변에서도 불우한 학생들이 모여드는 것에 대한 불만도 많았다. 강홍모 장로는 도청근무를 사임하고 자신의 집을 팔아 남노송동 간납대[30] 땅을 구입하여 가건물을 짓고 이전하여 교육 사업에 전념하게 되었다. 그는 1953년 5월에 학교법인 영생학원을 승인받았다. 그는 전라선 철도로 인하여 시내와 단절되어 별로 쓸모없는 산이었던 장소를 매입하여 영생학원 인가를 얻고, 개척교회인 영생교회를 세웠다.[31] 영생학원은 주로 6·25전쟁 이

---

30) 인조 때 전주의 이기발이 사간원 헌납이라는 벼슬에 올랐는데 병자호란 때 정부가 청나라에 강화를 맺은 이후 벼슬을 하지 아니하고 이곳에 내려와 살았다고 해서 사간(司諫)의 '간(諫)'자와 헌납(獻納)의 '납(納)'자를 따서 간납대(諫納臺)라 했다. 『새전북신문』, 2018년 6월 13일자. 1984년에 전주대학교를 인수한 신동아학원은 간납대에 있던 공업전문대학을 전주대 옆으로 이전하고 간납대를 처분했으며 현재 천주교 전주교구청이 들어왔다.
31) http://blog.daum.net/culturelive/15951602 (2019년 12월 1일자 접속).

후에 생겨난 많은 전쟁고아들과 가난한 아이들이 교육받지 못하는 안타까운 현실을 보면서 이들이 야간에 교육을 받을 수 있도록 세워진 학교 법인이었다.

그가 교육 사업을 하고자 했을 때 그의 부인인 김삼순 교수도 적극적으로 동참하였다. 그녀는 서울정신여학교와 일본 도쿄여자미술대학을 1942년에 졸업한 후 전주기예학원을 설립 운영하였으며, 전주여고를 거쳐 전주사범학교(전주교대) 교수로 재직하고 있었다. 김삼순 교수는 영생학원 설립자 강홍모 장로의 학원의 설립, 운영, 발전에 동역하였다. 이들 부부의 노력으로 남문교회에서 부설되어 전쟁고아들과 가난한 아이들을 모아 가르치던 영생보육원은 영생학원으로 발전하게 되었다.

교육의 힘을 믿고 신앙 안에서의 인재 육성을 유달리 강조하던 강홍모 장로는 '영생은 유일하신 참 하나님과 그의 보내신 자 예수 그리스도를 아는 것(요 17:3)'이라는 신앙고백에 토대를 둔 기독교 교육에 대한 투철한 신념으로 1953년에 학교법인 영생학원을 설립하였다. 그가 학교를 설립한 배경에 '사랑'을 중심으로 한 기독교적 세계관이 분명하게 담겨 있으면서, 전쟁고아들에게 가장 시급한 것으로 교육을 선택했다는 것은 시사하는 바가 크다.[32] 영생학원은 6 · 25전쟁의 폐허 속에서 절망하는 청소년들에게 하나님의 사랑으로 용기와 희망을 주려는 목적으로 세워졌다.

> 학교를 설립하는 과거의 동기를 생각해 보며는 때는 6 · 25후입니다. 저 공산의 마수가 갑자기 남침해옴으로 말미암아 이 땅은 말로 할 수 없는 참화를 입었습니다. 많은 참화를 입은 가운데 있어도 특별히

---

32) 전주시,『전주 꽃심』, 전주: 전주시, 2017, 82쪽.

하루아침에 부모를 잃고 전쟁의 고아가 되었으며 하루아침에 터전과 가산을 일고 거리를 방황할 수밖에 없는 전쟁고아가 된 그 어린 소년소녀를 바라볼 때에 만일 내가 이번 전쟁에 죽었더라면 내 사랑하는 자식도 저 모양 저 꼴이 되었을 것이 아니냐! 그들을 바라보는 눈이 남의 일 남을 바라보는 것 같지는 아니했습니다. 그들에게 자격증을 주기 위하여 영생중학원과 학교법인을 설립하였고 중학원을 중학교로 그 후에 고등학교로 성장시키고 지역 사회 요청에 의하여 만학도 들을 위한 야간 영생대학을 설립하고 20년 동안 저는 학교 속에 파 묻혀 살면서 학교 속에서 인생을 배웠고 세상을 배우기 시작했습니다. …33)

그는 주를 위해 일한다는 믿음으로 학교경영에 임했다. 그는 먼저 예수를 믿고 헌신하면 후에 하나님께서 은혜를 베풀어주신다는 선주후광의 믿음으로 모든 일을 행했다. 신앙 안에서의 인재 육성을 신조로 평생을 청소년 교육과 선교 사업에 헌신한 그의 교육철학은 사도바울과 같은 복음의 나팔수를 육성하고 모세와 같은 민족의 동량을 기르겠다는 것이었다. 그가 바울과 같은 복음의 나팔수가 될 것을 강조하여 영생학교 출신들 가운데 목회자 1000여명이 배출되었다.

처음에는 고아들을 모아서 교육하는 시설이었는데, 2년 후인 1955년 3월에 재단법인 영생학원을 인가받았다. 강홍모는 영생학원을 인가받아 1956년 3월에 영생중학교와 영생고등학교를 개교했는데, 남녀공학으로 개교하였다. 당시에 영생중학교와 영생고등학교를 개교한 것에는 다음과 같은 몇 가지 중요한 의미를 가지고 있다.

첫째 그는 당시 전북도청에 근무하면서 전주시의 중고등학교 교육상황을 잘 파악하고 있었다. 그러므로 그는 1950년대에 접어들면서 중

33) 강홍모, "1981년 3월 18일, 천잠캠퍼스 인문관·사범관 준공식에서," https://news. jj.ac.kr/ㅅ-전주대를-말하다/.

고등학교에 대한 학생들의 진학률이 높아지고 있었고, 따라서 새로운 중고등학교의 설립이 필요하다는 것을 알았다. 1955년 당시에 전주에 중학교가 10개, 고등학교가 5개로 해방 후 거의 확장이 이루어지지 못하고 있었다. 특히 기독교계 사립학교인 신흥과 기전은 선교부 재정으로 운영되고 있어 교육인원의 확장이 거의 이루어지지 않고 있었다.[34] 공립학교들은 1951년 이후에 새로운 학교가 신설되지 않고 있었고, 기독교 사립학교들의 학교시설 확장이 어려운 상황에서 초등학교 졸업생들이 진학률이 높아지자 중고등학교 설립의 필요성이 대두되고 있었다. 강홍모 장로는 도청에 근무하면서 중고등학교 교육시설의 확장이 필요한 것을 잘 파악하고 있었다.

둘째로 그는 기독교 신앙을 바탕으로 한 인재육성의 목적을 가지고 교육 사업에 참여하였다. 그는 1953년 가난한 학생들의 교육을 위한 학교를 설립하면서 영생학원이라고 명명하였다. 그는 자신이 세우는 교육시설을 통해 교육받는 학생들에게 일반 학문의 교육과 함께 예수 그리스도를 믿어 영생을 얻는 복음전파의 목적을 추구하고자 하였다.[35] 그리하여 영생이라는 학교 이름을 정하였고, 기독교 학교를 설립하였다. 이러한 그의 교육목적은 그가 설립한 모든 교육시설에 영생이라는 이름을 사용하는 것으로 분명하게 드러난다. 그와 동시에 영생학원에 다니는 학생들을 영적으로 돌보기 위해 영생교회를 함께 세웠다.

셋째로 그가 영생중·고등학교를 야간학교로 시작한 것은 교회의 영생보육원에서부터 시작된 사회에서 소외된 자들에 대한 사랑에서 시작되었다. 당시 전주에 있던 모든 중·고등학교는 주간에 교육받을

---

34) 이은선, 「해방 후 전주 스테이션과 장로교회들이 전주 발전에 미친 영향」, 125쪽.
35) 『크리스천 전북』, 2017. 6. 23.

수 있는 시설이었다. 따라서 주간에 일해야 생계를 해결할 수 있었던 학생들은 교육을 받을 수 없는 상황이었다. 특히 전쟁의 혼란 속에서 생겨난 고아들과 경제적으로 어려운 아이들은 교육을 받을 수 없는 상황이었다. 이들에게 교육 기회를 제공하는 것은 너무나 절실한 상황이었다. 이들이 야간에 교육을 받는 것은 그들의 인간적인 능력을 개발할 수 있는 좋은 기회였다. 이들은 야간 교육을 통해 같은 또래 집단에서 소외당하지 않고 교육받은 그룹으로 동등하게 성장하고 동시에 사회적인 신분을 상승시킬 수 있는 기회를 얻을 수 있었다. 이렇게 사회적으로 소외된 학생들에게 교육기회를 제공하고자 영생중·고등학교는 전주에서 최초로 야간학교로 출발하였다.[36]

그의 이러한 노력은 지역사회의 적극적인 지지를 받았다. 야간중고등학교는 전쟁 후에 경제적으로 힘들어 배움의 기회를 잃고 시내 유관기관에 사환으로 있던 많은 남녀 청소년들에게 주경야독할 수 있는 큰 희망을 안겨 주었다. 유관기관의 기관장들은 야간학교 시간이 되면 학교 갈 시간이 되었다며 학생들을 퇴근시키는 등 배려를 하여 지각하지 않고 학교에 다닐 수 있었다.

넷째로 그는 당시까지 남녀학교가 분리되어 있던 상황에서 전주에서 최초로 남녀공학의 학교를 설립하였다. 영생중·고등학교가 전주 시내에서 최초로 남녀공학을 시작하였다. 이것은 야간에 학교를 찾아오는 남녀학생들을 모두 교육할 수 있는 좋은 기회를 제공하였다. 당시 남한 사회에서 아직도 유교적인 전통 속에서 남녀차별의식과 함께 남녀를 구별하여 교육하는 것이 일반적인 상황이었다. 이러한 남녀 차별의식을 허물고 남녀평등의식을 심은 것이 기독교였고, 특히 여성들

---

36) http://blog.daum.net/culturelive/15951602 (2019년 12월 5일자 접속).

에게 교육기회를 제공하는데 앞장 선 것이 기독교였다. 이러한 기독교
의 전통을 이어받아 이들 부부는 야간에 교육을 받고자 하는 남녀학생
들에게 교육의 기회를 제공하게 되었다. 재정적으로 어려운 상황에서
남녀학교를 구분하여 설립하기 어려웠기 때문에, 남녀공학을 실시하
여 한 학교 안에서 남녀가 함께 공부하게 되었다.

IV. 영생중학교와 영생여자중학교의 설립과 폐교

전주영생중학교는 영생고등학교와 같이 1956년 3월에 야간학교로
3학급 150명을 인가받았다. 1961년에 가면 영생중학교는 12학급에 남
학생 546명 여학생 308명 총 854명의 규모로 성장하였다.[37] 12학급에
854명이면 한 학급에 71.1명일 정도로 과밀학급으로 구성되어 있었다.
이 때 학급 구성은 1학년은 6학급, 2-3학년은 3학급씩으로 되어 있었
다. 1학년은 남학생 260명 여학생 170명으로 430명이었고, 졸업생은 남
학생 73명 여학생 24명으로 97명이었다.[38] 당시에 150명 3학급으로 출
발했으므로, 졸업생이 97명이면 2/3정도만 졸업했다고 볼 수 있겠다.
당시 많은 학생들이 입학은 했지만 여러 가지 사정으로 졸업을 하지 못하
는 형편이었던 것을 알 수 있다. 영생중학교는 1962년이 되면 고등학교와
같이 주간 교육에 대한 수요가 증가하자 주간과 야간을 병행하여 모집하
였으며, 1963년에 영생여자중학교가 설립되면서 남학생만 모집하였다.
중학교는 60년대 중반에는 재학생이 1,000명이 넘는 규모로 발전했
으나, 1970년부터 동일계 학교 폐교라는 시대적 요청에 따라 학생을

---

37) 전주시, 『단기 4294년 편찬 통계연보-제1회』, 84쪽.
38) 전주시, 『단기 4294년 편찬 통계연보-제1회』, 85쪽.

모집하지 않고 1972년에 학교 문을 닫았다. 1968년 8월에 초등학생들의 과열된 중학교 입시를 위한 과외공부를 타파하기 위해 1969년에 서울을 시작으로, 1970년에 부산, 대구, 대전, 인천, 전주에서 실시하고, 1971년에 전국적으로 무시험 추첨을 통해 중학교 입학을 배정하였다. 무시험 추첨제를 실시하면서 동일계진학을 하던 명문중학교들을 폐지하였다. 당시 전주에서 동일진학을 하던 학교는 공립중학교 가운데는 북중학교와 전주여자중학교가 있었고 사립학교에는 영생중학교가 있었다. 북중학교 학생들은 전주고등학교로, 전주여자중학교 학생들은 전주여자고등학교로, 영생중학교 학생들은 영생고등학교로 동일계 진학을 하고 있었다. 이렇게 동일계 진학을 하던 상황에서 강홍모 장로는 다양한 중학교 출신 학생들을 선발하여 고등학교를 발전시키고 그와 함께 대학교를 발전시키는 데 힘을 모으고자 영생중학교와 영생여자중학교를 폐지하게 되었다. 영생중학교와 함께 동일계 진학을 하던 북중학교와 여자중학교도 역시 폐지하게 되었다.[39] 그리하여 전주에서는 동일계 진학하는 학교가 사라지게 되었다.

영생여자중학교는 1963년에 설립되어 영생중학교에 재학 중이던 여학생들이 옮겨갔다. 1965년에 교사 및 강당 건물을 신축하였는데 구건물은 1963년에 신설된 여학교 건물로 사용하고 새건물은 남자고등학교 건물로 사용하였다. 여자중학교는 설립 당시에 한 학년에 2학급씩 총 6학급으로 출발하여 후에 반이 증설되어 총 14학급의 규모까지 늘어났으나, 1972년에 중학교와 함께 폐교되었다. 여자중학교를 폐지한 것은 영생학원이 고등학교와 대학교를 발전시키는 데 집중하려는 전략적 선택 때문이었다.

---

39) 북중학교가 폐지된 후에 1982년에 북전주중학교가 신설되었고 이 학교 교명이 1984년에 전주중학교로 개명되어 현재에 이르고 있다.

V. 영생고등학교와 영생여자실업학교의 설립과 발전

영생고등학교는 당시의 시대적 요청에 따라 3학급 150명의 야간학교로 출발했는데, 1961년에 재학생 숫자가 400명이었다. 고등학교는 당시 한 학년에 150명씩 3개 학년이면 450명이 되어야 하는데 정원을 채우지 못하고 있었다. 1학년 신입생은 155명인데, 남학생이 135명이고 여학생이 20명이었다. 졸업생은 남자 130명, 여학생 6명으로 총 136명이 졸업하였고, 진학생은 남자 48명 여자 3명으로 51명이었다.40) 신입생은 정원을 넘어서고 있지만, 졸업생은 14명이 부족하여 10% 정도는 중도 탈락하였다. 야간학교로 출발한 고등학교는 새로운 시대의 변화에 따라 1961년 11월에 주간을 신설하여 주간 6학급, 야간 3학급 총 450명으로 학칙을 변경하였다.41) 따라서 1962년부터 영생고등학교는 1학년을 주간 2학급, 야간 1학급으로 모집하였다. 전주시 교육통계를 보면 1962년에 한 학급에 60명씩 남자 120명 여학생 60명으로 180명을 모집한 것으로 되어 있고 주·야간을 구분하여 표시하지는 않았다. 1963년부터는 영생여자실업고등학교가 설립되면서 여학생은 모집하지 않고 남학생만 모집하기 시작하였고, 1964년에는 입학생이 300명으로, 1966년에 512명으로 늘어났다. 통계표에 보면 주·야간의 구분 없이 학생 숫자를 표시하다가, 1970년 통계표부터 주야로 구분되어 표시된다. 그렇지만 특별한 학칙의 변경이 없었던 것을 보면 야간이 폐지된 것으로 보이지 않으며, 1973년에 주·야 783명으로 가장 많은 학생을 선발하였다. 주·야를 함께 모집하던 영생고등학교는 1977년 9월의 학

---

40) 전주시, 『단기 4294년 편찬 통계연보-제1회』, 86~87쪽.

41) http://youngsaeng.hs.kr/index.jsp?SCODE=S0000000777&mnu=M001001015 (2019년 12월 20일 접속).

칙변경을 통해 주간학교로 완전히 전환하였다. 이때 주간 학년당 10학급 총 30학급으로 변경되어, 1978년부터 야간을 폐지하고 주간으로 개편되었다. 남녀공학으로 출발했던 영생고등학교는 1963년부터 1968년까지는 남학생만 모집하였고, 다시 1969년부터 1974년까지 남녀공학이었다가 그 이후는 남학교로 개편되었다. 1969년부터 다시 여학생들을 모집한 것은 실업계가 아닌 인문계에 진학하기를 원하는 학생들에게 교육기회를 제공하기 위한 것으로 보인다.

영생여자실업고등학교는 실업교육에 대한 사회적 요구와 여성들의 사회진출 욕구에 맞추어 1963년 1월에 설립인가를 받아 3월에 3학급 153명의 학생을 모집하였다. 영생여자실업학교는 1960년대 산업화가 시작되면서 실업교육을 받은 인력의 필요성에 따라서 설립되었다. 처음에는 5학급 규모로 운영되다가, 1970년이 되면서 입학생 숫자가 200명을 넘어서기 시작하였고, 1975년 이후부터는 입학생이 500명을 넘어섰다. 이 학교는 1970년대 후반부터 1980년대 초반까지도 학생이 지속적으로 증가하여 1980년에는 입학생이 600명을 넘었다. 이때는 여성 산업인력의 필요성이 증대된 시기였고, 이에 맞추어 학교 이름을 1971년 영생여자종합고등학교로 변경하였고, 1976년에는 영생여자상업학교로 교명을 변경하고 야간학급을 설치하였다.

VI. 영생대학 설립의 역사적인 의의

전주에서 고등교육은 전북대학에서부터 시작되었다. 전주에서 1947년 10월 개교한 4년제 도립 이리농과대학교를 근간으로 김가전 도지사의 노력으로 군산대학, 호남대학, 명륜대학을 흡수 통합하여 1951년 10월에 국립 전북대학교가 출범하였다. 1952년 6월에 김두헌을 총장으로 하여 5개 단과대학, 16개 학과에 학생정원 2,700명으로 개교하였다.[42]

이렇게 전주에서 전북대학교가 유일한 고등교육기관의 역할을 하다가 1960년대 접어들어 새로운 고등교육기관들이 등장하였다. 1962년에 전주교육대학이 전북대학교 병설대학으로 출범했는데, 2년제 초급대학으로 입학정원 200명에 5개 학과로 출발했다. 1963년 전북대학에서 독립하여 전주교육대학으로 독립하여 출범하였고, 교사수요가 증가하여 1964년에 입학정원이 360명으로 증원되었다.[43] 전주에서 1962년에 전주예수병원간호학교는 90명, 전주간호학교는 120명 정원으로 매년 210명의 간호 인력이 양성되고 있었다. 이들 두 학교는 간호고등학교에서 간호학교로 승격되어 전문 간호 인력을 양성하기 시작하였다.

전주에서 1960년대에 마지막으로 세워진 고등교육기관이 영생대학이었다. 전북대학을 제외한 나머지 고등교육기관들은 2년제 내지 3년제 교육기관들이었던 데 반해 영생대학은 4년제 대학으로 출발하였다.

강흥모 장로는 1960년대에 새로운 사회 변화에 따라 고등교육에 대한 수요가 늘어나던 1964년 1월 영생학원 산하의 야간대학으로 전주영생대학을 설립했다. 영생대학은 진리·평화·자유의 기독교 정신에 기초하여 영성, 인성, 지성을 갖춘 전인적인 인재를 양성하려는 목적으로 설립되었다. 1960년대 접어들어 한국인들 사이에서 고등교육에 대한 수요가 점차 늘어나고 있었다. 강흥모 장로는 이러한 새로운 교육 수요를 포착하고 그 수요를 충족시키고자 야간으로 영생대학을 설립하였다. 설립 당시에 직장인을 위한 고등교육기관으로서의 역할을 담

---

42) http://encykorea.aks.ac.kr/Contents/Index?contents_id=E0049443 (2020년 1월 30일 접속).

43) http://encykorea.aks.ac.kr/Contents/Item/E0049651 (2020년 1월 30일 접속).

당하였다.[44] 특히 강홍모 장로는 영생고등학교에서 야간으로 공부한 학생들이 계속해서 공부할 수 있는 길을 열어주고자 하는 소망도 있었다. 영생대학교 출신들 가운데 영생고등학교에서 야간에 공부하고 진학하여 교수와 사회지도자가 된 인물들도 많았다.[45]

영생대학이 야간으로 설립되었을 때 이 학교에 지원한 사람들은 주로 전주 시내의 초등학교 교사들과 목회자들과 일부 공무원들이 주류를 이루고 있었다. 공무원들은 안정된 직장을 가지고 있으면서 승진에 대한 욕구가 높았고 5·16 군사 쿠데타 이후에 한국사회의 발전을 선도하고자 하는 사명감도 있었다. 목회자들 가운데 대학을 졸업하지 못했던 분들도 주경야독으로 영생대학에 진학하였다. 당시 전국적으로 주요 도시들이 야간대학이 있어서 교육을 받을 수 있었던 반면에 전주에는 야간대학이 없었다. 그래서 당시에 초등학교 교사들과 목회자들을 중심으로 야간대학 설치를 영생학원 측에 요구하였고, 그러한 요구에 응하여 대학을 설립하게 되었다. 초대학장은 칼로(Carlow, M. E.)였는데, 미국의 하나님의 성회 소속 선교사로서 일본에서 오랫동안 선교 활동을 하신 분으로, 한국에서 교육 활동을 원하셨기 때문에 초대학장으로 초빙하게 되었다. 강홍모 설립자도 일본에서 교육을 받아 일본어가 잘 통해 서로 알게 되었다.

영생대학은 개교 당시 5개 학과 110명으로 출발했는데, 국어국문학과, 영어영문학과, 가정학과, 법률학과, 상학과 총 5개 학과가 있었으며, 각 학과는 20명이고 가정학과는 30명이었다.[46] 당시 영생대학은

---

44) http://encykorea.aks.ac.kr/Contents/Item/E0049657 (2020년 2월 5일 접속).
45) 야간출신으로 김종교 전부안군수, 홍낙표 전 무주 군수, 정동철 전 영생고등학교와 영생여자상업학교 교목, 주간출신으로 배경식 전 한일장신대 교수, 양태식 전경기대교수, 김인수 전북대학교 교수, 김래원 전 전주대교수와 영생교 교장, 박주원 전 안산시장, 김택수 전북도민일보 회장 등이 있다.

인문대학에 속한 국어국문학과와 영어영문학과 그리고 여성들의 수요
가 많았던 가정학과, 당시 가장 인기가 있었던 법률학과 경영을 가르
치는 상학과로 구성되어 있었다. 상학과는 오늘날의 경영학과를 가리
키는데, 일본에서 상학과라고 불렀다. 그렇기 때문에 전북대학교도 설
립할 때 상학과를 두었고, 영생대학도 그러한 영향 하에서 상학과라고
불렀다. 영생대학은 출범할 때 남노송동 간납대에서 시작했는데, 고등
학교가 주간에 사용하던 시설을 야간에 이용하면서 출범하였다. 1968년
에는 국문과 20명, 영문과 20명씩 교직과정 설치가 인가되었다.[47]

영생대학은 1970년대에 접어들어 야간 대학의 학과들을 증설하고
정원을 늘리다가 1978년부터 주간학과들을 설치하였다. 1972년부터 상
학과를 경영학과로 변경하고 그 해 12월에 미술교육과와 음악교육과
를 설치하고, 1973년 12월에 한문학과를 신설하였다.[48] 영생대의 입학
정원은 1972년에 140명, 1974년에 240명,[49] 1975년에 270명,[50] 1976년에
360명으로 지속적으로 늘어나, 1976년에 9개 학과에 재학생이 1,009명
으로 늘어났다.[51] 영생대학은 이렇게 양적인 성장을 하는 가운데 1977년
12월에 시대적인 변화에 맞추어 일부를 주간으로 개편하여 야간대학과
병행 운영하였으며, 1978년 10월에 교명을 전주대학으로 변경하였고,
정원이 470명으로 확대되었다.[52] 이때 주간학과로 영어영문과 40명이
신설되었고, 80명 정원의 외국어교육과는 야간에서 주간으로 변경되

46) http://www.jj.ac.kr/social/introduction/history.jsp (2020년 2월 5일 접속).
47) http://www.jj.ac.kr/human/introduction/history.jsp (2020년 2월 5일 접속).
48) http://www.jj.ac.kr/edu/introduction/history.jsp (2020년 2월 5일 접속).
49) 전주시, 『제14회 전주시 통계연표(1974)』, 전주: 대흥정판사, 1974, 147쪽.
50) 전주시, 『제15회 전주시 통계연표(1975)』, 전주: 보공출판사, 1975, 143쪽.
51) 전주시, 『제16회 전주시 통계연표(1976)』, 전주: 대성사, 1976, 141쪽.
52) 전주시, 『제18회 전주시 통계연표(1978)』, 전주: 대성사, 1978, 145쪽.

었다. 1979년에 입학정원은 840명으로 늘어났으며 재학생은 2019명이었다.[53]

　1980년에 접어들어 전주대학은 캠퍼스를 이전하며 종합대학으로 성장하였다. 영생대학은 두 가지 이유 때문에 캠퍼스 이전을 추진하게 되었다. 첫째는 영생대학을 야간으로 운영할 때는 영생고등학교의 시설들을 이용하였다. 그렇지만 1978년에 일부 주간대학으로의 전환이 이루어지면서, 대학의 자체적인 캠퍼스를 마련할 필요성이 생겨났다. 그와 함께 1980년대 접어들어 학생들의 민주화 시위가 일어났고, 그러한 가운데 학생들의 캠퍼스 확장에 대한 요구가 분출했다. 이러한 두 가지 이유 때문에 남노송동의 학교시설들을 천잠 동산 캠퍼스로 이전을 추진하게 되었다. 1981년 3월 9일 전주대학 캠퍼스를 남노송동에서 효자동의 천잠 동산으로 이전했으며, 1982년에 대학원을 설치하고 1983년 9월에 종합대학교로 승격하면서 교명이 전주대학에서 전주대학교로 변경되었다. 종합대학이 되면서 5개 단과대학(인문대학, 이과대학, 법정대학, 경상대학, 사범대학)을 설치하였고, 1984년 3월 종합대학교로 개편되어 초대총장에 박주황이 취임하였다.[54]

Ⅶ. 영생전문대학의 설립

　위에서 살펴본 바와 같이 1970년대까지 영생대학은 주로 인문대학에 속하는 국어국문학과, 영어영문학과, 불어불문학과 등과 법학과와 경영학과를 중심으로 발전하여 이공계열에 속한 학과가 없었다. 그런

---

53) 전주시, 『제19회 전주시 통계연표(1979)』, 전주: 선문사, 1979, 151쪽.
54) http://encykorea.aks.ac.kr/Contents/Item/E0049657 (2020년 2월 10일 접속).

데 당시 대한민국은 1970년대 접어들어 중화학공업이 발전하면서 이러한 분야의 인력을 상당히 많이 필요로 하고 있었다. 그러므로 정부에서 이러한 분야의 인력을 양성하기 위해 노력하였고, 그러한 과정의 일환으로 생겨난 것이 전문대학제도이다.

우리나라에서 전문대학이 출현한 것은 1964년이었다. 이때의 학교 명칭은 실업고등전문학교였으며, 제1차 경제개발 5개년 계획을 추진하기 위한 기술 인력을 양성하기 위한 목적으로 설립되었다. 당시 입학자격은 중학교 졸업자들을 대상으로 했으며, 수업 연한은 5년이었고 9개 학교가 있었다. 그렇지만 실업고등전문학교는 5년이란 장기간의 교육 기간 동안에 탈락자들이 많이 발생하였고 고교졸업자들에게 직업교육을 위한 진학 기회를 제공하며 단기적인 고등교육에 대한 국제적인 추세가 고조되면서 국내에서도 고등학교 졸업자들을 대상으로 2-3년간의 고등교육을 실시하는 전문학교가 1970년에 출현하였다.[55] 당시에 전문학교는 26개가 있었다.

이러한 전문학교 교육기관 가운데 하나로 강홍모 장로는 영생학원 산하에 1976년 3월에 전주공업전문학교를 설립하고 320명을 모집하였다.[56] 개교 당시 기계과·전기과·전자과·통신과를 설치하고 각 과 2학급씩 8학급 320명으로 출발하였다. 전주공업전문학교는 1977년에 520명을 모집했는데 남자 513명 여자 7명이었다,[57] 1977년 12월에 기계설계과와 건축과를 신설하여 1978년에 정원이 840명으로 늘어났다.[58] 1977년 교육법 개정으로 전문대학 제도가 도입되었고, 1979년 기

---

55) http://www.procollege.kr/web/college/webCollegeHistoryList.do (2020년 2월 10일 접속).
56) 전주시, 『제16회 전주시 통계연표(1976)』, 139쪽.
57) 전주시, 『제17회 전주시 통계연표(1977)』, 전주: 대성사, 1977, 134쪽.
58) 전주시, 『제18회 전주시 통계연표(1978)』, 144쪽.

존의 초급대학·전문학교·실업고등전문학교를 모두 전문대학으로 일원화하였다. 이 법 개정에 따라 전주공업전문학교는 1979년 1월 1일 전주공업전문대학으로 개편하였다. 1980년 9월에 토목과와 공업경영과를 신설하고 1982년에 기계설계과를 폐과하였으며, 1983년에 전자계산과를 신설하였다.

이와 같이 전문공업전문대학은 1970년대와 1980년대 우리나라가 경제개발이 진행되어 중화학공업이 발전하면서 공업계 인력들이 필요할 때 설립되어 아주 빠르게 성장하여 1976년 320명으로 시작하여 1978년에는 840명으로 확장되었다. 영생전문대학은 이와 같이 우리나라의 공업화의 필요성에 부응하면서 아주 빠른 성도로 성장하였다.

VIII. 영생교회의 설립과 역할

강홍모장로가 1951년 5월 장로로 안수를 받아 남문교회 장로로 시무하면서 거리에서 방황하는 고아들에게 야학을 통하여 복음을 증거하고 교육을 시키기 시작한 것이 영생학원의 출발이자 영생교회의 출발이었다. 영생교회는 이때 강홍모 장로 내외가 남노송동에 예배처소를 마련하면서 본격적으로 교회의 모습으로 거듭나기 시작했다. 강홍모장로는 김삼순 사모와 함께 예배처소에서 사역하던 중에 1953년 학교법인 영생학원을 설립을 인가받고, 동시에 고명량 목사를 모시고 전주시 남노송동 90번지에서 예배를 드린 것이 영생교회의 출발이 되었다.[59] 강홍모는 영생교회를 세우면서 남문교회를 떠났다. 영생교회는

---

[59] http://www.jjys.kr/ (2020년 2월 15일 접속).

그 이전에는 예배처소였던 것이 이때 정식 교회로 조직되어 출범하였다. 영생교회는 주로 영생학원에 다니는 학생들과 교직원들의 신앙생활과 영적 지도를 위해 세워진 교회였고, 고명량 목사가 1대 목회자였다. 영생교회는 1965년에 예배당을 세웠고, 1966년 7월에 전주 우아동 영생교회 예배당을 세웠다. 영생교회는 1966년 4월에 기독교장로회를 탈퇴하였고 9월에 강홍모 장로가 2대 담임목회자로 취임하였다. 그는 1970년에 목사안수를 받았으며, 1970년부터 1997년까지 전주 영생교회 담임목사로 시무하였다. 영생교회는 학교와 교회를 함께 세워 사역하던 전주 스테이션의 영향을 받아 설립되었던 것으로 보인다.

당시 영생학원에서 근무하던 교사들과 학교에 다니던 학생들의 교회 출석은 자유였다. 그렇지만 신앙이 있는 교사들과 학생들의 다수가 교회에 출석하였다. 강홍모 목사는 교회의 목회를 통해서도 학교에서의 기독교 교육을 통한 인재육성이라는 교육이념이 실현되도록 노력하였다. 국가를 위해 봉사할 수 있는 모세 같은 인재와 전 세계에 복음을 전파하는 바울 같은 복음의 나팔수를 육성한다는 마음으로 목회를 하였고, 이런 목회 철학은 아들인 강희만 목사에게 계승되어 그의 영생교회의 목회철학이 되었다.[60]

IX. 나가는 말

1950년대 전주에서 강홍모 장로가 세웠던 영생학원은 기독교정신을 바탕으로 세워진 대표적인 기독교 사학이었다. 영생학원이 세워진 밑

---

60) 『국민일보』, 2010. 5. 19. http://m.kmib.co.kr/view.asp?arcid=0003725060.

바탕에는 강홍모 장로가 6·25전쟁 과정에서 겪었던 여러 번의 죽음에 직면하는 고난이 있었다. 그는 그러한 체험을 통해 전쟁의 참화의 과정에서 고아가 되었거나 경제적인 어려움으로 고통을 겪는 청소년들에게 교육을 통한 복음전파의 사명감을 발견하게 되었다.

그는 그러한 꿈을 실현하기 위해 1953년에 영생학원을 설립하면서 동시에 영생교회를 함께 세웠다. 그는 영생학원을 세우면서 가장 관심을 기울였던 것은 경제적으로 어려워 낮에 교육을 받을 수 없는 고아들과 경제적인 소외계층이었다. 이들에게 유일하게 소망을 제공할 수 있는 길을 강홍모 장로는 복음을 전파하면서 교육시키는 야간교육에서 찾았다. 그래서 그는 1955년 3월에 재단법인 영생학원을 인가받고 12월에 영생중·고등학교를 야간학교로 인가받아 1956년에 개교하였다. 당시 우리나라는 초등교육도 국가가 재정을 감당할 수 없었으므로, 중등교육은 학생이 모든 비용을 부담하는 유상교육을 통해 이루어지고 있었다. 그러므로 고아들과 경제적 빈곤층은 낮에는 일하고 밤에는 공부하는 주경야독의 길이 유일한 교육받을 수 있는 길이었고, 강홍모 장로는 이들을 위해 전주에서 유일하게 야간학교를 설립하였다. 그리고 당시에 다른 학교들은 남학교와 여학교가 분리되어 있었는데, 영생중학교와 고등학교는 야간교육을 받기 원하는 남녀학생들을 교육하기 위하여 남녀공학을 실시하였다. 이러한 교육을 실시하는 데는 남녀의 차별을 넘어서서 하나의 공동체를 이루는 기독교신앙이 밑바탕을 이루고 있었다.

1950년대 이렇게 야간학교로 출발한 영생중고등학교는 1960년대 접어들어 새로운 시대변화에 맞추어 여러 가지 변화를 하게 되었다. 첫째는 여성들의 교육받고자 하는 수요가 증가함에 따라 1963년에 여자중학교와 함께 여성의 직장진출을 돕고자 여자실업고등학교를 설립하였다. 그리고 야간보다는 주간에 교육받고자 하는 인원들이 많아지자 고등학교가 1963년부터 주간 2학급, 야간 1학급으로 개편되었다. 그리고 전주의 고등교육을 받고자 하는 수요를 충족시키고자 1964년에 야간대학으로 영생대학을 설립하였다. 이러한 점에서 강홍모장로는 당시의 새로운 교육수요가 있는 곳을 정확하게 파악하면서, 특히 경제적으로 어려운 계층들에게 기독교 정신을 토대로 교육기회를 제공하고자 노력하였다.

1970년대 접어들어 영생학원은 다시 여러 면에서 변화를 하게 되었다. 첫째는 영생중학교와 영생고등학교가 동일계진학을 하고 있었는데, 영생고등학교에 다양한 학교 출신 학생들을 모집하고 대학 발전에 집중하고자 영생중학교와 여자중학교를 폐지하였다. 그때 북중학교와 전주여자중학교도 함께 폐지되었다. 둘째로 1978년에 영생고등학교는 완전히 주간으로 전환하였고, 이때 영생대학도 전주대학으로 개명하면서 일부를 주간으로 전환하였다. 그리고 1976년에 전주공업전문학교를 설립하여 공업화에 필요한 인력을 양성하기 시작하였고, 여자종합실업학교는 여자상업학교로 전환하여 상업계 인력을 양성하는데 주력하였다. 영생학원은 영생이라는 기독교 가치관을 학생들에게 심어주기 위하여 노력하였고, 강홍모는 교육을 통한 인재양성에서 모세와 같은 민족의 동량과 바울과 같은 복음의 나팔수를 육성하고자 노력하였다. 이러한 노력으로 이 학교 출신 가운데 목회자가 1,000명 이상이 배출되었고, 많은 지역 인재들을 길러내었다. 그는 영생학원을 설립하면서 이들의 영적인 생활을 돌보기 위하여 1953년에 영생교회를 세웠다. 이와 같이 강홍모는 복음을 바탕으로 전주에서 새로운 사회발전과 경제적인 변화와 발맞추어 교육기관을 설립하여 한국사회의 발전에 기여하였다.

그러므로 강홍모는 영생학원과 영생교회의 설립은 남장로교 선교본부의 선교스테이션의 영향을 받은 측면이 있다. 선교스테이션이 학교, 교회, 병원을 지어 함께 운영하는 것이었는데, 강홍모는 병원까지는 짓지 못했지만, 교육과 교회를 함께 운영하는 측면에서는 일정한 영향을 받았다고 볼 수 있겠다.

강홍모의 영생학원 설립을 통한 교육활동에서 오늘날도 우리가 이어받아야 할 점은 첫째로 기독교 학교들이 사회의 소외계층들에게 교육받을 기회를 제공하여 사회의 건강한 구성원으로 성장하도록 도와야 한다는 점이다. 둘째로 지금 한국사회에서 기독교사학들은 점점 더 기독교 가치관을 교육하는 데 어려움에 직면하고 있는데, 진리, 평화, 자유의 기독교 정신으로 한국사회를 이끌어 갈 지도자들을 육성하는 데 더욱 매진해야 할 것이다. 셋째로 강홍모가 새로운 교육수요가 있는 곳에 교육기관을 설치하여 시대변화를 따라갔던 바와 같이 현재의 기독교 교육기관들도 능동적으로 시대변화에 대처해야 할 것이다.

참고문헌

『경향신문』, 1950. 6. 2.

『국민일보』, 2010. 5, 19.

『동아일보』, 1946. 1. 29. 1946. 5. 28.

『시정월보』, 제2호, 1949. 3. 1.

『새전북신문』, 2018. 6. 13.

『전북도민일보』, 2002. 6. 16.

『크리스천 전북』, 2017. 6. 23.

강흥모, "1981년 3월 18일, 천잠캠퍼스 인문관·사범관 준공식에서."
　　　https://news.jj. ac.kr/人-전주대를-말하다/

김수진, 『호남교회 100년사 -전북편』. 서울: 쿰란출판사, 1998.

류한구, 「중등교육 팽창에 대한 실증적 연구: 1952-1989 시계열 분석」, 박사학위
　　　논문, 서울대학교, 2002,

박환보, 「해방 이후 학교 교육의 팽창의 양상과 특징」, 『대한민국 교육 70년: 대한
　　　민국 교육 70년 학술연구용역 최종보고서』, 대한민국 역사박물관, 2015.

송현강, 「레이놀즈의 목회 사역」, 『한국기독교와 역사』 33, 2010.

＿＿＿, 「미국 남장로교의 전북지역 의료선교(1896-1940)」, 『한국기독교와 역사』
　　　35, 2011.

원도연, 「19세기 미션스테이션의 근대성과 기념의 문제 - 전주스테이션의 사례
　　　를 중심으로」, 『지방사와 지방문화』 15/2, 2012.

이은선, 「해방 후 전주 스테이션과 장로교회들이 전주 발전에 미친 영향」, 『한국
　　　교회사학회지』 52, 2019.

이재근, 「남장로교의 전주 신흥학교·기전여학교 설립과 발전(1901-1937)」, 『한
　　　국기독교와 역사』 42, 2015.

전주시, 『단기 4294년 편찬 통계연보 - 제1회』, 전주: 문화당인쇄소, 1961.

＿＿＿, 『제14회 전주시 통계연표(1974)』, 전주: 대흥정판사, 1974.

＿＿＿, 『제15회 전주시 통계연표(1975)』, 전주: 보공출판사, 1975.

＿＿＿, 『제16회 전주시 통계연표(1976)』, 전주: 대성사, 1976.

＿＿＿, 『제17회 전주시 통계연표(1977)』, 전주: 대성사, 1977.

＿＿＿, 『제18회 전주시 통계연표(1978)』, 전주: 대성사, 1978.

＿＿＿, 『제19회 전주시 통계연표(1979)』, 전주: 선문사, 1979.

_____, 『전주 꽃심』, 전주: 전주시, 2017.

정옥균, 「전북지역 개신교 초기 교회의 형성과 그 전개과정에 대한 연구 (1892-1945년)」, 목회학박사학위논문, 한신대학교, 1999.

조성욱, 「전주시의 상대적 저성장에 대한 원인 고찰: 광주 및 대전 광역시와의 비교를 중심으로」, 『한국지리학회지』 6/2, 2017.

최병택, 「해방 이후 의무 교육 요구와 정책의 전개 방향」, 『대구사학』 125, 2016.

최형근, 「미국 남장로교 선교사 인돈(William A. Linton)의 교육선교」, 『한국교회 사학회지』 40, 2015.

한국교육10년사간행위원회, 『한국교육 100년사』, 서울: 풍문사, 1960.

http://encykorea.aks.ac.kr/Contents/Item/E0049687 2020년 1월 20일 접속

http://encykorea.aks.ac.kr/Contents/Index?contents_id=E0068414 2020년 1월 20일 접속

http://encykorea.aks.ac.kr/Contents/Item/E0049656 2020년 1월 20일 접속

http://encykorea.aks.ac.kr/Contents/Item/E0049654 2020년 1월 20일 접속

http://encykorea.aks.ac.kr/Contents/Item/E0049674 2020년 1월 21일 접속

http://encykorea.aks.ac.kr/Contents/Index?contents_id=E0049664 2019. 12. 30일 접속

http://nmchurch.onmam.com/bbs/viewPage/5 2019년 12월 21일 접속

http://blog.daum.net/culturelive/15951602 2019년 12월 1일자 접속

http://blog.daum.net/culturelive/15951602 2019년 12월 5일자 접속

http://youngsaeng.hs.kr/index.jsp?SCODE=S0000000777&mnu=M001001015 2019년 12월 20일자 접속

http://encykorea.aks.ac.kr/Contents/Index?contents_id=E0049443 2020년 1월 30일 접속

http://encykorea.aks.ac.kr/Contents/Item/E0049651 2020년 1월 30일 접속

http://encykorea.aks.ac.kr/Contents/Item/E0049657 2020년 2월 5일 접속

http://www.jj.ac.kr/social/introduction/history.jsp 2020년 2월 5일 접속

http://www.jj.ac.kr/human/introduction/history.jsp 2020년 2월 5일 접속

http://www.jj.ac.kr/edu/introduction/history.jsp 2020년 2월 5일 접속

http://encykorea.aks.ac.kr/Contents/Item/E0049657 2020년 2월 10일 접속

http://www.procollege.kr/web/college/webCollegeHistoryList.do 2020년 2월 10일 접속

http://www.jjys.kr/ 2020년 2월 15일 접속

해방 이후 개신교 학교와 사회적 영향력

대전 대성학원을 중심으로

윤은석

I. 들어가는 말

한국 개신교는 1884년 시작부터 현재에 이르기까지 많은 학교를 설립하며 교육의 분야에서 기여를 하여왔다. 개신교 학교들은 선교라는 큰 목적 하에 조선 후기에는 한국인들의 계몽을, 일제강점기에는 민족의식 고취를, 해방 이후에는 고조되는 교육열을 분담하는 부차적 역할을 감당하였다. 초기 선교사인 언더우드(Horace G. Underwood)와 아펜젤러(Henry G. Appenzeller)가 세운 언더우드학당과 배재학당은 100년 이상이 지난 오늘날에도 여전히 한국 사회에서 교육의 빛을 비추며 개신교가 한국의 교육에 끼친 영향을 말해주고 있다.

이러한 한국 개신교의 교육사업에 대한 연구는 여러 분야에서 진행되었다.[1] 이 중 역사적 관점에서 접근한 논문들은 해방 이전에 집중되었다.[2] 해방 이전에 설립되어 해방 이후까지 지속된 학교가 67개인데 반해 해방 이후부터 1960년까지 세워진 개신교 학교(초, 중, 고, 대학교)가 92개 이며 1960년-1990년까지 세워진 개신교 학교는 178개였다.3) 많은 학교들이 해방 이후에 세워졌다. 그러나 역사적 관점에서 해방 이후의 개신교 학교들에 대한 연구는 거의 이루어지지 않았다. 해방과 전후(戰後)는 일제강점기와는 전혀 다른, 새로운 상황이었다. 이러한 해방과 전후 공간에서 개신교 학교의 설립이 의미하는 바는 무엇이며, 사회에 기여하는 바는 무엇인지 역사적으로 연구할 필요가 있다.

본 연구는 1955년 4월 27일 공식 인가를 받은, 대전의 개신교 사립학교법인인 대성학원을 다룬다. 대성학원에 대한 연구는 학교 50년사가 존재하긴 하지만, 이 자료는 6·25전쟁 이후 대전시와 연기군의 교육 상황을 세밀하게 고려하지 않은, 대성학원의 역사적 사실들을 망라해 놓은 학교통사이다. 또한 당시 유실되거나 오기된 부분도 있어서 보완이 필요한 자료이다.4) 대성학원의 설립자 중 한 명인 김신옥에 대한

1) 김영환, 「기독교 학교의 건학이념 구현 방안에 관한 연구-경주 문화고등학교를 중심으로—」, 미간행박사학위논문, 장로회신학대학교 목회전문대학원, 2010.; 정남용, 「성윤신적 교사상(教師像)의 한 모델로서 한경직 연구」, 미간행 박사학위논문, 장로회신학대학교 대학원, 2015.; 박상진, 「비기독교학교에서 종교교육을 통한 학원선교」, 『장신논단』 29, 2007. 9, 239~274쪽.; 주로 실천신학 혹은 기독교교육학 분야의 연구들이 많다.
2) 송현강, 「한말일제강점기 강경교회의 만동학교 설립과 운영」, 『한국기독교와 역사』 31, 2009. 9, 95~122쪽.; 이치만, 「1930년대 이후 내한 미국선교사의 교육사업 철수에 대한 소고: 미북장로회 조선선교부를 중심으로」, 『선교와 신학』 39, 2016. 6, 267~295쪽.; 박혜진, 「서울지역 미 북장로회선교부의 교육사업 철수와 학교 인계 연구-경신학교와 정신여학교를 중심으로」, 『한국기독교와 역사』 32, 2010. 3, 159~193쪽.; 이재근, 「남장로교의 전주 신흥학교기전여학교 설립과 발전(1901-1937)」, 『한국기독교와 역사』 42, 2015. 3, 45~83쪽.; 임희국, 「한국 교회 초기 기독교학교 설립에 대하여: 토착교회의 기독교학교 설립운동을 중심으로」, 『장신논단』 27, 2006. 12, 39~73쪽.
3) 김태영, 「현대 한국 기독교학교 정체성의 역사적 고찰」, 미간행박사학위논문: 고신대학교, 2012, 84~87, 98~101쪽.

연구는 일부 존재한다. 그러나 이 연구들은 대성학원을 파편적으로 언급하였다.[5] 그리하여 본 연구는 대성학원 통사를 참고로 하여 대성학원의 설립 배경, 발전과정과 그 의미, 그리고 신앙을 통한 인성교육을 중심으로 대성학원을 다루게 될 것이다.

II. 대성학원의 설립 배경: 6·25전쟁과 교육 수요의 증가

대한민국은 1950년 6월 25일에 비극적인 동족상잔을 경험하며 3년 간 끊임없이 울려 퍼지는 총성 속에 국토가 초토화되는 시련을 겪었다. 이러한 3년간의 전쟁은 국가의 기반시설을 파괴했을 뿐 아니라, 수많은 학교들에도 손상을 입혔다. 학교 교실은 전쟁으로 인해 대략 60%가 파손되었고, 서적 등 학업 관련 비품들은 80%가 손실을 입었다.[6] 전쟁은 국민학교 학생들의 수도 급격하게 줄어들게 하였다. 전쟁 전에 국민학교의 학생 수는 264만 5천여 명이었는데, 1953년 5월에는 241만 명으로 23만 5천여 명이 감소하였다. 또한 교사들의 수도 전쟁 전 4만 2천여 명에서 3만 7천여 명으로 줄어들었다. 그리고 이 중에서 정교사의 자격을 가진 사람은 60%에 불과했고, 준교사가 25%, 자격이 없는 교원도 15%에 달했다.[7] 전쟁으로 인해 중등교육 역시 붕괴되었다.

4) 학교법인 대성학원 개교50년사 편찬위원회, 『大聖 믿음의 기도로 이룩해 온 50년사』, 대전: 학교법인 대성학원, 2005.
5) 박명수, 「신앙, 민족, 여성: 김신옥 목사의 생애와 사역」, 『영산신학저널』 42, 2017. 12, 81~120쪽.; 임열수 외, 『리더쉽, 영성, 신학 건신(建信) 김신옥 목사 성역 33주년 기념논문집』, 대전: 복음신학대학원대학교 출판부, 2005.
6) 유네스코 운크라 파한 교육계획사절단, 「한국의 교육재건」, 『문교월보』 특집, 1953, 5쪽.; 손인수, 『한국교육운동사』 I, 서울: 문음사, 1994, 309쪽에서 재인용.
7) 손인수, 『한국교육운동사』 I, 322쪽.

1950년 전쟁 전 380,829명이었던 학생 수는 1년 뒤에는 225,510명으로 급격하게 줄어들었다.[8]

한편 한창 전쟁의 총성이 울리던 지역에서 교육을 진행한다는 것은 무리였다. 이에 서울에서 학교를 다니던 많은 학생들은 학업을 지속하는 데 어려움을 겪었다. 이에 문교부는 1·4 후퇴 이후 부산 시청에 임시청사를 설치한 후 동년 2월 26일에 "전시 하 교육특별조치요강"을 발표하였는데, 여기서 핵심적인 것들 중 하나는 서울 소재 중등학교들이 단독, 혹은 연합하여 부산, 대구, 대전 등지에 피난학교를 설치하여 수업을 지속하라는 것이었다.[9]

그리하여 당시 중학교 과정의 피난학교가 부산에 40개, 거제도에 21개, 대구에 1개, 대전에 1개, 수원에 1개, 총 64개가 세워졌다.[10] 대전의 경우 1951년 9월 15일에 목동의 천주교회와 삼성동의 철도종업원 합숙소를 빌려서 서울 피난 대전연합중학교(이하 대전연합중학교)가 설립되었다. 학생들은 중등부 481명, 고등부 296명으로 총 777명이었다.[11]

전쟁 기간의 교육은 열악하기 그지없었다. 학교는 파괴되거나 군대가 점유하는 경우가 많았다. 그리하여 야외나 천막교실에서 수업이 진

---

8) 李榮德, 『한국 근현대 교육사』, 경기도: 韓國精神文化研究院, 1995, 221쪽.
9) 한국교원대학교 한국교육100년사 편찬위원회, 『韓國의 敎育學 한국의 미래교육 100년』 1, 서울: 한국의 미래교육 100년과 한국교육 100년사 편찬실, 2011, 75~76쪽.
10) 손인수, 『한국교육운동사』 I, 314쪽.
11) 대전광역시 교육청, 『大田敎育史』, 대전: 대문사, 1996, 585쪽.; 김신옥, 『행함으로 믿음을 온전케 하라』, 대전: 도서출판 대장간, 2010, 166~167쪽.; 학교법인 대성학원 개교50년사 편찬위원회, 『大聖 믿음의 기도로 이룩해 온 50년사』, 52쪽. 대성학원의 설립자 김신옥의 기억에 따르면, 당시 서울 피난 대전연합중학교의 이름은 서울특별시 대전종합중고등학교였다. 그리고 학생들은 2,500명가량 모였다고 한다. 김신옥의 경우, 50년 이상 후의 기억임을 감안할 때, 『大田敎育史』의 기록이 정확한 것으로 추정된다.

행되었다. 과거 일본의 신사나 개천, 산 밑 골짜기, 정거장, 묘지 등에서도 수업이 진행되었다.[12] 대전의 경우에도 "공장건물, 천막교실, 가마니교실, 노천수업 등으로 정상수업"을 하기 어려웠다.[13]

이러한 역사적 배경 속에서 1954년 4월 27일에 대성학원이 설립되었다. 대성학원의 설립은 대전연합중학교에서 근무하던 김신옥과 부강고등공민학교 교장이던 그의 남편 안기석과 관련이 있었다. 1953년 7월 27일에 3년간의 전쟁이 중지되면서 대전연합중학교가 해산해야 하는 상황에 놓이게 되었다. 그러나 당시 서울로 복귀하지 못하는 학생들이 180명가량 되어서 이들을 위한 계속적인 교육의 필요성이 대두되었다. 이에 김신옥은 학교를 설립하고자 노력하였고, 도지사와 지인 관계이자 학교의 학부형 대표이던 인권식의 도움을 얻어서 도지사에게 탄원할 수 있었다. 그 결과 1954년 7월 6일 대전연합중학교가 위치했던 대전 목동 96번지에서 대성학교가 시작되었고, 이후 농업기술학교의 형태로 교육을 지속하다가, 1955년 4월 27일에 대성 중·고등학교로 인가받게 되었다. 초대교장은 안기석이었다.[14]

중요한 것은 대성학원의 설립은 전쟁의 상흔이 남아있던 시기에 이루어졌다는 것이다. 그리하여 대성학원도 열악한 교육환경을 감수해야 했다. 학교 설립 이후 학생들은 허름한 군용 천막으로 만든 교실에서 수업을 들었다. 판잣집 초가에서 판자로 의자를 만들어 수업을 하기도 했다. 주 1회 실시된 예배나 조회의 경우 인근 산등성이에서 진행되었다. 예배 장소로 사용할 공간이 없어서 몇몇 학생들은 산에 올

---

12) 손인수, 『한국교육운동사』 I, 309쪽, 317쪽.
13) 대전광역시 교육청, 『大田敎育史』, 567~568쪽.
14) 학교법인 대성학원 개교50년사 편찬위원회, 『大聖 믿음의 기도로 이룩해 온 50년사』, 50~51쪽, 700쪽.; 김신옥, 『행함으로 믿음을 온전케 하라』, 168~173쪽.

라가서 울며 기도하기도 했다. 흙벽돌을 직접 찍어서 교실을 지었지
만, 태풍으로 무너지는 일도 있었다. 이렇게 전후의 역경을 겪은 후에
야 미군 공병단의 지원으로 8개의 교실을 지을 수 있었다.[15]

또 하나 살펴볼 것은 전쟁의 폐허 속에서도 학생들은 학교로 몰려들
었고, 이러한 시기에 설립된 학교가 대성학원이라는 점이다. 해방 당
시 대전지역의 학교들은 많지 않았다. 대전의 중등교육기관은 대전중
학교, 대전고등여학교, 대동고등여학교 단 3개의 인문계 중학교만이
있었고, 이 중 대동고등여학교만 한국인 학교였다.[16] 휴전 이후 대전
의 인구 증가와 재건의 결과로 새로운 중·고등학교가 설립되기 시작
했다. 1954년 4월 27일 대성중·고등학교가 설립되기까지, 대전에는
대성중·고등학교를 포함하여 10개의 중학교(공립 5개, 사립 5개), 6개
의 인문계고등학교(공립 3, 사립 3)가 있었다.[17] 이후 학교의 설립이
가속화되면서, 1960년대 초에는 대전에 중학교가 14개, 고등학교가 13개
가 있었고, 1960년대 말에는 중학교 24개, 고등학교 16개가 되었다.[18]

고조되는 학교 설립의 배경에는 학생들의 높은 취학열이 있었다.

---

15) 김신옥, 『행함으로 믿음을 온전케 하라』, 176~178쪽.;「개교 20주년 맞는 대성
   학원」, 『대성학보』, 1974. 4. 23, 1면.;「여성의 德性과 능력 敎育에 힘써」, 『중
   도일보』, 1972. 6. 22, 6면.
16) 대전광역시 교육청, 『大田敎育史』, 567쪽.
17) 위의 책, 597~598쪽. 대전 지역 중학교 목록: 대전중학교(공립), 보문중학교,
   한밭중학교(공립), 대전여자중학교(공립), 유성중학교(공립), 호수돈여자중학
   교, 대전동중학교, 한밭여자중학교(공립), 대전신흥중학교, 대성중학교. 대전
   지역인문계고등학교 목록: 대전고등학교(공립), 대전여자고등학교(공립), 호
   수돈여자고등학교 보문고등학교, 대성고등학교. 대전사범학교(공립). 대전직
   할시교육청, 『1991년도 대전교육통계연보』, 대전: 성문인쇄사, 1991, 462~478쪽.
   공립과 사립여부는 이 자료를 통해 확인했다. 이 자료를 보면, 당시 위의 기록
   외에 몇몇 학교가 더 있었을 것이라 추정되지만, 『大田敎育史』의 자료를 토대
   로 위와 같이 서술하였다.
18) 대전광역시 교육청, 『大田敎育史』, 661쪽.

1960년대에 대전 인근 중학교의 급증으로 인해 대전으로의 학생들의 유입이 많아지면서 대전의 인문계 중·고등학교의 수요가 증가하였다. 그리하여 대전지역의 평균 학급당 인원은 대부분 정원에 미달되지 않았다. 1950년대 대전지역 교육당국은 과밀 학급을 방지하고자 학급당 인원을 60명으로 제한하였다.[19] 그런데 1960년대 학급당 학생 수는 대부분 정원인 60명 이하로 떨어지지 않았다. 1960년 163학급에 9,773명의 중학생이 있어서, 평균 약 60명의 학생이 한 학급에 편성되었고, 1969년에는 349학급에 21,379명의 중학생이 있어서, 약 61명의 학생이 한 학급에서 공부하였다.[20] 즉 대성학원의 설립은 전후 학생들의 수요와 함께 학교의 공급도 증가하던 시기의 초반부에 이루어졌음을 알 수 있다.

III. 대성학원의 발전과 지역사회의 교육 분담

초기 대성중·고등학교는 학생 정원에 미달되는 상황이 계속되었다. 일례로 1958년 입시에서 대성중학교는 120명 정원에 78명만 지원하여 미달이 되었다.[21] 그리하여 당시 교사들은 대전의 각 국민학교뿐 아니라 연기군, 금산군 등 충남의 국민학교까지 가서 입학 홍보를 하였다. 학교통사에 따르면, 그 결과 1968년부터 학생 수가 급증하였고, 1969년에는 신입생들의 지원이 정원을 초과했다고 한다.[22] 그러나

19) 위의 책, 568~569쪽.
20) 위의 책, 662쪽.
21) 위의 책, 605쪽.
22) 학교법인 대성학원 개교50년사 편찬위원회, 『大聖 믿음의 기도로 이룩해 온 50년사』, 64쪽.

1965년 11월 24일자의 기록에 따르면, 1965년 입시에서 대성중학교는 320명 모집에 643명이 지원하여 2:1의 경쟁률을 보였고, 대성여자중학교는 256명 모집에 447명 지원하여 1.75:1의 경쟁률을 보였다.[23] 적어도 1965년에 미달을 면했음을 알 수 있다. 대전시의 통계자료는 1960년대 대성중·고등학교의 학생 수의 추이를 잘 보여준다. 먼저 중학교를 살펴보면 다음 〈표 1〉과 같다.

〈표 1〉 대성중학교 연도별 현황(1961-1969)[24]

	1961	1962	1963	1964	1965	1966	1967	1968	1969
남학생	251	519	508	667	1,005	927	927	1,334	1,374
여학생	197	247	159						
학급	9	12	11	11	15	13	15	21	21

대전시 통계에 따르면, 1965년에 한 번 신입생이 많이 모집되었다가 1968년에 다시 한 번 신입생이 대폭 증가했음을 추정할 수 있다. 이러

[23] 대전광역시 교육청, 『大田敎育史』, 665쪽. 이 당시에도 대전서중학교나 중앙중학교는 미달이었고, 대전중학교가 3.98:1로 가장 큰 경쟁률을 보였다.

[24] 대전시, 『統計年報』 1, 대전: 湖西印刷社, 1962, 14쪽. 대전시의 통계는 대성학원 측의 통계와는 조금 차이가 있다. 대전시 통계에는 당시 대전지역의 학교별 학생 수와 전체 학생 수가 다 나와 있다. 대성학원 통사의 기록과 대전시 전체 학생 수를 계산하여 교육 분담률을 확인하는 것은 객관적이지 않을 수 있다. 당시 대성학원의 대전지역 교육 분담률을 객관적으로 보기 위해서 대전시의 통계를 참고하기로 했다. 또한 통계 자료는 출판 직전 해의 기록이다. 즉, 1962년의 기록은 1961년을 반영한다. 대전시, 『統計年報』 2, 대전: 昌信商社出版部, 1963, 30쪽.; 대전시, 『統計年報』 3, 대전: 昌信商社出版部, 1964, 74쪽.; 대전시, 『大田市 統計年報』 4, 대전: 韓一印刷社, 1965, 39쪽.; 대전시, 『大田市 統計年報』 5, 대전: 韓一印刷社, 1966, 59쪽.; 대전시, 『大田市 統計年報』 6, 대전: 韓一印刷社, 1967, 39쪽.; 대전시, 『大田市 統計年報』 7, 대전: 韓一印刷社, 1968, 57쪽.; 대전시, 『大田市 統計年報』 8, 대전: 韓一印刷社, 1969, 180쪽.; 대전시, 『大田市 統計年報』 9, 대전: 韓一印刷社, 1970, 229쪽.

한 학생 수의 증가는 비슷한 시기에 시행된 중학교 무시험 진학제도와
는 큰 관련이 없었던 것으로 보인다. 원래 중학교에 입학하기 위해서
는 시험을 치러야 했다. 그러나 국민학교 학생들의 입시를 위한 비정
상적인 학업을 막기 위해 정부에서는 1968년 2월에 중학교 무시험 진
학 제도를 만들고 1969년부터 서울특별시부터 순차적으로 적용하였
다. 대전에 적용된 것은 1970년부터였다. 이로 인해 전국 중학교 진학
률이 1968년에 55.9%에서 1969년도에 61.8%, 1970년에 66.1%, 1971년에
69.6%, 1972년에는 71.0%로 증가하였다.25) 그런데 중요한 것은 대성학
원은 대전에 시행된 1970년에 1,229명 1971년에 1,175명 1972년에는
1,164명으로 점점 줄어들었다는 것이다.26) 무시험 진학 제도가 대성학
원의 학생 수 증가에 도움이 되지는 않았던 것 같다. 오히려 교사들을
중심으로 한 홍보로 인해 학생 유치에 활력을 얻다가 무시험 제도로
인해 조금 주춤했던 것으로 보인다.

원래 목동에는 남자와 여자 중·고등학교가 같이 있었다. 그러다가
1966년 3월 8일에 여자 중·고등학교는 소제동으로 이전하였다.27) 대
성여자중학교의 1960년대 현황은 아래 〈표 2〉와 같다.

대전시 통계에는 1963년부터 대성여자중학교가 독립적으로 통계되
었다. 그리고 대성여자중학교 역시 1968년에 그 수가 크게 성장하였음
을 알 수 있다. 1960년대 교사들의 적극적인 국민학교 대상 홍보가
1960년대 후반에 들어서 그 결실을 보았음을 짐작할 수 있다.

25) 피정만, 『한국교육사이해』, 서울: ㈜도서출판 하우, 2011, 206쪽.
26) 대전시, 『大田市 統計年報』 10, 대전: 한일인쇄사, 1971, 236쪽.; 대전시, 『大田市 統計年報』 11, 대전: 한일인쇄사, 1972, 205쪽.; 대전시, 『大田市 統計年報』 12, 대전: 한일인쇄사, 1973, 187쪽.
27) 학교법인 대성학원 개교50년사 편찬위원회, 『大聖 믿음의 기도로 이룩해 온 50년사』, 65쪽.

〈표 2〉 대성여자중학교 연도별 현황(1963-1969)[28]

	1963	1964	1965	1966	1967	1968	1969
여학생	77	380	통계 없음		687	1,063	1,198
학급	1	6			12	17	21

당시 대전지역의 중학교 학생 수를 살펴보면, 대성학원의 중학교 교육 분담률을 계산할 수 있고, 대전교육계에서 대성학원의 역할을 가늠할 수 있다. 당시 대전지역의 중학교 학생 수와 대성학원의 중학교 교

〈표 3〉 연도별 대전지역 중학교 학생 수와 대성학원의 교육 분담률(1961-1969)[29]

	1961	1962	1963	1964	1965	1966	1967	1968	1969
전체 (남)	7,587	7,816	7,898	8,510	9,859	10,069	11,330	12,091	14,146
분담률	3.3%	6.7%	6.4%	7.8%	10.2%	9.2%	8.2%	11%	9.7%
전체 (여)	4,247	4,466	4,634	5,082	5,381	5,955	6,538	7,753	6,816
분담률	4.6%	5.5%	5.1%	7.4%			10.5%	13.7%	17.6%

육 분담률은 〈표 3〉과 같다.

---

28) 대전시, 『統計年報』 1, 74쪽.; 대전시, 『大田市 統計年報』 4, 39쪽.; 대전시, 『大田市 統計年報』 7, 57쪽.; 대전시, 『大田市 統計年報』 8, 180쪽. 1968년도 대성여자중학교가 1,791명의 학생에 28개의 학급, 38명의 교원이 있다고 나오지만, 대전중앙여자중학교와 바뀐 것으로 보인다. 대전중앙여자중학교의 경우 1968년 갑자기 모든 수치가 급격하게 하락하며, 대성여자중학교는 1968년의 시기에만 갑자기 모든 수치가 급격히 상승한다. 두 학교의 통계가 바뀌었을 가능성이 높다. 그리하여 여기서는 원래의 수치로 추정되는 대전중앙여자중학교의 통계를 기록하였다. 대전시, 『大田市 統計年報』 9, 229쪽.

29) 대전시, 『統計年報』 1, 14쪽.; 대전시, 『統計年報』 2, 30쪽.; 대전시, 『統計年報』 3, 74쪽. 대성여자중학교의 교육 분담률은 대성중학교에 통계된 여학생 수와 대전여자중학교에 통계된 수를 합하여 계산하였다. 분담률은 소수점 둘째 자리에서 반올림 하였다. 대전시, 『大田市 統計年報』 4, 39쪽.; 대전시, 『大田市 統

1960년대에 대전 중학교 학생 수는 대략 1.8배의 성장을 보였다. 그러나 대성학원은 이러한 전체 성장률을 압도적으로 상회하는 성장률을 보이며 교육 분담률 역시 3배 이상 증가하였다. 이를 통해 대성학원이 중학교 교육 분야에서 1960년대 후반에 급격한 학생 수 증가를 보였으며, 당시 증가하던 대전지역의 중학교 교육 수요의 일익을 담당했음을 알 수 있다.

1960년 중후반 대전의 중학교 영역에서 대성학원이 10%이상의 교육을 분담했던 반면, 고등학교에서는 크게 두각을 드러내지 못했던 것 같다. 대성고등학교는 1955년 대성중학교와 같은 때에 시작되었지만, 1960년대까지 전교생 300명대를 넘어서지 못했다. 1961년에는 전교생이 122명으로 당시 대전지역 고등학생 수인 5,818명의 약 2.1% 정도에 불과했고, 1969년에는 전교생이 316명으로 전체 대전지역 고등학생 7,710명의 약 4.1%에 해당했다.[30] 1960년대 대성고등학교의 전교생은 200명 가까이 증가했고, 교육 분담률도 2배 가까이 증가했지만, 학생 수 자체가 많지 않아서 성장이 두드러진다고 말하기 어렵다.[31] 1969-1971년 대성고등학교의 학생이던 도완석은 당시 대성고는 대전고, 충남고, 보문고에 불합격한 학생들이 모이는 삼류였다고 회상했다.[32] 대

計年報』5, 59쪽.; 대전시,『大田市 統計年報』6, 39쪽.; 대전시,『大田市 統計年報』7, 57.; 대전시,『大田市 統計年報』8, 175쪽.; 대전시,『大田市 統計年報』9, 223쪽.

30) 대전시,『統計年報』1, 15.; 대전시,『大田市 統計年報』9, 223쪽, 230쪽.

31) 학교법인 대성학원 개교50년사 편찬위원회,『大聖 믿음의 기도로 이룩해 온 50년사』, 65쪽. 학교통사에 의하면, 대성고등학교는 1967년에 개교 이후 처음으로 입학생 수 미달을 면했다고 한다. 대전광역시 교육청,『大田敎育史』, 666쪽. 1963년 후기 입시 기록에 따르면 대성고등학교는 120명 정원에 150명이 몰려서 1.25:1로 미달은 아니었다. 명확한 기록이 존재하는 만큼, 1967년이 아닌, 1963년이 미달을 면한 첫 해일 것이다.

32) 도완석, 개인적 인터뷰, 2020년 1월 2일. 도완석은 대성고등학교를 졸업하고 대성학원에서 교사로 봉직하다 교장으로 은퇴한, 대성학원의 역사와 함께

성고등학교의 급격한 성장은 1970년대에 이르러서야 나타났다.

〈표 4〉 대성고등학교 연도별 현황(1970-1978)

	1970	1971	1972	1973	1974	1975	1976	1977	1978
남학생	321	445	575	829	1,390	1,227	1,365	1,434	1,422
학급	6	14	10	14	17	22	24	24	24

　　대성고등학교는 1970년을 기점으로 급격하게 성장하였다. 대성고등
학교의 학생 수의 증가는 1970년대 한국 경제의 성장과 더불어 국민들
의 교육열이 증가함에 따라 나타났다고 볼 수 있다. 1970년대 대전의
고등학생 수는 전반적으로 크게 증가하였다. 그러나 대전지역의 신설
학교들은 증가하는 학생을 따라가지 못했다. 이러한 배경에서 학급 증
설이 이루어졌다.[33] 대성고등학교 역시 학생 수요의 증가로 인해 문교
부가 학급 증설을 인가해주었던 것 같다. 그런데 당시 학급 증설 인가
는 학급과밀도뿐 아니라 학부모 및 학생들의 학교 지망을 고려하였다.
가령 A학교로 학생들이 많이 지원을 할 경우, 문교부에서는 그 학교의
학급 증설을 허락하였으나, 반면 지원이 저조하면, 학급을 감소시켰다
는 것이다.[34]

　　해 온 인물이다.

[33] 대전광역시 교육청,『大田敎育史』, 688~689쪽. 1970년 14,442명이었던 대전의
　　고등학생 수는 1978년에 34,926명에 이르렀다. 2만 여명의 학생이 증가하는
　　동안, 6개의 신설학교가 이 기간 담당한 학생 수는 6,901명이었다. 남은
　　13,000여명의 학생들은 기존 학교가 담당했던 셈이다. 기존학교의 학급 증설
　　이 없다면, 과밀 학급이 나타날 수밖에 없었다. 그리하여 기존학교들은 학급
　　증설을 인가받았다. 당시 대전고등학교는 학년 당 학급 수는 1970년에 8에서
　　1971년 9, 1972년에 10, 그리고 1974년에 12로 증가하였다. 그리고 학급이 증
　　설되었음에도, 학급당 학생 수는 평균적으로 60명이 넘었다.

[34] 도완석, 개인적인 인터뷰, 2020년 1월 1일.

대성고등학교는 1970년 12월 20일에 상과 6학급의 증설 인가를 받았고, 1972년 12월 5일 인문과 6학급과 상과 6학급의 증설 인가를 받았다. 그리고 1973년에는 상과의 폐지로 인문과로만 운영되었고, 인문과 6학급의 증설 인가를 받으면서 총 24학급이 되었다. 그리고 1979년 9월 20일에 인문과 6학급의 증설이 인가되면서 총 30학급이 되었다.[35] 1970년대 대성고등학교의 성장은 전체적인 학생 수요의 증가와 학생들의 대성고등학교의 선호도에 따라 이루어졌다고 할 수 있다. 그리고 아래서 살펴보겠지만, 이러한 높은 선호도는 대성학원의 신앙을 통한 인성교육도 한 요인이 되었다.

대성여자정보과학고등학교(구 대성여자실업고등학교, 대성여자상업고등학교)는 1964년 12월 5일에 문교부로부터 6학급의 설립 인가를 받고 1965년 3월 1일 개교하였다. 첫해 입학생이 33명, 둘째 해에는 37명에 불과하는 등, 학생 모집에 어려움을 겪었다. 그리하여 첫해 입학생 전원을 장학생으로 선발하였다.[36] 대전시 통계의 1970년대 대성여자정보과학고등학교의 현황은 다음 〈표 5〉와 같다.

---

35) 학교법인 대성학원 개교50년사 편찬위원회, 『大聖 믿음의 기도로 이룩해 온 50년사』, 156쪽. 대성학원의 자료와 대전시 통계는 약간의 차이가 있다. 그것은 두 가지의 가능성이 있다고 사료된다. 첫 번째로 대성고등학교가 증설 인가를 받은 학급 수만큼 학생들이 지원하지 않은 것이다. 그리하여 학급 수는 인가된 만큼 증설될 수 없었을 수 있다. 두 번째로 1972년 대전시 통계의 학급 수에는 오기가 있었던 것 같다. 학생 수는 늘어났는데, 학급 수가 줄어들 수는 없기 때문이다.

36) 위의 책, 69-70.

37) 대전시, 『大田市 統計年報』 10, 237쪽.; 대전시, 『大田市 統計年報』 11, 206쪽.; 대전시, 『大田市 統計年報』 12, 188쪽.; 대전시, 『大田市 統計年報』 13, 191쪽.; 대전시, 『大田市 統計年報』 14, 220쪽.; 대전시, 『大田市 統計年報』 15, 198쪽.; 대전시, 『大田市 統計年報』 16, 192쪽.; 대전시, 『大田市 統計年報』 17, 195쪽.;

<표 5> 대성여자정보과학고등학교 연도별 현황(1970-1978)[37]

	1970	1971	1972	1973	1974	1975	1976	1977	1978
여학생	597	737	893	996	1,559	1,373	1,446	1,453	1,572
학급	11	13	15	17	20	23	24	24	26

대성여자정보과학고등학교 역시 1970년대에 큰 성장세를 보여주었다. 이 학교 역시 1970년대에 많은 학급 증설이 이루어졌고, 이것은 대성고등학교와 마찬가지로 학생들의 선호도가 높았음을 암시한다.[38] 특별히 1974년에 대성학원은 고등학교 영역에서 큰 폭의 성장을 보여주었다.[39] 이러한 1974년의 학생 수 증가는 당시 시행되던 고교평준화 정책과 관련되었을 가능성이 높다.

1969년에 무시험 제도로 중학교에 입학한 학생들이 1972년 고교 입시에 나서면서 입시 경쟁이 심화되기 시작했다. 이에 문교부는 1973년 2월에 고교평준화에 중점을 두고 입학 제도를 개선했고, 새 입시 제도를 1974년에 서울과 부산에서 시행하였다. 그리고 1979년부터 대전, 청

대전시, 『大田市 統計年報』 18, 195쪽.

38) 학교법인 대성학원 개교50년사 편찬위원회, 『大聖 믿음의 기도로 이룩해 온 50년사』, 146~147쪽. 1973년에 교명을 대성여자실업고등학교에서 대성여자상업고등학교로 변경하고, 학칙을 변경하여 가정과를 폐지하고 상과로만 21학급을 편성하였다. 동년 11월 28일에 3학급을 증설하였고, 1977년 7월 9일에는 학급 증설을 통해 30학급이 되었다.

39) 「焦土 일구어 二0年」, 『敎會聯合新報』, 1974. 10. 6, 3면. 1974년은 대성학원의 발전사에 있어서 하나의 분기점이었는지 모른다. 당시 교회 언론 가운데 하나인 교회연합신보가 대성학원을 취재하면서 "대성학원은 지난 20년간 실로 장족의 발전을 보았다. ... 6개교와 학생교회가 있으며 120학급 7,000여 학생과 250교직원이 있다."라고 하였다. 이러한 교계의 기사가 1974년에 나왔다는 것은 대성학원의 발전의 중요한 분기점이 1974년이었을 것을 추정할 수 있게 한다. 또한 밑에서 살펴보겠지만, 1974년은 대성학원이 대전지역에서 가장 높은 고등학교 교육 분담률을 보인 해였다.

주, 춘천, 수원, 전주, 마산, 제주에서도 시행되었다. 이러한 고교평준화 정책으로 인해 고등학교 입학이 용이해지면서 고등학생 수도 전체적으로 증가했다.[40] 물론 대성고등학교의 학생 수가 크게 증가한 1974년은 대전에서 고교평준화 정책이 시행되지 않았을 때였다. 그러나 정부의 정책 발표가 대전의 고교 입학을 촉진시켰을 것이다. 그리하여 아래 〈표 6〉에서 확인할 수 있듯이, 1974년에 대전지역의 고등학생 수는 급격하게 증가되었다. 당시 대전지역 고등학생 수의 추이와 비교하는

〈표 6〉 연도별 대전지역 고등학교 학생 수와 대성학원의
교육 분담률(1970-1978)[41]

	1970	1971	1972	1973	1974	1975	1976	1977	1978
고교생	14,442	16,830	19,030	21,817	29,496	29,517	32,451	33,781	34,926
대성	918	1,182	1,468	1,825	2,949	2,600	2,811	2,887	2,994
분담률	6.4%	7%	7.7%	8.4%	10%	8.8%	8.7%	8.5%	8.6%

것은 대성학원의 고등학교 성장을 이해하는 데 도움이 된다.

당시 대전교육통계는 남녀 학생을 구분하지 않았다. 그리하여 성별

---

40) 피정만, 『한국교육사이해』, 212~213쪽, 219쪽.; 학교법인 대성학원 개교50년 사 편찬위원회, 『大聖 믿음의 기도로 이룩해 온 50년사』, 146. 당시 문교부에서 추진한 고교평준화 정책이란 시도별 연합고사를 통해 선발된 학생들을 학군에 따라 추첨으로 학교에 배정하는 것이었다.

41) 대전시, 『大田市 統計年報』 10, 228쪽.; 대전시, 『大田市 統計年報』 11, 205~206쪽.; 대전시, 『大田市 統計年報』 12, 183쪽.; 대전시, 『大田市 統計年報』 13, 185쪽.; 대전시, 『大田市 統計年報』 14, 213쪽.; 대전시, 『大田市 統計年報』 15, 191쪽.; 대전시, 『大田市 統計年報』 16, 185쪽.; 대전시, 『大田市 統計年報』 17, 187쪽.; 대전시, 『大田市 統計年報』 18, 187쪽.

에 따른 대성고등학교와 대성여자정보과학고등학교의 교육 분담률을 계산할 수는 없다. 전체 고등학생 수에 대한 대성학원의 분담률만을 확인할 수 있다. 대성학원은 1970년에 대성여자정보고등학교가 약 4.1%, 대성고등학교가 약 2.2%, 합치면 약 6.4%의 교육 분담률을 보이고 있었다. 그러던 것이 1974년까지 급격한 성장세를 보이며 약 10%까지 증가하였고, 이후 8% 대 후반을 유지하였다.

대성학원은 충남 연기군까지 교육사업을 확장하였다. 1962년까지 연기군에는 5개의 중학교가 전부였다. 조치원읍에 3개, 금남면에 1개, 전의면에 1개가 있었고, 동면, 서면, 남면, 전동면에는 없었다.[42] 특별히 남면은 연기군 내에서 중·고등학교 진학생 수가 가장 적었다.[43]

남면이 가장 적은 중·고등학교 진학생 수를 보인 것은 학교가 없었기 때문이다. 중·고등학교에 진학하려면 조치원 읍내까지 가야 했는데, "교통이 불편했던 시절 30-40리가 넘는 길을 걸어서 다녀야 학교를 다닐 수 있었고 이는 너무나 어려운 일이었다. 그리하여 배움을 포기하거나 뒤로 미루다 보니 때를 놓칠 수밖에 없었다."[44]

그러던 중 1962년에 4명의 대전 지역 대학생들이 안기석을 찾아왔다. 그들은 연기군 남면 중촌리에서 야학을 지도하다가, 학교 설립을 위해 대전제일장로교회 김만제 목사의 소개로 찾아왔던 것이다. 그리

---

42) 燕岐郡守, 『군통계년감』 5, 충남: 日新印刷社, 1964, 90쪽.; 『군통계년감』 1, 충남: 충청남도 연기군, 1960, 16. 1960년 3월 31일까지 당시 충남 연기군에는 4개의 중학교가 있었고, 조치원읍에 2개, 금남면에 1개, 전의면에 1개가 있었다. 燕岐郡守, 『군통계년감』 2, 충남: 새한印刷社, 1961, 8. 1960년 12월에 들어가면 연기군에 조치원읍에 1개의 중학교가 더 설립된다.

43) 燕岐郡守, 『군통계년감』 2, 6. 조치원읍이 1,003명인데 반해, 남면은 201명에 불과했다.

44) 학교법인 대성학원 개교50년사 편찬위원회, 『大聖 믿음의 기도로 이룩해 온 50년사』, 71쪽.

하여 안기석은 그의 아내 김신옥과 함께 연기군 남면으로 갔다. 이때 임붕수라는 지역 유지를 만났고, 임붕수는 안기석의 방문목적을 확인하고는 학교설립을 위해 싼 값에 산을 팔겠다고 했다. 그리하여 안기석과 김신옥은 1963년 3월 7일에 그곳에 대성중학교의 성(聖)과 남면의 남(南)을 따서, 성남중학교를 설립하였다. 그리고 1965년부터 고등학교 설립을 계획하였고, 설립허가를 통해 1966년 3월 5일에 성남고등학교의 입학식을 거행하였다.[45)]

<표 7> 성남중학교 연도별 현황(1966-1974)[46)]

	1966	1967	1968	1969	1970	1971	1972	1973	1974
남학생	384	319	319	318	334	375	496	515	556
여학생	161	155	155	186	188	209	173	292	310
학급	9	9	7	9	9	10	11	13	14

성남중학교는 설립 후 연기군 지역의 중등교육의 한 몫을 담당했던 것 같다. 통계로 확인하기 어려운 1965년까지는 제외하고, 1966년부터 살펴보면 다음 <표 8>과 같다.

---

45) 김신옥, 『행함으로 믿음을 온전케 하라』, 188~194쪽.
46) 燕岐郡守, 『統計年報』8, 충남: 日新印刷社, 1967, 81쪽.; 燕岐郡守, 『統計年報』9, 충남: 새한出版社, 1968, 86쪽.; 연기군수, 『통계연보』10, 충남: 새한출판사, 1969, 97쪽.; 연기군수, 『통계연보』11, 충남: 새한출판사, 1970, 129쪽.; 연기군수, 『통계연보』12, 충남: 일신인쇄사, 1971, 134쪽.; 연기군수, 『통계연보』13, 충남: 일신인쇄사, 1972, 116쪽.; 연기군수, 『통계연보』14, 충남: 일신인쇄사, 1973, 112쪽.; 연기군, 『통계연보』15, 충남: 활문사, 1974, 134쪽.; 연기군, 『통계연보』16, 충남: 충남일보사 출판국, 1975, 135쪽.

〈표 8〉 연도별 연기군 지역 중학생 수와 대성학원의 교육 분담률(1966-1974)[47]

	1966	1967	1968	1969	1970	1971	1972	1973	1974
전체 (남)	1,974	2,153	2,316	2,697	3,046	3,763	4,026	4,483	4,562
분담률	19.4%	15%	13.8%	11.8%	11%	10%	12.3%	11.5.%	12.2%
전체 (여)	934	866	1,147	1,263	1,466	2,042	2,223	2,747	2,824
분담률	17.2%	17.9%	13.5%	14.7%	12.8%	10.2%	7.8%	10.6%	11%

참고로 1969년까지 연기군은 6개의 중학교 체제를 이어가다가 1970년
에 재건중학교가 설립되고, 1971년에는 연동중학교가 설립되면서 총 8개
의 중학교가 되었다. 두 학교는 남녀공학이었다.[48] 성남중학교는 1966년
을 정점으로 하여 교육 분담률이 계속 감소세를 보이는데, 이것은 신
설 학교와 연관이 있었던 것으로 보인다. 그럼에도 불구하고, 당시 연
기군의 학생 수요의 10%이상을 지속적으로 감당하며 연기군의 중등교
육의 일익을 담당했다고 볼 수 있다.

성남고등학교가 연기군 통계에 기록된 것은 1970년부터이다. 1970년
이전에는 연기군에 공립인 남고 1개와 여고 1개 외에는 없었다.[49] 성
남고의 설립 이후에도 2010년까지 연기군에는 조치원고, 조치원여고,
성남고 단 3개의 학교만 존재하였다.[50] 성남고는 1972년부터 줄곧 연

---

47) 燕岐郡守, 『統計年報』 8, 81쪽.; 연기군수, 『통계연보』 10, 97쪽.; 연기군수, 『통
계연보』 11, 129쪽.; 연기군수, 『통계연보』 12, 134쪽.; 연기군수, 『통계연보』
13, 116쪽.; 연기군수, 『통계연보』 14, 112쪽.; 연기군, 『통계연보』 15, 134쪽.;
연기군, 『통계연보』 16, 135쪽.
48) 연기군수, 『통계연보』 12, 134쪽.; 연기군수, 『통계연보』 13, 116쪽.
49) 연기군수, 『통계연보』 12, 133쪽.
50) 유한식, 『2010 연기군 통계연보』 51, 306~308쪽.

기군의 고등학교 교육 분담률 20% 이상을 상회하며 연기군의 고등학교 교육의 일익을 담당하였다.

〈표 9〉 연도별 연기군지역 고등학생 수와 성남고등학교 학생 수와 분담률(1970-1979)

	1970	1971	1972	1973	1974	1975	1976	1978	1979
고교생	746	708	1092	1,197	1,715	2,043	2.196	3,138	3,531
성남(남)	60	72	215	204	300	224	329	368	372
성남(여)	45	41	82	82	112	203	193	359	429
분담률	14.1%	16%	27.2%	23.9%	24%	20.9%	23.8%	23.2%	22.7%

IV. 개신교 신앙을 통한 인성교육

대성학원의 설립자인 안기석과 김신옥은 독실한 개신교인이었다. 안기석은 장로로 8살 때 조부와 부친의 과음(過飮)으로 인해 걱정하며 우는 어머니에게 자신은 그렇게 하지 않겠다고 약속한 후 모친과 함께 10여리 떨어진 교회에 다니기 시작했다. 어려서 삼일예배와 주일예배를 빠지지 않으며 다녔다.[51] 김신옥은 어려서 물에서 익사할 위험에서 도와준 개신교인 할머니의 손에 이끌려 교회를 다니게 되었다.[52] 그리고 이 둘은 독실한 개신교 신앙을 중심으로 살아왔고, 이들이 세운 학

---

51) 안기석, 「보고싶은 어머님께」, 『열린마음들』 15, 1996. 5, 4쪽.; 李公植, 『再建과 人物 ①大田編』, 장소 없음: 新楊社, 1962, 209쪽. 그는 42살일 때 이미 장로였다.
52) 김신옥, 『행함으로 믿음을 온전케 하라』, 41~43쪽.

교도 개신교 정신을 기반으로 하였다. 안기석은 6·25전쟁 발발 후 부
산에서 피란생활을 할 때, 교육사업에 대한 소명을 확인했다. 그는 "안
기석, 너는 너의 조국을 위해서 선생이 되어야 한다"는 하나님의 음성
을 들었다.[53] 또한 그는 기도 중에 시편 144편 15절의 말씀을 환상으
로 보게 되었고, 청소년들에게 복음을 심어주는 교육을 시작해야겠다
고 다짐하였다.[54] 그리고 설립된 것이 바로 대성학원이었다.

그러므로 대성학원은 철저하게 개신교 신앙을 그 설립 정신으로 삼
았다.[55] 그리고 개신교 신앙을 통해 봉사하는 사람을 만들고자 하는
분명한 목적을 가졌다.[56] 대성학원의 교훈인 경천, 위국, 애인 역시 이
러한 신앙을 중심으로 한 나라와 사람에 대한 봉사정신을 잘 보여준다
고 하겠다.[57]

---

[53] 안기석, 「보고싶은 어머님께」, 5쪽.

[54] 김신옥, 「개교 20주년 맞는 대성학원」, 『행함으로 믿음을 온전케 하라』, 165,
1면. "앞으로도 이 생명이 다할 때까지 교육을 위해 헌신할 것을 다짐하며 이
는 하늘이 내게 명령한 것이오, 나는 이 사명감에 순종할 뿐이요. 국가와 사
회 앞에 부림을 당하는 자가 되겠다는 나의 신념이다." 시간이 흐른 후에도
안기석은 교육사업은 하나님이 주신 소명으로 이해했다.

[55] 「개교 20주년 맞는 대성학원」, 1면. "성서에 '여호와를 경외하는 것이 지식의
근본이니라.' 하신 말씀이 있다. 우리 대성학원은 이 말씀을 바탕으로 여호와
를 교육의 기본으로 삼았으며 우리 학원의 건학정신으로 삼아온 것이다."

[56] 「焦土 일구어 二0年」, 3면. 대성학원을 취재한 개신교 신문은 "그리스도의 신
앙을 기저로 국가와 민족을 위하여 협동 봉사하는 전인적 인간을 육성함이
천부의 사명이라 뜻을 세우고 대성 학교를 설립하"였다고 기록했다.

[57] 학교법인 대성학원 개교50년사 편찬위원회, 『大聖 믿음의 기도로 이룩해 온
50년사』, 61~62쪽.; 「개교 20주년 맞는 대성학원」, 1면. "성서에 '여호와를 경
외하는 것이 지식의 근본이니라.' 하신 말씀이 있다. 우리 대성학원은 이 말
씀을 바탕으로 여호와를 교육의 기본으로 삼았으며 우리 학원의 건학정신으
로 삼아온 것이다. '내 나라 내 겨레를 위하여 내 자신이 저주를 받아 그리스
도에게서 끊어질찌라도 원하는 바로라.'하시는 말씀과 같이 위국하는 교육이
며 '이웃을 네 몸과 같이 사랑하라.'하는 말씀과 같이 애인이라는 교훈을 가
지고 자라온 우리 대성학원이 설립된 지 벌써 20주년을 마지하게 되었다."

신앙을 통한 봉사하는 사람이라는 대성학원의 목표를 달성하기 위해서는 학생들이 신앙을 가져야 했다. 신앙운동을 학교에 접목해야 하는 것이다. 이러한 생각은 1960년대 김신옥이 성남중·고등학교로 출근하던 버스에서 일어났다. 이때 김신옥은 소매치기범으로 추정되는 청년들의 범죄를 미연에 예방했다가 그들로부터 심한 욕설과 폭언을 들어야 했다. 그러나 버스에서 그녀를 도와준 사람은 한 명도 없었다. 청년들과 버스 안의 사람들의 도덕불감증에 회의감을 느끼던 그녀는 신앙으로 학생들을 양육해야 한다는 목적을 상기하면서 미국으로의 유학을 결정했다.[58] 그리고 1966년에 도미했다가 목사가 되어 1970년 8월 2일에 귀국한 후에 본격적으로 신앙 운동을 대성학원에 접목하였다. 이러한 신앙운동의 중요한 도구가 바로 학생교회와 청소년 십자군 캠프, 후에는 YMT(Youth Mission Training 청소년 선교훈련)였다.[59]

김신옥이 미국 유학 3년 후에, 국제사중복음교회(International Church of the Foursquare Gospel)의 총회장인 랄프 맥퍼슨(Rolf K. McPherson)을 만나게 되어 에블렌 톰슨(Evelyn Thompson) 부부가 1969년 9월에 선교사로 내한하게 되었고, 안기석은 톰슨과 함께 학생들만을 위한 교회인 학생교회를 설립하였다. 처음에는 대동장로교회에서 오후 2시에 진행되던 학생교회는 이후 대성여자실업고등학교 4층으로 이전하였고, 오늘날의 열린 예배와 같은 형식으로 학생들에게 많은 호응을 얻었다. 처음에는 대성학원의 6개 학교 7-8백 명이 모였지만, 소문이 나면서 대성학원을 넘어 타학교의 학생들이 몰려들었다.[60] 그리하여 3년

58) 김신옥, 『행함으로 믿음을 온전케 하라』, 196~198쪽.
59) 학교법인 대성학원 개교50년사 편찬위원회, 『大聖 믿음의 기도로 이룩해 온 50년사』, 126~133쪽, 282~298쪽.
60) 김신옥, 『행함으로 믿음을 온전케 하라』, 218~220쪽, 224~226쪽.

만에 평균적으로 1,500명 정도 출석하는 독립교회가 되었다.[61] 그리고 학생교회를 통해서 "행동이 거친 학생, 성적 뒤진 학생들이 이곳에서 그리스도를 통하여 변화되고, 지금은 주위의 칭찬의 대상이 되었다."[62]

학교의 인성교육의 결과는 봉사활동으로 나타날 수 있다. 그리고 학생교회와 기독학생회의 봉사활동은 신앙을 통한 인성교육의 효과를 가늠할 수 있는 중요한 요소이다. 학생교회는 개신교 신앙을 중심으로 봉사활동을 전개하였다. 한 개신교 신문에 따르면, 1974년에 학생교회는 여름방학 중 1주일간 캠프를 다녀왔고, 이후 대성학원의 기독학생회와 함께 농촌으로 봉사활동(농촌일손돕기, 위생시설소독, 하기아동성경학교 개최)을 갔다. 그런데 이러한 활동은 이미 10여년 정도 지속되고 있었던 것이다.[63] 오랜 시간동안 학생교회가 봉사활동을 지속했음을 알 수 있다.

학생교회 외에 각급학교에는 기독학생회가 있었다. 이들을 통해 구현된 대성학원의 봉사활동도 많이 있었다. 성남고등학교 기독학생회는 1971년 12월 11일에는 성세재활원과 맹아학교를 위문하여 빵과 연필과 노트와 점자지를 나누어주었다. 1972년 여름방학 동안에는 갈운리 교회와 연기리 교회의 하기성경학교를 지도해주었다. 1979년에는 맥추감사주일과 추수감사주일의 헌금으로 이웃을 도왔고, 일 년에 두세 차례 군부대, 양로원를 찾아 위문활동을 하였고, 하기와 동기에 봉사활동을 진행하였다.[64] 1984년 성남고등학교 기독학생회와 도완석

61) 학교법인 대성학원 개교50년사 편찬위원회, 『大聖 믿음의 기도로 이룩해 온 50년사』, 135쪽.
62) 「학생교회」, 『대성학보』, 1974. 4. 23, 4면.
63) 「焦土 일구어 二0年」, 3면.
64) 학교법인 대성학원 개교50년사 편찬위원회, 『大聖 믿음의 기도로 이룩해 온 50년사』, 136~137쪽.

교사가 무장공비가 출현했던 충남 보령의 달섬에 방문하여 봉사활동을 하였다.[65]

1968년 7월 24일부터 8월 3일까지 10일 동안 교사 3명, 대성중·고등학교 학생 20명은 3조로 나누어 충북 옥천군 증약면과 경북 근능군 아천면, 전남 익산군 망석면으로 가고, 대성여자중·고등학교 교사 2명, 학생 12명은 2조로 나누어 충북 청원군 현도면과 충남 대덕군 진잠면으로 가고, 성남중·고등학교 기독학생회원들은 지도 교사 2명과 함께 충남 연기군 나성부락과 석삼 부락으로 가서 전도와 봉사활동을 펼쳤다.[66] 전도를 겸한 활동인 것으로 보아 이들은 전부 기독학생회이었을 것이다.

1979-1989년에 대성여자상업고등학교 기독학생회는 겨울마다 타도시를 방문하여 환경보호 캠페인과 환경정화를 진행하고, 저녁에는 집회를 가졌다. 또한 여름방학동안 농촌봉사활동을 하며 여름성경학교를 열어주었는데, 그 대표적인 사례가 1984년 7월 30일 충북 영동군 상촌면 물한리 물한교회에서 10일간의 봉사활동이었다.[67]

이처럼 대성학원은 학생교회와 기독학생회를 통해 봉사활동을 전개하였다. 이러한 신앙을 통한 봉사정신의 발현이 효과적이려면, 많은 학생들이 학생교회와 기독학생회로 들어와야 했다. 그런데 당시 대성학원 학생들이 개신교 신앙을 갖는 경우가 상당히 많았다. 단적인 예로 1979년 성남고의 정원 801명 중 기독학생회는 169명으로 기독학생회가 전교생의 21%를 넘었다.[68] 또한 당시 대성학원에 입학하는 학생

---

65) 위의 책, 264쪽.
66) 위의 책, 110쪽.
67) 위의 책, 263쪽.
68) 위의 책, 137쪽. 연기군, 『통계연보』 21, 139쪽.

들의 개신교 비율은 10-20% 정도였지만, 졸업할 때는 90% 이상이 되었다고 한다. 그렇다면 대성학원의 학생들은 어떻게 학생교회와 기독학생회의 일원이 되었을까? 그것은 청소년 십자군 캠프와 YMT이었다.[69]

청소년 십자군 캠프는 1970년대 초부터 시작된, 여름에 3박 4일 동안 진행되는 개신교 영성 캠프로 학원 복음화에 앞장설 학생들을 양성하며, 불신자들의 회심을 위해 기획되었다. 청소년 십자군 캠프에서 은혜를 경험한 학생들은 학교에서 종교부라는 기독학생회를 통해 신앙 활동을 하였다. 그들은 아침마다 각반에서 아침예배를 인도했고, 이것은 대성학원에서 지속되는 전통이 되었다.[70]

물론 청소년 십자군 캠프는 단순히 개종을 넘어 성령의 체험을 통해 학생들의 인격 성숙을 가져왔다. 당시 이 캠프에 참여했던 "이광, 전인경, 지국록, 윤윤채 등"은 캠프의 공동체 규칙을 준수하지 않고, 몰래 나가서 우동을 사먹고 들어오곤 했다. 김신옥의 회고에 의하면, 담배를 피우러 나갔을지 모른다. 당시 베드로 조의 조장을 맡았던 도완석에 따르면, 이 학생들은 다 비개신교인이었고, 당시 대성고의 흡연률이 80-90%였음을 감안할 때, 이들도 흡연을 했을 가능성이 높았다. 그랬던 학생들이 김신옥과의 면담 이후 캠프에서 성령 세례를 받고 완전히 변화될 수 있었다.[71]

"겨울연가", "가을동화" 등의 드라마를 제작한 김희열(팬엔터테이먼트)은 동산중학교를 졸업하고 모 고등학교를 다녔지만, 학업을 소홀히 하다가 학교를 그만두게 되었다. 그러다가 성남고등학교에 입학하였

---

69) 도완석, 개인적인 인터뷰, 2020년 1월 1일.
70) 학교법인 대성학원 개교50년사 편찬위원회, 『大聖 믿음의 기도로 이룩해 온 50년사』, 130~133쪽.
71) 위의 책, 131~132쪽. 도완석, 개인적인 인터뷰, 2020년 1월 1일.

고, 청소년 십자군 캠프 때 은혜를 체험하고 개신교 신앙을 갖게 되었
다. 그리고 학교 안에서 연극에 전념하였고, 결국 드라마 제작의 장인
이 되었다.[72]

1979년경에 대전의 유명한 깡패였던 김해권은 21-22살의 나이로 성
남고등학교에 입학하였다. 그는 화가 나면 선생도 말릴 수 없는 폭력
적인 인물이었지만, 청소년 십자군 캠프에 참여한 후 개신교 신앙을
갖게 되었고, 학교에서는 학생들에게 예배참여를 강권하는 역할을 했
다. 비록 담배는 끊지 못했지만, 도완석 교사가 권면하면 그 자리에서
는 담배를 끌 정도로 좀 더 나은 인성을 갖게 되었다.[73]

도완석은 1970년대 대성고등학교와 대성여자정보과학고등학교의
성장의 이유를 대성학원의 신앙을 통한 인성교육이 실제적인 결과로
나타나자 학부모들이 대성학원의 학교들을 선호하게 된 것에서 찾았
다. 1970년은 김신옥이 목사안수를 받고 귀국했던 해이다. 그리고 신
앙운동을 교육에 접목시켰던 때이기도 하다. 이러한 신앙을 통한 인성
교육이 1970년대에 결과를 내기 시작했고, 그와 함께 학부모들은 대성
학원에 학생들을 보내기 시작했다는 것이다.[74]

이후 1989년 5월부터 YMT가 대성학원에서 시행되었다. 청소년 십자
군 캠프는 여름에 한 번 하는 행사였다. 한 번에 대성학원 전교생을 다
참여시키기는 어려웠다. 그러던 중 김신옥은 미국의 김광신 목사를 만
나 "사랑의 불꽃(Tres Dias)"을 배우게 되었고, 이것을 한국에 도입하면
서 YMT라는 이름을 사용하였다. YMT는 80-120명의 학생들이 3년에 걸

---

[72] http://www.joongdo.co.kr/main/view.php?key=201612020005 (2020년 1월 2일 검
    색) 이 기사는 그의 스승인 도완석이 쓴 글. 도완석, 개인적인 인터뷰, 2020년
    1월 1일.
[73] 도완석, 개인적인 인터뷰, 2020년 1월 1일.
[74] 도완석, 개인적인 인터뷰, 2020년 1월 1일.

쳐서 참여할 수 있게 설계되었다. YMT 역시 신앙을 통한 인성교육의 목적을 가지고 있었다.[75]

YMT는 3박 4일의 수련기간 동안 크게 자아정체성 확립 프로그램, 공동체 생활 프로그램, '효' 중심 인성 계발 프로그램, 선교소명과 영성 개발 프로그램으로 구성되었다. 참여한 학생들은 부모에게 효도 편지를 쓰며, 부모를 초청하는 등 가족 중심적인 시간과 서로를 격려하며 공동체 의식을 기르는 시간과 기도와 찬양을 중심으로 한 신앙적인 시간을 가졌다.[76] 또한 YMT는 학생들이 사랑을 경험하는 시간이기도 했다. 교사들은 학생들의 머리맡에 선물과 함께 편지를 써 주며, 많은 자원봉사자들이 학생들을 돌보아 주었다.[77]

YMT는 선교의 측면에서 많은 결실을 맺었다. 대성학원의 청소년의 경우 1989년 5월부터 2004년 10월까지 총 170기가 진행되었고, 남학생 7,988명, 여학생 7,909명, 총 15,897명이 수료하였는데, 이 중 비기독교인이 8,140명으로 51.2%였고, 이중 약 92.4%인 7,519명이 기독교인이 되었다.[78]

뿐만 아니라 YMT는 참가자들의 마음을 회복시키고, 삶을 변화시키는 촉매제가 되었다. 대성고등학교 1학년이던 한 학생은 중학생 때 방

---

[75] 학교법인 대성학원 개교50년사 편찬위원회, 『大聖 믿음의 기도로 이룩해 온 50년사』, 282쪽, 289~293쪽.; 「MBC 일요초대석」, 『열린마음들』 16, 1996. 7. 16. 김신옥 목사는 1996년 5월 12일에 대전 MBC 라디오 방송 "여성시대"에서 YMT를 "청소년들의 심성을 찾아주자는데 목적을" 둔 "인격훈련 즉, 영성훈련"이라고 정의하였다.

[76] 학교법인 대성학원 개교50년사 편찬위원회, 『大聖 믿음의 기도로 이룩해 온 50년사』, 284~285쪽.

[77] 도완석, 개인적인 인터뷰, 2020년 1월 1일.

[78] 학교법인 대성학원 개교50년사 편찬위원회, 『大聖 믿음의 기도로 이룩해 온 50년사』, 290~293쪽.

황을 했었다. 가난한 가정형편에 부친의 질병이 겹치면서 모친은 간병에 전념할 수밖에 없었고, 이때 그는 부모의 양육이 소홀한 틈을 타서 불량한 친구들과 어울렸다. 그가 중학교 3학년이었을 때, 담임교사가 가정방문을 하여 어머니에게 아들의 고등학교 진학을 포기하라고 이야기하자, 어머니는 대성통곡하며 힘겹게 아들을 공부시킨 사연을 이야기했다. 어머니의 울음을 본 학생은 마음을 잡고 공부하여 대성고등학교에 입학했고, YMT에 참여하여 눈물을 흘리며 "어머니의 위대한 사랑의 힘"이라는 간증을 하였다. 이때 이 학생은 반에서 1등을 하고 있었으며, 3년 후 서울대학교에 진학하였다.[79] 이 학생의 탈선을 돌이킨 것은 어머니의 눈물이었다. 그 이후 학생이 학업에 전념할 수 있게 하는 데는 YMT에서의 눈물의 간증도 한 역할을 했을 것이다.

대성고 1학년 6반에 재학 중이던 이동규는 신앙이 침체되던 중에 YMT에 참여하여 하나님이 계심을 느꼈다. 셋째 날 저녁에 부모님을 모시고 진행되던 프로그램에서 비록 초대는 하지 않아 부모님이 오시지 않았지만 "그날 부모님께 향한 나의 고백이 있었다…. 나를 키워주신 부모님, 그분들에게 향한 고백이 … 그 사랑을 향해 이루어졌다. 마지막 성찬식을 통해 나의 상처, 죽은 영혼은 모두 치유됐다."[80] 김선용은 대성중학교 2학년 때 처음 교회를 다니게 되었다. 그리고 대성고에 진학하여 고등학교 1학년 때 96기로 YMT에 참여하였다. 그는 찬양 시간에 신앙 체험을 하였고, 이러한 체험 이후 그의 삶을 달라졌다. "이제 나를 보는 주위의 시선이 달라졌습니다. 친구들은 나에게 크리스챤의 대표적 표본이라는 케이스를 붙여주고 나를 닮고 싶다며 교회를 나

---

79) 김신옥, 『행함으로 믿음을 온전케 하라』, 310~312쪽.
80) 이동규, 「이제는 주님만을 바라보며 살겠습니다」, 『대성』 45, 1999. 10, 195~196쪽.

오는 친구도 있었습니다.”[81]

신**라는 학생은 태어난 후 얼마 뒤에 아버지는 죽고 어머니는 자신을 버리고 도망을 가서 할머니의 슬하에서 자라게 되었다. 그는 설상가상으로 5학년 때 사고를 당해 한쪽 다리를 절단해야 했다. 의족을 끼고 다니던 그의 삶은 자신을 버린 부모에 대한 미움과 원망, 그리고 자신을 구박하던 할머니에 대한 아픔으로 묘사될 수 있었다. 그런 그가 1992년 경 YMT에 참여하여 선생님들과 친구들의 넘치는 사랑을 받은 후에는 아버지, 어머니, 할머니를 사랑할 수 있게 되었다고 고백했다. 그리고 그는 도완석 교사가 성남고로 전임되자, 따라서 성남고등학교에 입학했고, 졸업 후에 침례신학대학교에 진학하여 목사가 되었다. 당시 학생들은 부모와 원수를 지며 살아가는 경우가 많았다. 그런데 YMT를 통해 부모에 대한 미움을 용서로 바꾸고 부모에게 사랑을 고백하는 학생들이 많았다고 한다.[82]

이 외에 학생들이 신앙을 통해 성, 담배, 술을 하지 않겠다는 순결서약을 하는 등 YMT는 학생들의 인성교육에 중요한 역할을 했다. 그리하여 학부모들이 변화된 학생들의 모습에 학교를 높게 평가하였고, 이에 대전교육청에서 확인한 후 도완석에게 1등급의 평가를 했다고 한다.[83]

1972년의 한 기사는 대성학원의 신앙을 통한 인성교육을 추정할 수 있는 좋은 자료이다. 당시 대성여자자중학교와 대성여자정보과학고등학교는 1일 1선 운동을 전개하였다. 기사에 따르면, 1일 1선 운동을 통

---

81) 김선용, 「내 삶이라는 엔진의 첫 점화 플러그」, 『대성』 45, 1999. 10, 196~198쪽.
82) 도완석, 개인적인 인터뷰, 2020년 1월 1일. 도완석은 인터뷰 중 이 학생의 이름은 정확히 기억하지 못했다.
83) 도완석, 개인적인 인터뷰, 2020년 1월 1일.

해 학생들은 자발적으로 학교의 구석구석을 정리정돈하며, 교사들은 회초리를 들지 않았다. 무인상점은 부정한 사건 없이 잘 운영되었고, "71년 한 해에 37개의 시계를 학생들이 습득, 주인을 찾아 주었다고―. 72년 3월부터 현재까지 시계 21개가 습득돼 주인에게 돌려졌다."[84] 당시 일반신문에서 대성학원의 높은 인성을 보도한 것은 대성학원이 추구한 신앙을 통한 인성교육의 효과가 작지 않았음을 짐작할 수 있다.

V. 나가는 말

지금까지 대성학원의 설립과 발전, 지역사회의 교육 분담, 그리고 신앙을 통한 인성교육을 살펴보았다. 대성학원은 6·25전쟁이 대한민국에 큰 상처를 남긴 후, 대한민국에 교육열이 고조될 때 설립되었다. 그리하여 대성학원이 설립한 대전의 4개의 중·고등학교와 연기군의 2개의 중·고등학교는 그 지역사회의 교육열에 일조하며 교육의 수요를 분담하였다. 본 논문은 대성학원의 발전과 교육 분담률을 연도별로 확인하였고, 또한 대성학원의 성장의 요인들을 제시하였다. 대전의 대성학원 중학교들은 1960년대 중반에 교사들의 노력에 힘입어 성장하였고, 대전의 대성학원 고등학교들은 한국의 경제 성장에 따른 교육열의 증가로 대전지역의 교육인구가 증가한 것과 더불어 1974년 고교평준화로 인해 1970년대에 크게 성장하였다. 또한 신앙을 통한 인성교육으로 인해 대성학원에 대한 선호도가 높아진 것도 성장의 요인이 되었다. 성남중·고등학교는 설립 초기부터 연기군 지역의 교육의 일정부

---

84) 「1일 1선 자랑스럽게」, 『중도일보』, 1972. 6. 22, 6면.

분을 담당하였다.

대성학원은 개신교 신앙을 중심으로 학생들의 인성교육을 하려고
하였다. 그리고 그 방안은 학생교회와 기독학생회, 청소년 십자군 캠
프, YMT였다. 이것들은 학생들의 개종에 영향을 미칠 뿐 아니라, 봉사
활동의 증대로 이어지고, 정서적 장애를 가진 학생들을 안정시키고,
불량 학생을 모범 학생으로 변화시키는 중요한 인성교육의 수단이 되
었다.

대성학원에 대한 연구는 여러 분야로 발전시킬 수 있다고 생각한다.
높은 회심률을 보인 YMT에 참여했던 학생들을 추적하여 그들의 체험
에 대한 실천신학적 연구를 진행할 수 있을 것이다. 설립자 안기석과
김신옥의 리더쉽에 대해 연구할 수도 있을 것이다. 특별히 이들은 자
신의 재산을 제자들에게 나눠주는 삶을 살았는데, 이것은 이들과 친척
관계인 조만식과 안창호에게서부터 영향을 받았을 가능성이 높다. 안
창호와 조만식을 연결하여 안기석과 김신옥의 나눔의 리더쉽을 다루
면 좋은 연구가 될 수 있을 것이다. 대성학원은 체육 분야로도 크게 발
전하였다. 체육 관련하여 대성학원의 영향력도 접근할 수 있을 것이
다. 당시 획기적이었던 학생교회가 여러 미션스쿨에 미친 영향도 다루
어 볼 수 있는 주제라고 생각한다.

해방 이후 많은 개신교인들은 학교 설립에 앞장서며 당시 한국인들
의 높은 교육열에 일조했다. 이러한 개신교인들의 학교 설립 운동을
연구하다보면, 개신교인들의 교육사업을 전체적으로 조망할 수 있을
것이다. 본 연구는 언젠가는 완성될 그 거대한 모자이크의 한 부분을
맞추었다고 생각한다. 그 모자이크가 완성되는 날, 본 연구도 그 안에
서 조화를 이루기를 바란다.

〈참고문헌〉

김신옥, 『행함으로 믿음을 온전케 하라』, 대전: 도서출판 대장간, 2010.

대전광역시 교육청, 『大田敎育史』, 대전: 대문사, 1996.

대전직할시교육청, 『1991년도 대전교육통계연보』, 대전: 성문인쇄사, 1991.

대전시, 『統計年報』 1, 대전: 湖西印刷社, 1962.

_____, 『統計年報』 2, 대전: 昌信商社出版部, 1963.

_____, 『統計年報』 3, 대전: 昌信商社出版部, 1964.

_____, 『大田市 統計年報』 4, 대전: 韓一印刷社, 1965.

_____, 『大田市 統計年報』 5, 대전: 韓一印刷社, 1966.

_____, 『大田市 統計年報』 6, 대전: 韓一印刷社, 1967.

_____, 『大田市 統計年報』 7, 대전: 韓一印刷社, 1968.

_____, 『大田市 統計年報』 8, 대전: 韓一印刷社, 1969.

_____, 『大田市 統計年報』 9, 대전: 韓一印刷社, 1970.

_____, 『大田市 統計年報』 10, 대전: 한일인쇄사, 1971.

_____, 『大田市 統計年報』 11, 대전: 한일인쇄사, 1972.

_____, 『大田市 統計年報』 12, 대전: 한일인쇄사, 1973.

_____, 『大田市 統計年報』 13, 대전: 韓一印刷社, 1974.

_____, 『大田市 統計年報』 14, 대전: 韓一印刷社, 1975.

_____, 『大田市 統計年報』 15, 대전: 韓一印刷社, 1976.

_____, 『大田市 統計年報』 16, 대전: 韓一印刷社, 1977.

_____, 『大田市 統計年報』 17, 대전: 韓一印刷社, 1978.

_____, 『大田市 統計年報』 18, 대전: 韓一印刷社, 1979.

손인수, 『한국교육운동사』 I, 서울: 문음사, 1994.

『군통계년감』 1, 충남: 충청남도 연기군, 1960.

燕岐郡守, 『군통계년감』 2, 충남: 새한印刷社, 1961.

_____, 『군통계년감』 5, 충남: 日新印刷社, 1964.

_____, 『統計年報』 8, 충남: 日新印刷社, 1967.

_____, 『統計年報』 9, 충남: 새한出版社, 1968.

연기군수, 『통계연보』 10, 충남: 새한출판사, 1969.

_____, 『통계연보』 11, 충남: 새한출판사, 1970.

_____, 『통계연보』 12, 충남: 일신인쇄사, 1971.

_____,『통계연보』13, 충남: 일신인쇄사, 1972.

_____,『통계연보』14, 충남: 일신인쇄사, 1973

연기군,『통계연보』15, 충남: 활문사, 1974.

_____,『통계연보』16, 충남: 충남일보사 출판국, 1975.

_____,『통계연보』17, 충남: 일신인쇄사, 1976.

_____,『통계연보』18, 충남: 일신인쇄사, 1977.

_____,『통계연보』20, 충남: 알 수 없음, 1979.

_____,『통계연보』21, 충남: 일신인쇄사, 1980.

유한식,『2010 연기군 통계연보』51, 충남: 일신인쇄사, 2010.

李公植,『再建과 人物 ①大田編』, 장소 없음: 新楊社, 1962.

李榮德,『한국 근현대 교육사』, 경기도: 韓國情神文化研究院, 1995.

임열수 외,『리더쉽, 영성, 신학 건신(建信) 김신옥 목사 성역 33주년 기념논문집』, 대전: 복음신학대학원대학교 출판부, 2005.

피정만,『한국교육사이해』, 서울: ㈜도서출판 하우, 2011.

한국교원대학교 한국교육100년사 편찬위원회,『韓國의 敎育學 한국의 미래교육 100년』1, 서울: 한국의 미래교육 100년과 한국교육 100년사 편찬실, 2011.

학교법인 대성학원 개교50년사 편찬위원회,『大聖 믿음의 기도로 이룩해 온 50년사』, 대전: 학교법인 대성학원, 2005.

김영환,「기독교 학교의 건학이념 구현 방안에 관한 연구-경주 문화고등학교를 중심으로—」, 미간행박사학위논문, 장로회신학대학교 목회전문대학원, 2010.

김태영,「현대 한국 기독교학교 정체성의 역사적 고찰」, 미간행박사학위논문: 고신대학교, 2012.

박명수,「신앙, 민족, 여성: 김신옥 목사의 생애와 사역」,『영산신학저널』42, 2017.12.

박상진,「비기독교학교에서 종교교육을 통한 학원선교」,『장신논단』29, 2007.9.

박혜진,「서울지역 미 북장로회선교부의 교육사업 철수와 학교 인계 연구-경신학교와 정신여학교를 중심으로」,『한국기독교와 역사』32, 2010.3.

송현강,「한말일제강점기 강경교회의 만동학교 설립과 운영」,『한국기독교와 역사』31, 2009.9.

이재근, 「남장로교의 전주 신흥학교기전여학교 설립과 발전(1901-1937)」, 『한국 기독교와 역사』 42, 2015.3.

이치만, 「1930년대 이후 내한 미국선교사의 교육사업 철수에 대한 소고: 미북장 로회 조선선교부를 중심으로」, 『선교와 신학』 39, 2016.6.

임희국, 「한국 교회 초기 기독교학교 설립에 대하여 : 토착교회의 기독교학교 설립운동을 중심으로」, 『장신논단』 27, 2006.12.

정남용, 「성윤신적 교사상(敎師像)의 한 모델로서 한경직 연구」, 미간행 박사학위논문, 장로회신학대학교 대학원, 2015.

「1일 1선 자랑스럽게」, 『중도일보』, 1972, 6, 22, 6면.

「여성의 德性과 능력 敎育에 힘써」, 『중도일보』, 1972, 6, 22, 6면.

「개교 20주년 맞는 대성학원」, 『대성학보』, 1974, 4, 23, 1면.

「학생교회」, 『대성학보』, 1974, 4, 23, 4면.

「焦土 일구어 二0年」, 『敎會聯合新報』, 1974, 10, 6, 3면.

안기석, 「보고싶은 어머님께」, 『열린마음들』 15, 1996.5.

「MBC 일요초대석」, 『열린마음들』 16, 1996.7.

이동규, 「이제는 주님만을 바라보며 살겠습니다」, 『대성』 45, 1999.10.

김선용, 「내 삶이라는 엔진의 첫 점화 플러그」, 『대성』 45, 1999.10.

http://www.joongdo.co.kr/main/view.php?key=201612020005 (2020년 1월 2일 검색)

도완석, 개인적인 인터뷰, 2020년 1월 1일.

해방 후 경북지역
성경구락부(Bible Club)의 변화
경북 경안노회를 중심으로

장금현

I. 들어가는 말

　본 연구의 목적은 북장로교 선교사 킨슬러(Francis Kinsler, 權世烈)가
세운 성경구락부(Bible Club)의 해방 후 변화과정을 살펴보는 것이다.
성경구락부는 1929년부터 정규교육과정에 참여하지 못하는 가난한 어
린이들에게 공교육을 제공했다. 초기에 개설했던 정규과목은 성경, 한
국, 일본, 미술, 산수, 지리 등이었으며, 비정규과목은 야구, 발리볼, 실
내야구, 탁구 등의 스포츠였다. 교육목표는 어린이들에게 눅2:52에 기
초하여 정신(mental), 신체(physical), 영성(spiritual), 사회생활(social life)
을 동시에 추구함으로 균형 잡힌 그리스도인의 삶을 살도록 교육시키
는 것이다.[1)]

연구범위는 해방 후부터 1960년대 중반까지의 성경구락부 활동 기간이다. 일제 강점기 성경구락부는 1938년 신사참배문제로 폐쇄되어 해방 이후와의 연속성이 부족하기 때문이다. 해방 후 성경구락부는 1948년 〈고등공민학교 규정〉과 1949년 〈교육법〉, 1963년 〈사립학교법〉의 시행으로 적지 않은 변화를 겪었다. 특히 1948년부터 진행된 초등학교[2] 의무교육 시행으로 성경구락부 초등과정이 약화되고, 중등과정과 고등과정의 일부는 정규학교로 전환되었다. 그중에 경북지역 특히 장로교 경안노회 소속 교회에서 세운 성경구락부가 정규학교로 전환된 사례가 가장 많았다. 따라서 본 연구는 성경구락부의 변화가 활발하게 이루어졌던 경안노회에 집중하고자 한다. 연구대상은 경안노회 관리지역에 속한 의성의 탑리여자중고등학교와 삼성중학교, 영주의 동산여자중학교다. 이 학교들은 성경구락부가 정규학교로 전환되는 과정의 중요 자료가 일부 남아 있기 때문이다. 동시에 학교들이 가지고 있는 기독교 특징이 무엇인지도 함께 살펴보고자 한다. 이를 위해 당시 성경구락부를 위해 활동했던 선교사들의 보고서와 서신들, 성경구락부 설립과 운영에 관여했던 경안노회의 『경안노회록』, 각 학교법인 『정관』과 『이사회 회의록』, 성경구락부 월간지 『지도자』를 주로 참고할 것이다. 본격적인 연구를 위해서 먼저 해방 후 성경구락부 재건 과정과 경안노회의 근거인 안동 스테이션(Andong station)의 성경구락부 운동을 함께 살펴보고자 한다.

성경구락부에 대한 연구가 일부 있다.[3] 장금현의 "프란시스 킨슬러

---

[1] Francis Kinsler, "Station Letter from Pyengyang, Chosen Mission-Spring 1931," Mar. 20, 1931. 성경구락부는 이를 지육생활, 체육생활, 종교생활, 봉사생활로 번역했다.

[2] 당시에는 국민학교로 불렀는데, 여기에서는 편의상 초등학교로 부르고자 한다.

[3] 장금현, 「프란시스 킨슬러와 성경구락부 운동」, 『신학과 실천』 제68호, 2020,

와 성경구락부 운동"은 킨슬러가 미국 북장로교선교본부에 보낸 개인
서신과 연례보고서를 중심으로 연구한 것이지만, 전체적인 성경구락
부 운동에 초점이 있지 각 지역을 세밀하게 분석한 것은 아니다. 다른
석사학위 논문들은 1953년부터 출간한 성경구락부의 월간지『지도자』
(The Leader)를 토대로 연구되었다. 이 논문들은 성경구락부 운동의 전
체적인 흐름을 개관하는데 의의가 있지만, 자료의 다양성 측면과 세부
적인 지역 활동에 대해서는 부족한 부분이 있다. 이 논문들 외에도 대
한청소년성경구락부에서 출간한 창립 60주년 기념문집『사랑의 교육
60년』이 있다.4) 이 책에서는 성경구락부 역사를 정리하고, 직간접으로
참여했던 사람들의 경험담을 담았다. 1949년부터 성경구락부에 몸담
았던 김득렬은 킨슬러의 보고서 일부와 관련자들의 글을 묶어『씨를
뿌리러 왔더니』를 출판하였다.5) 아서 킨슬러(Arthur W. Kinsler, 權五
德)가 이 책에서 "권세열 선교사의 생애와 가족관계"를 정리하였는데
킨슬러와 함께 성경구락부를 이해하는 데 도움을 준다. 하지만 성경구
락부 운동에 대한 깊은 연구가 아니기에 한계가 있다.

527~554쪽.; 고환규,「大韓靑少年 聖經俱樂部, "聖經俱樂部의 歷史的硏究와 基督
    敎敎育에 끼친 影響」, 연세대학교 연합신학대학원 석사학위 논문, 1974.; 주선
    동,「성경구락부의 발전과정에 대한 연구」, 연세대학교 교육대학원 석사학위
    논문, 1976.; 김웅,「한국교회 성경구락부에 대한 연구」, 장로회신학대학교
    대학원 석사학위 논문, 2009.
 4) 대한청소년성경구락부 편,『사랑의 교육 60년』, 서울: 도서출판 화술, 1988.
 5) 김득렬 편,『씨를 뿌리러 왔더니』, 서울: 카이로스, 2007.

II. 해방 후 성경구락부 재건과 변화

해방 후 한국사회는 새로운 국가 건설을 위하여 그에 적합한 교육체계를 세워야 했다.[6] 그러나 정부에서 추구하는 공교육과 실제적인 현실과의 간극이 적지 않았다. 이 간극을 일정 부분 메웠던 사람은 프란시스 킨슬러였다. 그는 1928년 10월 4일 북장로교 선교사로 부산에 도착한 뒤, 서울을 거쳐 이듬해 평양에서 맥큔(George Shannon McCune, 尹山溫)과 합류했다.[7] 그는 1929년 겨울 평양 대동강변의 기독교 서점 광문서관 다락방에서 어린아이들과 함께 시간 가진 것을 계기로, '개척구락부(Pioneer Club)'를 추진하였다. 성경구락부의 초기 명칭이었던 개척구락부는 킨슬러가 평양 스테이션에 합류해서 추진했던 첫 번째 프로젝트였다.[8] 교육 대상자들은 경제적으로 어려워 공교육을 받지 못하는 어린이들이었다.

킨슬러의 아들 아서 킨슬러는 성경구락부를 통하여 100여만 명의 청소년들에게 교육을 제공하였고, 그중 70%를 교회로 인도했다고 주장하였다.[9] 그의 주장을 뒷받침할 통계가 부족하여 이를 검증하기에

---

[6] 한국 기독교는 국내외적으로 혼란기에 교육에 대한 욕구가 적지 않았다. 한국 초기 선교사들은 주로 교사 신분으로 내한하여 한국인의 교육 욕구를 충족시키면서 복음을 전했다. 소요한, 「초기 동북아시아 선교에서 나타나는 디아코니아 특징과 기원연구」, 『대학과 선교』 28집, 2015, 156쪽.

[7] Francis Kinsler, "The Personal Report of the year to the Mission of Francis Kinsler," Aug. 28, 1929. 1928년 5월 선교사로 임명받은 킨슬러는 동년 10월 4일 부산에 도착했고, 서울에서 2개월 동안 언어연수를 받았다. Francis Kinsler, "My Resume, 1954," Feb. 1954.

[8] Rhodes and Campell ed., "History of the Korea Mission Presbyterian Church in the U.S.A." Vol.II: 1935-1959, New York: CEMR, 1964, 316. 킨슬러는 초기에 야학(a night school) 형태로 운영하였다.

[9] 권오덕, 「권세열 선교사의 생애와 가족관계」, 김득렬 편 『씨를 뿌리러 왔더니

어려운 부분은 있지만, 〈표 3〉에서 보듯이 킨슬러가 1970년 은퇴할 때 성경구락부를 통하여 세워진 정규학교가 45개나 된다.[10] 해방 후 초등학교 의무과정 실시로 사라진 성경구락부 초등과정만 아니라 정규학교로 전환되지 못한 채 사라진 성경구락부 중등과정과 고등과정도 적지 않다. 경제적으로 어려웠던 시대에 성경구락부는 청소년들을 대상으로 공교육의 한 축을 담당한 것은 분명해 보인다. 한국 정부는 1965년 2월 성경구락부 운동을 높이 평가하고 그 운동을 주도한 킨슬러에게 문화훈장을 수여했다.[11]

1929년 겨울 평양에서 시작한 성경구락부는 1938년 신사참배 문제로 폐쇄되었다.[12] 킨슬러가 1941년 강제 귀국하게 됨으로 성경구락부는 한국사회에서 사라지는 듯했다. 그러다 해방 후 북장로교의 한국선교가 재개되고, 1948년 6월 내한한 킨슬러는 이듬해부터 본격적으로 성경구락부 운동을 재건하기 시작했다. 따라서 성경구락부의 재건은 북장로교의 한국선교 재개와 킨슬러의 내한과 밀접하게 연결되어 있다.

미국 북장로교 선교사들의 한국선교 재개에 대한 확신은 태평양 전쟁 이후였던 것으로 보인다. Rhodes와 Campell가 출판한 *History of the Korea Mission: Presbyterian Church in the U.S.A. II(1935-1959)*에 따르면 선교사들이 한국선교 재개 가능성을 예상했던 시기는 1943년 3월경이었다. 그들은 '동아시아지역 선교사를 위한 컨퍼런스'에서 일본 패망을 예상하고 한국선교 재개를 기대했다. 1년 뒤인 1944년 3월에는 〈한국

　 』, 서울: 카이로스, 2007, 61~62쪽.
[10] 대한청소년성경구락부 편, 『사랑의 교육 60년』, 53~54쪽. 킨슬러의 은퇴식에서 배포한 순서지에 지역별, 학교명단이 담겼다.
[11] 앞의 책, 97쪽.
[12] Francis Kinsler, "Personal Report of Francis Kinsler," Sep. 9, 1940.; "Personal Report of Francis Kinsler, 1958-1959," Dec. 1, 1960.

사역의 재개를 위한 명령과 행동〉이라는 비망록을 작성했다. 1945년 3월 19일 뉴욕에서 열린 자산정책위원회에서 한국선교 재개를 염두에 두고 한국에 남겨 둔 자산문제에 대하여 토의하는 시간을 가졌다. 4개로 구분된 토의는 선교사 거주지와 토지, 교회건물과 토지, 기관건물과 토지, 기타 자산 등이다. 그 후 1945년 5월 14일 선교위원회는 먼저 한국으로 돌아갈 선교사 그룹을 발표했는데 이들을 A그룹으로 불렀다. 10월에는 그중에서 일부를 B그룹으로 불렀는데 이들을 긴급실행이사회(Emergency Executive Committee)로 명명했다. 그들의 역할은 선교위원회에 선교사들의 역할에 대하여 조언하는 일과 선교위원회의 대표들이 한국에 들어갈 수 있도록 계획을 세우는 일이었다. 선교부는 두 그룹을 A와 B로 구분했지만 실제로는 동일인들이었다. 그들은 플레처(Archibald G. Fletcher), 코엔(Roscoe C. Coen), 램프(Henry W. Lampe), 아담스(Edward Adams), 보켈(Harold Voelkel), 로드(Harry A. Rhodes)와 블레어(William N. Blair) 등이다. 순차적으로 입국해서 구성한 긴급실행이사회는 1946년 10월 2일 서울에서 첫 모임을 가졌다. 그 후 매월 한 번씩 모임을 갖고 미션 스테이션(mission station) 복구를 위하여 각 지역으로 선교사들을 파견하였다. 램프는 청주로, 보켈은 안동으로, 아담스와 블레어는 대구로 파견받았고, 나머지 3명은 서울에 머물러 활동하였다.[13] 이들의 역할은 이전 사역을 재건하기 위한 조사가 일차

---

[13] Rhodes and Campell ed., *"History of the Korea Mission Presbyterian Church in the U.S.A." Vol.II: 1935-1959*, 28. 미션 스테이션 복구 대상은 북한을 제외한 남한의 4개 지역으로 축소되었다. 눈여겨 볼 지역은 대전과 부산 스테이션이다. 대전은 선교부 연합으로 미션 스테이션을 운영하였고, 해방 이후에도 마찬가지였다. 북장로교 해외선교위원회는 대전지역 복구를 위하여 아담스를 지명하고, 300에이커 구매계획을 인준하였다. Ibid., 135-136. 부산은 1891년 베어드(William Martyne Baird) 부부와 브라운(Hugh M. Brown) 부부가 정착하여 북장로교 제2의 미션 스테이션으로 자리 잡았으나, 교계예양에 따라

적인 업무였기에 그들의 본격적인 사역을 기대하기 어려웠다. 성경구
락부 운동 재개도 마찬가지였다.

본격적인 성경구락부 운동의 재개는 킨슬러의 내한과 연결되어 있
다. 그는 누구보다 한국선교에 매진했지만 해방 직후 그의 모습을 볼
수 없었다. 그는 1942년부터 300년 된 뉴욕의 제일장로교회에서 목회
하고 있었기 때문이다. 북장로교선교부가 그에게 한국선교 재개를 요
청하자 그는 교회를 사임하고 1948년 6월 내한하였다. 그러면서 이전
의 사역들을 재건하는데 몰두했다.

킨슬러는 성경구락부 재건에 두 가지 방법을 사용했다. 하나는 한경
직 목사 중심으로 조직된 이북신도대표회를 통하여 월남 기독교인들
의 자녀를 지원하는 것이고, 다른 하나는 미션 스테이션 중심으로 지
역 교회와 연계하여 어린이들을 교육하는 것이다. 전자를 위해 킨슬러
는 1949년 박윤삼 전도사와 윤종목 전도사가 지도하는 '시범성경구락
부'에 32명의 신학생을 위탁시켰다. 교육을 마치자 그는 그들을 북장
로교가 이북신도대표회를 지원하여 세운 교회 혹은 월남 기독교인들
이 중심을 이루고 있는 해방교회, 창신교회, 영락교회, 상도교회, 서대
문교회, 충무교회, 동광교회, 효자교회, 도원동교회 등으로 파송하였
다. 그들의 임무는 해당 교회에서 성경구락부를 조직하는 일이었다.
그 결과 월남 기독교인들은 성경구락부를 통하여 자녀들을 안정적으
로 교육시킬 수 있었다.[14] 후자를 위해 킨슬러는 미션 스테이션에서
활동하고 있던 선교사들과 지역 교회를 연계하여 성경구락부를 운영

1913년 호주 장로교로 이관하였다. 그러다 1950년 6·25전쟁으로 피난민들이
몰려들자 다시금 복구시켰다. 따라서 부산지역이 북장로교 선교지로 뿌리내
린 시기는 그 이후가 된다. Ibid., 180-181.

[14] 김찬호, 「권세열 목사의 성경구락부 운동과 그 역사적 고찰」, 『씨를 뿌리러
왔더니』, 305쪽.

하였다. 전자가 서울과 경인 중심으로 진행되었다면, 후자는 미션 스테이션에 파견된 선교사들과 지역 목회자들을 중심으로 진행되었다.

여기에서 주목할 점은 6·25전쟁이다. 전쟁으로 발생한 전재민들이 경상도 지역과 제주도로 몰려들자 교회들은 그들의 자녀들을 교육시키기 위해 성경구락부를 도처에 세웠다. 또한 전쟁으로 세운 고아원에서도 고아들을 대상으로 성경구락부를 신설하고 교육에 참여했다.[15]

1952년 전쟁이 마무리되는 시점에 킨슬러는 재한선교사회실행위원회 의장으로 선출되었다. 이를 계기로 그는 미망인들을 선발하여 경제적인 혜택을 제공하고 성경구락부를 돕도록 했다. 교사들도 더 많이 선발하여 재정적으로 지원하자 성경구락부는 더욱 활기를 얻었다.[16] 그 결과 1952년 12월 기준으로 서울 7천 명, 청주 1천 명, 거제도 2천 명, 인천 1천 5백 명의 어린이들이 성경구락부에 소속될 정도로 계속 증가하였다. 1953년 2월 기준으로 전국적으로 300-400개의 성경구락부가 있었으며, 3만 명의 어린이들이 이곳에서 교육받았다.[17] 4개월 뒤

---

[15] 『안동교회 제직회 회의록』, 1954.2.8. 안동교회 제직회에서 집회를 위하여 고아원 자매원이 사용하고 있는 교회 1층 공간을 사용해야 할 것을 결의한 내용이다. "금번 집회 시에 자매원에서 사용하고 있는 기숙사와 구락부에서 사용하고 있는 예배당 하층 서편방의 명도 건에 대하여 토의가 있은 다음 회당비에서 자매원 원장에게 통고하여 명도하도록 의논하다"로 명시하였다. 즉 교회는 고아원의 성경구락부 운영을 위하여 공간을 제공하였는데, 교회 행사를 위하여 공간을 다시 확보해야 한다는 내용이다. 교회가 직접 성경구락부를 운영하지 않았지만 성경구락부 운영을 위해 공간을 제공한 경우다.

[16] 실행위원회에서는 1952년 5월 성경구락부에서 일하도록 43명의 미망인들을 선발하여 월 15달러, 5명의 지역 대표자에게는 20달러, 100명의 교사들에게는 5달러씩을 지원하였다. 11월에는 교사를 230명으로 증원하고, 연료비 1천 달러를 지원하였다. 12월에도 교사 33명을 증원했다. Rhodes and Campell ed., "History of the Korea Mission Presbyterian Church in the U.S.A." Vol.II: 1935-1959, 319.

[17] Ibid., 318. Ott DeCam(감부열)에 따르면 1953년 5월 1일 기준으로 서울에만

에는 4만 5천여 명으로 증가하였다. 1954년 6월에는 1천 5백 개의 성경
구락부로 급증하였고, 어린이들은 5만 5천 명으로 증가하였다. 1954년
12월 기준으로 장로교의 성경구락부 7만 명, 감리교의 웨슬리구락부
2만 명씩을 각각 수용하고 있었다.[18] 성경구락부 운동이 단지 장로교
내에서만 아니라 초교파적으로 또한 전국적으로 시행되고 있었다는
의미다.

해방 시기부터 6·25전쟁 직후까지의 어린이 취학률을 보면 정부의
기대와는 거리가 있었다. 〈표 1〉은 이 기간의 취학률이다.[19] 요즘처럼
정확한 통계를 기대하기 어렵겠지만 큰 흐름에서 〈표 1〉을 보면 당시
의 교육 여건이 어떠했는지 어느 정도 추측할 수 있다.

〈표 1〉 아동 취학률

연도별	학교수	교원수	취학아동수	취학률(%)	비고
1945(해방 당시)	2,807	27,847	1,572,046	64.0	65.2
1948(정부수립 당시)	3,400	41,355	2,405,301	74.8	100.0
1951(사변 직후)	3,917	32,371	2,073,844	69.8	86.2

성경구락부가 93개가 있었고, 9,750명의 어린이들이 일주일에 6일간 공부하
고 있었다. 그들은 초등학교 과정만 아니라 성경과 그리스도인의 삶을 함께
배웠다.; 킨슬러도 감부열과 비슷한 보고했다. 서울의 성경구락부에만 1만
명의 어린이가 참석했는데, 2주 사이에 4천 명이 증가했다고 보고했다. 안동
에는 7천 명이 출석했는데 1주일 동안 1천 명이 증가했고, 제주도에만 3천
명이 몰려들었다고 보고했다. Francis Kinsler, "Dear Friends," May 22, 1953.

18) Rhodes and Campell ed., "History of the Korea Mission Presbyterian Church in
the U.S.A." Vol.II: 1935-1959, 318.

19) 문교부, 「문교월보」, 특집호(41호), 1958.9, 57, 『문교사: 1945-1973』, 중앙대학
교 한국교육문제연구소, 1974, 182쪽 재인용.

교육 여건이 열악한 상황에서 성경구락부는 전국적으로 흩어져 있
는 교회들을 중심으로 일정한 공교육을 수행했다. 급성장하던 성경구
락부에 갑자기 제동이 걸렸다. 그것은 초등학교 의무교육 실시와 연관
되었다. 1948년 제헌의회에서는 초등학교 의무교육을 명시하였다.[20]
정부는 이와 관련하여 1952년 의무교육 시행세칙을 제정하고, 1959년
까지 초등학교 의무교육을 완성시킬 계획을 세웠다.[21] 시행세칙이 발
표된 이후 어린이들에게는 경제적인 부담 없이 공교육을 받을 기회가
열렸다. 의무교육이 마무리되던 1959년에는 계획대로 적령아동취학비
율은 99%, 학령아동취학률은 96.13%였다.[22] 의무교육이 자리를 잡아
가는 동안 성경구락부 초등과정은 그만큼 소멸되었다.

초등학교 의무교육으로 성경구락부는 교육 대상자에 변화를 주어야
했다.[23] 〈표 2〉를 보면 통계로도 명확하게 드러난다. 초등과정생들의
수가 급락한 반면에 중등과정과 고등과정의 학생 수가 증가하는 모습
을 볼 수 있다.

---

[20] 제16조 모든 국민은 균등하게 교육을 받을 권리가 있다. 적어도 초등교육은
의무적이며 무상으로 한다. 모든 교육기관은 국가의 감독을 받으며 교육제도
는 법률로써 정한다. 「憲法全文」, 『동아일보』, 1948.7.16.; 『경향신문』,
1948.7.16.; 『조선일보』, 1948.7.16.; 기존의 약 48만 명 외에 37만 명의 어린이
가 교육을 받게 됨으로 2부제 교육을 실시. 「확충된 교육기관」, 『동아일보』,
1948.7.11.

[21] 여기에서 전체적인 일관성을 위하여 '국민학교' 대신에 '초등학교'라는 용어
를 사용하였다. 「의무교육시행제도」, 『한국교육 100년사』, 서울: 교육신문사,
2003, 302쪽. 의무교육은 보호자에게는 아동을 취학시킬 의무를, 지방공공단
체에는 학교설치의 의무를, 제3자에게는 교육보장의 의무를 과하여 아동에
게 일정 기간 교육을 받도록 하는 것이다. 이로 인해 어린이들은 경제적 부
담 없이 교육을 받을 수 있는 길이 열렸다.

[22] 「연차별 의무취학계측(1954-1959)」, 『문교개관』, 서울: 문교부, 1958, 51쪽.

[23] 대한청소년성경구락부 편, 『사랑의 교육 60년』, 40-42쪽 변화표 참조. 통계는
성경구락부에서 출간한 『지도자』에 기록된 자료를 근거로 하였다.

〈표 2〉 1964-1971년까지의 성경구락부 학생수의 변화

과정별	1964	1965	1966	1967	1968	1969	1970	1971
초등과정	10,745	8,970	7,905	7,324	2,189	1,989	1,727	870
중등과정	-	24,145	26,541	26,240	35,954	47,730	51,348	46,181
고등과정	74	395	1,601	538	588	1,275	3,830	5,628

이 시기에 성경구락부는 명칭을 '성경구락부교회학교(The Bible Club Church School)'로 바꾸었다. 킨슬러가 이 명칭을 1966년 보고서부터 사용한 것을 보면, 성경구락부의 교육대상이 바뀌었음을 명시한 것으로 보인다.[24)

Ⅲ. 경북 경안노회와 성경구락부

해방 전 성경구락부의 주요 지역은 평양이었다. 해방 후 평양 중심의 성경구락부는 38선으로 더 이상 재건할 수 없었다. 따라서 킨슬러는 남한의 서울, 청주, 대전, 대구, 안동, 부산 스테이션을 중심으로 성경구락부를 재조직해야 했다. 앞서 언급한 대로 아담스와 블레어는 대구로, 보켈은 안동으로 파견되어 선교 재개를 준비했다. 그러나 선교사들은 성경구락부 재건까지는 여력이 없었다. 비록 1949년 9월 의성의 삼분교회가 삼성구락부를 세워 운영했지만 경안지역 전체로는 거의 미비한 상태였다.

---

24) Francis Kinsler, "Annual Report of Francis Kinsler, 1966-1967," 발송일 불명.; Francis Kinsler, "Annual Report - Francis Kinsler," May 1968.

안동 스테이션에서 성경구락부의 본격적인 재개는 1952년부터였다. 킨슬러는 1952년 말 기준으로 안동에는 7천 명이 출석했는데 일주일 동안 1천 명이 증가했다고 보고한 바 있다.[25] 1954년에 절정을 이루었는데 103개의 성경구락부 또는 학교(78개 초등과정, 25개 중등과정)가 운영되었고, 재학생들은 9천여 명이나 되었다.[26] 그러다 1959년에는 70개로, 재학생들도 7천여 명으로 감소하였다.[27] 1954년부터 본격적으로 시행된 초등과정의 의무교육과 1969년부터 시행된 중학교 무시험 제도로 성경구락부도 점차 축소됐다. 그럼에도 안동 스테이션의 성경구락부는 1973년 기준으로 서울지역을 제외한 지방에서 가장 활발하게 운영되고 있었다. 이 지역에 중등과정이 21개소였으며 재학생은 5,215명이었다.[28]

안동 스테이션을 중심으로 1921년 경안노회가 결성되었다. 지역도 경상북도 북부지역과 강원도 지역이 경안노회에 소속되어 있었다. 그러다 1953년 강원도가 경안노회에서 분리되어 강동노회를 조직하였다. 따라서 본 연구의 중심 지역은 주로 경상북도 북부다. 당시 경안노회는 두 가지 형태로 학원운영에 개입하였다. 하나는 직접 학교를 세우고 운영하는 것이다. 대표적인 경우가 경안중고등학교다. 원래 경안이라는 명칭은 영주에 소재한 지금의 영광중학교에서 사용하고 있었다. 경안노회는 영주제일교회의 경안중학교 설립과정에 밀접하게 개입하고 재정도 지원했다.[29] 다만 실무적인 운영을 위하여 영주제일교

25) Francis Kinsler, "Dear Friends," May 22, 1953.
26) Rhodes and Campell ed., *"History of the Korea Mission Presbyterian Church in the U.S.A." Vol.II: 1935-1959*, 153.
27) Ibid.
28) 대한청소년성경구락부 편, 『사랑의 교육 60년』, 86~87쪽.
29) 『임시노회 회의록』, 1951.8.17. 노회 유지재단을 통해 영주제일교회가 중학교

회는 노회의 파송 이사와 구분하여 실행 이사를 선임할 수 있었다.[30] 그러나 2년 뒤 경안노회는 안동 스테이션 본부가 있는 안동에 정규학교를 다시 세우기로 결정하고, 이미 사용하고 있는 경안중학교 명칭을 이전시켜 줄 것을 요구하였다. 이에 경안중학교 측에서는 경안노회 요구에 반발했으나, 경안노회의 지원을 받는 조건으로 명칭을 영광중학교로 변경하였다.[31] 영광중학교는 1959년 3월 경중노회에 소속되었

를 설립하기로 결정하고, 위치는 교회가 있는 영주로, 세례자 1인당 천 원씩을 부담키로 결의하였다.;『경안노회 제50회록』, 1951.11.27. 경안중학교 건축비 지원과 이사선임은 노회임원에게 일임.;『경안노회 제51회록』, 1952.5.6. 영주제일교회 김성억 목사가 경과보고를 하고, 노회로부터 경영 일체를 일임받기로 함. 경안중학교 경과보고서.;「경안중학교 보고」,『경안노회 제54회록』, 1953.11.27.

30) 경안노회는 영주제일교회가 설립한 경안중학교 운영에 대하여 다음과 같은 내용으로 결의했다. "제 6조 본 재단법인의 법적 이사 9명, 감사 2명이나 본노회 제51회에서 결의로써 본교 운영상 편의를 위하여 실제 실행을 영주제일교회에 일임한 고로 영주제일교회가 실행 이사를 약간명 두어 그 실 운영에 임한다. 제7조 본교 이사 및 감사(이하 실행이사라 함)는 영주제일교회 당회가 필요하다고 인정되는 인물과 인근교회 제직 중에서 교육의 열의와 이해력이 풍부한 유지를 선정하되 이사는 7명, 감사는 2명으로 함.『경안노회 제52회록』, 1952.11.25.

31) 「호소문」,「영덕시찰 보고」,『경안노회 제55회록』, 1954.3.25.;『경안노회 제51회록』, 1952.5.7.;『경안노회 제54회록』, 1953.11.27.;『경안노회록 제56회록』, 1954.12.4. 명의를 변경해 주는 대신에 우열성 선교사가 사재 42만 환을 영광중고등학교에 주기로 결의했다.;『경안노회록 제64회록』, 1958.11.28.; 영광학원 정관에 따르면, 설립목적은 "기독교 정신과 대한민국의 교육이념에 입각하여 중등교육을 실시함"에 있다. 건학이념은 "敬天愛人의 정신 아래 하나님을 섬기는 마음으로 인간을 사랑하라"이다. 이를 위해 배움을 즐기는 사람, 나눔을 실천하는 사람, 창의성 갖춘 사람을 기르는 것을 목표로 삼았다. 영광중학교의 교조(敎鳥)는 비둘기로 성령의 임재를 뜻한다. 순결과 평화를 상징하는 비둘기에 건학이념인 경천애인을 바탕으로 하나님의 섭리와 평화를 구현하고자 하는 세계민주시민으로서의 이미지가 담겨 있다고 보았다.『학교법인 동산교육재단 정관』참조. "교육지표," "건학이념," "교가,"「영광중학교」, http://school.gyo6.net/ 2020년 1월 11일, 오전 1시 20분 접속.

다.32) 이에 따라 경안노회는 1954년 2월 20일 학교법인 경안학원을 설
립하고 경안고등학교, 경안중학교, 경안여중학교, 경안상업정보고등학
교를 계속 세워나갔다. 이 일을 주도한 사람이 반피득(Peter van Lierop,
潘彼得)이다.33) 6·25전쟁이 일어나자 그는 잠시 일본으로 피했다가
돌아와 1952년부터 1954년 안동에서 성경구락부 운동과 경안신학교에
전념했다. 학교법인 경안학원이 설립될 때 그는 초대 이사장으로 추대
되었다.

다른 하나는 지역 교회가 성경구락부, 고등공민학교 또는 중고등학
교를 세울 때 경안노회는 회의를 통하여 인준하고 관리하였다.34) 이
때문에 성경구락부는 매년 경안노회에 보고하였다. 1968년 기준으로
경안노회 성경구락부 현황은 다음과 같다.35)

<표 3> 경안노회 성경구락부 현황

부별	구락부 수	학생수	지도자 수
중등부	34	4,075	197
초등부	4	455	14
계	38	4,530	211

반피득이 안동에 머무는 동안 성경구락부는 서울을 제외하고 전국

32) 『경중노회 제10회록』, 1959.3.10. 그동안 삼성중학교는 경안노회에 소속되었
  으나 지역이 분할되어 경중노회가 설립되자 새로 가입하였다.
33) 『경안노회 제54회록』, 1954.11.27. "반피득 선교사의... 고등학교, 안동에 기독
  교 고등학교 설립청원은 허락하기로 하다.";「재단부 보고」, 『경안노회 제55
  회록』, 1954.3.25.
34) 『경안노회 제56회록』, 1954.11.4. 경안노회는 호명중학교의 민병훈 목사 교목
  청빙 건을 인준했다.;『경안노회 제57회록』, 1955.5.5. 호명중학교 건축을 미8군
  의 지원으로 진행하다가 부대가 이동함으로 정지되었다. 이에 노회는 선교부
  를 통하여 미군에 도움을 요청하였다.
35) 「성경구락부 보고」, 1968.11.19.

적으로 제일 큰 규모로 성장했었다. 특히 그는 조종술 목사를 성경구
락부 안동지부 책임자로 임명했다.[36] 조종술 목사는 경안성서학원 교
수로 있으면서 1대 안동성경구락부 지부의 책임자로 사역했다. 그 뒤
를 이어 조문기 장로가 2대 책임자로 임명받았다.[37] 그는 1963년 경안
노회 소속의 한알중학교를 설립하고 운영할 정도로 청소년교육에 전
념했다. 1968년 기준으로 교직원 13명과 학생 404명에 이를 정도로 계
속 증가하고 있었다. 특히 건평 200평 크기의 2층 콘크리트 건물을 소
유할 정도로 학교는 안정적으로 운영되고 있었다.[38] 그러나 그의 갑작
스러운 죽음으로 이사진들은 학교를 1971년 제70회 경안노회에서 탈
퇴시켰다.[39] 그 후 1999년 한알중학교는 폐교되고 지금은 없다. 경안
노회는 성경구락부, 고등공민학교, 정규학교들의 설립과정에 개입했
을 뿐만 아니라 노회를 통하여 정기적으로 보고를 받았다. 다음은 이
학교들과 경안노회와 관련된 회의 내용의 일부다. 『경안노회록』에는
해당 내용들이 자세하게 기록되어 있다.

1946년 6월 4-6일 (40회) 안동에 고등성경학교 설립키로 결의
1946년 9월 4일 (41회) 성경고등학교 설립/ 안동교회 지하(교장 이원
영)

---

36) 조종술 목사의 공식 직함은 '안동선교회 종교 교육목사'다.『경안노회 제54회
록』, 1953.5.29.
37) 안동교회 권정국 은퇴장로와의 인터뷰. 안동교회 100주년기념관 로뎀나무 카
페, 2020년 1월 8일 오전 10시 30분. 그는 안동교회에서 전도사와 시무장로를
역임한 은퇴장로로, 출판사를 운영하고 있기에 경안노회와 안동지역 사정을
잘 알고 있었다.
38) 한알중학교는 1968년 기준으로 1학년 183명(남 120명, 여 63명), 2학년 157명
(남 106명, 여 51명), 3학년 64명(남 42명, 여 22명)으로 총 404명이 재학하고
있었다. 「한알중학교보고」, 1968.11.19.
39) 『제70회 경안노회록』, 제90회, 1971.11.23.-25.

1951년 5월 8-10일 (49회) 노회유지재단이 설립자가 되어 중학교를
설립키로 결의
1952년 5월 6-9일 (51회) 영주 경안중학교 설립(1952.1.10.)[40]
1953년 5월 5-7일 (53회) 호명고등공민학교를 이양받기로 결의 삼분
교회에서 삼성공등공민학교 설립 인준
1953년 11월 24-27일 (54회) 경안고등학교 설립(1954.5.14.)
1954년 3월 24-25일 (55회) 주곡교회에 중학원 설립 영광고등학교 설
립 허락
1954년 11월 30일-12월 3일 (56회) 성경구락부 설치
1958년 11월 25-28일 (64회) 영광교육재단 설립 허락
1967년 5월 9-10일 (81회) 영광여중고 설립 허락
1968년 5월 7-9일 (83회) (예천교회에서) 고등공민학교 신축
1969년 5월 6-9일 (85회) 신성고등공민학교 신축 이전
1969년 11월 18-20일 (86회) 동사고등공민학교를 동산중학교로
1970년 5월 5-6일 (87회) 총회 헌의/ 교회에서 세운학교에서 종교교육
을 할 수 있도록 문교부시해령을 시정해줄 것
1970년 11월 17-19일 (88회) 종교교육 성공을 위하여 교장, 교감은 장
로급 이상, 과장, 교사는 집사급 이상으로
1971년 11월 23-25일 (90회) 한알중학교 노회에서 탈퇴(1999년 폐
교)[41]

성경구락부에서 정규과정으로 전환된 학교는 다른 지역보다 경안노
회가 가장 많았다. 지금도 성경구락부를 거쳐 중학교나 고등학교가 된
경우가 남아 있다. 킨슬러가 은퇴할 1970년 9월 성경구락부가 정규학

---

40) 『제52회 경안노회록』, 1952. 11. 25.에 따르면 경안노회에 보고된 <경안 중학
교 헌장>에 따르면, 1951년 9월에 설립했다고 명시되었다. 그러나 경안노회
홈페이지에서는 이와 다르게 1952년 1월 10일 개교했다고 밝히고 있다. 여기
에서는 홈피에 나온 것을 그대로 인용했다.
41) "간략사," 「경안노회」, http://www.kyungan.or.kr/ 2020년 1월 2일, 오후 11시 접
속. 이외에도 『경안 노회록』에 여러 교회와 학교들과의 관계나 나온다.

교로 전환된 수는 〈표 4〉에서 보듯이 총 45개 학교였다.[42] 이 통계에 대한 정확한 검증이 필요하지만 전체를 조망하는 데 도움을 준다.

〈표 4〉 정규과정으로 전환된 학교

학교	지역	학교명
초등학교	인천 · 경기	인성
	강원	춘천명신
중학교	서울	영락, 염광, 송곡여자
	인천 · 경기	인성여자, 숭덕, 중앙여자, 안양동, 신흥
	강원	춘천명신, 영동여자
	충북	신일
	충남	외산, 팔봉, 대명, 삼광
	경북	신동, 한알, 제일, 탑리여자, 삼성, 동산, 진성, 화목, 예천, 상주, 거북, 삼광
	경남	거제
고등학교	서울	염광상업, 영락상업, 동흥상업, 청구상업, 성동상업, 피어선상업, 새마을상업, 천호상업
	인천 · 경기	신흥, 인성여자
	강원	명신, 영동여자상업, 영동상업
	경북	김천상업
초급대학	서울	서울경리초급대학

이 중에서 경안노회가 관리했던 화목중학교(1960년대), 예천중학교 (1971년), 삼광중학교(1982년), 한알중학교(1999년), 김천상업고등학교 (2019년) 등이 폐교되었고, 풍천중학교(안동), 탑리여자중학교(의성),

---

42) 대한청소년성경구락부 편, 『사랑의 교육 60년』, 53~54쪽. 인천의 인성초등학교와 인성여자중학교, 경기의 인성여자고등학교는 모두 인천의 같은 주소에 있지만, 킨슬러 은퇴식 순서지에는 인천과 경기로 구분하여 실었다.

삼성중학교(의성), 동산중학교(영주), 진성중학교(청송), 상주중학교(상
주)가 남아 있다. 그 외 학교는 별도의 확인이 필요하다.

Ⅳ. 경안노회 지역의 성경구락부 정규학교

　1921년 조직된 경안노회는 1984년 경안노회와 영주노회로 분리되었
다. 현재 경안노회에는 안동, 의성, 영양, 청송 등이, 경안노회에서 분
리된 영주노회에는 영주, 봉화, 울진, 예천 등이 속해 있다. 여기에서
는 비교적 자료가 남아 있고, 설립 당시의 기독교 정신을 유지하고 있
는 3개 학교를 선택하여 살펴보고자 한다. 〈표 5〉를 보듯이 탑리여자
중학교, 삼성중학교, 동산중학교는 성경구락부에서 고등공민학교로,
고등공민학교에서 중학교로 전환되는 공통의 특징을 지니고 있다.
　성경구락부의 변화과정에서 교회 역할이 달라졌다. 교회가 성경구
락부에 관심을 가진 이유는 전도였다. 그러나 초등과정이 의무교육으
로 바뀌자 성경구락부도 생존을 위해 변화해야 했다. 대안은 일차적으
로 성경구락부를 고등공민학교로 전환하고, 점차 중고등학교로 전환
해야 했다. 이 과정에서 대부분의 교회는 재정적인 여력이 없었다. 이
를 위해 교회는 성경구락부에 참여했던 평신도에게 그 역할을 넘겨주
었다. 주로 경제적인 여력이 있거나 땅을 많이 소유한 교인들이 성경
구락부를 토대로 고등공민학교와 정규학교로 발전시켰다. 따라서 초
기에는 성경구락부가 교회 주도로 운영되었다면, 그 이후부터는 교회
평신도가 학교설립 주체로 운영을 주도했다고 할 수 있다.

〈표 5〉 성경구락부에서 전환된 중학교

구 분		탑리여자중학교	삼성중학교	동산여자중학교
성경구락부	설립연도	1963년	1949년	1963년
	설립자	이상윤 장로	김형칠 목사	김태환 목사
	교육공간	탑리제일교회	삼분교회	영주동산교회
고등공민학교	설립연도	1964년	1953년	1968년
	설립자	이상윤	권병두	이종국 서원봉 우성태
중학교	설립연도	1966년	1955년	1970년
	설립자	이상윤	권병두	우성태
	초대 교장	이상윤 장로	김형칠 목사	우혜룡 장로
기독교 요소	설립목적	기독교 정신에 期하여	기독교 정신교육	기독교 정신에 입각
	교가	거룩한 십자가 백합 백합화	경천애인 거룩할새 삼성(三聖)	믿음·소망· 사랑으로 하나님의 뜻이 있어
	교목실	초기 운영	운영	운영

1) 의성의 탑리여자중학교

경상북도 의성군 금성면 탑리 712

1963년 3월 탑리제일교회 이상윤 장로는 이성경 목사를 비롯한 성도 몇 사람과 함께 중학교에 진학하지 못한 청소년을 위하여 교회를 모체로 하여 동년 5월 27일 탑리중등구락부를 시작했다. 이상윤 장로는 사재를 기부하여 성경구락부 중등과정을 고등공민학교로 전환시켰다. 이때부터 공식적으로는 교회와의 관계가 정리된 것처럼 보이지만, 탑리여자중학교가 교회 옆에 세워짐으로 내용적으로는 밀접한 관계가 계속 유지된 것으로 보인다.[43)]

이상윤 장로는 1964년 9월 금성면 학미 2동에 있는 사재 답(논) 1,200평과 탑리의 가옥 2동을 정리하여 교지 1,347평을 매입하고 시멘트 벽돌 교실 3간을 신축하여 동년 12월 탑리고등공민학교를 세웠다. 이상윤 장로는 1965년 5월 교지 778평을 추가로 매입하고 1966년 2월 8일 학교법인 삼영학원(三榮學園)으로 인가받았다. 초대 이사로 김상곤(이사장), 이중일, 이시우, 유진호, 감사로는 권태호, 김성곤 등이 참여했다. 1966년 3월 30일 문교부로부터 설립허가를 받은 탑리여자중학교(6학급)는 기독교 정신에 기초한 '근면'과 '자립'을 교육방향으로 정하고 출범하였다.44)

1919년 1월 20일 경북 의성에서 태어난 이상윤(李相倫) 장로는 1935년부터 1940년까지 일본에서 공업학교기계과를 수학하고, 1947년 한국대학전문부를 졸업했다. 그는 일본에서 공부하면서 일본기계주식회사에서 근무하기도 했다. 해방 후에는 경성전기주식회사에서 근무하다가 안동의 일직중학교와 의성의 금성중학교에 교사로 근무했다.45) 그 뒤그는 "大韓民國 敎育理念과 基督敎 情神에 期하여 中等校育"을 실시하고자46) 탑리고등공민학교를 설립하고 교장에 부임했다.47)

---

43) 초기 탑리여자중학교는 교실을 새로 짓기 전까지 탑리고등공민학교의 교실을 함께 사용하였다. 「學校法人 三榮學園 第1回 理事會議錄」, 1966.2.15.

44) "삼영학원 소개," http://school.gyo6.net/tabri/0801/board/71596/181243069? page=1&se arch Type=S. 2019년 12월 31일 오후 5시 18분 접속.; 설립 당시 교육부에 보고한 재산기부증서를 보면 학교에서 언급한 내용과는 약간의 차이가 있다. 설립 당시 의사회의록을 보면 설립자 이상윤 장로가 1,315평을 기증하기로 약속하고, 교사 대지용으로 1차 778평, 2차 537평을 기증하여 약속을 완료하였다. 교사는 2동이었다. 수익용 재산으로는 4,971평의 과수원을 기증했다. 「財産寄附證書」, 1965. 9. 1.

45) 「이력서」, 1965. 이종윤 장로의 이력서는 설립 당시 교육부에 제출한 것을 토대로 정리하였다.

46) 설립 당시의 정관에 따르면 제1조 설립목적에 "기독교 정신"을 명확하게 규

다음은 삼영학원이 설립될 때, 문교부에 보고한 "설립 취지서"다.

農村 地域에 있어서도 女子進學生이 年年 增加하고 있으나 本 地域
에는 現在 公立인 金城中學이 男女共學으로 되어있고 또 收容能力이
不充하여 今年의 例를 보아도 144名이나 未就學하는 現狀이였으며
男女OO도 절실히 要求되는데 마침 設立코저하는 本 法人에는 校舍
도 마련되고 敎育的 諸要求가 具備되어 있으므로 農村地域의 女
學生에게도 敎育의 機會均等의 惠澤을 주기위해서 本 法人을 設立코
저 함.[48]

"설립 취지서"는 먼저 여학생들이 증가하고 있는데, 남학생보다 교
육기회가 부족하고, 둘째 남녀공학보다는 여학생들이 별도의 공간에
서 적합한 교육을 받게 하는 것이 적절하고, 셋째 농촌지역의 여학생
들에게도 교육의 기회를 주어야 한다는 것이다. 취지서에 따르면 사람
들이 많은 읍(邑)이 아닌 면부(面部)에도 여학생들을 위한 학교가 필요
하다는 것이다. 이 내용은 제1회 이사회에서도 반복적으로 언급된다.

그러면 塔理女子中學校 設立에 關하여 하나 하나 討議해 보겠습니다.
첫째로 學校設立의 目的은 먼저번 學校法人 創立 總會때도 말씀드린 데로 우
리 學校를 中心으로 하고 近處 8개 國民學校 卒業生이 中學校育을 제대로 받지
못하고 배움에 허덕이고 있는 形便이며 현재 學校 成績이 良好한 學生이나 家庭
形便이 좋은 學生들만이 義城邑으로나 鄰近 男女共學인 學校로 갈 수 있으니 대

정했지만, 지금은 그 규정이 남아 있지 않다. 「學校法人 三榮學園 定款」 참조.
[47] 「이력서」, 1965. 이하 생략됨. 이력서와 공식적인 학교설립 과정에 대한 설명
과 차이가 있다. 이력서에는 1963년 5월 27일부터 탑리고등공민학교 교장으
로 있었다고 했지만, 학교설립 과정을 보면 그때는 탑리중등구락부가 세워진
시기이다. 탑리성경구락부와 고등공민학교가 중첩된다.
[48] 「設立趣志書」, 『설립보고서』, 미간행.

부분의 兒童들은 希望 없이 놀게되는 現狀이니 우리들은 이 딱한 形便을 打開하여 내 鄕土發展을 위하여 多少라도 기어코자 하는 바입니다. 다음 學校名은 塔理女子中學校로 하고 校舍는 義城郡 金城面 塔理 1382番地에 있는 高公校(고등공민학교)를 우선 假校舍로 하고 新學期부터 南向으로 現 敎會 옆에 新築할 像定으로 計劃입니다.[49]

탑리여자중학교의 교육목표는 일반교육만 아니라 기독교 정신에 입각한 교육이었다. 삼영학원 설립 당시의『학교법인 삼영학원 정관』제1조를 보면, "이 法人은 大韓民國 敎育의 根本理念과 基督敎 精神에 期하여 中學校育을 實施함을 目的으로 한다"고 설립목적을 명확하게 규정하였다.[50] 즉 법인은 기독교 정신에 입각한 중학교육을 교육목표로 삼았다. 교가에도 기독교 정신이 담겨 있다.

> 사랑과 봉사와 인내로 피어난
> 금성산 기슭에 아름다운 백합화
> 그윽한 그 향기 영원무궁 풍겨라
> 거룩한 십자가의 뜻 이어받들어
> 향기롭고 순결한 백합 백합화
> 겨레의 자랑이다 탑리여중교
>
> 샘솟는 진리와 사랑의 정신으로
> 참되고 착하고 아름다운 마음씨
> 온누리 밝히는 횃불이 되리라
> 거룩한 십자가의 뜻 이어받들어

---

49)「學校法人 三榮學園 第1回 理事會議錄」, 1966.2.15.
50)『학교법인 삼영학원 정관』, 1965. 현재 정관에서는 "대한민국 교육 이념에 입각하여 중등교육 실시"를 목적으로 한다고 규정하고 있다. 초기 "基督敎 精神에 期하여"라는 말이 생략되었다.

향기롭고 순결한 백합 백합화
겨레의 자랑이다 탑리여중교[51]

탑리여자중학교『졸업기념 제1회』사진첩에는 소천섭 강도사가 교
사 명단에 있다.[52] 강도사가 근무했다고 교목실이 있었다고 주장할 수
는 없겠지만, 최소한 신앙지도하는 교육과정이 있었음을 짐작할 수 있
다. 현재 탑리여자중학교는 목회자가 별도로 있지는 않다. 다만 교사
들이 매일 직원회 시간에 자체적으로 예배드리고, 학생들도 종교부장
의 인도로 매일 예배드리고 있다. 교사나 학생들은 인성교육이나 창의
적 체험활동을 통해서 종교활동을 이어가고 있다. 주변 교회들은 학교
의 주요행사에 참석하고 있으며, 학생들에게 장학금을 전달하면서 학
교와 유기적인 관계를 지속하고 있다.

2) 의성의 삼성중학교

경상북도 의성군 단북면 도안로 2133

삼성성경구락부의 설립 주체는 의성의 삼분교회 담임교역자였던 김
형칠 목사다. 서울 연동교회 제5대 담임목사를 역임했던 김형태 목사
는 친형 김형칠 목사가 주도한 성경구락부 설립과정을 다음과 같이 언
급하였다.

12월 10일 교회 지하실에서 김희섭, 김정섭과 함께 학생 11명으로 무

---

51) "교가,"「탑리여자중학교」, http://school.gyo6.net/tabri/0103/sub, 2019년 12월 31일
오후 5시 접속. 작사 이원형, 작곡 석종환.
52)『졸업기념 제1회』, 의성: 탑리성중학교, 1969, 1쪽.

산아동 교육기관으로 야간학교를 시작했다. 그 후 흙으로 교사를 건
축할 때 장로, 집사 학생들이 총동원되어 노력했는데 수수방관하는
이들도 있었다. 이 학교가 그 후 1953년 10월 10일부로 삼성고등공민
학교로 당국의 인가를 받았는데 학생수가 70여 명이고 형님이 설립
자겸 교장으로 취임했다. 그리고 1955년 4월 9일 학생수가 300여 명
으로 증가하여 삼성중학교로 발전 승격하여 문교부 인가를 받았고,
형님은 재단법인 삼성학원 설립자 겸 학교장이 되었다.[53]

　김형태 목사는 김형칠 목사가 직접 정리해 둔「발자취」라는 사진첩
을 참고했다고 한다. 현재 그 사진첩을 확인할 길이 없다. 따라서 김형
칠 목사에 대한 평전을 김형태 목사가 사진첩을 참고하여 기술한 것에
의존할 수밖에 없다. 여기에서 그는 김형칠 목사가 성경구락부를 세운
날을 1949년 12월 10일로 적시하였다. 반면 삼성중학교 학교연혁에 따
르면 "1949년 9월 5일 삼분교회의 김형칠 목사와 장로들이 중심이 되
어 본교 전신인 '삼성중등 강습회'를 설립하고 구 삼분초등학교에서 남
학생 46명으로 야간강습을 시작했다"고 밝히고 있다.[54] 김형칠 목사가
남겨 둔 기록으로는 1949년 12월 10일이고, 삼성중학교 학교 연혁에는
1949년 9월 5일이다. 이 차이는 추후 확인이 필요하다.

　이런 차이가 어디에서 온 것일까. 자료를 더 확보하여 분석해야겠지
만, 삼성중학교는 처음 시작한 시기를, 김형칠 목사는 교회에서 독자
적으로 시작한 시기를 사용하지 않았겠는가 하는 생각이다. 『제53회
경안노회록』에 따르면 삼성성경구락부는 1953년 삼성고등공민학교로
전환했다가 1955년 2월 2일 삼성학원으로 인가받고 5월 20일 삼성중학

---

53) 김형태, 『목사의 일생』, 서울: 대한기독교서회, 2008, 234쪽.
54) "학교연혁," 「삼성중학교」, http://school.gyo6.net/ss/0103/history, 2020년 1월 21일
　　오후8시 20분 접속.

교로 개교했다.[55] 초대 교장은 삼분교회 담임이었던 김형칠 목사였다.
그는 안동출신으로 1909년 11월 연동교회 최초로 조사로 임명받았고,
1911년 9월 안동교회 초대 목사로 부임하여 경북지역을 중심으로 활동
했던 김영옥 목사의 손자다. 김형칠 목사의 부친 김은식 목사는 일본
나고야의 한인교회 서부교회에서 목회하던 중 '민족주의 및 종교그룹
사건'으로 1942년 1월 치안유지법으로 구속되었다. 1년 뒤 그는 서대문
형무소로 이감되었고, 후에 거주지 제한으로 경북 예천군 풍양면에서
만 시간을 보내야 했다. 해방된 뒤 그는 여운형과 긴밀하게 협력했으
나 인민공화국 설립문제로 결별하고 문경으로 내려가 문경읍 장로교
회를 재건하고 목회에 전념했다. 문경에서 목회하는 동안 독촉국민회
문경군 지회를 설립하고 지회장으로, 문경군 광복청년단 단장으로, 문
경군 애국부인회 고문을 역임하는 등 정치에도 참여했다. 그러다 경북
도의원과 형무소 교화사, 형목으로 남은 생애를 보냈다.[56] 부친의 적
극적인 사회활동에 김형칠 목사도 영향을 받았다. 그는 서울신학교(현
서울신학대학교)를 졸업하고, 경안노회에서 전도사 고시에 합격하고
삼분교회 전도사로 부임하였다. 이 과정에서 조부 김영옥 목사의 역할
이 적지 않았던 것으로 보인다. 김영옥 목사는 삼분교회 당회장을 맡
아 김형칠 목사를 도왔다. 김형칠 목사는 교회에서 절제회를 조직하여
금주, 금연, 도박금지운동을 전개했고, 경안노회 한글계몽위원으로 활
동하기도 했다. 1954년 9월 20일 경안노회와 경북노회에서 일부가 분
리되어 경중노회가 창립될 때 김형칠 목사는 서기에 피선되었고, 그해
11월 5일 경북의 고등공민학교 연합회 임원으로 활동하기도 했다.
1956년 4월 그는 삼분교회에서 상주제일교회로 사역지를 옮기면서 삼

55) 『제53회 경안노회록』, 1953. 5. 5.-7.
56) 김형태, 『목사의 일생』, 80~91쪽.

성중학교와의 관계는 일단락되었다.[57]

삼성학원의 설립목적은 "대한민국의 교육이념에 입각하여 기독교 정신교육을 실시함을 목적"으로 규정했다. 초대 이사장에는 권병두, 이사에는 권병로, 김영석, 김웅출, 백곤이, 권혁태, 장재칠, 박승무 등이고, 감사에는 권동수, 권두영, 김종섭 등이다.[58] 교육 목적을 이루기 위하여 현재 법인은 삼분교회 박영배 담임목사를 이사로 선임하여 관계를 유지하고 있고, 학교는 매주 수요일 외부 목회자를 초청하여 경건회를 갖고 있다.

성삼성중학교 모태가 된 성경구락부를 설립한 김형칠 목사는 교가를 작사하기도 했다.

> 비봉산이 높이솟아 뒤를 둘렀고 앞으로 낙동강물 감도는 곳에
> 경천애인 애토의 깃발을 높이든 우리의 삼성
> 삼성 삼성 우리 삼성 진리의 보금자리
> 삼성 삼성 우리 삼성 삼성 만만세.
>
> 삼천리에 새일꾼이 자라나는곳 이름도 거룩할새 삼성이라네
> 진리의 무궁화를 심고심으자 우리의 삼성

---

57) 위의 책, 233-235. 김형칠 목사는 27세에 삼분교회에 부임하여, "십자가를 들고 농촌으로"라는 정신으로 슈바이처나 그룬두비 운동을 시작했다고 한다. 특히 그는 교회가 신앙의 무장화를 위해 기도운동과 부흥운동을 일으키고, 지역의 복음화로 완전한 예수촌을 만들고, 낙후된 교육향상을 위해 고등공민학교와 중학교 설립 운동, 사회개량과 생활향상을 위해 절제회를 조직하여 금주금연운동을 연차계획으로 추진했고, 구국 전도단을 조직하여 다인면 일대를 순회 전도했다고 한다. 당시 전도단 12명 중에서 10명 정도가 목사가 되었다고 한다.

58) "법인정관," http://school.gyo6.net/ss/0702/sub, 2019년 12월 31일 오후 5시 40분 접속. 감사에 김종섭은 김형태 목사가 언급한 김정섭으로 생각된다. 이것은 그의 오기로 보인다.

삼성 삼성 우리 삼성 진리의 보금자리
삼성 삼성 우리 삼성 삼성 만만세.

1967년 제정한 교기는 중앙에 聖자가 있는데 三聖중학교를 의미한
다. 그와 함께 중앙의 十는 기독교 정신에 세워진 학교임을 뜻한다. 聖
를 중심으로 양측에 쌀과 보리를 상징하는 곡식을 삽입했는데 이는 농
촌을 의미한다.[59]

3) 영주의 동산여자중학교

경상북도 영주시 하망동 595

동산여자중학교의 모체인 동산구락부는 영주의 동산교회로부터 시
작한다. 당시 동산교회(담임목사 김태환)는 1963년부터 동산성경구락
부를 운영하였다. 그러다 동산고등공민학교를 거쳐 1969년 동산여자
중학교로 이어졌다.[60] 중앙대학교 경제학과를 졸업하고 성경구락부와
고등공민학교 교사, 동산여자중학교와 여자상업고등학교에서 교감과
교장을 역임하고 은퇴한 우삼룡 장로[61]는 당시의 상황을 다음과 같이

---

59) "학교연혁," http://school.gyo6.net/ss/0105/sub, 2019년 12월 31일 오후 6시 접속.

60) 『제86회 경안노회록』, 1969.11.18.-20.

61) 우삼룡 장로는 1970년 12월 15일 열린 이사회에서 교사로 임명받았다. 그는 당시 평준화를 위해 교사확보가 시급한 상황에서 채용되었다. 다음은 이사회 기록이다. "오늘 이렇게 모이게 된 것은 여러 이사님들이 공문을 통하여 잘 알고 계시겠지만 71학년도 평준화를 위하여 교직원 정원을 확보하는 것이 급선무입니다... 우리 학교에서 고등공민학교 설립 당시부터 지금껏 수학을 맡아오신 우삼룡 선생님, 이분은 중앙대학교 경제학과를 나오신 분인데... 의논하시고 적당하시면 채용에 가결해 주시기 바랍니다." 「제10회 이사회의록」,

회상하였다.

> 당시 성경구락부는 교회에서 운영하였고, 동산교회 별관을 사용하였습니다. 제가 성경구락부에 교사로 참여한 시기는 1965년도부터였고, 대학교를 졸업한 후에 본격적으로 성경구락부의 실무를 담당하는 교사로 봉사했습니다. 이종국 장로가 성경구락부를 토대로 고등공민학교를 세우고 운영했습니다. 그러나 1969년부터 시행된 중학교 무시험제도로 고등공민학교 학생의 숫자가 급격히 줄어들자 정규중학교 설립 필요성을 가지고 논의했습니다. 이종국 장로는 손을 완전히 떼고 그 일을 동산교회 우성태 장로가 이어받았습니다. 정식 중학교를 세우고자 할 때 4명이 함께하기로 했지만 종교목적으로 세워지는 것을 반대한 권중한(불자)이 거부하였습니다. 다른 사람들도 영향 받아서 참여를 포기했습니다. 땅을 많이 소유했던 우성태 장로는 땅을 기증하고 그곳에 삼성중학교를 세웠습니다. 처음에는 돈이 없어 직접 책상과 의자를 만들 정도로 어려웠습니다.[62]

『동산, 개교40주년』에도 우삼룡 장로가 설명한 내용을 반복한다. 석충근 교감은 "4명의 초대이사로 출발하였으나 설립 인가 당시 3명의 이사가 탈퇴하는 등 여러 면에서 많은 어려움"을 겪었다고 밝힌 바 있다.[63] 그러나 우성태 장로는 멈추지 않고 설립 이사를 11명으로 확대했다. 이사장에는 우성태 장로를, 이사로는 동산교회 김태환 목사와 경안중학교 교목 박승팔 목사를 포함한 10명을 선임하였다. 두 명의

1970.12.15.

[62] 우삼룡 장로와의 인터뷰, 영주직업전문학교 사무실, 2020년 1월 10일 오전 10시. 동산고등공민학교 설립자는 이종국 장로, 서원봉 장로, 우성태 장로이며, 초대 이사장은 이종국 장로였다고 한다. 학교법인 동산학원을 설립할 당시 이종국 장로는 손을 떼고 우성태 장로가 모든 역할을 담당했다고 강조한다. 「학교법인 동산교육재단 정관」 설립이사 명단 참조.

[63] 석충근, 『동산, 개교40주년』, 영주: 동산여자중학교, 2010, 28쪽.

목회자를 제외한 이사들은 대부분 장로들이었다.[64] 우성태 장로가 기증한 땅은 논농사를 했던 곳이었다. 학교 부지로 사용하려면 엄청난 양의 연탄재로 메워야 했다. 그곳에 블록 벽돌집 4칸을 지은 것을 시작으로 1970년에는 본관 3-4칸을 지었다. 동산여자중학교는 1973년 2월 제1회 졸업생 159명을 배출했다.[65]

동산교육재단의 설립목적은 "대한민국의 교육의 근본이념과 기독교 정신에 기하여 중등교육을 실시함"이었다.[66] 목적에 따라 동산여자중학교는 기독교 박애정신인 경천애인을 바탕으로 국가와 사회가 필요로 하는 인재육성을 건학이념으로 세우고 교육에 전념하고 있다. 학교의 교육대상은 여학생이었다. 학교는 남학생보다 교육 혜택이 상대적으로 적었던 여학생을 대상으로 했다. 특히 지방에서 여학생은 교육에서 소외된 경우가 적지 않았다. 교육받은 여성의 배출은 산업사회에서 여성의 역할을 강화시키는 중요한 요소였다. 따라서 산업사회로 진입하는 과정에서 동산여자중학교의 여학생 배출은 그만큼 한국사회 발전에 영향을 주었다는 의미이기도 하다. 이 정신은 동산여자중학교 초기 교육목표와 일치한다.

1. 민족 주체성을 확립하고 충효 정신이 투철한 여성

[64] 우삼룡 장로와의 인터뷰, 영주직업전문학교 사무실, 2020년 1월 10일 오전 10시.
[65] 석충근, 『동산, 개교40주년』, 30쪽, 36쪽 참조.
[66] 문교부장관 명의로 된 「설립허가서」에 적시된 내용이다. <교행1042.2>, 1969. 10.4.
　　1. 목적. 대한민국 교육의 근본이념과 기독교 정신에 기하여 중등교육을 실시함을 목적으로 한다.
　　2. 명칭. 학교법인 동산교육재단
　　3. 사무소의 소재지. 경상북도 영주군 영주읍 하망리392-1번지
　　4. 설치학교. 동산여자중학교

2. 기독교 진리를 깨닫게 하여 서로 사랑하고 봉사하는 여성
3. 학력 배양에 힘쓰는 여성
4. 근면·자조·협동 정신을 갖춘 유능한 여성
5. 창의적이고 과학적인 사고력을 갖춘 여성
6. 위생 관리를 철저히 할 건전하고 건강한 여성[67]

설립 당시 학급은 각 학년 3학급씩 총 9학급이었다. 학급 정원은 60명씩 총 540명이다. 1970년 3월 1일을 개교기념일로 지키고 있다.[68] 학교는 1년 만에 학급수를 4학급으로, 전체 12학급으로 증원하여, 정원이 총 720명으로 증가했다.[69] 여학생들이 계속 몰려오자 학교는 다시 증원을 결정했다. 1973년에는 한 학년 5개 학급, 정원도 900명으로 증가했다.[70] 동산여자중학교가 어느 정도 정착하자 법인은 산업 수요가 많은 실업계학교인 동산여자상업고등학교를 신청하여 1972년 12월 인가받았다. 상업과 2학급씩 6학급으로 구성하고, 학생 정원을 총 360명으로 정했다.[71] 교육 수요가 계속 증가하자 학교는 한 학급에 80명으로 3개 학급, 총 720명으로 늘렸다.[72] 1년 만에 학급수가 학년마다 1개씩, 학급당 인원도 20명이 증가한 80명으로 늘어났다. 이런 급격한 교육수요의 증가는 본격적인 산업사회에서 영주만 아니라 경북지역에서 교육받은 여성의 수요가 증가하고 있음을 의미한다.

이사회는 회의에 앞서 개회 기도로 시작했다. 이사장이 기도하거나

---

67) 석충근,『동산, 개교40주년』, 37쪽.
68) 「인가서」, <교행1041.1>, 1969.11.17.; 개교식은 1970년 5월 22일로 정했다. 학교는 개교했지만 그에 따른 별도의 식을 거행하지 않았다. 따라서 이사회에서는 5월 22일 개교식을 갖기로 결정했다. 「제5회 이사회의록」, 1970.5.4.
69) 「인가서」, <문정1041.3>, 1971.1.29.
70) 「지령서」, <관리1040_698>, 1974.3.1.
71) 「인가서」, <교행1041.1), 1972.12.26.
72) 「학칙변경인가예정통보」, <관리1041.3>, 1974.7.30.

다른 이사를 지명하여 기도하게 했다. 초기 이사는 동산교회 담임목사인 김태환 목사, 동산교회 우성태 유신종 유응종 우혜룡 이윤호 권병조 장로와 최병주 집사, 경안중학교 교장 박승팔 목사, 풍기동부교회 김길준 장로, 동산교회에서 분리한 영주봉산교회 이춘직 장로 등이다.[73] 초대 교장은 설립자이면서 이사장인 우성태 동산교회 장로의 자녀로 설립 이사인 우혜룡 장로이고,[74] 교감은 4월에 임명한 김천수 선생이다.[75]

학교 교훈은 성경 고전13:13에 근거한 믿음 · 희망 · 사랑이다. 교가는 초대 교장인 우혜룡 장로가 작곡했다.

태 백 산 장엄하게 둘러쳐있고
낙동강물 감—돌아 굽이치는데
유서깊은 영 주 땅 서기도어린
그이름도 길이빛날 배움의전당
진-리와 덕-행을 갈고닦으며
온누리에 빛-나리 동산여중교

---

[73] 「학교법인 동산교육재단 정관」, 설립이사 명단 참조. 이사들의 출석 교회나 직분은 안동교회의 전도사와 장로를 역임한 권정국 은퇴장로와 인터뷰하면서 도움을 받았다. 안동교회 100주년기념관 로뎀나무 카페, 2020년 1월 8일 오전 10시 30분.

[74] 학교는 운영되고 있었지만 8월까지 교장을 선임하지 못했다. 이사들은 1970년 8월 25일 회의를 열고 체계적인 운영을 위하여 교장을 선임했다. 이사들은 동산고등공민학교 시절부터 학교운영에 관여해 왔던 우혜룡 장로를 선임했다. 초기 학교가 재정적으로 어려운 상황에서 별도의 교장을 선임하기 힘들었고, 8, 9년의 교육경력을 가지고 있으면서 설립 이사로 학교 초기 상황을 잘 알고 있던 그였기에 선임에 어려움이 없었던 것으로 보인다. 「제7회 이사회의록」, 1970.8.25.

[75] 「제6회 이사회의록」, 1970.5.15.

믿음소망 사랑으로 다져진터에
하나님의 뜻이있어 세워진 학원
그이름도 슬기로운 동산여중은
진-리의 샘이솟는 사랑의동산
진-리와 덕-행을 갈고닦으며
온누리에 빛-나리 동산여중교[76]

동산여자중학교는 의무교육 형태로 진행하기 때문에 별도의 교목실을 두지는 않지만 매주 예배를 드린다. 반면 여자상업고등학교는 설립 초기와 달리 남녀공학 특성화고등학교로 운영되며 교명도 영주동산고등학교로 바뀌었다. 고등학교는 중학교와 달리 교목실을 두고 신앙으로 학생들을 지도하고 있다.

V. 마무리하는 말

지금까지 경안노회 지역의 성경구락부가 어떻게 재건되었고, 그 일부가 어떤 과정을 거쳐 정규학교로 전환되었는지 살펴보았다. 이 과정을 연구하면서 연구자는 몇 가지 중요한 의미를 발견할 수 있었다.

첫째로, 성경구락부는 초기에 교회 중심으로 운영되었다.

그러나 고등공민학교와 정규학교로 전환되는 과정에서 평신도에게 그 역할이 넘어갔다. 성경구락부는 선교부의 지원을 일부 받아 운영하였다. 그러나 고등공민학교와 정규학교 운영은 재정 규모가 다르다. 따라서 교회의 평신도 자산가들이 학교를 설립하고 운영하는 주체로

---

76) "교가,"「동산여자중학교」, http://school.gyo6.net/yjds/0103/sub, 2020년 1월 21일 오후 11시 15분 접속.

등장해, 그 역할을 담당했다.

둘째로, 성경구락부에서 전환된 중고등학교는 기독교 정신을 그대로 유지시키고 있다.

학교는 신앙 진도를 전담할 수 있는 교목실을 설치했다. 교목은 더 나아가 학교장의 부재 시 그 역할을 대신 수행할 위치에 있었다.[77] 탑리여자중학교의 정관을 보면 설립 초기와 다른 부분이 있지만, 다른 학교들은 기독교 정신을 그대로 유지하고 있다. 교가나 교기, 또한 교육목표도 시대에 따라 약간의 변화된 모습을 보이지만 대부분 그대로 존속하고 있다. 교목실도 자체적으로 운영하고, 정기적으로 예배드리고 있다. 중학교가 의무교육으로 전환됨으로 기독교 교육을 과거처럼 집중적으로 할 수 없는 부분이 있지만, 나름대로 기독교 정신을 유지하려고 하고 있다.[78]

셋째로, 경안노회와 해당 지역 교회와 학교와의 관계다.

성경구락부, 고등공민학교, 중고등학교는 경안노회의 허락을 받아 운영하는 것을 원칙으로 세웠다. 다만 경안노회가 이사진을 파견하는 형식을 취했지만, 실제적으로는 설립 교회를 중심으로 실행 이사를 구

---

[77] 「경안중학교 헌장」, 제9조 본교는 교목 1명을 둠, 제10조 교목은 학교장이 부재할 시는 그 직무를 대리함. 제11조 교목은 전직원과 학생의 영적 생활을 지도하며, 본교 종교교육의 완수를 도모하여, 학생의 성경교육과 매일 기도회를 인도함. 제12조 본교의 학교장과 교목은 그 재직 중 위임이사가 됨. 제13조 본교의 위임감사는 본교의 문부 및 재정 일체를 감사함. 『경안노회 제52회 회록』, 1952.11.25.

[78] 초기 설립 의도와는 다르게, 지금은 각 학교에서 신앙지도가 점차 어려워지고 있다. 이 문제는 기독교 사학의 고민이기도 하다. 이를 극복하기 위하여 기독교 학교는 다각도로 고민하고 있다. 황병준, 「기독교사학의 학원선교사 파송정책에 관한 연구」, 『대학과 선교』 제36집, 2018, 146~173쪽.; 최형근, 「학원복음화 위기 극복을 위한 기독교대학 선교의 신학과 효율적 방안」, 『대학과 선교』 제26집, 2014, 37~71쪽.

성하여 운영하게 하였다. 여기에서 눈여겨볼 것은 경안노회의 간섭을 배제하고 교회가 직접 세워 운영한 경우도 적지 않다는 점이다. 경안노회가 영주제일교회를 통하여 경안중학교를 설립했다. 이 학교는 후에 영광중학교로 교명을 변경하였다. 이 학교는 경안노회의 간섭이나 통제를 전혀 받지 않았다. 경안노회가 각 학교에 이사진을 파송하고 정기적으로 보고를 받은 것은 학교들이 경안노회로부터 일부 재정적인 지원이나 행정적인 도움을 받고자 함으로 보인다.

넷째로, 고등공민학교가 세워진 곳은 대부분 중심지에서 떨어진 면부(面部)에 있었다.[79]

정규학교는 대부분 사람이 많이 살고 있었던 읍(邑)에 있었다. 면부에서 살던 여학생들은 중고등교육을 받기 위하여 읍(邑)으로 다니거나 별도의 생활공간을 마련해야 했다. 아니면 해당 지역의 고등공민학교 교육에 만족해야 했다. 면부의 고등공민학교가 여자중고등학교로 전환되자 여학생들은 더 이상 정규교육과정을 포기하거나, 먼 거리로 이동하지 않아도 됐다. 여학생들에게 정규과정의 교육기회가 생겼기 때문이다. 동산여자중학교와 여자상업고등학교가 계속 증원했던 이유도 급증하는 여학생들 때문이었다. 다만 현재는 인구감소로 면부의 중학교들이 폐쇄된 경우가 적지 않고, 여자중학교도 그 영향에서 벗어나지 못하고 있다.

다섯째로, 성경구락부가 정규학교로의 전환과정에서 정부정책과 긴밀하게 연결되었다.

초등학교 의무교육으로 성경구락부 초등과정이 급락하였다. 대신 정부가 검정고시과목을 일부 면제해 주는 고등공민학교 설립을 독려

---

79) 안동교회 권정국 은퇴장로와의 인터뷰. 안동교회 100주년기념관 로뎀나무 카페, 2020년 1월 9일 오후 2시.

하자 개인이나 종교사회단체는 여러 곳에 성경구락부를 토대로 학교를 세울 수 있었다. 이 시기에 교회들은 성경구락부 출신들이 정규학교에 들어갈 수 있도록 고등공민학교를 세우는데 협력했다. 정부가 중학교 입시제도를 없애자, 고등공민학교는 정규 중고등학교로 전환되었고, 학교운영을 위해 정부로부터 일부 지원을 받았다. 따라서 성경구락부와 고등공민학교는 국가의 정책과 밀접하게 연결되어 있다. 국가의 교육적 역할이 증가함에 따라 교회나 개인의 역할은 축소되었다.

여섯째로, 중고등학교 설립은 산업화 시대의 수요와 맞물려 있었다.

특히 탑리여자중학교나 동산여자중학교, 또는 동산여자상업고등학교는 여학생을 대상으로 세운 학교들이다. 학교들이 세워질 당시 한국사회는 6·25전쟁 파괴된 산업시설 복구와 산업사회 초기와 맞물려 있었다. 한국사회가 산업화과정에서 교육받은 여성을 요구할 때, 성경구락부를 기초로 세워진 여자중고등학교는 그에 민첩하게 대응한 것이다. 특히 여성의 활동은 지역사회와 연결되기에, 지역발전을 위한 기독교 학교의 역할은 적지 않다.

본 논문을 마무리하면서, 아쉬운 점은 성경구락부 운영에 교회의 역할이 적지 않았음에도 해당 자료들이나 교회 당회록, 직원회의록 보관 및 관리가 부족하다는 것이다. 해당 학교들도 초기 자료를 소실했거나, 관련 자료 관리가 미비한 경우도 있었다. 추후 자료 확보나 정리를 위한 별도의 시간이 필요해 보인다. 이번 연구를 계기로 다른 지역의 성경구락부 전환과정 연구를 다음 과제로 삼고 본 논문을 마무리하고자 한다.

〈참고문헌〉

『경안노회록』.
『경중노회록』.
『안동교회 제직회 회의록』. 1954.2.8.
『졸업기념 제1회』. 의성: 탑리성중학교, 1969.
『지도자』.
「학교법인 동산교육재단 정관」.
「학교법인 동산교육재단 설립보고서」.
"학교법인 동산학원 제5회 이사회의록." 1970.5.4.
"학교법인 동산학원 제6회 이사회의록." 1970.5.15.
"학교법인 동산학원 제7회 이사회의록." 1970.8.25.
"학교법인 동산학원 제10회 이사회의록." 1970.12.15.
「학교법인 삼성학원 정관」.
「學校法人 三榮學園 定款」.
「學校法人 三榮學園 設立報告書」.
"學校法人 三榮學園 第1回 理事會議錄," 1966.2.15.

김 웅. "한국교회 성경구락부에 대한 연구." 장로회신학대학교 대학원 석사학위
　　　논문. 2009.
김득렬 편.『씨를 뿌리러 왔더니』. 서울: 카이로스, 2007.
김형태.『목사의 일생』. 서울: 대한기독교서회, 2008.
고환규. "大韓靑少年 聖經俱樂部, "聖經俱樂部의 歷史的 硏究와 基督敎敎育에 끼
　　　친 影響." 연세대학교 연합신학대학원 석사학위 논문. 1974.
교육신문사.『한국교육 100년사』. 서울: 교육신문사, 2003.
대한청소년성경구락부 편.『사랑의 교육 60년』. 서울: 도서출판 화술, 1988.
문교부.「문교월보」제41호, 1958.
석충근.『동산, 개교40주년』. 영주: 동산여자중학교, 2010.
소요한. "초기 동북아시아 선교에서 나타나는 디아코니아 특징과 기원연구."「대
　　　학과 선교」제28집, 2015.
장금현. "프란시스 킨슬러와 성경구락부 운동."「신학과 실천」제68호, 2020.
중앙대학교 한국교육문제연구소.『문교사:1945-1973』. 서울: 중앙대학교 한국교

육문제연구소, 1974.

주선동. "성경구락부의 발전과정에 대한 연구." 연세대학교 교육대학원 석사학위 논문. 1976.

최형근. "학원복음화 위기 극복을 위한 기독교대학 선교의 신학과 효율적 방안." 「대학과 선교」 제26집, 2014.

황병준. "기독교사학의 학원선교사 파송정책에 관한 연구."「대학과 선교」 제36집, 2018.

Kinsler, Francis. "Annual Report of Francis Kinsler, 1966-1967." 발송일 불명.

_____. "Annual Report - Francis Kinsler." May, 1968.

_____. "Dear Friends." May 22, 1953.

_____. "My Resume, 1954." Feb. 1954.

_____. "Personal Report of Francis Kinsler, 1958-1959." Dec. 1, 1960.

_____. "Personal Report of Francis Kinsler." Sep. 9, 1940.

_____. "Station Letter from Pyengyang, Chosen Mission-Spring 1931." Mar. 20, 1931.

_____. "The Personal Report of the year to the Mission of Francis Kinsler." Aug. 28, 1929.

Rhodes and Campell ed. History of the Korea Mission Presbyterian Church in the U.S.A Vol.II: 1935-1959. New York: CEMR, 1964.

「경안노회」. http://www.kyungan.or.kr.

「동산여자중학교」. http://school.gyo6.net/yjds.

「영광중학교」. http://school.gyo6.net/yeonggwang.

「탑리여자중학교」. http://school.gyo6.net/tabri.

「삼성중학교」. http://school.gyo6.net/ss.

개신교 계통 중등학교 연구

인천과 서부 경기 지역(부천/시흥/안산)을 중심으로

최현종

I. 들어가는 말

한국의 중등 교육에 있어 개신교 계통의 학교가 기여한 바는 매우
크다. 이는 사립학교의 역사적 출발 및 현재 개신교 계통 학교가 차지
하는 비율을 통해 확인할 수 있다(홍승철·황병준, 2017: 31-63 등).[1]
하지만, 이러한 개신교 계통 학교의 연구는 시기적으로는, 대개 해방
이전 혹은 그 시기에 설립된 역사적 전통을 지닌 학교들에 집중되거
나, 지역적으로는, 서울 등 대도시에 집중된 경향을 보여 왔다. 본 연
구 또한 인천이라는 대도시를 포함하지만, 그와 연결된 서부 경기 지
역(부천/시흥/안산)[2]을 함께 고려하고 있고, 또한 상대적으로 개신교

---

[1] 개신교 계통 학교가 교육에서 차지하는 비중에 대하여는 본문 II에서 보다
상세하게 기술하였다.

[2] 보다 정확하게 말하면, 해당 지역은 경기도의 중서부 지역이라고 할 수 있다.

계통 학교를 다루는데 있어 소홀히 다루어졌던 산업화 이후의 시기를 중심으로 기술하였다. 실제로 본 연구에서 분석한 바에 의하면 산업화 시기는 개신교 계통 학교들이 가장 많이 설립된 시기이며, 본 연구에서 다루는 학교들 대부분이 이 시기 혹은 그 이후에 설립되었다. 본 연구의 관심 지역인 인천과 서부 경기 지역은 지하철 교통망에 의해 하나의 생활권으로 형성되어 왔고(부천-인천), 또한 발전할 것으로 예상된다(부천-시흥-안산).3) 해당 지역 중 부천에는 개신교 계통의 학교가 하나도 없지만, 도시의 역사 및 개신교의 발전 부분과 관련해서는 함께 살펴보려고 한다. 본 연구에서는 인천과 서부 경기 지역의 개신교 중등학교에 대한 기술에 앞서, 먼저 Ⅱ장에서 전반적인 개신교 계통 학교의 현황을 개괄하고, 그 특징을 확인할 것이다. 그리고 이러한 맥락에서, 인천과 서부경기지역의 학교들의 역사, 현황 및 특징들을 상술한 후(Ⅲ, Ⅳ장), 이를 바탕으로 결론에서는 개신교 계통 학교의 미래와 나아갈 방향에 대하여 생각해 볼 것이다.4)

Ⅱ. 개신교 계통 학교 현황

개신교 계통 학교의 정확한 현황을 확인하기는 쉽지 않다.5) 일단 본

보다 광범위한 경기도의 서부 지역은 고양-파주-김포에 해당하는 서북부 지역과 화성-평택에 해당하는 서남부 지역을 포함한다.

3) 부천-인천은 지하철 1·7호선에 의해, 부천-시흥-안산은 2018년 개통된 서해선에 의해 연결되어 있다.

4) 이 지역은 저자가 속한 학교의 신입생들이 주로 거주하는 지역이기도 하다. 2019 입시를 기준으로 전체 지원자 중 인천 출신이 25.8%, 부천-시흥-안산 출신이 15.4%를 차지하였다.

5) 본 연구의 초점은 개신교 계통 학교의 현황이다. 따라서, 과거에 개신교를 바

연구에서는 한국기독교학교연맹의 자료를 바탕으로 하였고, 각 학교의 홈페이지 및 확인할 수 있는 다른 자료들을 통하여 수정, 보완하였다. 먼저 개신교 계통이 학교가 전체 대한민국 교육에서 차지하는 비중을 계산해 보면 아래의 〈표 1〉과 같다.[6]

〈표 1〉 개신교 계통 학교가 전체 교육에서 차지하는 비중

구분	학교 기준			학생 기준		
	개신교(교)	전체(교)	비중(%)	개신교(명)	전체(명)	비중(%)
초등학교	15	6,087	0.25	8,891	2,747,219	0.32
중학교	124	3,214	3.86	62,275	1,294,559	4.81
고등학교	174	2,356	7.39	153,651	1,411,027	10.89
대학교	69	430	16.05	363,584	3,326,733	10.93
계	382	12,087	3.16	588,401	8,779,538	6.70

개신교 계통 학교가 전체 교육에서 차지하는 비중은 상급 학교일수록 높아지는 추세를 보인다. 이는 초·중학교 교육이 의무교육인 한국 교육의 현실을 반영하며, 특히 초등학교의 경우 대부분의 학교가 국·공립인 상황이 반영된 것으로 보인다.[7] 다만, 학교 수보다는 학생 수로 비교할 때에, 개신교 계통 학교의 비중이 증대하는데, 이는 상대적

탕으로 설립되었다가, 일반 학교로 전환되거나, 사라진 학교는 연구에서 제외되었다. 이러한 학교들도 개신교 계통 학교가 근대 한국 사회에 미친 교육적 영향을 평가할 때는 함께 고려되어야 할 것으로 보인다.

6) 개신교 계통 학교의 통계는 한국기독교학교연맹의 회원교 현황 자료를 이용하였고, 전체 교육 자료는 교육통계서비스의 2019년 통계자료를 이용하였다. 또한, 교육통계서비스에 나와 있지 않은 유치원은 비교 대상에서 제외하였다.

7) 초등학교의 국·공립학교 비율은 98.9%이다. 개신교 계통 초등학교의 비율을 사립초등학교에 제한하여 비교하면, 20.27%로 상당히 높다.

으로 학생 수가 많은 도시 지역에 이들 학교가 집중됐기 때문으로 생각할 수 있다. 중학교의 경우 학교 수를 기준으로 할 때 개신교 계통 학교가 차지하는 비중은 3.86%이지만, 학생 수를 기준으로 하면 4.81%로 높아진다. 고등학교의 경우에는 이러한 경향이 더욱 커져서, 학교 수 기준으로는 7.39%이나, 학생 수를 기준으로 하면 10.89%로 늘어난다. 학생 수를 기준으로 한다면, 한국 고등학생 10명 중 1명 이상이 개신교 계통 학교에 다니는 것으로 파악된다. 대학교의 경우에는 학교 비중도 16.05%로 매우 높게 나타나고, 학생 수로도 10.93%로 각급 학교 기준 가장 높다. 결국, 의무교육이 시행되는 국·공립학교 중심의 초등학교를 제외한다면, 한국 교육에 있어 개신교 계통 학교가 차지하는 비중은 매우 높다고 할 수 있다.[8] 그렇다면 이러한 개신교 계통 학교를 지역, 학교종류, 교단별로 설립시기에 따라 분석해 보면 어떻게 될까? 먼저 〈표 2〉는 지역별 개신교 계통 학교 현황을 설립 시기별로 구분하여 분석하였다.[9]

지역별로 보았을 때, 개신교 계통 학교의 수는 서울, 경기 지역이 압도적으로 많은 것으로 나타난다. 서울이 110개교, 경기가 84개교(이전에 경기 지역에 포함되었던 인천을 추가하면 95개교)로 전체의 절반이

---

[8] 불교 계통 학교의 전체 수는 정확히 알 수 없지만, 김은영의 조사에 의하면, 조계종 산하의 종립학교 연합회인 불교교육연합회에 속한 학교는 2015년 기준 29개교(대학교 1, 고등학교 14, 중학교 13, 초등학교 1)이다(김은영, 2016: 137). 여기에 계수되지 않은 조계종 학교로 중앙승가대학교가 있으며, 조계종 이외에는 진각종 5개교(중학교 2, 고등학교 2, 대학교 1), 천태종 1개교(대학교 1)가 있다. 종단이 많아 확인이 어려운 불교에 반하여 가톨릭 학교 수는 가톨릭 사이트에서 좀 더 정확하게 확인이 가능한데, 이에 의하면 초등학교 6, 중학교 23, 고등학교 37, 대학교 11 개교 등 총 77개교였다.

[9] 한국기독교학교연맹의 회원교 현황에는 국내 총 396개교가 등록되어 있지만, 이후 분석에서는 세부 현황 파악이 가능한 378개교만 대상으로 하였다.

<표 2> 지역별 개신교 계통 학교 설립 현황

구분	해방 이전	1945-59	1960-79	1980-99	2000-현재	계
서울	25	17	45	20	3	110
부산	1	8	9	2	1	21
대구	7	7	10	3	-	27
인천	2	3	4	2	-	11
광주	4	3	3	1	1	12
대전	4	6	4	2	-	16
울산	-	-	-	-	-	-
세종	-	-	1	-	-	1
경기	9	18	37	11	9	84
강원	-	-	1	-	-	1
충북	-	2	2		-	4
충남	2	4	4	4		14
전북	6	7	8	3	-	24
전남	7	4	1	1	-	13
경북	-	12	13	6	-	31
경남	2	2	3	1	-	8
제주	-	1	-	-	-	1
계	69	94	145	56	14	378

상을 차지하고 있다. 반면에 울산(0), 세종(1), 제주(1), 강원(1), 충북(4), 경남(8)은 개신교계통 학교가 전혀 없거나, 적은 수에 머무르고 있다. 이는 해당 지역의 전체 인구가 적기 때문인 경우도 있지만, 해당 지역의 개신교 인구의 비율과도 상당히 관련된 것으로 보인다. 예를 들어 제주, 울산, 경남 지역은 전국에서 개신교 인구 비율이 가장 낮은 지역이다. 2015년 인구센서스 기준 전국 개신교 비율은 19.7%인데 비해, 제주 10.0%, 울산 10.9%, 경남 10.5%로 전국에서 가장 낮은 3개 지역으로 나타난다. 반면에, 호남 지역에 개신교 계통 학교가 많은 것도 이 지역의 개신교 비율이 높은 것과 관련된 것으로 보인다. 호남지역 중, 전라북도의 경우 개신교 비율이 26.9%로 전국에서 가장 높게 나타

나며, 광주(20.0%)와 전라남도(23.2%)도 전국 비율보다 높다. 하지만, 대구/경북 지역은 개신교 비율이 낮음에도 불구하고(대구 12.0%, 경북 13.3%), 상대적으로 꽤 많은 개신교 계통 학교들이 위치한 것이 특징적이다. 특히 경북 지역은 해방 이전 설립 학교가 없다는 점이 다른 지역과 대조적이다. 시기적으로 볼 때는 1960-79년의 산업화시기에 가장 많은 개신교 계통 학교가 설립되었는데, 이는 국가 전체의 교육 수요 증가와도 관련된 것으로 보인다.

〈표 3〉 각급 개신교 계통 학교의 설립 현황

구분	해방 이전	1945-59	1960-79	1980-99	2000-현재	계
유치원	-	-	4	8	2	14
초등학교	1	2	9	1	2	15
중학교	23	32	53	5	3	116
고등학교	31	38	66	27	4	166
대학교	13	22	14	15	3	67
계	68	94	146	56	14	378

학교 종류별로 보면, 중등 교육기관이 중학교 116개교, 고등학교 166개교로 가장 많은 수를 차지한다(전체의 74.6%). 이는, 전체 학교 중 많은 수를 차지하는 초등학교의 교육이 주로 국·공립으로 수행된 것을 고려하면, 당연한 것으로도 보인다. 다른 학교들과 달리, 개신교 계통 유치원의 설립은 1980-99년의 시기에 가장 많은 것으로 나타나는데, 이는 유치원 교육에 대한 관심이 상대적으로 늦게 발생한 것과 연결하여 생각할 수 있다. 반면, 개신교 계통 대학교의 설립은, 다른 학교들과 비교할 때에 상대적으로, 고른 시기적 분포를 나타낸다. 그럼에도 불구하고, 1945-59년의 시기가 가장 많은 것은(22개교) 건국 초기의 대

학 설립에 대한 국가적 요구가 반영된 것으로 보인다.

<표 4> 교단별 개신교 계통 학교 설립 현황

구분	해방이전	1945-59	1960-79	1980-99	2000-현재	계
장로교	44	62	84	36	9	235
감리교	21	10	27	6	-	64
기타교단	3	15	19	6	5	48
무소속/미확인	1	7	15	8	-	31
계	69	94	145	56	14	378

교단별로는 장로교, 감리교가 압도적으로 많았고, 이 두 교단을 합치면 전체의 73.8%에 달한다. 이는 한국 교회에서 양 교단이 역사적으로 가장 오래되었고, 또한 차지하는 비중도 절대적임을 고려한다면, 일견 당연한 것으로 생각된다. 두 교단의 자료를 비교해 보면, 장로교 계통은 산업화시기(1960-79), 해방 직후(1945-59), 해방 이전, 1980-99년 순으로 고른 설립시기를 보이는 반면, 감리교는 산업화시기와 해방 이전에 집중되어 있는 양상을 보인다.

III. 인천의 개신교 계통 중등학교

1) 지역 개관 및 개신교의 역사

인천광역시의 행정 구역은 8구 2군으로 구성되어 있으며,[10] 2020년

---

10) 1995년 3월 경기도 옹진군과 강화군전역, 김포군 검단면(현재의 서구 검단 1~5동)이 인천광역시에 편입되었다.

3월 기준 주민등록 인구는 2,952,689명이다.[11] 송도, 청라 및 영종의 세 구역은 인천경제자유구역으로 지정되어 있기도 하다. 인천이라는 지명은 인주(仁州)에서 변화된 것으로,[12] 순우리말로 이를 때에는 고구려 때의 지명이었던 미추홀로 부른다. 군지역을 제외하면, 원인천 지역(중구, 동구, 미추홀구, 남동구, 연수구)과 부평 지역(부평구, 계양구, 서구)으로 생활권이 구분될 수 있으며, 원인천 지역은 다시 구도심(중구, 동구, 미추홀구)과 신도심(연수, 남동)으로 나누어진다. 인천은 1960-70년대부터 국가정책에 의해 공업지대로 성장하였고, 이때 조성된 남동 인더스파크, 부평산단, 주안산단, 인천기계산단 등이 대표적인 인천의 산업단지이다. 남동인더스파크의 경우 수도권에서 가장 큰 산업단지이며, 한국GM과 협력업체 그리고 중소기업에 경제적인 부분을 의존하는 경향은 문제로 지적되고 있다. 내용적으로는 제분, 제당 산업을 위시한 경공업부터 기계공업, 제철공업, 석유화학 산업으로 대표되는 중화학 공업, 반도체, 로봇 산업, 바이오산업 등을 위시한 첨단 산업을 모두 아우르고 있다.

인천 지역 기독교의 전래는 1885년 4월 5일 아펜젤러(H. G. & E. D. Appenzeller) 부부와 언더우드(H. G. Underwood) 선교사가 제물포에 도착한 데에서부터 출발한다. 아펜젤러 부부는 8일간 체류 후 4월 13일 일본으로 되돌아갔다가[13] 6월 20일 스크랜튼(W. B. Scranton) 선교사의

---

11) 인천 및 서부 경기지역의 인구에 관한 자료는 국가통계포털의 해당부문에서 검색하였다.

12) 조선 태종 13년에 군이나 현에 '주(州)'가 들어 있는 도호부 이하의 군·현 명을 산(山), 천(川) 두 글자 중 하나로 개정토록 하였는데, 인주는 물에 가깝다 하여 '인천'으로 바뀌었다고 한다(1413년 10월 15일). 인천시는 이에 근거하여 매년 10월 15일을 '인천 시민의 날'로 지정하여 기념하고 있다 (https://www.incheon.go.kr/ICO 40301).

13) 당시 갑신정변의 여파로 외국인 부녀자는 서울로 들어갈 수 없었다.

가족들과 함께 다시 내한하였다. 이들은 서울로 가기 전 약 1달 동안 인천에 머물면서 한국어를 배웠는데, 이 기간 예배를 보는 등 선교활동도 하였다. 이후 7월 19일 서울로 향하게 되는데, 인천 지역 최초의 교회인 내리교회(당시 제물포교회)는[14] 이 날을 창립일로 지정하고 있다(이진호, 1994: 89). 이후 1887년 전도인 노병일이 파송되었고, 1888년 5월부터는 서울에 거주하던 올링거(F. Ohlinger) 선교사가 주일예배를 주관하면서 본격적인 내리교회의 역사가 시작된다. 1891년 6월에는 아펜젤러가 내리교회 관리자로 임명되었고, 1892년에는 존스(G. H. Jones) 목사가 내리교회의 담임 및 제물포 구역 선교사로 파송되었다. 나중에 존스 목사의 부인이 된 벤젤(M. J. Bengel)도 함께 내려와 당시 전도사였던 강재형의 딸을 가르치는데, 이것이 인천 지역 최초의 개신교 계통 학교인 영화학교의 시초이다(이진호, 1994: 90). 1901년에는 이 교회 출신인 교인 김기범이 한국인 최초로 목사 안수를 받기도 하였다(인천광역시사편찬위원회, 2013: 315). 김기범은 이후 1904년부터 내리교회를 담임하기도 하였다.[15] 내리교회에 이어 1895년 담방리 교회(현 만수교회)와 1897년 부평 굴재교회(현 귤현교회)가 설립되었고, 부평군 부내면 하리교회(1899), 문학동 란청리 교회(현 문학교회, 1901), 화도교회(1907) 등이 연이어 설립되면서, 해방 이전 인천의 감리교는 내리교회 외에 10개의 교회에 이르게된다. 기타 개신교의 교단은 성결교가 평동교회 외 3개, 침례교가 송현교회 외 1개, 성공회 1개, 구세군 1개 등이었다(신중성, 1986: 76). 장로교는 해방 이후인 1946년에야 서울 영락교회의 지교회인 제일장로교회가 처음으로 세워진다. 현재 인천의 개신교인 비율은 23.1%로 전국 19.7%보다 높으며, 행정구역 기준으로

14) 이후 1900년 경동(내리)으로 이전하면서 내리교회로 불리기 시작했다.
15) 내리교회에 관한 자세한 내용은 홍기표(1985) 참조.

는 전라북도, 전라남도, 서울에 이어 4번째이다(최현종, 2017: 21).

2) 인천지역 개신교 계통 중등교육기관

인천광역시에 위치한 개신교 계통 중등교육기관은 2020년 현재 덕신고등학교, 숭덕여자중/고등학교, 영화국제관광고등학교, 인성여자중/고등학교, 인천중앙여자상업고등학교 등 중학교 2개교, 고등학교 5개교로 총 7개교 이다. 설립연도, 소속 교단, 지역, 재단명은 아래의 〈표 5〉와 같다. 본 연구에서는 이 중 행정구역 상 인천이지만, 지리적으로 구분되는 강화의 덕신고등학교를 제외한 6개교(재단으로는 4개 재단)의 대강의 현황을 살펴볼 것이다. 이들 6개교 모두 여성 교육 기관이라는 것이 매우 특징적이며, 고등학교의 경우 인문계가 2개교, 특성화고등학교가 2개교로 정확히 양분되어 있다. 설립 연대는 영화국제관광고등학교의 실제적 시작이 1966년임을 고려하면, 모두가 해방 이후이며, 인성여자중학교(1952)와 숭덕여자고등학교(1985)를 제외하면 모두 산업화시기(1960-70), 주로 1960년대에 세워졌다는 공통점을 갖는다. 지역적으로는 강화군에 위치한 덕신고등학교를 제외하면, 모두 원인천 지역의 구도심에서 출발하였다.16) 이는 1950-60년대라는 설립시기와 해당 시기의 인천의 지역적 발전 정도와 관련된 것으로 보인다.

---

16) 현재 남동구에 위치한 숭덕여자중/고등학교도 원래는 동구에 위치하였다.

17) 영화학교의 시작은 1892년이지만, 현재의 영화국제관광고등학교는 1966년 영화여자실업고등학교로 시작되었다.

18) 고등학교 과정의 설립인가는 1974년이지만, 학교법인의 설립은 1967년이고, 중학교 과정이 1968년부터 시작되었다.

〈표 5〉 인천지역 개신교 계통 중등교육기관 현황

학교명	설립 연도	지역	교단	재단명
덕신고등학교	1967	강화군	기독교대한감리회	덕신학원
숭덕여자중/고등학교	1966/85	남동구	대한예수교장로회	숭덕학원
영화국제관광고등학교	1892(1966) 17)	동구	기독교대한감리회	영화학원
인성여자중/고등학교	1952/61	중구	대한예수교장로회	제일학원
인천중앙여자상업고등학교	1967(74)18)	중구		보합학원

① 영화국제관광고등학교19)

영화국제관광고등학교의 모체는 앞서 언급한 영화학교이다. 영화학교는 1892년 이화학당에서 음악교사로 있던 미국 선교사 벤젤(1893년 내리교회 2대 목사였던 존스와 결혼하여 통상 존스 여사로 불림)이 인천에 내려와 사숙(私塾)의 형태로 교육을 시작한 것이 출발점이 되었다. '영화(永化)'에서 '永'은 영원한 생명을, '化'는 교화를 의미한다고 한다(이정은, 2013: 6). 김활란 등 당시의 많은 여성인재들이 영화학교 출신이었다(이정은, 2013: 10).20) 초기에는 남학생도 교육에 포함하였고(영화학교와 영화여학교로 존재), 초등과 중등(고등과) 두 반으로 운영되었다(길민정, 2011: 11). 고등과는 1906년 부설되어, 3회에 걸쳐 졸업생을 내었지만, 1912년 3회 졸업생 10명을 끝으로 폐쇄되었다. 이는 아마도 학생의 부족이 가장 큰 원인으로 보인다(길민정, 2011: 12). 초기

---

19) 각 학교의 기술 내용은 학교 홈페이지에 나와 있는 내용을 바탕으로, 해당 학교 관계자와의 인터뷰를 통하여 보충하였다. 영화국제관광고등학교의 경우에는 이성삼(2003) 등 영화학교 관련 연구서들도 참조하였다.
20) 김활란은 1907년 입학생이었다.

의 영화학교와 영화여학교는 각종학교에 속하였고(이정은, 2013: 27), 후에는 일제의 '사립학교령'에 따라 '사립영화학교'로 1912년 인가를 받았다. 당시의 교과목은 보통학교보다 고등보통학교와 가까웠지만, 입학연령에 따라 보통학교로 인가되었고(이정은, 2013: 34), 현재까지 영화초등학교로 그 역사가 이어지고 있다.

현재의 영화국제관광고등학교의 학교법인인 영화학원은 1964년 설립 인가를 받았으며, 1966년부터 영화여자실업고등학교로 운영되다가, 2013년부터 영화관광경영고등학교로 학교명칭을 변경하고, 학과 또한 변경되었다. 2020년에는 다시 영화국제관광고등학교로 교명을 변경하였다. 영화국제관광고등학교는 영화학교의 정신을 이어 받았고, 첫 번째 교육목표가 "기독교 신앙을 통한 바른 가치관과 품성을 지닌 사람을 기르는" '신앙인'의 육성으로 되어 있는 만큼, 기본적으로 기독교 정신에 바탕을 둔 학교라고 할 수 있다. 교훈도 첫 번째로 '신앙'을 들고 있으며, 교목실도 운영하고 있다(교목 1인).[21] 매일 아침 전체 교직원과 학생을 대상으로 한 명상의 시간, 매주 수요일 1교시 드리는 전체 예배, 매 학기 드리는 절기 예배와 동계 방학 중의 전체 교직원 영성수련회 등의 관련 프로그램을 시행하고 있다.

② 인성여자중/고등학교

인성여자중/고등학교는 인천 지역 최초의 장로교회인 제일장로교회가 기반이 되어 설립한 학교이다. 교회의 초대 목사인 이기혁 목사는 교육에 관심을 갖고, 1947년부터 유치원과 무궁화 공민학교를 운영하였으며,[22] 1952년에는 정식으로 여자중학교를 개교하였다(보성여중

---

[21] 교목 이외에 종교 교과 교사가 1명 더 있다.

[22] 공민학교외에도 공교육 체계가 갖추어지기 이전의 비공식적 교육체계로는

인천분교로 시작). 1954년 재단법인 '제일학원'으로 문교부 인가를 받는데, 본래는 '제일여자중학교'라는 이름으로 시작하였지만, 문교부 인가 과정에서 명칭이 일본식이라는 이유로 개명을 요구받아, 인천의 인(仁)자와 거룩할 성(聖)자를 따서 '인성(仁聖)'을 교명으로 하였다고 한다. 고등학교 과정은 1961년에 인가를 받았다. 인성여자중/고등학교 역시 "기독교 정신을 바탕으로 성실하게 생활하는 신앙인"을 첫 번째 교육목표로 하고 있으며, 교훈의 첫 번째도 '신앙'이다. 중고등학교 모두 교목실을 두고 있으며, 중학교는 교사 1명, 고등학교는 교목실장 포함 3명의 교사가 소속되어 있다. 반별로 혹은 동아리가 주관하여 드리는 학생채플, 조·종례시의 경건회, 절기 예배(부활절, 추수감사절, 성탄절), 리더 수련회(1년 2회), 아침 교사 경건회, 초중고 교직원 전체가 참여하는 월요 교직원 예배, 하루 1장 성경 읽기, 이 주의 성구 및 찬송가 선정 등이 신앙교육과 관련된 중요한 프로그램들이다. 특히, 절기예배는 단순히 예배만 드릴 뿐 아니라, 이 기간을 학교의 축제 기간으로 설정하여, 다른 활동과도 연계하며, 절기에 맞는 학교 환경을 조성하여 그 의미를 새기고 함께 즐기는 행사로 만들고 있다. 인성여자중/고등학교에서 가장 특징적인 사항중 하나는, 교회와의 긴밀한 관계를 들 수 있다. 교목교사들은 제일장로교회의 사역자 신분으로서 활동하면서 교회와 학교의 가교 역할을 수행하고 있으며(채용 자체를 교회에서 하며, 교원이 아닌 일반 사역자인 경우도 많다), 채플도 교회 건물에서 드리고, 1년에 1번 학교를 위한 헌신예배도 교회에서 드리고 있다. 이러한 의미에서, 인성여자중/고등학교와 제일장로교회는 '교회-학교의 협력 모델'의 의미 있는 사례라고 할 수 있다. 이러한 신앙 교

___

개신교를 중심으로 진행된 성경구락부 운동을 들 수 있다. 이에 대하여는 장금현(2020) 참조.

육의 결과, 중학교의 경우 학생들의 50-60% 가량이 학교에서 세례를
받는 성과를 거두고 있다.

③ 숭덕여자중/고등학교
교회가 기반이 되었던 영화학교나 인성여중/고등학교와는 달리, 숭
덕여자중/고등학교는 설립자인 홍석련 장로 개인에 의해 설립되었다.
홍석련은 평북 출신이지만 해방 이후 월남하였고, 1958년에는 서울에
서 동안교회(이문동 소재)를 설립하기도 하였다. 학교법인 숭덕학원은
1966년에 인가를 받아, 먼저 숭덕중학교를 설립하였다(개교는 1967년).
하지만 학교 설립 이전인 1960년대 초에도 이미 공민학교를 운영하면
서 학교의 기틀을 닦았다(유동현, 2015). 1976년에는 숭덕여자중학교로
교명을 변경하였고, 고등학교는 1985년에 인가를 받아, 1986년부터 교
육을 시작하였다. 숭덕학원은 "기독교 정신을 바탕으로 세워진 인재양
성의 요람"을 건학이념으로 하며, "성경적 세계관으로 가르치는 학교"
를 첫 번째 비전으로 내세우고 있다. 원래 송현동에 위치하였으나,
1982년에 현재 위치인 만수동으로 이전하였다. 교목실장이 중고등학
교 전체 신앙 전반에 관한 교육을 책임지고 있으며, 중학교는 교사
1명, 고등학교는 3명의 교사가 소속되어 활동하고 있다. 채플과 같은
정기적 행사를 시행하고 있지만, 별도의 종교적 행사보다는 기독교적
정신, 기독교적 문화의 바탕 위에 모든 교육을 실현하는 것을 가장 중
요한 역점으로 삼고, 또한 이를 위한 교사 교육에 중점을 두고 있다.

④ 인천중앙여자상업고등학교
인천중앙여자상업고등학교의 학교법인인 보합학원은 설립자 김치
숙에 의해 1967년 세워졌다. 먼저 1968년에 인천중앙여자중학교가, 이

후 1974년에 인천중앙여자상업고등학교가 설립인가를 받았다. 1986년 이후에는 고등학교 과정만 있으며, 2008년 이후 회계특성화고등학교로 지정되었다. 하지만 학교의 역사는 그 이전, 보합교회(장로교, 1952년 설립) 김응순 목사가 세운 보합공민학교와 보합고등공민학교로 거슬러 올라간다.23) 김응순은 전쟁으로 인해 교육을 받지 못하고 있는 아이들을 위해 1952년 보합공민학교를, 1953년 보합고등공민학교를 설립하였고, 이들은 각각 1964년, 1968년까지 존속하였다. 보합공민학교에 이어 1964년 중앙여자상업전수학교가 설립되었고, 이것이 현재의 중앙여자상업고등학교의 전신이라고 할 수 있다. 학원 설립자로 기록된 김치숙은 김응순의 아내이며, 인천중앙여자상업고등학교의 초대 교장인 김강신은 김응순 목사의 자제이다.24) 이 학교 역시 "기독교 정신을 바탕으로 책임을 다하는 성숙한 신앙인"을 첫 번째 교육목표로 하고 있으며, "신앙 있는 사람"을 학생상의 첫 번째로 꼽고 있다. 교목실 대신 선교부를 운영하고 있으며(부장교사 포함 2인), 선교부의 중요한 활동으로는 매일 아침 교실에서 방송을 통해 드리는 아침경건회와 매주 수요일 1교시에 강당에서 함께 드리는 수요학생예배, 부활절, 추수감사절, 성탄절의 절기예배(특히, 부활절에는 부활절 계란을 만들어 이웃에게 전달하는 행사를 갖는다고 한다), 종교수업, 신앙 수련회, 가스펠송 페스티벌, 그리고 매일 아침 교사 예배 등의 다양한 종교행사를 실시하고 있다. 특성화고등학교의 성격상 학생들이 학교의 종교적 특성

23) 김응순은 황해도 출신으로, 황해노회장(1933-36), 장로교총회장(1942-45년)을 역임하기도 했으며, 대전신학대학교 전신인 대전야간신학교를 설립하는데 중심 역할을 하기도 하였다. 김응순은 친일행적으로 사후 논란이 되고 있기도 하다.
24) 현재 학교와 교회는 직접적인 연관은 없으나, 중요 행사나 예배 시에 보합교회 담임 목사가 참석하여 설교를 하는 등 아직도 관계가 이어지고 있다.

을 어느 정도 알고 지원하기에 일반고에 비해 종교 행사를 진행하는
데 큰 어려움은 없다고 한다.

Ⅳ. 서부 경기 지역(부천/시흥/안산)의 개신교 계통 중등학교

1) 지역 개관 및 개신교의 역사

① 부천

부천의 2020년 2월말 주민등록 인구는 827,132명이며, 전국에서 인구
밀도가 가장 높은 도시이다. 부천이란 지명은 1914년 부평군과 인천부
의 비도시 지역을 합쳐서 부천군이 설치될 당시 부평의 '부'와 인천의
'천'을 따서 붙인 것이다. 1899년 경인선이 개통될 때에 소사역(지금의
부천역)이 설치되면서 현재의 부천이 형성되는 기틀이 마련되었다. 소
사역은 김포평야에서 산출되는 농산물을 인천항을 통해 일본으로 수
출하기 위한 목적으로 설치되었다. 1960-70년대 급격한 공업화, 도시화
에 따른 인구 팽창으로, 1973년 수도권의 행정구역 개편이 대대적으로
이루어졌고, 이때 기존의 부천군이 폐지되면서 소사읍이 부천시로 승
격되었다. 이후 1975년 10월에 북쪽의 오정면이 부천시로 합쳐졌고, 시
의 중부지역은 1989~1996년의 중동신도시 및 1999~2003년의 상동지구
개발로 신도시로 탈바꿈하였다. 경인공업지역의 핵심지역으로 성장한
도시 전통의 영향으로 제조업의 비율이 상당히 높지만, 규모 면에서는
대부분 중소업체로 구성되어 있다. 특히, 부천은 우리나라 반도체산업
이 시작된 곳인데, 1972년 도당동에 '한국반도체'가 세워졌고, 이를 삼
성전자가 인수하면서 삼성의 반도체 신화가 시작되었다. 2000년대 중

반 자료에 의하면, 부천역과 송내역은 수도권 전철 및 지하철 역 가운데서 출근 시간에 사람들이 가장 많이 타는 역들이기도 하다.[25]

부천의 개신교는 1926년 오정교회가 설립된 것을 시초로 볼 수 있다.[26] 하지만, 현재 인천으로 편입된 부평 지역을 포함할 경우, 그 이전인 1897년에 굴재교회가 설립되었고, 지금의 부천 지역에 중요한 신앙적 영향을 미쳤다. 오정교회는 이후 내동교회(1950), 모곡동교회(1950), 원종교회(1953), 대장교회(1970) 등 많은 교회를 개척하여, 부천 지역의 개신교 발전에 중요한 밑바탕이 되었다. 오정교회 외에도, 1930년 진말(현 심곡2동)에 조지풍이 소사교회(현 부천제일교회)를 설립하였는데, 이는 소사 지역 최초의 교회로서 이후 많은 교회를 개척하는 등 활발한 활동을 펼쳤다. 이들 교회는 모두 개신교 초기, 인천, 부천 지역에서 가장 활발한 활동을 펼쳤던 감리교단에 속하였다. 장로교회로서는 1947년 설립된 소사중앙교회(현 부천산성교회)가 최초인데, 이 교회는 재활교육기관인 부천혜림원을 운영하고 있기도 하다. 1961년에는 성결교회인 부천성결교회도 설립되었고, 아울러 기독교대한성결교회 목회자를 양성하는 교육기관인 서울신학대학교도 1974년 이후 부천에 자리 잡고 있다(학교의 설립은 1911년이며, 부천으로 이전하기 전에는 서울 아현동에 위치하였다). 부천의 현재 개신교인 비율은 2015 인구센서스 기준 23.1%로 전국 19.7%보다 높은 편이며, 시

---

[25] 2007년 자료에 따르면 출근 시간에 부천역에서 16,148명 송내역에서 15,654명이 전철을 타는 것으로 나타나서, 전체의 3위와 4위에 해당하였다. 출근 시간 탑승 인원 1,2위는 신림역(28,467명)과 잠실역(18,872명)이었다(길윤형, 2007). 이러한 상황은 2012년 지하철 7호선이 연장개통 되면서 조금 분산된 것으로 보인다.

[26] 부천 개신교의 역사는 부천시사편찬위원회, 『부천시사 3: 부천의 성장과 발전』(2002)의 제 7편 "종교"의 "개신교" 부분(793~832쪽)을 기초로 하였다.

흥(21.4%)이나 안산(22.4%)에 비하여도 약간 높다.

② 시흥

시흥은 본래 1895년부터 1988년까지 존재했던 경기도의 군단위 행정 구역으로, 서울 서남부와 과천, 안산, 광명 등을 포함한 지역이었다. 이후 여러 차례에 걸쳐 행정구역이 분리되었고, 시흥군의 마지막으로 남은 지역이 1989년 1월 시흥시, 군포시, 의왕시 등 3개시로 분리·승격하면서 시흥군은 사라지게 되었다. 현재의 시흥시 남부(구 수암면, 군자면)는 1914년에 안산군 지역이 시흥군으로 통합될 때, 북부(구 소래읍)는 1973년 부천군이 폐지될 때, 시흥군에 편입되었다가, 현재의 시흥시로 이어지고 있다. 시흥시가 설치된 1989년에는 10만을 조금 넘는 수준이었지만, 2020년 현재에는 약 47만의 인구로, 30년 만에 4.7배나 성장한 도시가 되었다.27) 시흥은 단일한 도시권이 형성되지 않고, 북쪽의 부천생활권, 안산과 연결된 시화지구, 시청을 중심으로 한 장현지구, 광명생활권인 목감지구 등으로 생활권이 나뉘어 있는 특이한 도시구조를 가지고 있다. 제조업의 중심으로는 시흥스마트허브(시화공단)가 있다. 고교 비평준화 지역으로, 2002년 부천이 평준화되기 이전까지는 부천으로 진학하는 학생들도 많았다.

시흥의 개신교에 관한 기록은 1895년 세례인 1명, 학습인 11명의 성과를 거두었다는 스크랜튼 선교사의 보고가 최초라고 할 수 있다(1896년 『조선감리회연회록』). 『죠션크리스도인회보』(1897년 4월 7일)에도 미국 남감리교회 선교사 리드(C.F. Reid)가 안산읍(현 시흥시 수암동)에서 12명에게 세례를 준 기록이 나온다(이진호, 1994: 92). 이러한 선교

---

27) 시흥시의 인구는 2020년 3월 주민등록 기준으로, 477,425명이다.

의 결과는 이후 시흥 지역 최초의 교회인 무지내교회(현 시흥시 무지
내동 시온교회, 당시에는 인천부 능내면)의 설립으로 이어진다(이진
호, 1994: 92). 무지내교회는 이후 1898년에는 달성회당의 부목사였던
리은승이, 이어서는 스웨어러(W.C. Swearer) 목사가 내려와 예배를 인
도하기도 하였다.

이후 무지내교회의 발전은 시흥, 그리고 연관된 안산 지역의 개신교
의 선구적 인물로 꼽히는 김동현(金東賢, 1869-1928)이라는 인물과 밀
접하게 연결된다. 김동현은 시흥 지역 최초의 기독교인으로 여겨지기
도 하는데, 그는 수원 지역 권사를 거쳐, 1902년 시흥구역이 수원구역
에서 분리되면서, 본처전도사로서[28] 무지내교회를 중심으로 활동하였
다. 선교사가 아닌 한국인이 교회를 담임하는 경우는 매우 드문 상황
에서, 그는 자기 집에서 예배를 드리다가, 1902년 집을 헐고 예배당을
건축하기도 하였다(디지털시흥문화대전-김동현). 기록에 따르면, 무지
내교회는 1901년에 성도가 97명에 달하였다고 한다. 무지내교회는 이
후 시흥의 군자교회, 오이도교회, 안산의 화정교회, 샘골교회(당시 천
곡교회), 선부교회, 성광교회 등을 설립하여, 시흥과 안산 지역의 개신
교 발전에 크게 기여하였다. 무지내교회는 다른 한편으로 교육활동에
도 관심을 갖고, 1901년 경기도 최초의 현대식 사립학교인 무지리여학
교를 설립하였다. 무지리여학교는 일제 당국의 「사립학교령」에 의해
1914년 폐교되었지만, 이후 1920년 김동현의 사촌 동생이었던 김동일
전도사가 다시 흥업강습소를 설립하여 초등학교 과정을 가르치기도
했다. 1948년 흥업강습소는 소성고등공민학교로 인가를 받아 중등 교
육기관으로 교육을 계속하기도 하였지만, 6·25전쟁으로 학교 건물이

---

28) 초기 한국 감리교회 교직으로 지금의 장로에 해당.

전소되고, 여러 번 다른 단체들에 의해 인수되는 과정을 거쳐 1982년 폐교되었다(디지털시흥문화대전-무지내교회). 시흥의 현재 개신교인 비율은 2015 인구센서스 기준 21.4%로 전국 19.7%보다 높은 편이다.

③ 안산

행정 지명으로 안산이라는 이름이 처음 사용된 것은 고려시대이다. 근대에 이르러 이 지역은 1914년의 행정구역 개편에 따라 시흥군과 수원군으로 분할, 통폐합된 바 있다. 1970년대 후반부터 지역의 공업 위성도시화가 가속되면서, 1976년에 화성군 반월면, 시흥군 수암면·군자면의 일부 지역을 합친 '반월신공업도시 건설계획'이 발표되었고, 1979년 반월출장소가 설치되었다가, 1986년 1월부로 지금의 안산시로 승격되었다. 이후 1994년 화성군 반월면 일부와 옹진군 대부면을, 1995년 시흥시 일부를 편입하여 현재에 이르고 있다. 안산시는 정부의 계획에 따라 세워진 공업 중심의 계획도시이기 때문에, 제조업의 비율이 매우 높다. 반월공단(안산스마트허브)과 시화공단의 2개의 국가산업단지와 지방산업단지인 반월도금단지가 있다. 2020년 3월말 안산시의 주민등록 인구는 652,763명이며, 외국인 노동자가 많아서 등록외국인 54,468명은 전국 기초자치단체 중 최다이다. 안산은 2013학년도부터 고교 평준화 지역이 되었다.

안산의 개신교에 관한 기록은,[29] 1905년 『조선감리회연회록』에 의하면 버딕(G. M. Burdick) 선교사가 고주물(현 안산시 화정동)에서 선교하여 94명의 명단을 작성한 기록이 있다. 초기에 안산 지역은 앞서

---

[29] 안산 개신교의 역사는 안산시사편찬위원회, 『안산시사 3: 사회와 문화』 (2011)의 제 4편 "종교"의 "기독교(개신교)" 부분(467~494쪽)을 기초로 하였다.

언급한 시흥의 무지내 교회 산하 안산 순회구역으로서 이루어졌으며, 무지내 구역에서 안산 구역이 분리된 것은 1912년으로 보인다. 안산 구역 담당자는 김동현(1909-12), 김동일(1912-19), 김영렬(1919-23)로 이어지며, 1931년 구역 사역이 많아짐에 따라, 별도의 전도사(장명덕)를 천곡교회에 두었고, 1934년에는 다시 동구역과 서구역을 분리하였다. 1960년대 이후 정부 공업화 정책과 1978년 반월신도시가 들어섬으로 인해, 지역의 외지 인구 유입이 급증하면서 도시가 급속도로 팽창하였고, 이와 맞물려서 개신교도 급성장하게 된다. 안산동산고등학교의 유지재단인 동산교회도 이 시기인 1979년 설립되었다. 현재 개신교인 비율은 2015 인구센서스 기준 22.4%로 전국 19.7%보다 높은 편이다.

2) 서부 경기 지역(부천/시흥/안산)의 개신교 계통 중등교육기관

해당 지역의 개신교 계통 중등교육기관은 2020년 현재 경안고등학교, 경일관광경영고등학교, 안산동산고등학교, 한국조리과학고등학교, 한국글로벌중학교 등 총 5개교이다. 지역적으로는 안산 3개교, 시흥 2개교, 총 5개교이다. 이들 학교의 설립연도, 소속 교단, 지역, 재단명은 아래의 〈표 6〉과 같다. 부천의 경우 개신교 계통의 중등학교는 없으며, 가톨릭 계통으로는 소명여자중/고등학교(1956년 소명가정기술학교로 출발, 1960년 중학교, 1962년 고등학교 설립 인가)가 있다. 안산의 경우 3개교 모두 고등학교이며, 시흥의 2개교는 같은 재단인 '복음아성학원' 소속이다. 교단별로는 장로교 1개교, 감리교 1개교이며, 나머지 3개교(2개 재단)는 특정교단에 소속되어 있지 않다. 앞서 언급한 무지리학교에서 이어진 시흥의 소성고등공민학교는 이후 재단의 인수과정을 거쳐 그 자리에 한인고등기술학교가 들어서지만(한인고등학교를

대상 부활절 및 추수감사절 예배도 진행하고 있다.36) 인성교육부 내에
교사 1명이 선교업무를 담당하고 있다.37)

　③ 안산동산고등학교

　"하나님을 경외하고 이웃을 사랑하자"가 교훈(校訓)일만큼, 안산동
산고등학교는 개신교적 색채가 분명하다. 교육목표도 "1. 쉬지 않고 기
도하는 교육"과 "2. 하나님의 형상을 회복하는 교육"을 가장 전면에 내
세우고 있다. 안산동산고등학교는 담임목사였던 김인중 목사의 주도
하에 1995년 안산동산교회에 의해 설립되었다. 앞서 언급한 교훈이나,
교육목표 외에도, 학교상, 학생상, 교사상에 모두 기독교 신앙적인 내
용을 포함하고 있다. 또한, 매주 수요일 1교시에 정기 채플을 실시할
뿐 아니라, 매일 아침 반별로 경건회를 드리며, 학생, 교직원, 학부모
등 그룹 별로 기도회를 운영하고, 매 학기 전교생 신앙 수련회를 실시
하는 등 학교의 개신교적 정체성을 드러내는 다양한 활동을 하고 있
다. 학생 선발 및 교사 채용에 있어서도 기독교적 가치관을 중시하는
것으로 언급되는데, 실제 교사의 경우 전원이, 학생들은 신입생의 경
우 절반가량이 개신교 신자이며, 학생 신자 비율은 졸업할 때가 되면
70% 정도로 늘어난다고 한다(최필선·황준성, 2004: 54).38) 안산동산고
등학교가 여타 개신교 계통 학교에 비해 개신교적 색채를 분명하게 드
러낼 수 있는 것은, 그 설립 배경과 함께, 이 학교가 개신교적 건학정
신을 바탕으로 운영되는 자율형 사립고(2009년 지정)라는 데에 있

────────────
　줄고, 늦게 오는 사례가 많아지는 등 어려움을 겪고 있다.
36) 예배 참석을 원하지 않는 학생들은 대체 수업에 참여한다.
37) 선교 업무 담당 교사는 목사 안수를 받았으며, 그 외에 전도사 신분의 교사도
　　재직 중이다.
38) 졸업생 신자 비율은 담당 교사 인터뷰에 기초하여 보충하였다.

다.39) 현재도 학교의 이사장은 동산교회 담임목사로 되어 있으며, 신
앙생활과 관련하여 교목상담부(교사 4명)가 운영되고 있다. 안산동산
고등학교는 개신교의 종교적 활동 뿐 아니라, 인성교육에도 매우 관심
을 갖고, 이를 위해 가정, 환경 등에 초점을 맞춘 교육 프로그램도 운
영하고 있다(최필선·황준성, 2004: 57). 전임 교장이었던 유희웅 교장
은 한 인터뷰에서 "기독교도 어차피 인간을 위한 종교인만큼, [...] 우리
교육도 인간을 위한 교육이 돼야 합니다"라고 강조하기도 하였다(최필
선·황준성, 2004: 58).

④ 한국글로벌중학교/ 한국조리과학고등학교

한국글로벌중학교는 1968년 의화중학교로 출발, 1970년 성택중학교
를 거쳐, 2007년부터 현재의 교명인 '한국글로벌중학교'를 사용하고 있
다. 2013년 도교육청 혁신학교로 지정되었으며, 학년당 2학급만 운영
되는 소수 정예의 학교이다. "하나님을 공경하며 흙을 사랑하자"라는
정신으로 출발하여, 예배와 농사가 중요한 교육과정이고, "기독교 정
신의 구현"을 건학이념으로써 표명하고 있다. 매주 목요일 1교시에 채
플이 운영되고 있다.

고교 과정은 1998년 성택조리과학고등학교로 시작하였다. 이는 우
리나라 최초의 조리고등학교이다. 조리고등학교이지만, 신앙교육에도
신경을 써서, 매주 화요일 채플을 진행하고 있다. 교목실도 운영하고
있으며(교목 1명), 교목실에서는 매월 기도제목과 방학 특별기도 제목
을 홈페이지 게시판에 올리고 있다. 이와 함께, 가족공동체 회복운동
을 실시하여, 가족을 위한 봉사의 날, 아빠와 함께 하는 요리교실, 엄

---

39) 안산동산고는 2019년 실시된 자율형 사립고 재지정에서 지정이 취소되었고,
현재 법원에 가처분 신청 중이다.

마와 함께 하는 창작요리 경연대회 등의 활동도 펼치고 있다(사학편집
국, 2009: 57).

V. 나가는 글: 개신교 계통 학교의 과거, 현재, 그리고 미래

한국의 개신교 계통 학교들은, 일제강점기나 산업화 시기와 같이 교
육 여건이 매우 부족한 상황에서 그 부족함을 메워주는 역할을 감당해
왔다. 본문에서 분석한 바와 같이, 특히 중등 이상의 교육 기관에서 개
신교 계통 학교가 차지하는 비중은 상당하였다. 본 연구에서 살펴본
인천의 개신교 계통 학교들은, 주로 산업화시기에 인천 지역의 구도심
지역의 발전과 함께 설립되었다. 반면, 시흥과 안산의 경우에는 이와
는 조금 다르게, 도시가 본격적으로 성장하기 시작한 1990년대에 설립
되어, 부족한 중등교육의 상황을 채워 주었다. 또한, 현재에 많은 개신
교 계통 학교들이 그 신앙적 정체성을 유지하는데 많은 어려움을 겪고
있음에도 불구하고, 이 지역의 학교들은 나름대로 학교의 정체성을 유
지하기 위한 노력을 성공적으로 수행하고 있다. 이는 한편으로는 개신
교 인구가 상대적으로 많은 지역의 특성이나, 상대적으로 신앙 교육에
유리한 특성화 고등학교, 여성 교육 기관이 많다는 점도 작용하는 것
으로 보인다. 일선 신앙 교육 담당자들은 인터뷰를 통하여, 학원 선교
에 대한 예산 지원 문제나 종교적인 것을 이원화하는 것의 문제 등은
해결해야 할 과제로 제시하였고, 무엇보다도 신앙 교육에 있어 준비된
교사가 중요함을 언급하기도 하였다.

변화하는 시대, 사회 전반, 특히 교육이 탈종교화하는 현 시대에 있
어 개신교 계통 학교의 정체성을 유지하는 것은 매우 어려운 과제이

다. 사회적 상황 뿐 아니라, 전반적인 학교 운영, 학교의 인력, 학부모/
학생의 필요 등도 모두 탈종교화하고 있다. 학교 및 학부모/학생들의
1차적 요구는 상급학교 진학, 그것도 좋은 상급학교의 진학이라는 데
에 맞추어져 있고, 이를 만족시킨다면 신앙교육은 2차적인 것으로 미
루어진다. 이러한 상황에서 개신교 계통 학교들이 어떻게 자신의 정체
성을 유지할 수 있을까?

　개신교 계통 학교들이 경험하는 정체성과 관련된 어려움은, 한편으
로는 한국 교육 정책 전반의 변화와 밀접하게 연결된다. 특히, 중학교
무시험 및 고교 평준화 등 교육 평준화 정책, 종교차별금지 등의 관련
법안, 자율형 사립고 제도 등은 이러한 문제를 야기한 중요한 변화들이
라고 할 수 있다.

　먼저, 교육 평준화 정책의 시발이 된 중학교 무시험 정책은 1969년
시작되었다. 1969년 서울을 시작으로, 1970년에는 10대 도시, 1971년에
는 전국으로 확대되었다. 이후 고등학교 평준화정책이 1973년 정책 발
표에 이어, 1974년 서울, 부산에서 시작되었고, 1975년에는 인천, 대구,
광주 등으로 확대되는 등 1980년까지 전국 20개 지역으로 점차 확대되
었다.[40] 이러한 평준화 정책은 청소년들을 입시 위주의 교육에서 탈피
케 하는 장점은 있지만, 사립학교들, 특히 개신교 계통의 학교들은 학
교의 주요한 특성을 상실하게 되는 원인으로 작용하였다. 특히, 학교
평준화로 공/사립교간의 공납금 차등을 없애기 위하여, 사립학교 등록
금 인상률을 공립학교와 같게 하면서, 등록금이 주요 재원이었던 사립
학교들이 타격을 받게 되었고, 이에 재정적 결손액을 국가가 지원하면
서, 사립학교들은 준공립의 성격을 갖게 되었다(윤정일, 2005: 304). 이

---

[40] 현재에도 비평준화 지역이 남아 있으며, 본 연구에서 다룬 지역 중 시흥이 이
　에 해당한다.

러한 국고에 의한 재정적 지원은 사립 중학교는 1971년부터, 사립 고
등학교는 1977년부터 실시되었고(유봉호 · 김융자, 1998: 319), 이와 함
께 사립학교의 기본적 건학 이념이나, 특히 개신교 학교의 경우 기독
교적 정체성을 유지하는 데 어려움을 겪게 된다.

이러한 사정은 1980년대 종교차별금지 법안의 시행으로 더욱 어려움
을 겪게 된다. 본래 종교교육은 각 학교 재량으로 가르치다가, 1982년
제 4차 교육과정에서 처음으로 정규 교육과정에 포함되었다(유봉호 ·
김융자, 1998: 378).[41] 이후 제 7차 교육과정(1998)에서는 종교를 비교
종교학적 관점에서 가르치도록 권장하였지만, 대부분의 개신교 계통
학교는 기독교 중심으로 이 과목을 교수하였고, 이 외에도 채플 등 종
교 활동을 통하여 신앙 교육을 유지해 왔다. 그러나, 일련의 사태를 거
쳐,[42] 2009년 국가공무원법 등에 종교차별금지 조항이 삽입되면서, 이
러한 개신교 계통 학교의 종교 교육 및 신앙 교육 행사는 위기를 맞게
된다. 즉, 이러한 법안의 적용범위에는 일반 사립학교의 교원들도
국 · 공립학교의 교원들에 준하여 포함하고 있는데, 이에 따라 사립학
교의 교원들도 종교차별 금지 관련 규정들의 저촉을 받고, 이를 어길
시에는 해당된 절차에 따라 제재를 받게 되었다. 실제로 공직자 종교
차별 사례의 상당수를 학교의 종교차별이 차지하고 있다(최현종, 2019:
291). 문화체육관광부 발간 『공직자 종교차별 예방업무 편람』의 종교
차별 관련 행위기준은 이러한 공직자의 종교차별을 4가지 유형으로
구분하는데, 그 중 하나가 바로 제도교육에서의 종교 편향적 교육이

---

[41] 자유선택과목 중 하나로 '종교교육 및 교양', 5차 교육과정에서는 '종교'로 포
함되었다.
[42] 이에는 이명박 정부 시절의 종교차별 관련 여러 사건들, 2004년 대광고등학
교에서의 종교행사 자유에 대한 강의석의 시위 등을 들 수 있다. 종교차별금
지 법안의 자세한 사항에 대하여는 최현종, 2019, 288~296쪽 참조.

다. 이러한 종교 편향적 교육에는 '종교계 학교에서의 특정 종교에 대한 교양수준 이상의 강제교육', '종교계 학교에서 학생들에게 특정 신앙이나 종교 활동을 강요하는 행위' 등이 포함된다(문화체육관광부, 2009: 6). 결국 기존의 개신교 계통 학교의 종교 교육 및 종교 행사는 종교차별 행위로서 법적으로 제한을 받게 된 것이다.

교육 평준화에 따른 사립학교의 준공립화 및 학교 특성의 상실, 종교차별금지 법안에 따른 종교 교육의 제한 등으로 개신교 계통 학교의 정체성 유지가 어려워지는 가운데, 1998년부터 시행된 '자립형 사립고등학교' 제도는 그 정체성을 유지하는 한 방편으로 이용될 수 있는 가능성을 보여주었다. '자립형 사립고등학교' 제도는 시·도 교육감의 판단 하에, 건학이념이 분명하고, 정부의 재정 지원 없이 운영, 유지가 가능한 학교를 지정하여,[43] 학생 선발 및 교육과정에 재량을 보장하는 제도로서, 2011년 이후로는 '자율형 사립고등학교' 제도로 변경되었다. 본문에서 언급한 학교 중 안산동산고등학교가 바로 이러한 자율형 사립고등학교에 해당하며, 현재의 시점에서 개신교 계통 학교의 정체성을 유지하는 모범 사례로서 언급될 수 있다.[44]

다만 '자율형 사립고' 모델에는 몇 가지 문제가 있다. 먼저 등록금이

---

43) 학교 재단은 최소 25%(후에는 20%로 감소됨)의 법인전입금을 의무적으로 출원해야 하였다. 이후의 자율형 사립 고등학교는 재단의 법인전입금이 특별시·광역시 소재 사립 고등학교의 경우 5% 이상 출원, 도 소재 사립고등학교의 경우 3% 이상(경기도의 경우 에서만 예외적으로 광역시와 같이 5% 이상 출원)으로 줄어들었지만, 학생 선발을 전국단위로 할 경우에는 법인전입금이 20% 이상 출원으로 증가한다.

44) 대안학교라는 또 다른 모델에 대해서는 여기서 다루지 않는다. 대안학교가 개신교 계통의 학교의 또 다른 해결 방향이 될 수는 있지만, 현재 다루고 있는 일반 학교 모델과는 다르고, 교육 대상이 상대적으로 소수에 집중된다는 차이점이 있다. 기독교 대안학교적 모델과 관련해서는 박창훈, 2020 참조.

상대적으로 비싸고, 이 때문에 '귀족학교'라는 비난을 받고 있다. 현재
자율형 사립고는 그 등록금을 일반 인문계 고등학교의 300%까지 징수
할 수 있는데, 2019년 재지정이 취소된 12개교를 제외한 28개 자율형
사립고 중, 학비가 가장 높은 곳은 강원도의 민족사관고등학교로 연
28,437,800원에 달하며, 가장 낮은 곳은 서울의 중동고로 5,562,665원이
다.45) 안산동산고등학교의 경우도 8,749,539원으로 안산 지역의 일반
고등학교와 비교하면 3배 정도 많은 액수를 학부모가 부담하고 있다.

또한, 현재의 교육정책이 이러한 '자율형 사립고'를 없애는 방향으로
나가고 있다는 것도 '자율형 사립고' 모델의 중요한 문제이다. 정부는
2019년 11월에 자율형 사립고를 포함한 특수 고등학교 3개 유형을 완
전히 없애기로 하는 내용을 골자로 한 '고교서열화 해소방안'을 발표하
였고, 2025년 3월부터는 이들 학교를 일반고로 전환할 것을 예고하였
다. 이러한 정책과도 맞물려 2019년에 이미 안산동산고등학교 등 12개
교가 자율형 사립고 재지정에서 지정 취소된 바 있다.46)

'자율형 사립고'가 어렵다면, 가능한 또 하나의 방법은 과거와 같이
'명시적 드러냄'을 통해서가 아닌, 비종교적 기독교, 다시 말해 교리적
기독교가 아닌 기독교 정신의 함양이라는 부분에 초점을 맞추는 것이
다. 어쩌면 본 연구에서 기술한 사례 중 한국조리과학고등학교의 '가
족공동체 회복운동'이나, 안산동산고등학교의 '인성교육 프로그램'들도
이에 해당한다고 할 수 있다. 또한, 지나치게 이원적인 신앙 교육을 경
계하며, 스머드는 신앙교육을 강조한 숭덕여자중/고등학교 교목 교사

---

45) 학교 알리미의 사립학교 2019년 교비회계 예·결산서에 기초하였다.
46) 안산 동산고 이외에 자사고 지정이 취소된 학교들은 서울의 경문고, 경희고,
배재고, 세화고, 숭문고, 신일고, 이대부고, 중앙고, 한대부고, 전북 군산의 중
앙고, 부산의 해운대고 등이다.

의 언급이나, 학교의 축제와 절기예배를 연결시킨 인성여자중/고등학
교의 사례도 이러한 방향과 연결될 수 있다. 개신교가 부정적 내러티
브로 기술되는 사회적 배경 하에서 이러한 '기독교적 정신' 함양을 통
한 접근은 비개신교인의 거부감을 덜어낼 뿐 아니라, 내러티브 자체를
수정하는 데 기여할 수 있을 것이다. 그리고 이러한 접근을 통해 자연
스럽게 개신교에 다가가며, 긍정적 이미지를 갖게 하면서, 개별적으로
종교에 접근할 수 있게 한다면 이 또한 현재로서는 매우 의미 있는 방
법이라고 할 수 있을 것이다.

물론, 이와 함께 개신교 계통 학교가 자신의 건학이념을 드러낼 수
있도록 제도 자체를 개선하는 노력도 함께 진행되어야 할 것이다. 네
덜란드의 경우, '종교차별'의 문제를 제기하지 않으면서도, 종교계 학
교에 똑같은 국가지원을 하고 있는데, 이러한 모델을 참고할 수 있을
것이다.[47] 물론 이러한 네덜란드의 모델 적용을 위해서는 학생 혹은
학부모의 의사가 반영되지 않는 현재의 중고등학교 학생 선발 제도의
개선이 선행되어야 할 것이다.[48] 이와 같은 개별적 학교의 노력과 함
께 제도 자체를 개선하려는 노력이, 한국 개신교계 전체에 필요하며,
이러한 노력을 통해서만이 과거 개신교 계통 학교의 한국 교육에 대한
기여가 미래로 이어질 수 있을 것이다.

---

47) 네덜란드의 모델과 관련해서는 최현종, 2017, 133~140쪽 참조.
48) 이에 대하여는 최현종, 2019, 309~310쪽 참조.

참고문헌

길민정, 「한말·일제초 인천지역 초등교육의 도입과 전개: 인천사립영화학교와 인천공립보통학교를 중심으로」, 인하대학교대학원 석사학위논문, 2011.

길윤형, 「가자 출근길, 굽이굽이쳐 가자」, 『한겨레 21』 686호, 2007. http://legacy. h21.hani.co.kr/section-021005000/2007/11/021005000200711220686005.html (2020년 5월 20일 접속)

김은영, 「불교 종립 중등학교의 종교교육에 대한 비판적 연구: 국가교육과정 변천과 '종교학' 교육방법을 중심으로」, 동국대학교대학원 박사학위논문, 2016.

부천시사편찬위원회, 『부천시사 3: 부천의 성장과 발전』, 부천: 부천시사편찬위원회, 2002.

문화체육관광부, 『공직자 종교차별 예방업무 편람』, 문화체육관광부 종무실, 2009.

박창훈, 「기독교대안학교의 발전과 한국현대사회에 대한 기여」, 『Asian Journal of Religion and Society』 8-2, 2020.

사학편집국, 「인간존중의 조리정신, 조리테크노피아의 꿈을 열어가는 한국조리과학고등학교」, 『사학』 125, 2009.

시흥시사편찬위원회, 『시흥시사 4: 시흥시의 출범과 성장』, 시흥: 시흥시사편찬위원회, 2007.

신중성, 「인천시의 기독교 전파과정과 분포 유형」, 『응용지리』 9, 1986.

안산시사편찬위원회, 『안산시사 3: 사회와 문화』, 안산: 안산문화원, 2011.

유동현, 「굳은 살 박힌 손에 연필 '꼭' 배움의지 불태운 '공민학생'」, 『인천일보』, 2015.3.16. http://www.incheonilbo.com/news/articleView.html?idxno=561569 (2020년 5월 20일 접속)

유봉호·김융자, 『한국 근/현대 중등교육 100년사』, 서울: 교학연구사, 1998.

윤동섭, 「안산 경일고등학교 – 21세기를 지향하는 명문 사학」, 『사학』 96, 2001.

윤정일, 「현대적 교육체제의 형성과 발전」, 서울대학교 교육연구소 편, 『한국교육사』, 서울: 교육과학사, 2005.

이정은, 「인천 근대 여성교육의 전개 양상」, 인하대학교교육대학원 석사학위논문, 2013.

이진호, 「경기·충청지방의 개신교」, 『한국 기독교와 역사』 3, 1994.

인천광역시사편찬위원회, 『인천광역시사 1: 미추홀 2000년 인천정명 600년』, 인천: 인천광역시시사편찬위원회, 2013.

이성삼, 『영화백년사』, 인천: 영화학원, 2003.

장금현, 「해방 후 경북지역 성경구락부(Bible Club)의 변화」, 『대학과 선교』 43, 2020.

최필선·황준성, 「"인성교육과 지식교육의 동행": 사제간 신뢰와 존경으로 「변화」를 지향하는 교육에 매진 – 안산 동산고등학교」, 『사학』 108, 2004.

최현종, 『오늘의 사회 오늘의 종교』, 서울: 다산출판사, 2017.

＿＿＿, 「종교와 법률 제도: 공직자 종교차별 관련법을 중심으로」, 『현대사회, 종교, 그리고 돈』, 파주: 한국학술정보, 2019.

홍기표, 『내리백년사』, 인천: 인천내리교회, 1985.

홍승철·황병준, 「한국 공교육체계 변천과 기독교사학의 기독교적 인성교육 방안연구」, 『대학과 선교』 33, 2017.

가톨릭 사이트-가톨릭 교육기관
(https://www.mariasarang.net/site/bbs.asp?index=url_school&sort=&view=&count=100)
경기자동차과학고등학교 (http://www.ghas.hs.kr)
경안고등학교 (http://www.kyungan.hs.kr)
경일관광경영고등학교 (http://www.kyongil.hs.kr)
국가통계포털 (http://kosis.kr)
교육통계서비스(https://kess.kedi.re.kr/index)
디지털시흥문화대전 (http://siheung.grandculture.net/siheung)
숭덕여자중/고등학교 (http://soongduk.icems.kr / http://soongduk.icehs.kr)
안산동산고등학교 (http://www.dsgo.kr)
영화국제관광고등학교 (http://younghwa.icehs.kr)
인성여자중/고등학교 (http://insung.icems.kr / http://insunghs.icehs.kr)
인천광역시청 (https://www.incheon.go.kr)
인천중앙여자상업고등학교 (http://ija.icehs.kr)
학교 알리미 (https://www.schoolinfo.go.kr)
한국글로벌중학교 (http://www.koreaglobal.ms.kr)
한국기독교학교연맹 (http://www.kfcs.or.kr/index_school.htm)
한국조리과학고등학교 (http://www.kcas.hs.kr)

▌저자소개(집필순)▐

■ 양준석(梁俊錫, Joon Seok YANG)
　서울신학대학교 현대기독교역사연구소 연구교수
　연세대학교 정치학박사, 한국정치외교사 전공
　한국정치외교사학회 총무이사, 국제정치학회 연구위원 역임
　대표저작: 「1948년 한국대표단의 유엔승인외교」(2017), 「한국외교사에서 '잔
　　　　　여'(殘餘)지역」(2017), 『해방과 대한민국 독립』(2018, 공저)

■ 김동선(金東仙, Dong Sun KIM)
　서울역사편찬원 전임연구원
　숭실대학교 문학박사, 한국근현대사 전공
　숭실대학교, 중앙대학교, 서울신학대학교 강사 역임
　대표저작: 『미군정기 서울신문의 정치성향 연구』, 「해방전후 河敬德의 활동과
　　　　　건국인식」 등

■ 장경호(張京浩, Kyoung Ho CHANG)
　서울역사편찬원 전임연구원 (2015.5~현재)
　강원대 학사(2009), 석사(2013) 한국학중앙연구원 한국학대학원 박사(2018)
　대표저작: 쉽게 읽는 서울사 개항기편, 서울역사편찬원, 2020
　　　　　서울역사답사기 제4권, 서울역사편찬원, 2020

■ 장금현(張金炫, Geum Hyun JANG)
　서울신학대학교 현대기독교역사연구소 연구교수
　서울신학대학교 한국기독교사 전공(Ph.D.)
　명지대학교 사목, 세계사이버대학 교목실장 역임
　대표저작: 『해방공간과 기독교 I, II』(공저), 『강경교회 100년사』, 『해방 후 한국
　　　　　기독교인의 정치활동』(공저)

■ 윤은순(尹銀淳, Eun Soon YOON)
  서울신학대학교 현대기독교역사연구소 연구교수
  숙명여자대학교 사학과 졸업, 문학박사, 한국사 전공
  대표저작: 「1950년대 월남 기독교인의 국가윤리와 사회인식」, 『기독교사회윤리』
          41(2018.8), 「조만식의 생활개선운동」, 『한국기독교와역사』 41(2014.9)

■ 윤은석(尹垠錫, En Seok YUN)
  서울신학대학교 현대기독교역사연구소 공동연구원
  서울신학대학교 한국 기독교사 전공(Ph.D.)
  대표저작: 「6.25 전쟁 중 개신교의 군내 활동과 정신전력: 군목과 신앙 군인을 중
          심으로」, 「스스로 새벽을 깨우는 초기 한국 개신교회: 새벽기도의 발
          전과 특징」, 「1928년-1930년 장로교의 평양부흥운동: 1907년 평양대부
          흥운동과 관련하여」, 「1930년대 『활천』에 나타난 앤드류 머레이의 신
          유론」

■ 박창훈(朴昶薰, Chang Hoon PARK)
  서울신학대학교 신학과 교수
  서울신학대학교 현대기독교역사연구소 공동연구원
  Drew University 웨슬리신학 전공(Ph.D.)
  대표저작: 『존 웨슬리, 역사비평으로 읽기』, 『존 웨슬리, 사회비평으로 읽기』,
          『한국 정치와 기독교 공공정책』(공저)

■ 이은선(李殷善, Eun Seon LEE)
  안양대학교 신학대학 교수
  서울대학교 문학사(역사교육), 총신대학교 교회사 전공(Ph.D.)
  안양대학교 교목실장, 신대원장 역임
  복음주의신학회, 한국개혁신학회, 한국교회사학회
  대표저작: 『대한민국 건국과 기독교』, 『한국근대화와 기독교의 역할』, 『종교개
          혁자들 이야기』, 『초대교부들 이야기』

■ 최현종(崔玄鍾, Hyun Jong CHOI)
　서울신학대학교 교수
　라이프찌히 대학교 Dr. theol., 종교사회학 전공
　한국종교사회학회 회장
　대표저작:『오늘의 사회 오늘의 종교』,『현대사회, 종교, 그리고 돈』등

Korean Local Community and Christianity

edited by Institute for the Study of Modern Christianity
Seoul Theological University

Contents